関東学院六浦中学校

〈収録内容〉

2024 年度 ……………………… A-1日程（算・社・理・国）
A-2日程（算・国）
B-1日程（算・社・理・国）

※A-1日程国語の大問六は、問題に使用された作品の著作権者が二次使用の許可を出していないため、問題を掲載しておりません。

2023 年度 ……………………… A-1日程（算・社・理・国）
A-2日程（算・国）
B-1日程（算・社・理・国）

2022 年度 ……………………… A-1日程（算・社・理・国）
B-1日程（算・社・理・国）
C 日程（算・国）

※C 日程は解答のみ
※A-1日程国語の大問七は、問題に使用された作品の著作権者が二次使用の許可を出していないため、問題を掲載しておりません。

2021 年度 ……………………… A-1日程（算・社・理・国）

JN078990

便利な DL コンテンツは右の QR コードから

解答用紙 ⇒

※データのダウンロードは 2025 年 3 月末日まで。
※データへのアクセスには、右記のパスワードの入力が必要となります。 ⇒ 747584

〈合格最低点〉

※学校からの合格最低点の発表はありません。

本書の特長

実戦力がつく入試過去問題集

- ▶ 問題 ‥‥‥‥‥ 実際の入試問題を見やすく再編集。
- ▶ 解答用紙 ‥‥ 実戦対応仕様で収録。
- ▶ 解答解説 ‥‥ 詳しくわかりやすい解説には、難易度の目安がわかる「基本・重要・やや難」の分類マークつき（下記参照）。各科末尾には合格へと導く「ワンポイントアドバイス」を配置。採点に便利な配点つき。

入試に役立つ分類マーク

基本 確実な得点源！
受験生の 90%以上が正解できるような基礎的、かつ平易な問題。
何度もくり返して学習し、ケアレスミスも防げるようにしておこう。

重要 受験生なら何としても正解したい！
入試では典型的な問題で、長年にわたり、多くの学校でよく出題される問題。
各単元の内容理解を深めるのにも役立てよう。

やや難 これが解ければ合格に近づく！
受験生にとっては、かなり手ごたえのある問題。
合格者の正解率が低い場合もあるので、あきらめずにじっくりと取り組んでみよう。

合格への対策、実力錬成のための内容が充実

- ▶ 各科目の出題傾向の分析、合否を分けた問題の確認で、入試対策を強化！
- ▶ その他、学校紹介、過去問の効果的な使い方など、学習意欲を高める要素が満載！

解答用紙ダウンロード 解答用紙はプリントアウトしてご利用いただけます。弊社ＨＰの商品詳細ページよりダウンロードしてください。トビラのＱＲコードからアクセス可。

UD FONT 見やすく読みまちがえにくいユニバーサルデザインフォントを採用しています。

関東学院六浦中学校

生徒数　581名
〒236-8504
神奈川県横浜市金沢区六浦東1-50-1
☎ 045-781-2525
京浜急行線金沢八景駅・追浜駅　各徒歩15分

隣人愛をもって
地球市民として世界平和に
主体的に貢献できる人を育てる

URL	https://www.kgm.ed.jp

プロフィール　キリスト教に基づく人間教育を展開

1884年設立の横浜バプテスト神学校にさかのぼり、1953年に現在の地、金沢八景に関東学院六浦中学校・高等学校として設立された。キリスト教の精神を建学の精神とし、校訓「人になれ　奉仕せよ」を掲げている。

建学の理念を堅持しつつ、子ども達が社会へ巣立っていく10年後、20年後の社会を見据えて新しい教育観に立ち、日々の教育活動を展開している。

環境　大学に隣接した静かなキャンパス

毎朝の礼拝でパイプオルガンの音色が響く礼拝堂、4つの理科実験室、人工芝のグラウンドなど施設が充実している。さらに、グループワークやプレゼンテーションなどの活動に適したSpace Laboを新設。普通教室には電子黒板型プロジェクター、校内はWi-Fi環境が整い、充実したICT環境で学びを深めることができる。

カリキュラム　一人ひとりの進路実現に向けた独自のプログラム

校訓「人になれ　奉仕せよ」を実践するための力を、6年間でしっかりと身につけていく。各教科の基礎学力はもちろんのこと、主体的に学ぶ力、物事を探究する力など、進路実現に向けた力をつけていく。

魅力のひとつが、外国人教員8名による実践的な英語教育。CLIL(内容と言語の統合型学習)という学習法を取り入れ、社会科学や自然科学のテーマを扱いながらそれらを英語で学ぶ。英語の授業は外国人教員と日本人教員のティームティーチングが基本スタイルで、「生きた英語」に触れる機会が日常的にある。また、オリジナル授業「地球市民講座」では、地球規模の課題である「持続可能な社会」の実現に向けて、多文化理解と多文化共生について考える。調べ学習やプレゼンテーションなど、グループや個人での探究活動が中心。

さらに、大学が隣接しているメリットを生かし、大学との連携も行う。中学生対象の大学理科実験講座では、大学の先生から直接指導を受け、研究室などにも訪問する。また、生徒達は一人1台Chromebookを使い、ICTを活用したより深い学びをしている。

景勝地を臨むキャンパス

学校生活　多くの行事を通し体験から学ぶ

学校での一日は毎朝の礼拝から始まる。静かな礼拝の時間を通して、お互いを尊重する気持ちや他者を思いやる気持ちを育んでいく。心を育むだけでなく、実際に行動できる場として、様々なボランティア活動を行っている。様々な時期に行われる福祉施設への訪問や地域清掃、被災地の復興ボランティアなど、生徒達はボランティア活動へ参加できる機会が多い。

また、豊富な選択制研修があることも特徴の一つ。語学研修はもちろん、オーロラ観測を中心としたアラスカでの研修、カンボジアでのサービス・ラーニング研修の他、京都・奈良・北海道など国内での研修も充実。さらに、オーストラリア、マレーシア、ニュージーランドでの3か月のターム留学の他、1年間の留学も行っている。これらの選択制研修は、「主体的に学ぶこと」「たくさんの体験から学ぶこと」を大切にしている。

進路　一人ひとりの進路実現を目指す

生徒たちの夢や目標を実現させるための進路指導の礎は、生徒の向上心を引き上げ、学力を高めることにある。日々の授業、進路に関するプログラムを通して、生徒一人ひとりのパーソナリティに適した進路課題を提案し、またそれぞれが進路実現のための歩みを自分の力で進められるよう、確かなサポート体制を本校は整えている。近年は海外大学を目指す生徒も増えており、ハワイのコミュニティカレッジと提携を結び、卒業後に関東学院大学3年次に編入学できる制度がある。2022年度からは本校(高等学校)卒業と同時にアメリカの高校卒業資格を得られるプログラムもスタートした。

2024年度入試要項

試験日　12/10(帰国生Ⅰ期)
1/14(帰国生Ⅱ期)
2/1午前・午後(A-1・A-2日程)
2/2午前(B-1日程)
2/2午後(B-2日程・英語型)
2/3(自己アピール型)
2/4(C日程)

試験科目　国・算または国・算・理・社(A-1・B-1日程)
国・算(A-2・B-2・C日程)
英+面接〈日本語・英語〉(英語型)
総合+プレゼンテーション(自己アピール型)　国・算+面接(帰国生)

2024年度	募集定員	受験者数	合格者数	競争率
A-1日程	50	65/62	34/28	1.9/2.2
A-2日程	25	94/62	52/23	1.8/2.7
B-1日程	20	54/46	28/21	1.9/2.2
B-2日程	10	50/39	27/14	1.9/2.8
C日程	5	38/23	22/7	1.7/3.3
自己アピール	10	9/6	4/3	2.3/2.0
英語	10	9/9	6/6	1.5/1.5

※人数はすべて男子/女子
※帰国生の募集は若干名

過去問の効果的な使い方

① **はじめに**　ここでは，受験生のみなさんが，ご家庭で過去問を利用される場合の，一般的な活用法を説明していきます。もし，塾に通われていたり，家庭教師の指導のもとで学習されていたりする場合は，その先生方の指示にしたがって，過去問を活用してください。その理由は，通常，塾のカリキュラムや家庭教師の指導計画の中に過去問学習が含まれており，どの時期から，どのように過去問を活用するのか，という具体的な方法がそれぞれの場合で異なるからです。

② **目的**　言うまでもなく，志望校の入学試験に合格することが，過去問学習の第一の目的です。そのためには，それぞれの志望校の入試問題について，どのようなレベルのどのような分野の問題が何問，出題されているのかを確認し，近年の出題傾向を探り，合格点を得るための試行錯誤をして，各校の入学試験について自分なりの感触を得ることが必要になります。過去問学習は，このための重要な過程であり，合格に向けて，新たに実力を養成していく機会なのです。

③ **開始時期**　過去問との取り組みは，通常，全分野の学習が一通り終了した時期，すなわち6年生の7月から8月にかけて始まります。しかし，各分野の基本が身についていない場合や，反対に短期間で過去問学習をこなせるだけの実力がある場合は，9月以降が過去問学習の開始時期になります。

④ **活用法**　各年度の入試問題を全問マスターしよう，と思う必要はありません。完璧を目標にすると挫折しやすいものです。できるかぎり多くの問題を解けるにこしたことはありませんが，それよりも重要なのは，現実に各志望校に合格するために，どの問題が解けなければいけないか，どの問題は解けなくてもよいか，という眼力を養うことです。

算数

どの問題を解き，どの問題は解けなくてもよいのかを見極めるには相当の実力が必要になりますし，この段階にいきなり到達するのは容易ではないので，この前段階の一般的な過去問学習法，活用法を2つの場合に分けて説明します。

☆偏差値がほぼ55以上ある場合

掲載順の通り，新しい年度から順に年度ごとに3年度分以上，解いていきます。

ポイント1…問題集に直接書き込んで解くのではなく，各問題の計算法や解き方を，明快にわかるように意識してノートに書き記す。

ポイント2…答えの正誤を点検し，解けなかった問題に印をつける。特に，解説の 基本 重要 がついている問題で解けなかった問題をよく復習する。

ポイント3…1回目にできなかった問題を解き直す。同様に，2回目，3回目，…と解けなければいけない問題を解き直す。

ポイント4…難問を解く必要はなく，基本をおろそかにしないこと。

☆偏差値が50前後かそれ以下の場合

ポイント1～4以外に，志望校の出題内容で「計算問題・一行問題」の比重が大きい場合，これらの問題をまず優先してマスターするとか，例えば，大問2までをマスターしてしまうとよいでしょう。

理科

理科は1から順番に解くことにほとんど意味はありません。理科は，性格の違う4つの分野が合わさった科目です。また，同じ分野でも単なる知識問題なのか，あるいは実験や観察の考察問題なのかによってもかかる時間がずいぶんちがいます。記述，計算，描図など，出題形式もさまざまです。ですから，解く順番の上手，下手で，10点以上の差がつくこともあります。

過去問を解き始める時も，はじめに1回分の試験問題の全体を見通して，解く順番を決めましょう。得意分野から解くのもよいでしょう。短時間で解けそうな問題を見つけて手をつけるのも効果的です。くれぐれも，難問に時間を取られすぎないように，わからない問題はスキップして，早めに全体を解き終えることを意識しましょう。

社会

社会は1から順番に解いていってかまいません。ただし，時間のかかりそうな，「地形図の読み取り」，「統計の読み取り」，「計算が必要な問題」，「字数の多い論述問題」などは後回しにするのが賢明です。また，3分野(地理・歴史・政治)の中で極端に得意，不得意がある受験生は，得意分野から手をつけるべきです。

過去問を解くときは，試験時間を有効に活用できるよう，時間は常に意識しなければなりません。ただし，時間に追われて雑にならないようにする注意が必要です。“誤っているもの”を選ぶ設問なのに“正しいもの”を選んでしまった，“すべて選びなさい”という設問なのに一つしか選ばなかったなどが致命的なミスになってしまいます。問題文の“正しいもの”，“誤っているもの”，“一つ選び”，“すべて選び”などに下線を引いて，一つ一つ確認しながら問題を解くとよいでしょう。

過去問を解き終わったら，自己採点し，受験生自身でふり返りをしましょう。できなかった問題については，なぜできなかったのかについての分析が必要です。例えば，「知識が必要な問題」ができなかったのか，「問題文や資料から判断する問題」ができなかったのかで，これから取り組むべきことも大きく異なってくるはずです。また，正解できた問題も，「勘で解いた」，「確信が持てない」といったときはふり返りが必要です。問題集の解説を読んでも納得がいかないときは，塾の先生などに質問をして，理解するようにしましょう。

国語

過去問に取り組む一番の目的は，志望校の傾向をつかみ，本番でどのように入試問題と向かい合うべきか考えることです。素材文の傾向，設問の傾向，問題数の傾向など，十分に研究していきましょう。

取り組む際は，まず解答用紙を確認しましょう。漢字や語句問題の量，記述問題の種類や量などが，解答用紙を見て，わかります。次に，ページをめくり，問題用紙全体を確認しましょう。どのような問題配列になっているのか，問題の難度はどの程度か，などを確認して，どの問題から取り組むべきかを判断するとよいでしょう。

一般的に「漢字」→「語句問題」→「読解問題」という形で取り組むと，効率よく時間を使うことができます。

また，解答用紙は，必ず，実際の大きさのものを使用しましょう。字数指定のない記述問題などは，解答欄の大きさから，書く量を考えていきましょう。

算数　出題傾向の分析と合格への対策

●出題傾向と内容

近年，問題数は大問が5題，小問は22～26題である。「聞き取り問題」の導入に続いて，従来の計算問題や基本1行問題が出題される。

出題分野は年度によって異なり，「図形」，「割合」，「速さ」などの基本問題のほか，公約数や公倍数の「数の性質」，「規則性」，「和と差」，「場合の数」の問題など，多分野からいろいろな文章題が出題されている。

これといった難問は見当たらず，ある程度の計算力があれば対応できるが，応用力を必要とするような多少ひねった問題も出題されている。時間内に全問正解にするためには，基礎力と計算の正確さおよびスピードが求められる。

✔学習のポイント

計算力は言うまでもなく，基礎をしっかりと固めることが合格への最大のポイントである。徹底的に基本問題を学習すること。

●2025年度の予想と対策

出題率が高い分野は「割合と比」・「平面図形」であるが，計算力を固めることが先決である。そして，毎年のように出題されている「図形」，「速さ」，「割合」，「数の性質」，「場合の数」などを過去問も利用して十分に練習した上で，その他の文章問題，例えば，「平均算」「つるかめ算」などについても，一通り基本を固めよう。

「図形」はややひねったものが出されることがあるが，基本がわかっていれば対応できる。また，「場合の数」は問題集でしっかりと基礎を固めておこう。速さとグラフ，水量変化とグラフなど，「グラフ」をからめた問題にも慣れておくことが必要である。

▼年度別出題内容分類表

※　よく出ている順に☆，◎，○の３段階で示してあります。

出題内容			2022年		2023年			2024年		
			A	B	A-1	A-2	B-1	A-1	A-2	B-1
数と計算		四則計算	◎	◎	◎	◎	◎	◎	◎	◎
		概数・単位の換算	○	◎	◎	○	○	☆	○	◎
		数の性質	◎			◎	○	◎	○	
		演算記号								
図形		平面図形	◎	☆	☆	◎	☆	☆	☆	☆
		立体図形	◎	◎	◎	○		○		○
		面積	○	○	◎	○	☆	○	○	☆
		体積と容積	○			○				
		縮図と拡大図				○			○	
		図形や点の移動	○				◎			
速さ		三公式と比	○	○	○	◎	○	◎	☆	○
	文章題	旅人算	○					◎		
		流水算								
		通過算・時計算			○					○
割合		割合と比	☆	☆	☆	☆	☆	☆	☆	☆
	文章題	相当算・還元算							○	
		倍数算								
		分配算								
		仕事算・ニュートン算			○					
文字と式										
2量の関係(比例・反比例)										
統計・表とグラフ					◎				☆	
場合の数・確からしさ				◎				○		
数列・規則性			◎		◎	☆	○		○	◎
論理・推理・集合										
その他の文章題		和差・平均算	○	○	☆	○	○		○	
		つるかめ・過不足・差集め算								
		消去・年令算	○					◎		
		植木・方陣算								

関東学院六浦中学校

算数 ――グラフで見る最近３ヶ年の傾向――

最近３ヶ年に出題されたすべての問題を内容別に分類・集計し，全体に対して何パーセントくらいの割合になっているかを示しました。

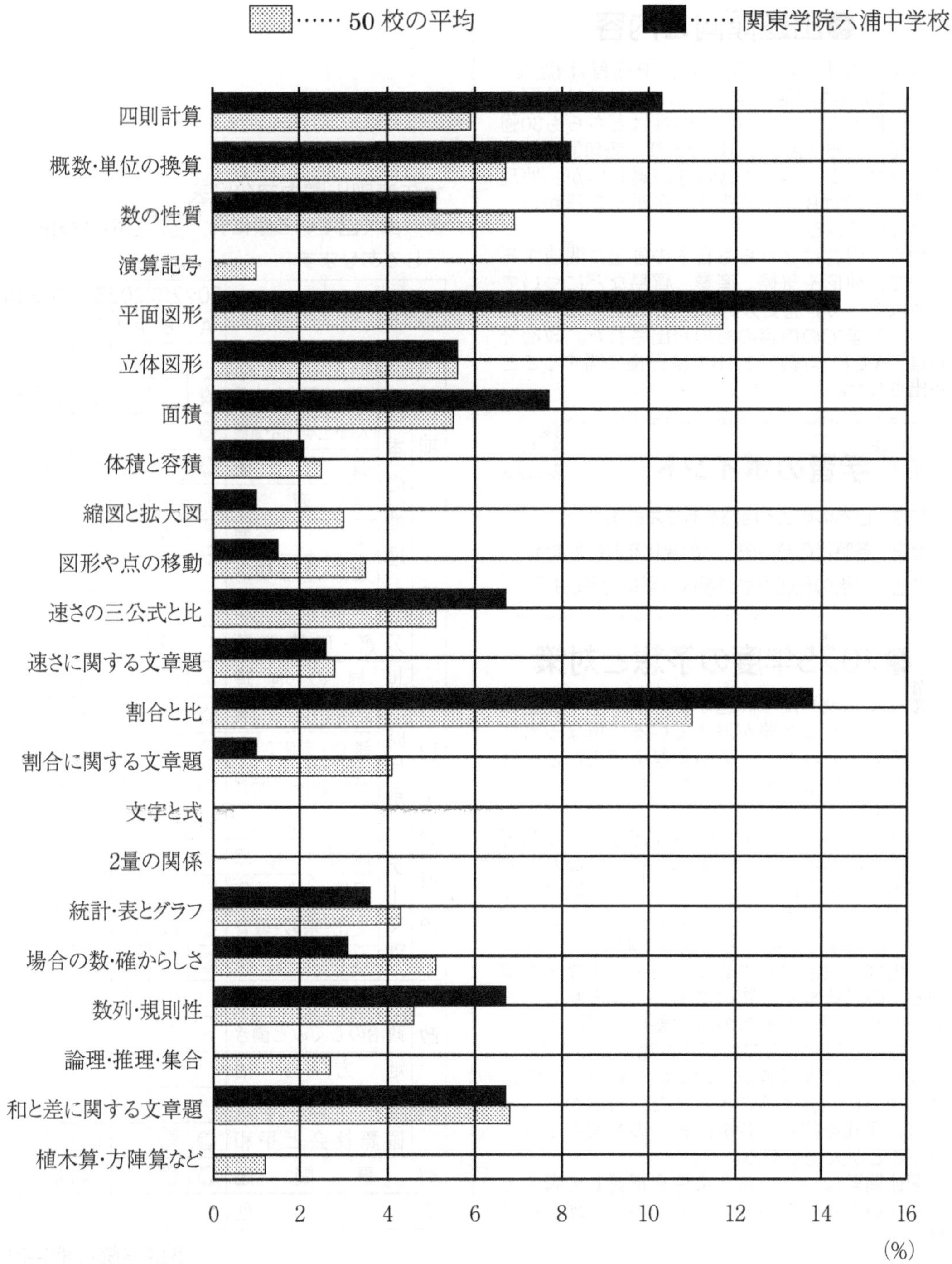

社会 出題傾向の分析と合格への対策

●出題傾向と内容

今年はA日程は大問が3題，B日程は4題で，A,Bともに1は地理と歴史の総合で，他は分野ごとの大問となっている。小問数はどちらも30強で，短文記述がAで3，Bで2あり，語句記入もある。全体としてはややAの方が難しいが，地理分野のものはBの方が統計関係がやや細かいものになっている。

地理の内容はどちらも日本の国土に関連するもので，地形や気候，産業，貿易などについて出されている。歴史分野は，A，Bどちらも古代から現代までの内容のものが出された。政治分野は，Aで日本国憲法，Bでは三権に関することが出された。

学習のポイント

地理　日本の国土と自然をおさえよう。
歴史　各時代の政治史，その変化をおさえよう。
政治　政治の仕組みや時事的な事に注意しよう。

●2025年度の予想と対策

単純な知識を問う問題が多いが，やや記述などで考えさせる問題が増えている。単なる言葉だけの知識ではなく，その背景や理由などを理解した勉強をしておくことが求められているといってよい。

地理は，国土，産業，貿易などを中心に学習しよう。地図帳での場所確認，資料集などで統計資料にも目を配っておきたい。世界地理的な事柄も出されてきているのでニュースなどで見かける国名はその場所を把握しておこう。

歴史は，政治史を中心に社会・文化などを整理し，時代背景や人物の業績などを理解しておくことが大切。出来事の時代整序の問題もあるので特に近現代のものは年号も覚えておきたい。

政治は，日本国憲法や政治の仕組み，国際連合を中心に勉強すること。また，日頃からニュースに興味を持ち，時事問題への対策も十分に行うことが大切である。

記述問題はいろいろと条件を把握して考えていかないと書けないものがあるので，練習が必要。

▼年度別出題内容分類表

※　よく出ている順に☆，◎，○の３段階で示してあります。

出題内容			2022年		2023年		2024年	
			A	B	A-1	B-1	A-1	B-1
地理	日本の地理	地図の見方						
		日本の国土と自然	☆		☆	☆	◎	☆
		人口・土地利用・資源	◎					○
		農業	◎		○	○	◎	○
		水産業					○	
		工業	○	◎				○
		運輸・通信・貿易				◎	○	○
		商業・経済一般						
	公害・環境問題			◎	○	◎		
	世界の地理			◎		○		
日本の歴史	時代別	原始から平安時代	☆	☆	○	◎	☆	☆
		鎌倉・室町時代	○	◎	◎	◎	○	
		安土桃山・江戸時代	◎		◎		◎	◎
		明治時代から現代	☆	◎	◎	◎	○	◎
	テーマ別	政治・法律	☆	☆	◎	◎	☆	☆
		経済・社会・技術	○		○	○		○
		文化・宗教・教育	◎	◎	○	○	◎	☆
		外交	◎	◎	◎	◎	◎	○
政治	憲法の原理・基本的人権			○	◎		☆	
	政治のしくみと働き			◎	◎	◎		☆
	地方自治							
	国民生活と福祉							
	国際社会と平和		◎	◎		◎	○	
時事問題			◎	◎		◎	◎	
その他			○					◎

関東学院六浦中学校

社会 ——グラフで見る最近３ヶ年の傾向——

最近３ヶ年に出題されたすべての問題を内容別に分類・集計し，全体に対して何パーセントくらいの割合になっているかを示しました。

（網かけ）……50校の平均　　（黒）……関東学院六浦中学校

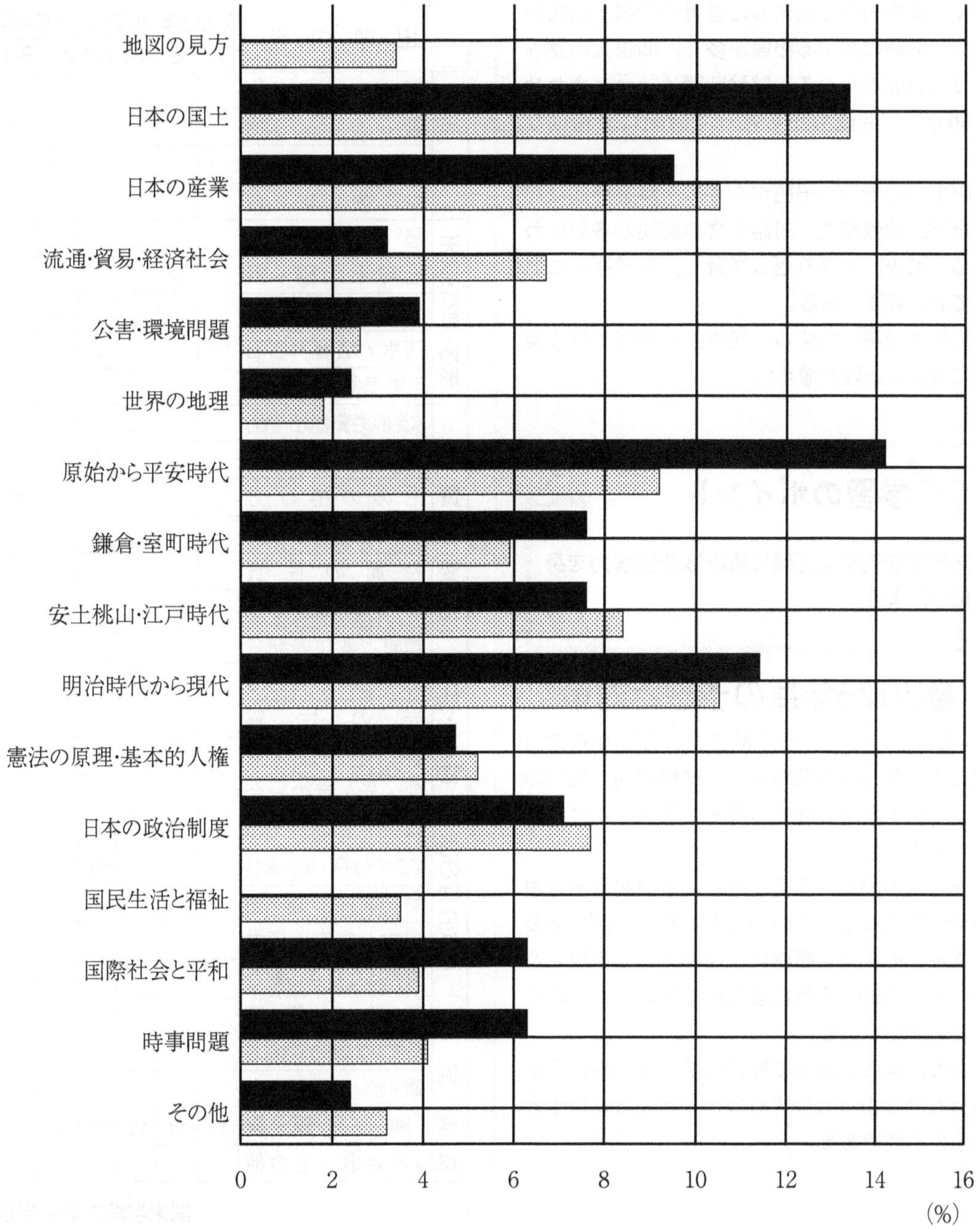

理科 出題傾向の分析と合格への対策

●出題傾向と内容

全体的に単純な知識をそのまま問う出題は少なく，基本知識を元にした思考力を試す出題が多い。実験に関する出題が多く，問題文の読みとりに時間がかかる。試験時間は社会と合わせて50分で，問題数から言って時間に余裕はない。

幅広い分野から出題がなされ，解答形式は記号選択，数値記述，用語や文の記述と多岐にわたる。過去問を繰り返し学習し，出題傾向に慣れておく必要がある。

近年は環境に関する出題や，小学校で行う実験に関する出題が増えた。

✔学習のポイント

問題文を素早く正確に読み取る読解力を身につけよう。

●2025年度の予想と対策

「力のはたらき」や「電流」の分野からの出題にやや難しい問題が多い。試験時間が短いので，生物・地学分野での解答に時間をかけすぎないようにしたい。

記述式の解答が多く，その現象が起きる理由や何が関係しているのかをよく知っておく必要がある。そして，簡潔に自分の考えを表現したり，要点を20字程度にまとめる練習をしておくことも大切である。

なお，年度によって解答用紙に単位の記入があったりなかったりするので，答え方には十分注意が必要である。

▼年度別出題内容分類表

※　よく出ている順に☆，◎，○の３段階で示してあります。

出題内容		2022年		2023年		2024年	
		A	B	A-1	B-1	A-1	B-1
生物	植物		☆	☆			
	動物						☆
	人体	☆				☆	
	生物総合						
天体・気象・地形	星と星座			☆			
	地球と太陽・月		☆				
	気象					☆	
	流水・地層・岩石	☆			☆		☆
	天体・気象・地形の総合						
物質と変化	水溶液の性質・物質との反応			☆		☆	
	気体の発生・性質				☆		
	ものの溶け方	☆					☆
	燃焼						
	金属の性質						
	物質の状態変化		☆				
	物質と変化の総合						
熱・光・音	熱の伝わり方						
	光の性質	☆					
	音の性質						
	熱・光・音の総合						
力のはたらき	ばね						
	てこ・てんびん・滑車・輪軸			☆	☆		
	物体の運動					☆	☆
	浮力と密度・圧力		☆				
	力のはたらきの総合						
電流	回路と電流						
	電流のはたらき・電磁石						
	電流の総合						
実験・観察		☆	☆	☆	☆	☆	◎
環境と時事／その他							

関東学院六浦中学校

理科 ——グラフで見る最近３ヶ年の傾向——

最近３ヶ年に出題されたすべての問題を内容別に分類・集計し，全体に対して何パーセントくらいの割合になっているかを示しました。

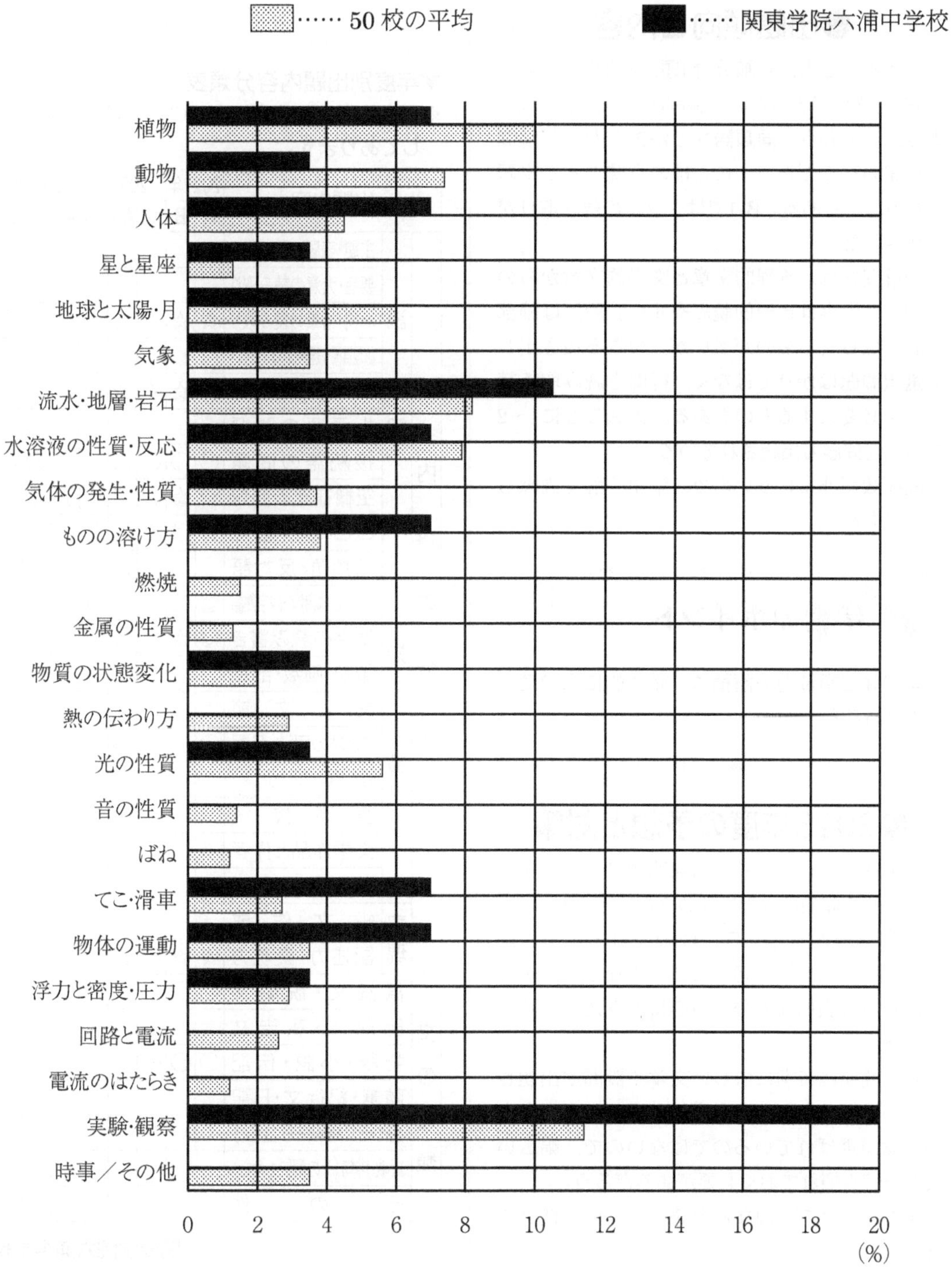

国語　出題傾向の分析と合格への対策

●出題傾向と内容

いずれの回も，知識分野4題，読解問題2題の大問6題構成であった。知識問題は，漢字の読み書き，ことわざ，同類語などが主だが，読解問題に組み込んだ形で，ことばの意味などが出題されることもある。B-1ではグラフの読み取りが出題された。

読解問題は，論理的文章と文学的文章からの出題で，内容は比較的読みやすい。設問は細部を読み取らせるものが多いが，単なる抜き出しや選択問題ばかりではなく，行間を読み取る読解力を必要とするものもある。大問ごとに1～2題の記述問題も出題されている。

問題数が非常に多いので，素早く解く訓練も必要である。

✔学習のポイント

漢字など語彙《い》力の蓄積は，徹底的に書いて覚えること！

●2025年度の予想と対策

読解問題だけでなく，知識問題にもウェイトが置かれる傾向は今後も変わらないと思われる。

漢字の読み書き，ことばの意味・用法，四字・二字熟語，慣用句，ことわざなどは，よく使われる代表的なものを中心におさえておくべきである。

読解問題は特別に難しい文章や設問が出題されるわけではないが，必ずしも少年・少女向きの文章が選ばれているのではないので，幅広い文章を読み慣れておく必要があるだろう。

また，グラフや図などの読み取りにも慣れておこう。

▼年度別出題内容分類表

※　よく出ている順に☆，◎，○の３段階で示してあります。

出題内容			2022年		2023年			2024年		
			A	B	A-1	A-2	B-1	A-1	A-2	B-1
内容の分類	読解	主題・表題の読み取り								
		要旨・大意の読み取り						○	○	○
		心情・情景の読み取り	☆	☆	☆	☆	☆	◎	☆	◎
		論理展開・段落構成の読み取り								
		文章の細部の読み取り	☆	☆	☆	☆	☆	☆	☆	☆
		指示語の問題			○				○	○
		接続語の問題	○	○	○	○		○	○	○
		空欄補充の問題	☆	☆	☆	☆	☆	☆	◎	☆
	知識	ことばの意味	☆	○	☆	○	○	○	○	
		同類語・反対語				○			◎	
		ことわざ・慣用句・四字熟語	◎	◎	○		◎	◎	◎	○
		漢字の読み書き	◎	☆	☆	☆	◎	☆	☆	☆
		筆順・画数・部首								
		文と文節								
		ことばの用法・品詞	○			○				
		かなづかい								
		表現技法								
		文学作品と作者								
		敬語								
	表現	短文作成								
		記述力・表現力	☆	☆	○	☆	☆	◎	◎	☆
文の種類		論説文・説明文	○	○	○	○	○	○	○	
		記録文・報告文								
		物語・小説・伝記	○	○	○	○	○	○	○	○
		随筆・紀行文・日記								○
		詩(その解説も含む)								
		短歌・俳句(その解説も含む)								
		その他								

関東学院六浦中学校

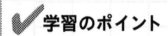

国語

——グラフで見る最近3ヶ年の傾向——

最近3ヶ年に出題されたすべての問題を内容別に分類・集計し，全体に対して何パーセントくらいの割合になっているかを示しました。

▨…… 50校の平均　　■…… 関東学院六浦中学校

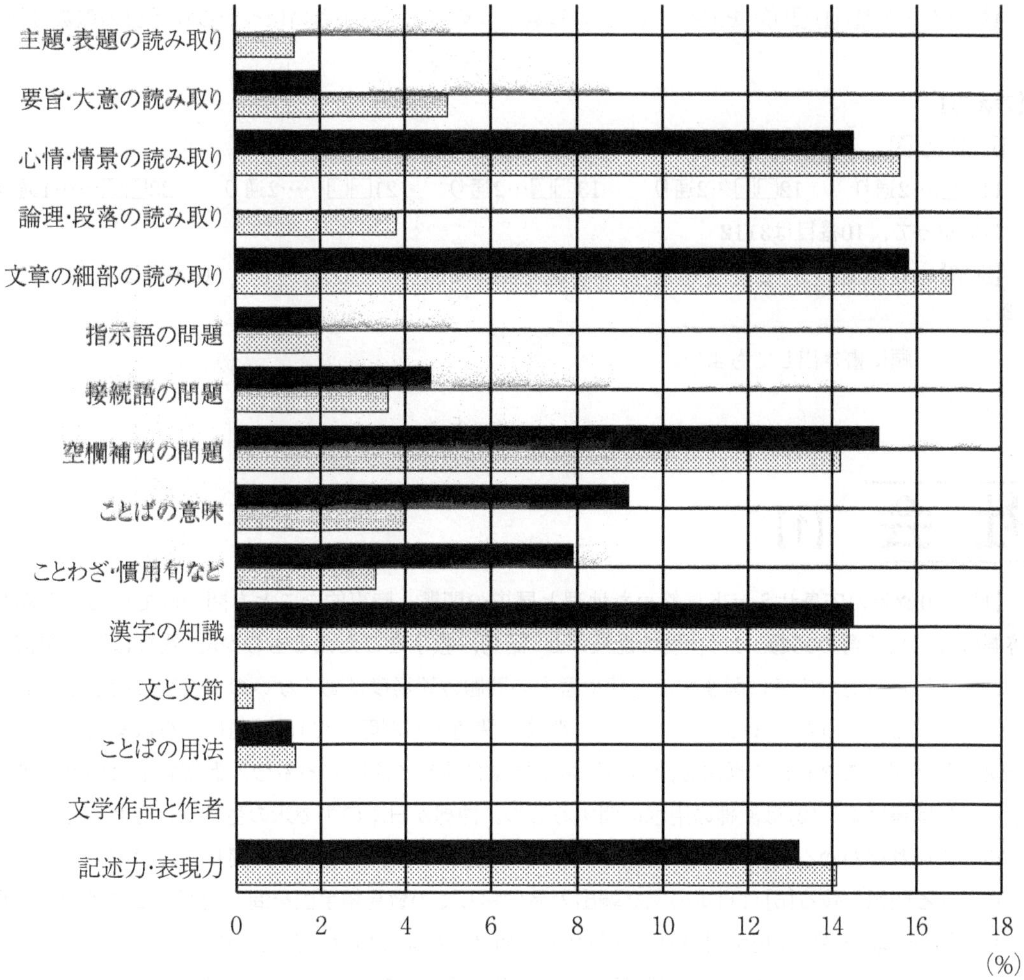

	論説文 説明文	物語・小説 伝記	随筆・紀行 文・日記	詩 （その解説）	短歌・俳句 （その解説）
関東学院 六浦中学校	43.8%	50.0%	6.3%	0.0%	0.0%
50校の平均	47.0%	45.0%	8.0%	0.0%	0.0%

2024年度　合否の鍵はこの問題だ!!

(A-1日程)

算　数　【3】(5)

よく出題されるタイプの問題であるが，4枚のカードのうち2枚が同じ数であり，注意が要る。

【問題】

4枚のカード [1] [1] [2] [3] を並べて4ケタの整数をつくるとき，小さいほうから10番目の整数は何か。

【考え方】

[1] [1] [2] [3]

11□□…2通り　　12□□…2通り　　13□□…2通り　　21□□……2通り　　23□□……1通り

したがって，10番目は3112

【別解】　1□□□…3×2×1＝6(通り)　　2□□□…3通り　　したがって，10番目は3112

順に書き出してもよい。

社　会　【1】

【1】は2023年の広島サミットに絡めた地理と歴史の問題。時事的なことも問われている。問題数は解答欄の数で枝問含め15題。1行程度の記述が1，語句，数字をこたえるものが5，残りは記号選択になっている。[1]，[2]の広島に関連する地理や歴史の問題は難易度は高くないので確実に得点しておきたいもの。けっこうやっかいなのが[3]の沖縄の農業に関連する問題。(1)は沖縄にみられるビニールハウスを使う農業がおこなわれる理由を沖縄の気候や気象に絡めて説明するもの。促成栽培というものを理解していれば書ける。(2)は沖縄の用水に関するもの。沖縄が日本の中で米の生産ではきわめて少ない理由を知っていればわかる。[4]，[6]は広島サミット関連のもの。サミットに関しての対策を立てていればまずできる問題。残る[5]は日本の主な輸出入品に関しての貿易相手国を問う問題。ここはやや難しいものも含むが，他の品目の相手国の組み合わせと合わせて考えていけば答えられる。

受験勉強の定石をおさえてあれば解答できるものは多いので，その対策の有無で差がでる。

理 科 【5】

大問が4題で各分野から出題されていた。計算問題や論述形式の問題が出題される。基礎～標準レベルの問題がほとんどで，典型的な例題をしっかりと理解できているかが試される。この中で合否を分ける問題として，【5】を考える。気体の発生と性質に関する問題である。

酸素，二酸化炭素，アンモニア，窒素の4つの気体を区別する問題で，それぞれの気体の性質に関する知識が必要である。実験1より，気体Bは刺激臭がするのでアンモニアである。実験2より，BTB溶液が黄色になるので気体Aは酸性であり二酸化炭素とわかる。また，Bのアンモニアはアルカリ性なので青色になった。実験3では赤色リトマス紙を青くするのがBなので，アルカリ性のアンモニアであることが確認できる。実験4からは，火のついた線香を入れるとCで明るく燃えたので，Cが酸素とわかり，残りのDが窒素とわかる。

フェノールフタレイン溶液を赤くするのはアルカリ性の溶液であり，青色リトマス紙を赤くするのは酸性の溶液である。また，空気中には酸素と窒素が1：4の割合で含まれている。

二酸化炭素の確認方法は，石灰水に二酸化炭素を吹き込む方法である。溶液が白くにごると二酸化炭素の存在が確認できる。

酸素の発生には二酸化マンガンに過酸化水素水を加える。二酸化炭素の発生には，石灰石にうすい塩酸を加える。

これらの知識は基本的なものであり典型的な問題であるので，この問題では完答をめざしたい。
出題される問題の多くが基本的な問題なので，基礎力をしっかり身につけミスの無いように気をつけたい。論述形式の出題もあり，自分の考えを短くまとめる練習もしておこう。

国 語 五 問五

★合否を分けるポイント

――線③「それが秋元さんのつぎの課題となりました」について，1では秋元さんの「つぎの課題」とはどんなことか，最も適当なものを選ぶ選択問題，2ではこの「課題」の解決方法となったのはどのような仕組みか，指定字数以内の一文で説明する記述問題である。1では指示語と文脈を的確におさえているか，2では説明すべき内容を本文から読み取れているかがポイントだ。

★どの部分を使って説明するかを的確に見極める

まず1について，③の「それ」は，直前の「どうすれば，作った缶詰を無駄にせずにすむだろう」という秋元さんの思いを指しているので，③の「つぎの課題」はこのことを説明しているアが正解となる。

次に2について，③までで「つぎの課題」の解決方法は述べていないので，③後の次章以降を確認すると，2004年12月のスマトラ島沖の地震で，売れ残ったパンの缶詰を送ってほしいという現地の知り合いから連絡が入ったことをきっかけに，賞味期限が切れる前であれば，新品じゃなくてもいい，ということに秋元さんは気づく→災害が起こった地域や飢えに苦しむ人がおおぜいいるような場所に送れば，賞味期限が残り少なくてもよろこんで食べてもらえるかもしれない→「日本国際飢餓対策機構」というNGOと連携し，関税がかからないようにして，パンの缶詰を海外に送るようになる→そこで考えた仕組みが，【パンの缶詰の賞味期限は三年で，通常なら三年後に買い替えとなるが，パンの缶詰を買ってくれたお客さんに期限が切れる一年前に声をかけ，新しい缶詰を届けて古い缶詰を回収することした。お客さんのもとには備蓄食としてパンの缶詰がつねにあり，賞味期限の近い缶詰は海外の困っている人に届けられる】→パンを捨てることがなくなり，みんなが少しずつよい気持ちになれる仕組みができた，という内容になっている。この【　】部分が「課題」の解決方法の具体的な仕組みになっているので，この内容を指定字数以内の一文で説明するということになる。【　】部分のように，説明に必要な内容が，問題になっている　　線③部分から離れていることに注意しなければならない。また，「一文で」という指示があるので，【　】部分の要旨を的確にまとめる必要がある。ただし，設問の「仕組み」という言葉は手がかりになり，「一文で」の指示で説明に必要な内容をしぼることができる。本文の流れをていねいにたどっていくとともに，設問の指示も手がかりにして，的確な説明をすることが重要だ。

2024年度

★★★★★★★★★★★★★★★★★★★★★★★★

入　試　問　題

2024年度

関東学院六浦中学校入試問題（A－1日程）

【算　数】（45分）　＜満点：100点＞

【注意】 解答用紙，問題用紙に 考え方 と書いてある問題は，答えを求めるために用いた考え方や途中《とちゅう》の式や図などを解答用紙に残しなさい。

［聞き取り問題］

【１】 放送を聞いて，３個のおもりＡ，Ｂ，Ｃの重さについて，次の問いに答えなさい。問題文は２回読まれます。なお，問題文を聞きながらメモを取ってもかまいません。

(1)　３個の合計は何ｇですか。

(2)　Ｃは何ｇですか。

(3)　Ａは何ｇですか。

［聞き取り問題］は以上です。

※放送台本は非公表です。

【２】 次の計算をしなさい。

(1)　$24680-13579$

(2)　$112\times9+127\times8$

(3)　$47742\div73$

(4)　4.23×6.2

(5)　$\frac{1}{2}-\frac{1}{3}+\frac{1}{4}-\frac{1}{5}+\frac{1}{6}-\frac{1}{12}$

(6)　$0.125\times0.4\times0.5\div0.25\div0.1$

(7)　$9\times8\times\{7\times(6+5)-4\times(3\times2+1)\}$

(8)　$50\times25+51\times25+105\times12+105\times13$

【３】 次の □ にあてはまる数を求めなさい。

(1)　$6.4：\square=\frac{4}{5}：1\frac{1}{4}$

(2)　13200円の商品を □ ％値引きした値段は9900円です。ただし，消費税は考えません。

(3)　75分の動画を1.5倍速で視聴すると □ 分で観《み》終わります。

(4)　４％の食塩水600ｇと12％の食塩水400ｇを混ぜた食塩水の濃度は □ ％です。

(5)　４枚のカード $\boxed{1}$, $\boxed{1}$, $\boxed{2}$, $\boxed{3}$ を並べて４桁《けた》の整数をつくるとき，小さい方から数えて10番目の整数は □ です。

(6)　現在の父の年齢《ねんれい》は子の４倍で，22年後は子の２倍になります。現在の父の年齢は □ 歳《さい》です。

(7)　4000Ｌの貯水槽《ちょすいそう》に，１分間に150Ｌの割合で水を入れることができる栓《せん》Ａと，３分間に190Ｌの割合で水を入れることができる栓Bを使って同時に水を入れ始めると，空の貯水槽は □ 分 □ 秒で満水になります。

(8) 底面の半径が6㎝，高さが10㎝の円柱の表面積は □ cm^2 です。ただし，円周率は3.14とします。

【4】 下の図は，ある規則《きそく》にしたがって黒と白の碁石《ごいし》を正方形状に並べていったときの変化を示したものです。このとき，下の問いに答えなさい。

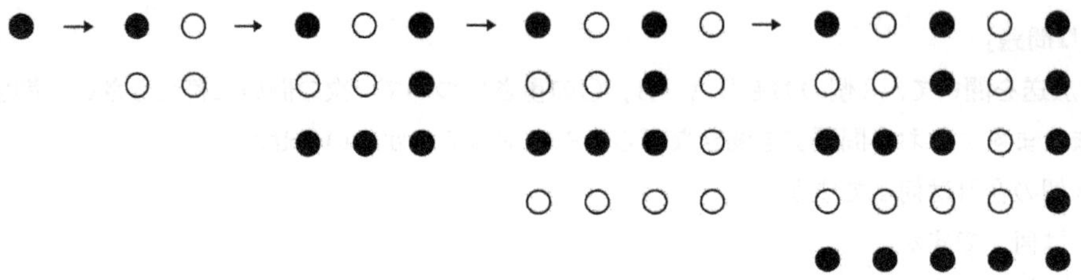

(1) 上の規則にしたがって，碁石を正方形状に100個並べるとき，黒の碁石と白の碁石はそれぞれ何個使いますか（考え方や途中の式も書きなさい）。考え方

(2) 上の規則にしたがって，碁石を正方形状に400個並べるとき，黒の碁石と白の碁石はそれぞれ何個使いますか。

【5】 ゆうこさんと先生の会話文を読み，下の問いに答えなさい。

ゆうこ：先生，質問があります。

先　生：なんでしょう。

ゆうこ：算数の答えは一つしかないと聞いたことがあります。でも，私が今取り組んでいる問題は，答えがたくさんあるみたいです。

先　生：どのような問題ですか。

ゆうこ：この問題です。

問題　1周990mのランニングコースを兄と弟がそれぞれ一定の速さで走ります。2人が同じ地点から同じ向きに同時に走りはじめたとき，20分後に2人の差がはじめて400mになりました。兄が分速100mの速さで走るとき，次の問いに答えなさい。

① 弟は分速何mで走りましたか。考えられるすべての速さを求めなさい。

② 2人がこのコースを同じ地点から逆向きに同時に走りはじめたとすると，何分何秒ではじめて出会いますか。考えられるすべての答えを求めなさい。

先　生：なるほど。ゆうこさんは，この問題の答えは一つしかないと考えているのですね。

ゆうこ：そうです。

先　生：ゆうこさんはなぜこの問題の答えが一つしかないと考えたのですか。

ゆうこ：なぜなら，兄弟で走っているので，兄が弟に400mの差をつけて走っている場合しか考えられないからです。

先　生：そうでしょうか。兄弟だからといって，兄の方が速いとは限らないのではないですか。

ゆうこ：なるほど。そういうことだったのですね。私か考えたものの他に，もう一つ考えられるのですね。

先　生：そうです。

ゆうこ：もう一度チャレンジしてみます。

先　生：ぜひやってみてください。

(1)　前のページの問題の①の答えを求めなさい。

(2)　前のページの問題の②の答えを求めなさい。

【社会・理科】（50分）　＜満点：各50点＞

【1】 次の文章を読んで，あとの各問いに答えなさい。

Ｇ７サミット「主要国首脳会議」は，アメリカ・カナダ・イギリス・ドイツ・（　あ　）・（　い　）・日本の７か国とＥＵの首脳が参加して毎年開催《さい》される国際会議です。2023年５月には①広島で開かれました。これまで日本でのサミットは，東京以外に九州・②沖縄，洞爺湖《とうやこ》（北海道），伊《い》勢志摩《せしま》（三重県）で開催されています。

日本が③議長国となった昨年のＧ７サミットでは，法に基づく国際秩《ちつ》序の維《い》持・強化に向け，各国が結束《そく》を示すことなどが話し合われ，世界中から注目されました。また，ウクライナの（　う　）大統領が緊《きん》急参加したことも大きな話題となりました。

2022年２月に始まったロシアとウクライナとの戦争は，ウクライナがNATOへの加盟を目指したことに，ロシアが不満を持ったことが原因の１つと言われています。

このほか昨年のＧ７サミットでは，④世界経済や地球規模の課題への対応や⑤新興国や発展途《と》上国への関与を強化することなどが話し合われました。

［１］ 上の文中の空らん（あ）～（う）にあてはまる国名または人名を答えなさい。

［２］ 波線部①の広島に関する次の⑴～⑸の各問いに答えなさい。

⑴ 次のア～エの雨温図は，東京，北海道（洞爺湖），広島，南伊勢のものです。この中から広島のものを１つ選び，記号で答えなさい。

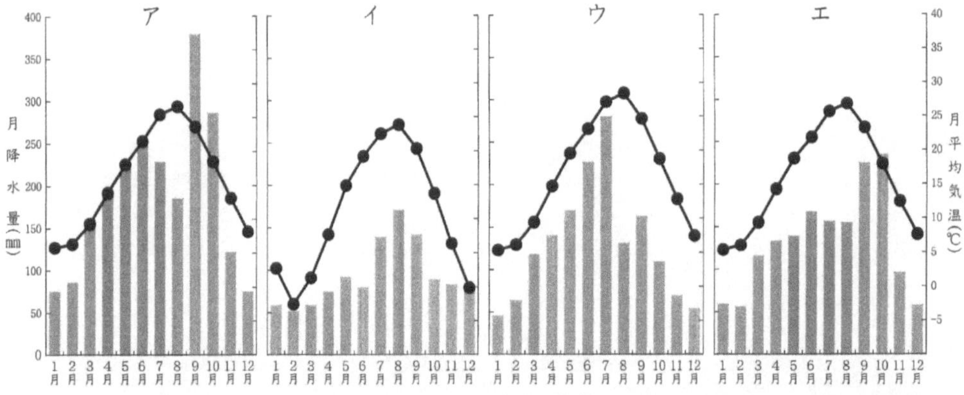

気象庁発表のデータより作成（1991～2020年の平均）

⑵ 広島湾《わん》で養殖《しょく》がさかんな海産物は何ですか。次のア～エより１つ選び，記号で答えなさい。

ア．うなぎ　　イ．カニ　　ウ．真珠《しんじゅ》　　エ．カキ

⑶ 広島には世界遺産に登録されている「原爆《ばく》ドーム」がありますが，広島に原子爆弾《だん》が役下されたのはいつですか。西暦《れき》で年月日を答えなさい。

⑷ 原爆ドーム以外に広島にある世界遺産を次のア～エより１つ選び，記号で答えなさい。

ア．厳島《いつくしま》神社　　イ．金閣　　ウ．日光東照宮《とうしょうぐう》　　エ．東大寺

⑸ 上の⑷のア～エに最も関係のある人物を次の１～８よりそれぞれ１つ選び，番号で答えなさい。

１．聖武天皇　　２．足利義政　　３．藤原道長　　４．平清盛

５．織田信長　　６．豊臣秀吉　　７．徳川家康　　８．足利義満

［３］　波線部②の沖縄に関する次の(1)・(2)の各問いに答えなさい。

(1)　右の写真は沖縄のビニールハウスです。沖縄でビニールハウス栽培《さいばい》を行っているのはなぜですか。気候的または気象的な理由を１つ説明しなさい。

㈱三和アグリテクノ　ホームページより

(2)　沖縄の用水に関する次のア～エの文章のうち，正しいものを２つ選び記号で答えなさい。

ア．川が短いため，雨が降ってもすぐに海に流れ出てしまうので，水不足になり給水制限が行われることが多くありました。

イ．気温が高く降水量も多いので，農業用水や飲料水には困りません。

ウ．大きなダムや海水を真水にする淡《たん》水化センターをつくり，水不足に備えています。

エ．砂浜《はま》やサンゴ礁《しょう》を保護するために，地下ダムがつくられています。

［４］　波線部③について，昨年のＧ７サミットで議長をつとめた内閣総理大臣は誰《だれ》ですか。氏名を漢字で答えなさい。

［５］　波線部④について，次の円グラフは日本の貿易相手国を表しています。グラフ中のＡ～Ｃにあてはまる国名を下のア～エよりそれぞれ１つずつ選び，記号で答えなさい。

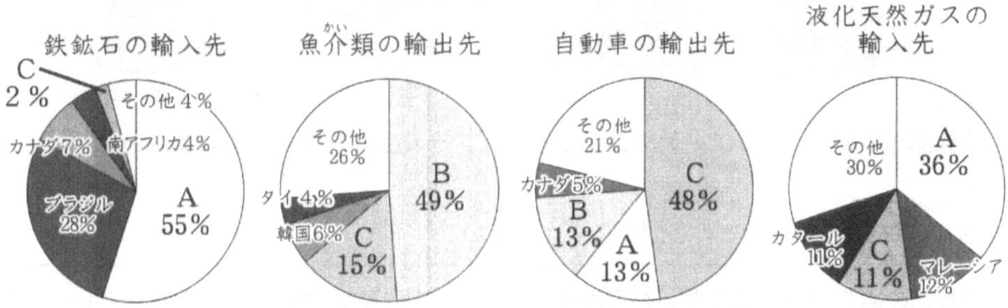

23／24『日本国勢図会』より

ア．アメリカ合衆国　　イ．オーストラリア　　ウ．中国　　エ．インドネシア

［６］　波線部⑤について，主に南半球に多い新興国や発展途上国のことをまとめて何といいますか。下のア～エより１つ選び，記号で答えなさい。

ア．サステナブル　　イ．ブリックス　　ウ．グローバルサウス　　エ．サウスアフリカ

【２】　次の１～７の文章を読んで，あとの各問いに答えなさい。

１．①三内丸山《さんないまるやま》遺跡《いせき》は（　ア　）時代のムラのあとです。この遺跡からは大きな竪《たて》穴住居や②土器，土製の人形などが見つかっています。

２．中国の古い歴史書によると，３世紀ごろの日本には（　イ　）というクニがあり，卑弥呼

という女王が約30のクニを従えていると書かれています。

3．聖徳太子は小野妹子らを中国に送り，中国の文化や政治の仕組みを取り入れようとしました。 この使節を（　ウ　）といいます。

4．13世紀になるとモンゴルが中国を征《せい》服し，日本にも従うように使いを送ってきました。幕府の執権（　エ　）はこれをこばみ，九州の守りを固めました。すると元軍は，大軍をひきいて日本をおそいました。これを元寇といいます。

5．関ヶ原の戦いは，豊臣秀吉の死後，徳川家康と対立する大名との間で起きた合戦でした。これに勝利した家康は，1603年に（　オ　）に任命されると，（　カ　）に③幕府を開きました。

6．1853年，日本に開国をせまるアメリカ大統領の手紙を待った，4隻《せき》の黒い軍艦《かん》が現在の神奈川県（　キ　）沖《おき》に現れました。これに対しアメリカの武力を恐《おそ》れた幕府は，1854年，日米和親条約を結び，（　ク　）と函館《はこだて》の2つの港を開きました。こうして200年以上続いた鎖《さ》国は終わりました。

［1］　上の文中の空らん（ア）～（ク）にあてはまる語または人名を漢字で答えなさい。

［2］　波線部①について，三内丸山遺跡はどこにありますか。都道府県名を答えなさい。

［3］　波線部②について，（ア）時代の土器を次のア～エの中から1つ選び，記号で答えなさい。

ア　　　　イ　　　　ウ　　　　エ

講談社『日本の原始美術』より

［4］　波線部③の幕府はキリスト教を禁止しました。その主な理由を説明しなさい。

【3】　次の文章を読んで，あとの各問いに答えなさい。

　国の政治のあり方や仕組みなどを定めている，国の最高の決まりのことを憲法といいます。

　日本の明治政府は，長州藩《はん》出身で初代内閣総理大臣になった，（　1　）を中心に憲法づくりを進めました。こうして1889年に発布されたのが，（　2　）憲法です。この憲法では，主権は（　3　）にありました。しかし，現在の憲法では，主権は（　4　）が持つことになっており，（　4　）主権・（　5　）主義・①基本的人権の尊重が憲法の3つの柱となっています。

［1］　上の文中の(1)～(5)にあてはまる語または人名を漢字で答えなさい。

［2］　波線部①について，基本的人権とは「だれでも生まれたときから，自由で平等に，人間らしく幸せに生きる権利」のことです。平等な社会を作るためには何か必要で，そのためにあなたができることは何だと考えますか。あなたの考えを説明しなさい。

【4】 ある長さの糸のはしに，おもりを取りつけてふりこをつくりました。反対側の糸のはしを天井に固定して，ふりこのはたらきを調べる実験を行いました。次の問いに答えなさい。

［実　験］

重さ10ｇのおもりと重さ50ｇのおもりを用意しました。図のように，糸がピンとはった状態である角度まで持ち上げてから手をはなしたところ，ふりこは糸がたるむことなく，左右にふれました。 おもりと角度を変えて，ふりこが10往復する時間をそれぞれ測定しました。表１は実験の条件を示しています。 また，表２はそれぞれの条件でおもりが10往復するのにかかる時間を３回測定した結果です。ただし，すべての条件において，使用する糸は同じものとします。

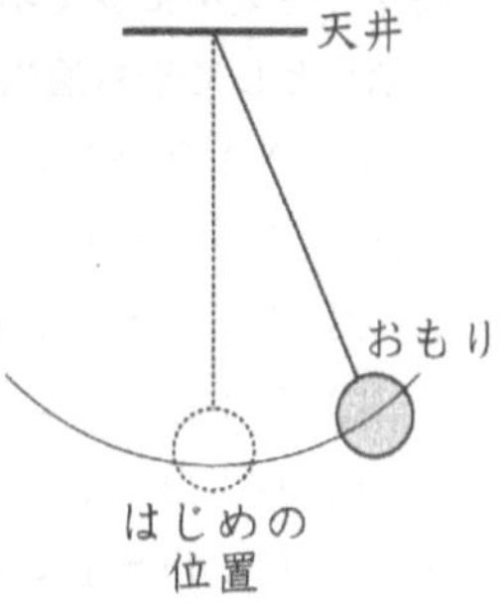

表１　測定の条件

	条件１	条件２	条件３	条件４
おもりの重さ［g］	10	10	50	50
角度	10°	20°	10°	20°

表２　10往復するのにかかる時間［秒］

	１回目	２回目	３回目
条件１	11.2	12.1	12.7
条件２	12.5	12	11.5
条件３	11.9	12.5	11.6
条件４	12.4	12	11.6

問１ ［条件１］から，おもりが１往復するのにかかる時間は平均何秒ですか。小数第１位まで答えなさい。

問２　表１と表２から，おもりが１往復するのにかかる時間についてどのようなことがいえますか。ただし「おもりの重さ」と「角度」についてふれながら説明しなさい。

問３　おもりが１往復するのにかかる時間を短くするためには，どうすればいいですか。

【5】 ４つの集気ビンにＡ～Ｄの４つの気体（酸素，二酸化炭素，アンモニア，ちっ素）がそれぞれ集めてあります。また，［実験１］～［実験４］を行い，Ａ～Ｄがどの気体であるかを調べました。次の問いに答えなさい。

［実験１］においをかいだとき，気体Ｂは鼻がつんとするにおいがした。

［実験２］水にとかしたあと，緑色のBTBよう液を入れたら，気体Ａは黄色に変化し，気体Ｂは青色に変化し，それ以外は変化しなかった。

［実験３］水でぬらした赤リトマス紙を近づけてみると，気体Ｂだけ青色に変化した。

［実験４］火のついた線香を集気ビンに入れると，気体Ｃだけ明るく燃えた。

問１　Ａ～Ｄの気体はそれぞれ何ですか。気体名で答えなさい。

問２　［実験２］でBTBよう液のかわりにフェノールフタレインよう液で実験すると，赤色に変化する気体は，Ａ～Ｄのどれですか。記号で答えなさい。

問３　［実験３］で赤リトマス紙のかわりに青リトマス紙で実験すると，赤色に変化する気体は，Ａ～Ｄのどれですか。記号で答えなさい。

問４　空気中に多くふくまれている気体がＡ～Ｄの中に２つあります。この２つの気体の空気中の割合として最も適当なものを（ア）～（シ）から１つ選び，記号で答えなさい。

（ア）Ａ：Ｂ＝１：４　　（イ）Ａ：Ｂ＝１：５
（ウ）Ａ：Ｃ＝１：４　　（エ）Ａ：Ｃ＝１：５
（オ）Ａ：Ｄ＝１：４　　（カ）Ａ：Ｄ＝１：５
（キ）Ｂ：Ｃ＝１：４　　（ク）Ｂ：Ｃ＝１：５
（ケ）Ｂ：Ｄ＝１：４　　（コ）Ｂ：Ｄ＝１：５
（サ）Ｃ：Ｄ＝１：４　　（シ）Ｃ：Ｄ＝１：５

問５　［実験１］～［実験４］以外で気体Ａを確認する方法を考え，説明しなさい。

問６　酸素と二酸化炭素を発生させるために必要な固体と液体はそれぞれ何ですか。（ア）～（ク）より１つずつ選び，それぞれ記号で答えなさい。

（ア）アンモニア水　（イ）うすい塩酸　（ウ）石灰水　（エ）過酸化水素水　（オ）食塩
（カ）石灰石　（キ）鉄　（ク）二酸化マンガン

【６】　図は，人の体内を表しています。次の問いに答えなさい。

問１　図中のＢ～Ｆの名前を答えなさい。

問２　図中のＡ（口）からＧ（こう門）までの食べ物の通り道を，正しい順に記号で並べなさい。

問３　下の文をよく読んで，次の問いに答えなさい。

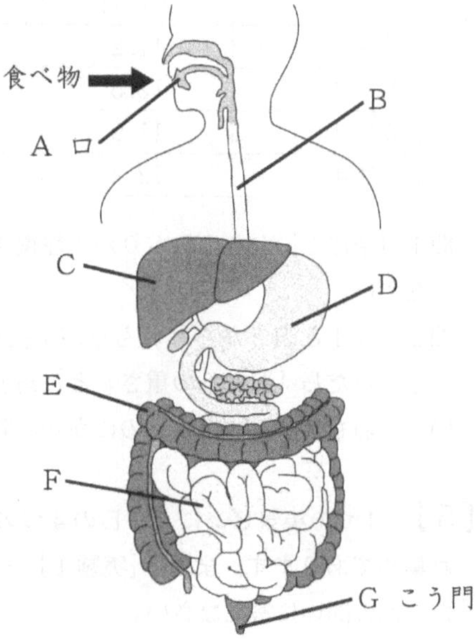

食べ物を体に吸収されやすい物質に変化させることを（　①　）といい，口からこう門までの食べ物の通り道を（　②　）といいます。また，（　①　）にかかわっている液を（　③　）といいます。

⑴　（①）～（③）に当てはまる言葉を答えなさい。

⑵　下線部について，口から出される液を何といいますか。

【７】　六太さんと三四朗さんは１時間に降る雨量を調べようと考えています。雨量とは，降った雨がどこにも流れずにそのままたまった場合の水の深さです。

六太さんはうすくてやわらかいプラスチック容器（イチゴが入っていたもの）の中心に穴を開け，プラスチックのストローをセロハンテープで取り付け，それをメスシリンダーにさした装置を作成しました。三四朗さんはろうとをメスシリンダーにさした装置を作成しました。どちらも雨が降り出してからメスシリンダーを地面に固定しました。次の問いに答えなさい。

六太さんの装置の材料

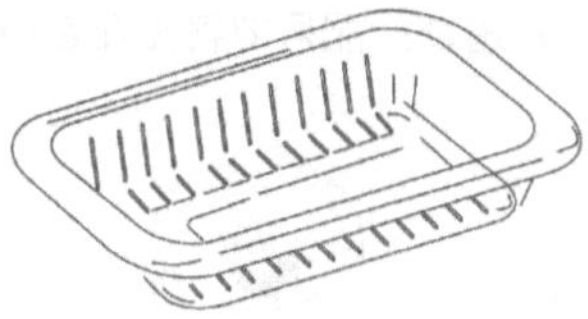
プラスチック容器

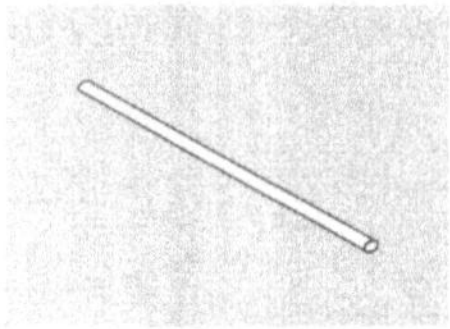
プラスチックストロー

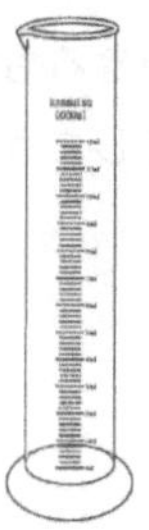
メスシリンダー

三四朗さんの装置の材料

ろうと

メスシリンダー

問１　六太さんの装置は正確に測定することができませんでした。失敗の原因はいくつか考えられますが，その中の１つを説明しなさい。

問２　気象庁は，発表する雨量に関して下の表のように定めています。表の（A）～（F）に適する語句を，下の（ア）～（ク）から選び，記号で答えなさい。

予報用語	１時間の雨量（㎜）	人の受けるイメージ・えいきょう・屋外の様子
①やや強い雨	10以上～20未満	ザーザーと降る。地面からのはね返りで足元がぬれる。地面一面に水たまりができる。
②　（A）	20以上～30未満	（D）
③激しい雨	（C）	（E）
④非常に激しい雨	50以上～80未満	たきのように，ゴーゴーと降り続く。かさは全く役に立たなくなる。水しぶきであたり一面が白っぽくなり，視界が悪くなる。
⑤　（B）	80以上	（F）

（ア）強い雨　　（イ）もうれつな雨　　（ウ）30以上～40未満

（エ）40以上～50未満　　（オ）30以上～50未満

（カ）どしゃ降り。かさをさしていてもぬれる。地面一面に水たまりができる。

（キ）息苦しくなるような圧ぱく感がある。きょうふを感ずる。かさは全く役に立たなくなる。水しぶきであたり一面が白っぽくなり，視界が悪くなる。

（ク）バケツをひっくり返したように降る。かさをさしていてもぬれる。道路が川のようになる。

問3　下の容器（ア）～（ウ）を雨の中に置きました。⑴たまった雨水の水位がそのまま雨量と考えることができるもの，⑵本当の雨量より水位が低くなってしまうもの，⑶本当の雨量より水位が高くなってしまうものを（ア）～（ウ）からそれぞれ選び，記号で答えなさい。

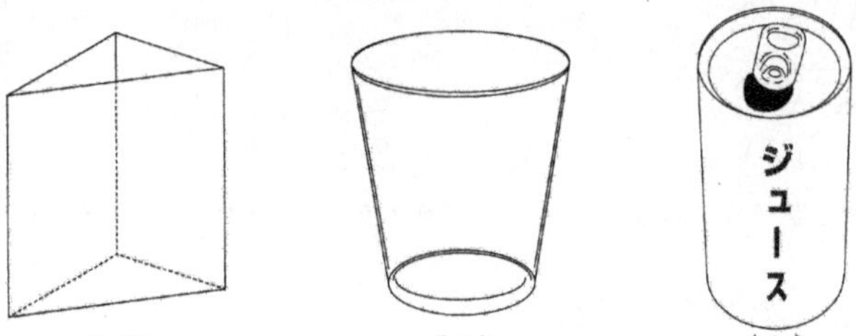

（ア）三角柱形の容器　（イ）上の図のようなコップ　（ウ）ジュースの空き缶

問4　三四朗さんの装置のろうとは最上郡内側の直径が60㎜です。雨が降り出したので，装置を平らなコンクリートに固定しました。 ろうとの上に降った雨はすべてメスシリンダーにためることができました。装置をセットしてから1時間後，メスシリングーにたまった雨は59.4ml（ミリリットル）でした。このとき三四朗さんの庭に降った雨の予報用語として最も適当なものを，問2の表の①～⑤から1つ選び，記号で答えなさい。ただし，1 ml ＝1000mm^3で，円周率は3を使用してください。

六、※問題に使用された作品の著作権者が二次使用の許可を出していないため、問題を掲載しておりません。

（出典：小川糸『とわの庭』新潮社　二〇二〇年）

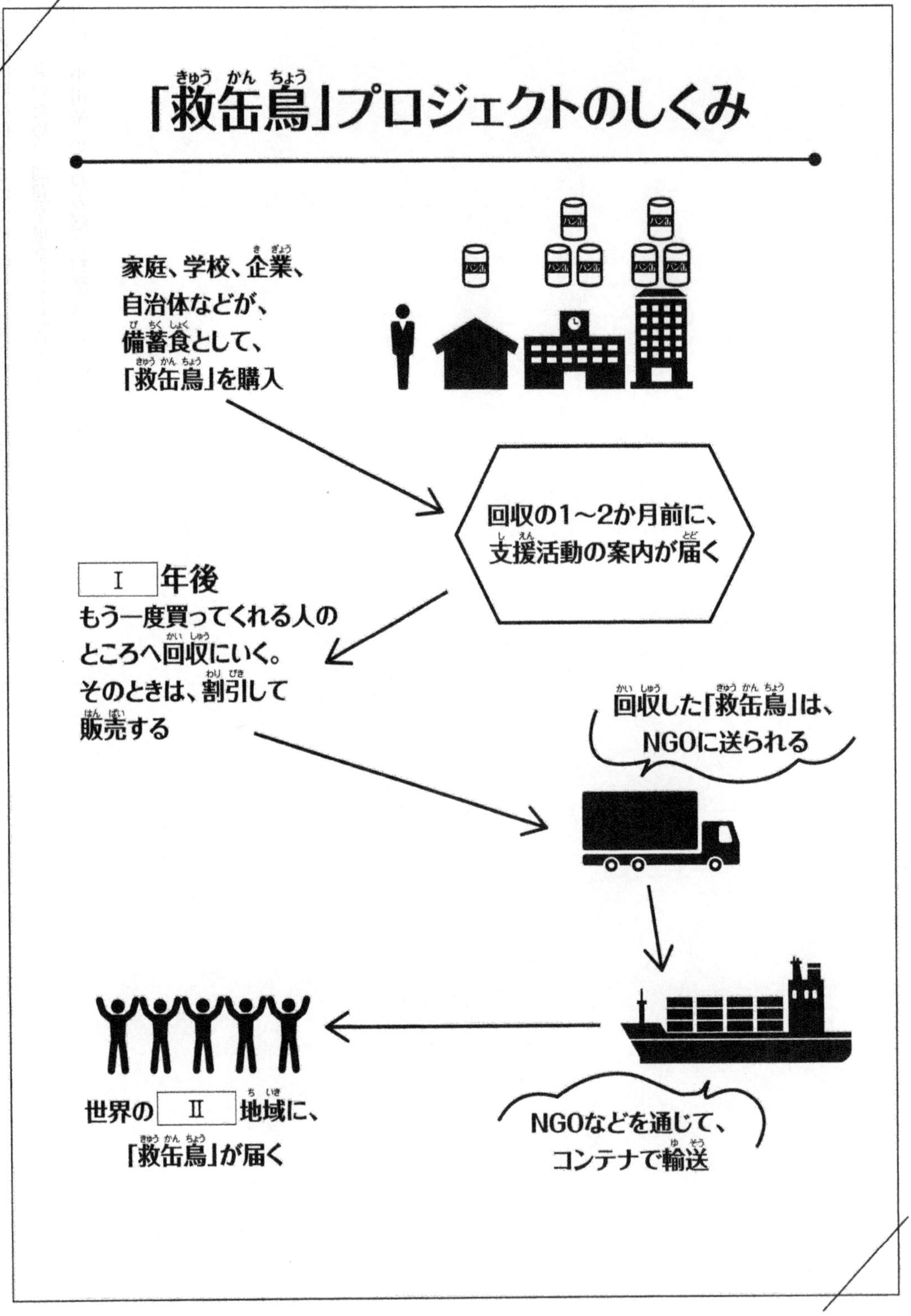
「救缶鳥《きゅうかんちょう》」プロジェクトのしくみ
家庭、学校、企業《きぎょう》、自治体などが、備蓄食《びちくしょく》として、「救缶鳥《きゅうかんちょう》」を購入
パン缶
回収の1～2か月前に、支援《しえん》活動の案内が届《とど》く
Ⅰ 年後
もう一度買ってくれる人のところへ回収《かいしゅう》にいく。そのときは、割引《わりびき》して販売《はんばい》する
回収《かいしゅう》した「救缶鳥《きゅうかんちょう》」は、NGOに送られる
NGOなどを通じて、コンテナで輸送《ゆそう》
世界の Ⅱ 地域《ちいき》に、「救缶鳥《きゅうかんちょう》」が届く

た問題として最も適当なものを次から選び、記号で答えなさい。

ア　災害用の備蓄食として大口の注文がふえ、新しい缶詰の生産が追いつかなくなること。

イ　賞味期限の関係で、大量の缶詰が食べられないまま処分されること。

ウ　賞味期限の関係で、新しい缶詰を買って入れ替えるたびに税金が使われること。

エ　災害用に大量の缶詰が備蓄されているのに、被災地に送る缶詰は不足していること。

問四　――線②「賞味期限」の説明として正しいものを次から**二つ**選び、記号で答えなさい。

ア　おいしく食べられる期限。

イ　食べきらなければいけない期限。

ウ　最も味がよく、食べるのに適した時期。

エ　その期限を過ぎてもすぐに食べられなくなるわけではない。

オ　その期限を過ぎるとすぐに食べるのに安全性を欠くことになる。

問五　――線③「それが秋元さんのつぎの課題となりました」について、次の1、2に答えなさい。

1　秋元さんの「つぎの課題」とはどんなことですか。最も適当なものを次から選び、記号で答えなさい。

ア　自分たちが作ったパンの缶詰を、無駄にしない方法をあみ出すこと。

イ　日本国内だけでなく、世界各地で起こった災害で被災した人々を救うこと。

ウ　パンの缶詰がもっと様々な場所で、役立つ仕組みを考えること。

エ　缶詰のパンをよりおいしく、長期保存が可能になるように改良すること。

2　この「課題」の解決方法となったのはどのような仕組みですか。本文の言葉を用いて五十字以上六十字以内の一文で説明しなさい。

問六　本文の内容と対応させて、次のページの「『救缶鳥』プロジェクトのしくみ」の空らん［Ⅰ］［Ⅱ］にあてはまる言葉をそれぞれ答えなさい。Ⅰは数字で答え、Ⅱには漢字二字の熟語を本文から抜き出して書きなさい。

問七　――線④「秋元さん自身も、ＮＧＯの人とともに救缶鳥を持ってたびたび外国を訪れています。そのときは必ず写真などを撮ってホームページにのせ、救缶鳥プロジェクトに登録している人に『救缶鳥通信』を送って報告をします」とありますが、秋元さんがこのようにする理由にあてはまら**ない**ものを次から一つ選び、記号で答えなさい。

ア　「支援の見える化」をすることで問題点に気がつくことができ、プロジェクトを改善することができるから。

イ　「支援の見える化」は、プロジェクトの参加者たちが「ちょっといいことができた」と喜びを感じることにつながるから。

ウ　支援者たちが、自分の行動か世界で役に立っていると実感することができるから。

エ　支援者たちが「救缶鳥プロジェクト」に続けて参加したいという気持ちをもつようになるから。

「救缶鳥プロジェクト」の完成

全国から回収されたパンの缶詰は、大阪にあるパン・アキモトの関西営業所に集められています。そこで、傷やいたみがないかすべての缶詰の検品をしたあと、同じビル内にある日本国際飢餓対策機構へと手わたされ、行き先が決まります。大阪には港があるので、ここで船に積みこまれて海外へと運ばれていきます。

非常食を備えることで、世界中の飢えで苦しんでいる人たちを救うこの活動は、「救缶鳥プロジェクト」と名付けられました。缶に入ったおいしいパンが、鳥のように世界中へ飛んでいくイメージです。

缶詰にメッセージをのせて

④秋元さん自身も、NGOの人とともに救缶鳥を持ってたびたび外国を訪れています。そのときは必ず写真などを撮《と》ってホームページにのせ、救缶鳥プロジェクトに登録している人に「救缶鳥通信」を送って報告をします。

「むかしから災害などが起きるたびに、寄付をしてきましたが、そのお金がどのような形で役立っているのかわからなかったし、いったい何に使われているのか疑問でした。せっかく自分が関わるのだから、支援の『見える化』注2をしたいと思ったんです」

NGOや北越紀州製紙や上智《じょうち》大学の人たちにも、海外で救缶鳥を配ったときの写真や情報を必ず送ってもらい、救缶鳥通信やそれぞれのホームページで報告してもらうようにしています。無事に届いた証拠《しょうこ》になるからです。

「プロジェクトに参加した人は、『自分たちの缶が、世界に届いて役立った』と思うでしょう。それによって『ちょっといいことができた』とか『また、続けてみたいな』と感じてもらいたいんです」と秋元さんは語ります。

（菅聖子／文　やましたこうへい／絵『世界を救うパンの缶詰』ほるぷ出版　二〇一七年）

注1　創業者の健二さん……秋元パン店の創業者。本文中の秋元さんの父親。

注2　北越紀州製紙や上智大学……プロジェクトに参加し、「救缶鳥」を現地に届ける活動をしている。

問一　～～～線a、bの言葉の意味として最も適当なものを次から選び、記号で答えなさい。

a　耳をうたがう

ア　強《し》いて聞かないようにする

イ　よく聞こえない

ウ　聞いたかどうか疑わしい

エ　聞いたことが信じられない

b　ゆうずうのきかない

ア　その場に合わせた対応ができない

イ　細かいところまで注意がおよばない

ウ　解決しなければならない問題を放置する

エ　必要なものが手に入らない

問二　空らん（ア）（イ）にあてはまる言葉として最も適当なものをそれぞれ次から選び、番号で答えなさい。

1　つまり　　2　ところで　　3　けれども　　4　なぜなら

問三　――線①「別の問題が起こりました」とありますが、ここで起こっ

連絡が入ります。
「こっちには食料が何もないんだ。アキモトには売れ残ったパンの缶詰があるだろう？　送ってくれないかな」
　ところが二か月前の新潟県中越《ちゅうえつ》地震で、ありったけの缶詰をかき集めて新潟に送ったばかり。注文もふえているため、売れ残りなどありません。それでもなんとか、中古の缶詰を数千缶集め、毛布といっしょにスリランカへ送ることができました。
　そのとき、秋元さんは気づいたのです。
「そうか！　賞味期限が切れる前であれば、新品じゃなくてもいいんだ」
　災害は、日本だけでなく世界各地で起こっています。また、世界中を見わたしてみると、飢《う》えに苦しむ人もおおぜいいます。
　日本は豊かなので、ふだんの日に缶詰のパンを食べるという発想はありません。また、非常食として蓄《たくわ》えておくので、「賞味期限が近づいたものは古い」とか、「賞味期限がすぎたら捨てる」ということになるのです。
　でも世界には、このパンが目の前にあれば「今すぐ食べたい」という人はたくさんいるはずです。「そういう場所に送れば、賞味期限が残り少なくてもよろこんで食べてもらえるかもしれないぞ」と秋元さんは思いました。
　じつは、パンの缶詰が完成したときから、パン・アキモトでは飢えに苦しむ人への支援《しえん》を続けていました。ただしそれは、缶詰ではなくお金の支援でした。缶詰を送りたい気持ちはあったのですが、どこに送ればよいかがわからなかったし、ふつうに海外に輸出をすれば関税がかかります。そのため、お金を寄付することにしたのでした。
「一缶作るごとに一円を寄付して、飢餓《きが》地域の子どもたちを救おう」と言ったのは、創業者[注1]の健二さんでした。そして、この寄付を通してつながったのがキリスト教精神にもとづく「日本国際飢餓対策機構」というＮＧＯ（民間国際協力団体）です。
　日本国際飢餓対策機構は、アジア、アフリカ、中南米などの開発途上《とじょう》国《こく》で、飢餓の問題を解決するために活動しています。現地の人や、現地の政府と協力し合っているので、物資を送るとき関税がかからないようにすることも可能だとわかりました。秋元さんたちは、このＮＧＯと連《れん》携《けい》を取りながら、パンの缶詰を海外に送るようになりました。
　そこで考えたのが、つぎのような仕組みです。
　パンの缶詰の賞味期限は三年。企業や学校や自治体など、大口のお客さんの多くは、期限が切れるとまた買ってくれるリピーターです。どこが何缶購入したかのデータも残っています。
　通常なら三年後に買い替えとなりますが、期限が切れる一年前に声をかけ、新しい缶詰を届けて古い缶詰を回収することにしたのです。そして、新しい缶詰は少し値引きもします。
　お客さんのもとには備蓄食としてパンの缶詰がつねにあり、賞味期限の近い缶詰は海外の困っている人に届けられる。これでパンを捨てることがなくなるし、みんなが少しずつよい気持ちになれる仕組みができたのです。
　秋元さんは、「みなさんのやさしさを、困っている人たちに届けます」と語りながら、協力してくれる人をふやしていきました。
「自分たちの勝手な都合でやっていたとしたら、お客さんに応じてもらえなかったかもしれません。でも『やさしさを届ける』というメッセージがあったから、多くの人の共感を集め、賛同してもらえたのだと思います」

五、次の文章は、パン・アキモトの秋元さんが災害時の備蓄食《びちくしょく》として作った「パンの缶詰《かんづめ》」について述べた文章の一部です。読んで、問いに答えなさい。

缶詰の賞味期限が切れるとき

テレビなどの報道でパンの缶詰が広く知られるようになると、個人のお客さんだけでなく、企業《きぎょう》や学校や市町村からの注文がふえてきました。災害用の備蓄食として大口で買ってくれるようになったのです。すると、こんどは①別の問題が起こりました。

ある日、缶詰をおさめていたK市の市役所から電話がかかってきました。

「②賞味期限が近いので、新しい缶詰を買って入れ替《か》えますよ。そのかわり、古いものは処分《しょぶん》してもらえませんか」

受話器の向こうから聞こえてくる声に、秋元さんはa耳をうたがいました。〝処分〟という言葉が、とてもショックだったのです。入れ替える数は、なんと五千缶。

「賞味期限が切れる前なら、市民や職員に配って食べてもらえばいいのでは」と提案しましたが、「税金で購入《こうにゅう》したものを、勝手に食べるわけにはいきません」という答えが返ってきました。なんとも頭の固い、bゆうずうのきかない返事です。とはいえ、五千缶もの大量の缶詰は、市役所では配りきれないのかもしれません。

また、ある調査では、賞味期限が切れる直前の缶詰をもらっても、ほとんどの人が捨ててしまうという結果が出ています。もらってもすぐに期限がきてしまい、期限をすぎると食べたくないのでしょう。

パンの缶詰の賞味期限は三年です。これは、おいしく食べられる期限が三年ということ。その日を数日すぎたからといって、すぐに味が落ちたり、食べられなくなったりするわけではないのです。（　ア　）、賞味期限がすぎてしまった缶詰は、人にあげるわけにはいきません。

さらに秋元さんをなやませたのは、期限切れの缶詰を大量に処分すると「産業廃棄物《はいきぶつ》」のあつかいになってしまうことでした。捨てるだけでもつらいのに、さらに特別な料金がかかるというのです。

調べてみると、処分料は一缶七十～八十円になるとわかりました。パンの缶詰は「缶」「紙」「パン」の三種類に分類しなければならないので、値段が高いのです。（　イ　）、五千缶を処分するのにかかる費用は、三十五万～四十万円。秋元さんの頭に、ますます大きな疑問がわき起こりました。

「ぼくらは食べてもらうために、愛情をこめてパンを作っているんです。捨てるために作っているんじゃないのに……」

結局、古い缶詰はK市の中でなんとかしてもらうことになりましたが、そのことは秋元さんの心から離《はな》れませんでした。どんな理由であっても、パンが捨てられてしまうのを、見すごすことはできません。そして、結果的に捨てるものを作ってしまったことへの罪の意識も感じました。

③どうすれば、作った缶詰を無駄《むだ》にせずにすむだろう――。それが秋元さんのつぎの課題となりました。

世界にやさしさを届ける

二〇〇四年十二月、インドネシアのスマトラ島沖で地震《じしん》が起こりました。津波で家を流された人や、大切な人を失った人たち。多くの人が苦しんでいる様子がニュースで伝えられていました。

その数日後、スリランカで日本語学校の先生をしている知り合いから

【国語】（四五分）〈満点：一〇〇点〉

一、次の――線の漢字の読みを、それぞれひらがなで書きなさい。

1 ここの景色は格別だ。　2 本物かどうか疑わしい。

3 十二月は日照時間が一年で最も短い。

4 校舎を増築する。　5 ドローンを操縦する。

二、次の――線のカタカナを、それぞれ漢字で書きなさい。送りがながある場合は、ひらがなで書きなさい。

1 ジシャクのS極とN極。

2 チームの勝利をカクシンしている。

3 薬のコウカがあらわれる。

4 約束をヤブル。

5 新しい会社でシンキイッテンしてがんばります。

三、次の――線のカタカナにあてはまる漢字をそれぞれ後から選び、記号で答えなさい。

1 a 席をアける。

b 夜がアける。

（ア 明　イ 開　ウ 赤　エ 空）

2 a 九時から五時まで体育館をカイホウします。

b 試験が終わり、カイホウ感にひたる。

c この問いにはいくつかのカイホウが存在する。

（ア 解法　イ 開放　ウ 解放　エ 開法）

3 a 消化キカンの働き。

b 行政キカンで働く。

c キカン限定で販売する。

（ア 機関　イ 気管　ウ 期間　エ 器官）

4 a この作品はカイシンの出来栄《できば》えだ。

b すっかりカイシンしてまじめに働いている。

（ア 会心　イ 回心　ウ 絵心　エ 改心）

四、次の［　］にあてはまることわざとして最も適当なものをそれぞれ後のア～クから選び、記号で答えなさい。同じ記号は一回しか使いません。

1 東京で育ったので地方に転居するのは不安だったが、［　　］で今は楽しく暮らしている。

2 都会での生活にうんざりしていたところに、地方移住の支援金《しえんきん》制度を知り、まさに［　　］だった。

3 チーム内で対立があったが、一度意見をぶつけ合った結果、［　　］ようにチームとして結束した。

4 試合前半で大差がつき、彼の代打ホームランも［　　］だった。

5 最初から高度なレベルに挑戦《ちょうせん》したい気持ちもわかるが、［　　］でまず基本的な練習をくり返そう。

ア 負けるが勝ち　イ 住めば都　ウ 雨降って地固まる

エ 善は急げ　オ 急がば回れ　カ 焼け石に水

キ 可愛《かわい》い子には旅をさせよ　ク 渡《わた》りに船

MEMO

大切なことはメモしておこうネ！

2024年度

関東学院六浦中学校入試問題（A－2日程）

【算　数】（45分）　＜満点：100点＞

【注意】 解答用紙，問題用紙に **考え方** と書いてある問題は，答えを求めるために用いた考え方や途中《とちゅう》の式や図などを解答用紙に残しなさい。

［聞き取り問題］

【1】 放送を聞いて，食塩水の濃度や量について，次の問いに答えなさい。問題文は2回読まれます。なお，問題文を聞きながらメモを取ってもかまいません。

(1) 水を加える前の食塩水の濃度は何％ですか。

(2) 加えた水の量は何gですか。

(3) 最後にできた4％の食塩水に含まれる食塩の量は何gですか。

［聞き取り問題］は以上です。

※放送台本は非公表です。

【2】 次の計算をしなさい。

(1) $36-17+11$

(2) $111\times11-31$

(3) $\frac{3}{4}+\frac{5}{6}-\frac{2}{5}$

(4) $10.2-4.2\div(14-8)$

(5) $\frac{14}{9}\div3.6+\frac{2}{9}$

(6) $2024+3\times(10\div3-5\div3)$

(7) $\frac{6}{7}\times\left(1\frac{5}{6}-0.5\right)\div\frac{4}{3}$

(8) $8\times1.1+6\times2.2-4\times4.4$

【3】 次の □ にあてはまる数を求めなさい。

(1) 9500秒は □ 時間 □ 分 □ 秒です。

(2) 54と90と126の最大公約数は □ です。

(3) Aさんが3回のテストを受けたところ，1回目は52点，2回目は75点，3回目は □ 点で，平均点は61点でした。

(4) 全部で □ ページある問題集を，全体の$\frac{3}{5}$より6ページ多く解いたところ，残りは30ページとなりました。

(5) 右の図のような辺ADと辺BCが平行である台形ABCDの面積は □ cm^2です。

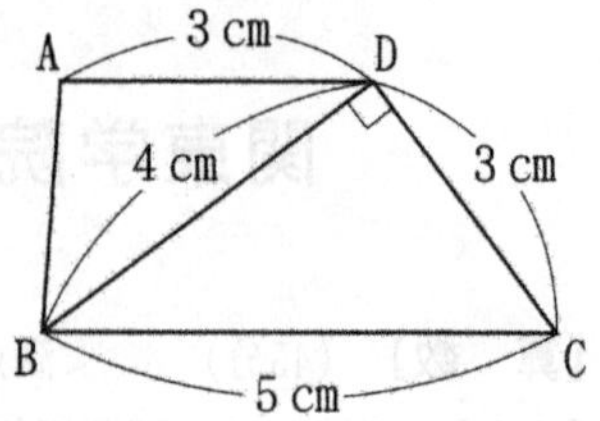

(6) $\dfrac{41}{333}$を小数にしたとき，小数第100位の数字は □ です。

(7) 定価が □ 円の商品を，1割引きで売ると70円の利益があり，2割引きで売ると30円の損失です。

(8) 右の正五角形について，㋐～㋕の角度の和は □ 度です。

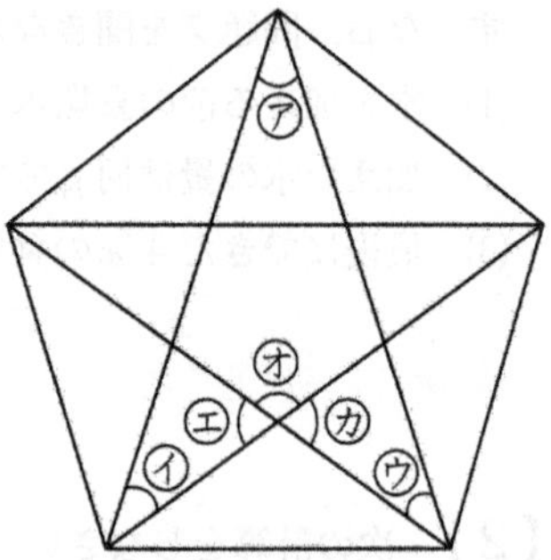

【4】 次の問いに答えなさい。

(1) 下の図のような1めもりが1㎝の方眼紙にかかれた正方形について，影《かげ》のついた部分の面積を求めなさい。

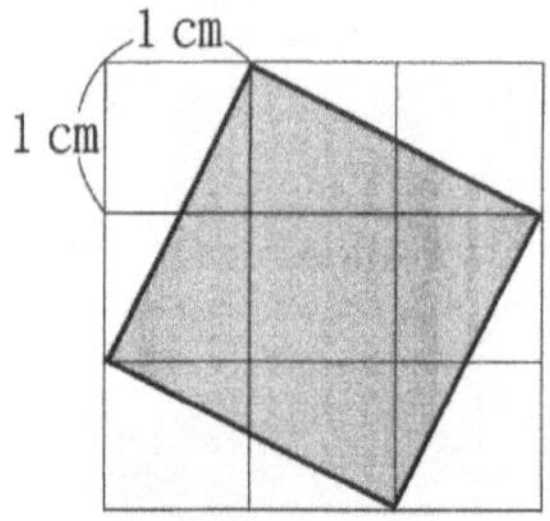

(2) 面積が20㎠となる正方形を，解答用紙の方眼にかきなさい。ただし，頂点はすべて方眼の線の交点上にかくものとします。

【5】 関六さんは午前11時に家を出発し，分速60mで歩いて駅を通りすぎ，図書館へ向かいました。また，関六さんの弟は午前11時に図書館を出発し，分速50mで歩いて駅へ向かいました。弟は駅に到着したら5分間休けいをとり，今度は自転車で家に向かいました。

次のページのグラフは，2人が同時に出発してからの時間と2人の間の距離を表したもので，弟が家に到着したところまでを示しています。

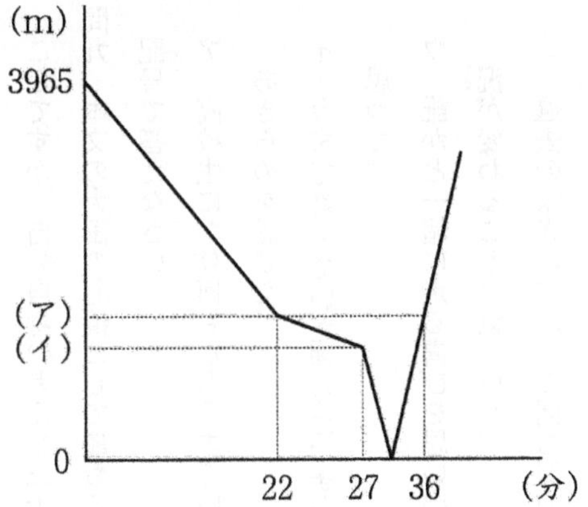

(1)　関六さんと弟は出発してから午前11時22分までに，それぞれ何m歩きましたか。

(2)　グラフの（ア），（イ）にあてはまる数はそれぞれいくつですか。

(3)　弟が自転車で進んでいるときの速さは分速何mですか（考え方や途中の式も書きなさい）。

考え方

エ　体力は有り余っている。その体力を使いたいんだ。

問七　――線⑦「大田君を駆り立てるものだって、そこら中に転がってる」とありますが、「大田君を駆り立てるもの」の具体的な例は何ですか。本文から三字でぬき出しなさい。

問八　――線⑧「もう中学生じゃないんだ。義務教育を卒業した俺を、わざわざ引っ張ってくれるやつはいない。この手を自分で伸ばして、この足で向かわなくてはいけない」とは具体的にどのように行動することですか。自分自身の考えを三十～四十字で答えなさい。

問九　本文の大田の心情として最もふさわしいものを次の中から選び、記号で答えなさい。

ア　高校生になり何もかもうまくいかず、中学生の真剣《しんけん》な勝負を見てあきらめを感じた。

イ　今まで考えていた通りに、すぐにでも違《ちが》う世界に飛《と》び込《こ》もうと思った。

ウ　誰かと一緒に走る喜びを思い出し、自分自身の考え方によって状《じょう》況《きょう》が変わることに気づいた。

エ　過去の栄光にすがって何も努力しない自分自身に腹が立ち、全てをやり直したいと思った。

してる子がいるけど」

　と笑った。

「あ、ああ。鈴香だ」

ペンチのほうに顔を向けると、鈴香は「ぶんぶー」と言いながら俺のほうへ手を伸ばしている。練習の邪魔《じゃま》にならないようにと、お母さんたちに押《お》さえられながら、手を振《ふ》っている。あの小さな手は、くたくたになるまで、俺を走らせてくれる。どうやら、今は鈴香のもとへ行くことがやるべきことのようだ。

（瀬尾まいこ『君が夏を走らせる』新潮文庫　二〇二〇年）

問一　――線①「担任の小野田の声が聞こえた。『走れ！お前ならやれる』って。その声で俺の体は、勢いがついたんだっけ」とありますが、「勢いがつく」のはなぜですか。その理由として最も具体的なものを本文の中から二文でぬき出し、最初と最後の五字を答えなさい。句読点やカッコも字数に数えます。

問二　――線②「ここですべてを出し切ってやる」とは具体的にどのようなことを表していますか。最もふさわしいものを次の中から選び、記号で答えなさい。

ア　崎山に離されないようにゴールしてやる。

イ　高校の練習の成果をはっきり見せてやる。

ウ　最後の競争として悔《く》いなく走ってやる。

エ　持てる力を全て出して抜いてやる。

問三　――線③「いや、いいわ」と言った理由はなぜですか。最もふさわしいものを次の中から選び、記号で答えなさい。

ア　すでに太ももやふくらはぎは張っていて治らないから。

イ　中学生たちと並んでダウンするのは照れるから。

ウ　ダウンで無理すると明日走る時に体にきそうだから。

エ　走り終えて穏やかですっきりした気持ちになっているから。

問四　――線④「俺、走目りたかったんだな……」という気持ちの説明として、最もふさわしいものを次の中から選び、記号で答えなさい。

ア　自分自身の気持ちに改めて気づくと共に希望を感じている。

イ　努力をしていない後悔《こうかい》と将来に対する絶望感を感じている。

ウ　中学時代の前向きな気持ちを思い出し不安を感じている。

エ　自分の限界を感じて更《さら》に早く走りたいと希望を感じている。

問五　――線⑤「大田君、トラック専門に変更したの？」という言葉で、上原が言いたいことはどのようなことですか。最もふさわしいものを次の中から選び、記号で答えなさい。

ア　いつまでも中学校の陸上部を懐《なつ》かしく思っていないで他の種目も挑戦《ちょうせん》したらということ。

イ　みんなと一緒《いっしょ》に走れないなら校庭のトラックを駅伝のように一人走ってみたらということ。

ウ　いつまでも周りの責任にせず自分自身が部長になってみんなを引っ張ったらということ。

エ　出来ないと思わずに自分自身で走る機会や場所を探してみたらということ。

問六　⑥ に最もふさわしものを次の中から選び、記号で答えなさい。

ア　先の見えないゴールに向かって走るのはつらいんだ。

イ　体が自然に動くあの衝動《しょうどう》。それに従ってみたいんだ。

ウ　でも、走るやつがいない。だから一人で走ってみたいんだ。

りぬいた。

（中略）

「まだまだ走れるんだね」

ようやく立ち上がった俺に、上原が言った。

「そうみたいだな」

俺はトラックを眺《なが》めながら答えた。駅伝チームのやつらはタイムトライアルを終え、ジョグを始めている。走り終えたみんなは、穏《おだ》やかですっきりしたいい顔をしている。

「大田君もダウンしといたほうがいいんじゃない？」

③「いや、いいわ」

「そう？　勢いよく走ってたから、明日体にきそうだけど」

明日まで待たなくても、すでに太ももやふくらはぎは張っている。だけど、さすがに中学生たちと並んでジョグするのは照れる。

④「俺、走りたかったんだな……」

俺は一つになって走る八人の背中を見ながら言った。あの中に入りたいわけではない。でも、あんなふうに走れたらいいだろうなとは思う。

「また、走ればいいじゃない」

上原が何でもないことのように言った。

「そんなうまくいくかよ。俺の高校の陸上部なんて活動してないのも同然だから。ま、あの高校に入った時点で終わったって感じだけどな」

⑤「大田君、トラック専門に変更したの？」

上原が首をかしげた。

「何も専門でやってねえけど」

「じゃあ、グラウンド以外も走ればいいじゃん。高校の陸上部って、学校のグラウンドしか走っちゃいけないわけじゃないんでしょう。駅伝のときは、校外も走ってたじゃない。あぜ道も山道もアスファルトも」

上原の言うとおりだ。だけど、そうじゃない。俺はただ走りたいんじゃない。どこでも走ればいいってわけではない。それでいいなら、俺は毎日走ってる。そうじゃないんだ。さっきの３０００メートルみたいに、仲間じゃなくたっていい、友達じゃなくたっていい。誰だっていいから、誰かと同じ場所へ向かって、体を、気持ちを動かしていたい。苦しくて辛《つら》くたってかまわない。じっとしてはいられない、［　⑥　］

「まあ、そうなんだけどさ」

どう言っていいかわからず、あいまいに答えると、上原は、

「レースはどこでだって行われてるよ」

と言った。

「そっか？」

⑦「そうだよ。いつだって、どこだって、だいたい誰かが走ってる。それに、大田君を駆《か》り立てるものだって、そこら中に転がってる」

上原ははっきりと言った。

そうだとして、その場所をどうやって探せばいいのだろう。どうすればそこへたどり着けるのだろう。⑧もう中学生じゃないんだ。義務教育を卒業した俺を、わざわざ引っ張ってくれるやつはいない。この手を自分で伸ばして、この足で向かわなくてはいけない。それはとても難しい。

「もうガキじゃねえんだから、誰かが手を差し伸べて引っ張ってくれるの待ってたら、だめなんだよな……」

俺がつぶやくのに、上原が、

「そんなこともないんじゃない？　あそこで、大田君に必死で手を伸ば

ア　意見の違いもなくケンカさえも起きないから。
イ　人間関係が面倒なので他人と関わることがないから。
ウ　みんなが同じことをするのでとても疲《つか》れてしまうから。
エ　同じ種類の人ばかりだと病気にかかり全滅《ぜんめつ》するから。

問八　⑦にあてはまる内容を、本文の内容をふまえて八字で考えて答えなさい。

問九　――線⑧「そんな世界」とはどのような世界ですか。最もふさわしいものを次の中から選び、記号で答えなさい。
ア　あなたのことがみんな好きで思い通りな世界。
イ　優秀な一人だけで全ての仕事をこなす世界。
ウ　同じタイプの人がいろいろな仕事につく世界。
エ　みんな平等になりたい仕事につける世界。

問十　本文の内容として最もふさわしいものを選び、記号で答えなさい。
ア　世界中が一つのタイプの人間によって動いているので、優秀な人だけの世の中になり楽しく楽をすることが出来る。
イ　ジャガイモのように多様性のあるものを育てると壊滅してしまうので、人間もあらゆるタイプの人がいる必要はない。
ウ　個性のまったくない世の中はミスやケンカも起きないので誰もが平等で平和に生活することが出来る。
エ　多様性かおることは素晴らしく、ジャガイモのようにいろいろなタイプがあることによって世界は成り立っている。

六、次の文章を読み、問いに答えなさい。

中学生の時に陸上部の駅伝チームにいた大田は、先輩《せんぱい》から任された一歳《いっさい》十ヶ月の子ども（鈴香《すずか》）を友達たちと遊ばせるため公園に行った。すると、母校の上原先生が駅伝チームを練習させており、部長の崎山《さきやま》たちと三キロのタイムトライアルをすることになった。

中学校駅伝のブロック大会。駅伝は6区間もあるから、わざわざ俺《おれ》が走る2区を応援《おうえん》しにくるやつなど誰《だれ》もいなかった。他校の選手への声援《せいえん》が飛ぶ中、俺は孤独《こどく》にそれでもがむしゃらに走っていた。そんな最後の上り坂。声援を浴びた他の選手が加速し、俺を引き離《はな》したときだ。①担任の小野田の声が聞こえた。「走れ！　お前ならやれる」って。その声で俺の体は、勢いがついたんだっけ。

「前抜《ぬ》けるよ！」

「あと少しファイト！」

お母さんたちの声援の合間に、愛ちゃんたちがきゃあきゃあ叫《さけ》び、そのそばで、鈴香は「ぶんぶー」と「ばんばってー」を繰《く》り返している。

ただのタイムトライアル。それなのに、声をかけられると、残された力が沸き立ってくる。まだ余力があったのかと自分で驚《おどろ》くらい、手にも足にも力が満ちていく。崎山の背中は手を伸《の》ばせば届くところに近づいた。残りは50メートル。②ここですべてを出し切ってやる。毎日走ってるやつらには悪いけど、俺はやれるんだ。俺は走りたかったんだ。お前ら以上に、ずっとこんなように走りたかったんだ。

「ラストー、ファイト。ここまで」

ゴール地点に、俺は倒《たお》れこむように突入《とつにゅう》した。なりふりかまわずただ前に突《つ》っ込《こ》んだ。そして、倒れこんだ分だけ、崎山よりわずかに先に走

で、世界中の人がみんなあなたと同じようなタイプの人だったとしましょう。それならば、みんなあなたと同じようなことを考えるはずですから、世界中の人が仲良くすることができるでしょう。⑥戦争だってなくなるはずです。

しかし……本当にそれで良いのでしょうか。

あなたの好きなことは、世界中の人みんなが好きです。あなたの嫌いなことは、世界中の人［⑦］。お医者さんも、学校の先生も、ビルを作る人も、プロ野球の選手も、ケーキ屋さんも、車を修理する人も、農家も、漁師さんも、アイドルもファッションモデルもユーチューバーも総理大臣も、すべての仕事をあなたと同じ能力や性質を持つ人がやらなければなりません。

⑧そんな世界が成り立つでしょうか。

手先の器用な人や、計算が得意な人や、走るのが速い人や、料理が上手な人や、いろいろな人がいて、［e］世界が成り立ちます。

もし、世界中の人があなたと同じタイプだったとしたら、どうでしょう。もしかすると人類はアイルランドのジャガイモのように滅《ほろ》んでしまうかもしれません。

（稲垣栄洋『はずれ者が進化をつくる　生き物をめぐる個性の秘密』
ちくまプリマー新書353　二〇二〇年）

問一　――線①「歴史的な事件が起きました」の「事件」の内容として最もふさわしいものを次の中から選び、記号で答えなさい。

ア　災難　　イ　事故　　ウ　故障　　エ　洪水《こうずい》

問二　――線②「ジャガイモは、『アメリカ合衆国をつくった植物』とも言われています」とありますが、その理由として最もふさわしいものを次の中から選び、記号で答えなさい。

ア　ジャガイモを食べてアメリカ人は健康で元気になり、労働力として頑張《がんば》ったから。

イ　ジャガイモを失ったアイルランド人がアメリカに渡り工業を更《さら》に発展させたから。

ウ　ジャガイモを食べていたアイルランド人がアメリカでもジャガイモを作ったから。

エ　アメリカは病気に強いジャガイモを大量に作ることにより発展してきたから。

問三　――線③「どうして国中のジャガイモがいっぺんに病気になるような大惨事が起きてしまったのでしょうか」とありますが、その理由を本文の言葉を使い十八～二十字で答えなさい。句読点やカッコも字数に数えます。

問四　――線④「優秀な株」とは具体的にどのようなものですか。本文から言いかえたものを十字でぬき出しなさい。

問五　――線⑤「南米のアンデスの歴史の中で、ジャガイモが壊滅するようなことは起こりませんでした」とありますが、その理由を、「～から。」に続くように本文から二十字でぬき出しなさい。

問六　［a］～［e］にふさわしいものを次の中からそれぞれ選び、記号で答えなさい。記号は一度しか使いません。

ア　たった　　イ　もちろん　　ウ　初めて　　エ　もし

オ　さらに

問七　――線⑥「戦争だってなくなるはずです」とありますが、その理由として最もふさわしいものを次の中から選び、記号で答えなさい。

その原因こそが「個性の喪失《そうしつ》」にありました。

ジャガイモは、種芋《たねいも》で増やすことができます。

優れた株があって、そこから採れた芋を種芋として植えていけば、④優《ゆう》秀《しゅう》な株を増やすことができます。そのためアイルランドでは、その優秀な株だけを選んで増やし、国中で栽培《さいばい》していたのです。

それでは、「優秀な株」とは、いったいどんな株なのでしょうか？

アイルランドの人たちにとって、ジャガイモは重要な食糧《しょくりょう》でした。大勢の人口を支えるためには、たくさんのジャガイモが必要です。そのため、収量の多いジャガイモが「優れた株」でした。そして、収量の多いジャガイモの品種を増やして、国中で栽培していたのです。

収量が多いジャガイモの品種は、ジャガイモの中のエリートとして位置づけられます。

しかし、その「優れた株」とされたジャガイモには、重大な欠点があったのです。それが、胴枯病《どうがれびょう》という病気に弱いということでした。

そして実際に一九世紀の半ばころ、その優秀なジャガイモは、この病気に侵《おか》されてしまうのです。

全国で、一つの品種しか栽培されていないということは、もしその株がある病気に弱ければ、国中のジャガイモがその病気に弱いということになります。そのため、アイルランドでは国中のジャガイモで胴枯病が大発生し、壊滅的な被害《ひがい》を受けたのです。

ジャガイモは、南米アンデス原産の作物です。⑤南米のアンデスの歴史の中で、ジャガイモが壊滅するようなことは起こりませんでした。ジャガイモにはさまざまな種類があります。収量が多い品種もあれば、収量がやや劣《おと》っても病気に強い品種もあります。ある病気に弱くても、他の病気に強い品種もあります。このようにアンデスでは、さまざまなジャガイモを一緒《いっしょ》に栽培していたのです。そのため、病気が発生して枯れる品種があっても、すべてのジャガイモが枯れてしまうようなことはありませんでした。

しかし、このような作り方では、収量を増やすことはできません。そこで、南米でジャガイモに出会った人々《ひとびと》は収量が多いジャガイモを選んで、ヨーロッパに伝えました。そして、収量が多いジャガイモの中から、［ a ］収量が多いジャガイモを選び出し、エリートのようなジャガイモを作り上げていったのです。

自然界の植物には、個性があります。しかし、人間は「収量が多い」という［ b ］一つの価値観でジャガイモを選び出しました。どんなに優秀であっても、個性がない集団はもろい。ジャガイモの事件は、個性の重要性を人間に見せつけたのです。

「個性」のまったくない世界

目の数は誰《だれ》もが二つです。そこに個性はありません。

個性とは他者と違《ちが》うことです。違うことが個性なのです。

違いがあるのですから、みんな同じではありません。見た目も違えば、考え方も、感じ方も違います。

［ c ］、自分と気の合わないタイプもいます。嫌《きら》いなタイプもいます。多様性があるからです。

［ d ］多様性さえなければ、みんな仲良くできるのではないでしょうか。

それでは、自分と違うタイプの人がいると、人間関係も面倒《めんどう》くさいの

【国語】（四五分）〈満点：一〇〇点〉

一、次の――線の漢字の読みを、それぞれひらがなで書きなさい。

1 米を生産する農村地帯。　2 友人に明日《あした》の都合を聞く。

3 好きな食べ物を列挙する。　4 重要な仕事を任される。

5 山を急いで下りて足を痛める。

二、次の――線のカタカナを、それぞれ漢字で書きなさい。送りがながある場合は、ひらがなで書きなさい。

1 セイミツな機械を組み上げる。

2 コーヒーにサトウを入れる。

3 作文をインサツする。

4 アブナイ通学路を確認《かくにん》する。

5 キツネが人にバケル。

三、次の1～5の類義語を、後の□内から選び、漢字に直してそれぞれ答えなさい。

1 欠点　2 計画　3 突然　4 同意　5 安全

さんせい	いと	ぶじ	たんしょ	ふい

四、次の1～5のことわざの□に漢字一字を入れ、その意味としてふさわしいものをア～オの中からそれぞれ選び、記号で答えなさい。記号は一度しか使いません。

1 捕《と》らぬたぬきの□算用

2 □より団子

3 □橋をたたいて渡《わた》る

4 □も歩けば棒にあたる

5 光陰《こういん》□のごとし

ア 見栄《みば》えや名誉《めいよ》よりも実益を選ぶこと。

イ まだ確かでないことに期待をかけて計画すること。

ウ 月日のたつのが早いこと。

エ いろいろなことをする人は、それだけ災難に合うことが多いこと。

オ とても用心深いこと。

五、次の文章を読み、問いに答えなさい。

ジャガイモの悲劇

一九世紀のアイルランドでのお話です。

この頃《ころ》のアイルランドは、ジャガイモが重要な食料となっていました。ところが、①歴史的な事件が超きました。

ジャガイモの疫病《えきびょう》が大流行をして、アイルランド国中のジャガイモが壊滅状態《かいめつじょうたい》になってしまったのです。このとき、食べ物を失った多くの人たちは祖国を離《はな》れて、開拓地《かいたくち》であったアメリカ大陸に渡《わた》りました。その大勢の移民たちの力が、当時工業国として発展していたアメリカ合衆国をさらに押《お》し上げ、つくっていったと考えられます。そのため②ジャガイモは、「アメリカ合衆国をつくった植物」とも言われています。

それにしても……③どうして国中のジャガイモがいっぺんに病気になるような大惨事《だいさんじ》が起きてしまったのでしょうか。

2024年度

関東学院六浦中学校入試問題（B－1日程）

【算　数】（45分）　＜満点：100点＞

【注意】　解答用紙，問題用紙に 考え方 と書いてある問題は，答えを求めるために用いた考え方や途中《とちゅう》の式や図などを解答用紙に残しなさい。

［聞き取り問題］

【1】 放送を聞いて，ある兄弟が家から図書館までそれぞれ一定の速さで同じ道を歩いた様子について，次の問いに答えなさい。問題文は2回読まれます。なお，問題文を聞きながらメモを取ってもかまいません。

(1)　家から図書館までの道のりは何mですか。

(2)　弟が兄に追いついたのは，兄が出発してから何分後ですか。

(3)　弟が兄に追いついたのは，図書館から何mのところですか。

［聞き取り問題］は以上です。

※放送台本は非公表です。

【2】 次の計算をしなさい。

(1)　$58+96-89-26$

(2)　$427.72\div 3.4$

(3)　$\frac{1}{4}+\frac{1}{5}-\frac{1}{6}+\frac{1}{8}$

(4)　$24\times\{4-(58-37)\div 6\}$

(5)　$0.3\times 0.3\times 0.3\div 0.3\times 0.3\div 0.3$

(6)　$987\times 987-13\times 13$

(7)　$2024\times 0.5-202.4\div 0.5+20.24\times 50$

(8)　$\left(1.2-\frac{1}{3}\right)\div\left\{\frac{8}{9}\div\frac{4}{3}-\left(2.25-\frac{1}{4}\right)\div 3\frac{1}{3}\right\}$

【3】 次の □ にあてはまる数を求めなさい。

(1)　1.47m^{2}は □ cm^{2}です。

(2)　$2\times($ □ $+3)\div 3=4$

(3)　1辺の長さが5.6cmの立方体の表面積は □ cm^{2}です。

(4)　3辺の長さが5cm，12cm，13cmの三角形は直角三角形です。この三角形の面積は □ cm^{2}です。

(5)　長さが400mの新幹線が時速120kmで長さ800mの橋をわたるとき，わたり始めてからわたり終えるまで □ 秒かかります。

(6)　原価 □ 円の商品に20％の利益を見込《みこ》んでつけた定価から3割引きした値段は21000円で

す。ただし，消費税は考えません。

(7)　４％の食塩水300ｇに食塩を２ｇ入れて，火にかけて水を□ｇを蒸発させたところ，５％の食塩水になりました。

(8)　ＡさんとＢさんの所持金の比は２：５，ＢさんとＣさんの所持金の比は４：５です。
ＣさんからＢさんに30円わたすと，ＢさんとＣさんの所持金が等しくなります。
このときＡさんの所持金は□円です。

【４】　次の説明文を読み，下の問いに答えなさい。

車の性能の中に「燃費《ねんぴ》」というものがあります。燃費とは，１Ｌのガソリンで走ることができる距離《きょり》を意味します。例えば，燃費が12km/Ｌの車は，１Ｌのガソリンで12km走ることができます。

燃費が16km/Ｌの車Ａと燃費が12km/Ｌの車Ｂがあります。車Ａは，満タン※の状態で，720km走ることができます。このとき，車Ａのガソリンタンクの容量は（　あ　）Ｌです。車Ｂのガソリンタンクの容量が，（　あ　）Ｌより５Ｌ大きいとすると，２台の車がともに満タンの状態から走り始めたとき，車［　い　］の方が（　う　）km長く走ることができます。

また，ガソリンの価格について，車Ａに入れるガソリンは１Ｌあたり150円で，車Ｂに入れるガソリンは１Ｌあたり135円とします。このとき，車Ａが3000円分のガソリンで走る距離と車Ｂが（　え　）円分のガソリンで走る距離は等しくなります。

※ガソリンタンクの中に満杯《まんぱい》のガソリンが入っている状態

(1)　（あ）にあてはまる数を答えなさい。

(2)　［い］にあてはまるアルファベットと（う）にあてはまる数を答えなさい。

(3)　（え）にあてはまる数を答えなさい。

【５】　次の問いに答えなさい。

(1)　$\frac{1}{7}$を小数で表したとき，小数第100位の数字を答えなさい（考え方や途中の式も書きなさい）。

考え方

(2)　$\frac{1}{7}$を小数で表したとき，小数第100位までの100個の数字をすべて足した数はいくつですか。

【社会・理科】（50分）　＜満点：各50点＞

【1】 次の1～5の各文は，日本の世界遺産に関する説明です。それぞれの説明文を読んで，あとの各問いに答えなさい。

> 1．奈良県斑鳩《いかるが》町にある（　A　）は，①推古天皇の摂政をつとめたとされる（　B　）が建てた寺院といわれ，世界で一番古い木造の建物が残されています。
>
> 2．原爆ドームは，アメリカが投下した原子爆弾《ばくだん》によってもたらされた悲惨《ひさん》な状況《きょう》を伝える貴重な建造物です。この都市に原子爆弾が投下された3日後に，②別の都市でも原子爆弾が投下され，この二つの都市での犠牲《ぎせい》者の合計は，約20万人といわれています。その後，日本は（　C　）宣言を受け入れて降伏《ふく》し，天皇がラジオ放送で国民に終戦を発表しました。
>
> 3．③平泉は仏教の理想世界をめざしてつくられた都市です。前九年合戦，後三年合戦の後，④東北地方を支配した一族が拠《きょ》点とした場所です。この一族の初代の清衡《きよひら》は，中尊寺を建てました。特に金箔《はく》をはった金色堂は，この一族の巨大な富を反映しています。
>
> 4．この遺跡《せき》は，キリスト教が禁止されていた時代の長崎・天草地方において，信仰《こう》をひそかに継《けい》続した「潜伏《せんぷく》キリシタン」に関連する世界文化遺産です。島原・天草では，厳しい年貢の取り立てとキリスト教信者への迫《はく》害にたえかねた農民たちが，⑤ある人物を総大将として一揆をおこしました。その後，幕府は鎖国を完成させて，⑥オランダや清（中国）などにかぎって貿易を続けました。
>
> 5．世界文化遺産の「北海道・北東北の⑦縄文遺跡群」には，有名な⑧土偶が発見された青森県の亀ヶ岡《かめがおか》遺跡などがふくまれています。

［1］ 文中の（A）にあてはまる寺院名を下のア～エより1つ選び，記号で答えなさい。

ア．延暦寺　　イ．東大寺　　ウ．法隆寺　　エ．薬師寺

［2］ 文中の（B）にあてはまる人名を答えなさい。

［3］ 波線部①について，次の資料はこの政権が定めた十七条の憲法の一部です。この資料の内容からわかることを述べた文として，正しいものを下のア～エより1つ選び，記号で答えなさい。

【十七条の憲法】

> 一　和を尊んで，人にさからうことがないようこころがけよ。
> 二　あつく三宝《さんぼう》を敬え．三宝とは仏と法（仏の教え）と僧《そう》（おぼうさん）である。
> 三　天皇の命令を受けたら必ず従え。
> 六　善をすすめ，悪をこらしめることは昔からの良い法である。
> 十二　役人は農民に重税をかけてはならない。
> 十七　ものごとを決めるときは一人で決めず，よく話し合って決めよ。

ア．仏教の考えを取り入れ，正義や民衆へのおもいやりを大切にしていた。

イ．蘇我氏などの一部の豪《ごう》族に大きな力を持たせようとしていた。

ウ．中国などの外国からの考え方でなく，日本の昔からの考え方をもとに政治をおこなった。

エ．中国の明に使者をおくり，明との貿易を開始した。

［４］ 波線部②について，この都市はどこですか。漢字２字で答えなさい。

［５］ 文中の（Ｃ）にあてはまる語を答えなさい。

［６］ 波線部③について，平泉はどこの県にありますか。右の地図中のア～オより１つ選び，記号で答えなさい。

［７］ 波線部④について，この一族を何と呼びますか。解答らんに合わせて漢字で答えなさい。

［８］ 波線部⑤のある人物とはだれをさしますか。漢字４字で答えなさい。

［９］ 波線部⑥について，当時のヨーロッパの中で唯一《ゆいいつ》オランダだけが貿易を許可されました。その理由を説明しなさい。

［10］ 波線部⑦について，最初の学術的な調査が行われたのは，アメリカ人のモースが1877年に発見した東京都の遺跡でした。その遺跡を下のア～エより１つ選び，記号で答えなさい。

ア．岩宿遺跡　　イ．大森貝塚　　ウ．三内丸山《さんないまるやま》遺跡　　エ．大山《だいせん》古墳

「帝国書院」より

［11］ 波線部⑧について，土偶はどれですか。下のア～エより正しいものを１つ選び，記号で答えなさい。

ア

イ

ウ

エ

東京国立博物館ホームページより

［12］ １～５の文を関連する時代の古い順に並べると，５が最も古いものとなります。その後の順番を正しく解答らんに記入しなさい。

【２】 次のＡ～Ｆの６つの県を表した図とそれぞれに関するあとの文章を参考にして，あとの各問いに答えなさい。（ただし，図の縮尺は同じではありません。また，一部の島を省《しょう》略しています。）

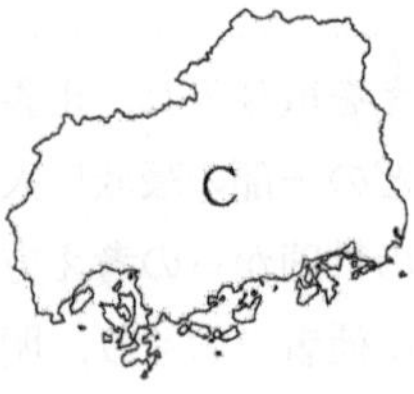

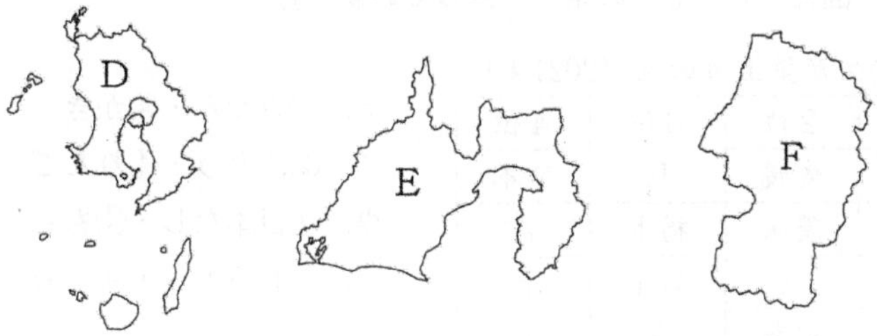

・Aは本州のほぼ中央に位置し，山地の総面積が県の84％を占《し》める山岳《がく》県です。
・Bには日本三景の１つである松島があり，戦国武将・伊達政宗が治めていたことでも有名な県です。
・Cは昨年G７サミットが開かれた県です。
・Dの県は安土・桃山時代に鉄砲《ほう》やキリスト教が伝来してきた場所です。
・Eの県の北側には日本最高峰《ほう》の富士山があり，南側には日本で一番深い湾《わん》があります。
・Fは全国生産量の７割を占める「さくらんぼ」の生産と庄内平野での米作りがさかんな県です。

［１］　AとBの各県は，C～Fのいずれかの県と同じ地方にあります。これらの県に関する下の(1)～(3)の各問いに答えなさい。

(1)　A県と隣《とな》り合う県をC～Fより１つ選び記号で答え，その県名を漢字で答えなさい。

(2)　B県と隣り合う県をC～Fより１つ選び記号で答え，その県名を漢字で答えなさい。

(3)　A県と隣り合う県との県境になる①山脈･山地と，B県と隣り合う県との県境になる②山脈･山地の正しい組み合わせを下のア～エより１つ選び，記号で答えなさい。

ア．①中国山地　②紀伊山地　　イ．①越後山脈　②関東山地
ウ．①筑紫山地　②日高山脈　　エ．①赤石山脈　②奥羽山脈

［２］　A～Fの６つの県のうち，海岸線の一部またはすべてが太平洋に面する県の正しい組み合わせを下のア～エより１つ選び，記号で答えなさい。

ア．B・C・F　　イ．B・D・F　　ウ．C・D・F　　エ．B・D・E

［３］　右の雨温図は，E県の県庁所在地のものです。日本の気候を６つに分けたとき，この図にあてはまる気候区の名称《しょう》を答えなさい。

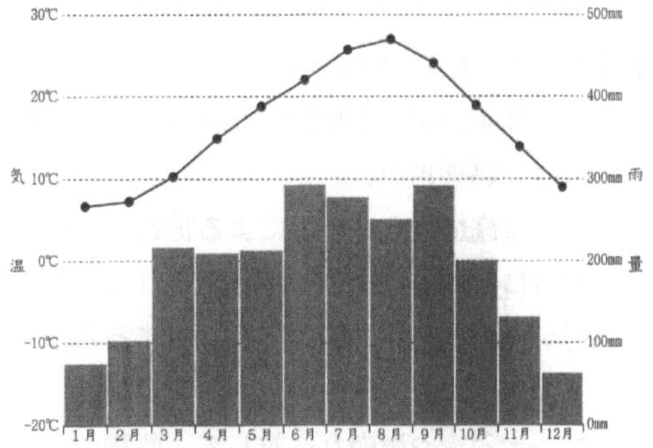

気象庁ホームページより（1981～2010年の平均）

［４］　次の表１は2021年の果実の生産量上位４県を表しています。表中の②と④にあてはまる果実の組み合わせとして，正しいものをあとのア～エより１つ選び，記号で答えなさい。

（表中のA～Fは，図A～Fの6つの県と一致《ち》しています。）

表1：果実の生産量上位の県（2021年）

種類	1位	2位	3位	4位
①	和歌山	愛媛	E	熊本
②	千葉	茨城	栃木	A
③	青森	A	岩手	F
④	山梨	福島	A	F

2023／24『日本国勢図会』より

ア．②みかん・④かき
イ．②ぶどう・④りんご
ウ．②日本なし・④もも
エ．②おうとう・④うめ

［5］ 次の表2はA～Fのいずれかの県にある貿易港の2021年の主要貿易品目を表しています。この貿易港はどこですか。下のア～オの中から1つ選び，記号で答えなさい。

表2：ある貿易港の主要貿易品目（2021年）

	輸出品目	%	輸入品目	%
1位	内燃機関	12.0	魚介《かい》類	15.2
2位	自動車部品	8.9	液化ガス	5.8
3位	科学光学機器	6.8	有機化合物	4.3
4位	二輪自動車	6.3	パルプ	3.9

2023／24『日本国勢図会』より

ア．清水港
イ．横浜港
ウ．神戸港
エ．博多港
オ．名古屋港

［6］ C県には周辺の県とともに形成する工業地域があります。この工業地域の説明文として，正しいものを下のア～エより1つ選び，記号で答えなさい。

ア．東京湾《わん》の東側に広がるこの工業地域には，石油化学コンビナートが形成され，工業出荷額割合のうち，化学工業が約40％を占めています。

イ．この工業地域では，太平洋岸に広がる砂浜《はま》海岸に人工の掘《ほ》り込《こ》み港がつくられ，製鉄所や石油化学コンビナートが形成されています。

ウ．この工業地域には，京浜工業地帯の臨海部から用地不足によって工場が移ってきました。特に機械工業の割合が高く自動車や電気機械の組み立て工場がさかんです。

エ．この工業地域は，かつての塩田や埋《う》め立て地に形成された工場地域です。瀬戸内海に面した都市を中心に発展し，鉄鋼業や自動車工業，造船業がさかんです。

【3】 自然災害に関するあとの各問いに答えなさい。

［1］ 昨年，災害発生から100年をむかえ，9月1日の防災の日の起源にもなっている災害は何とよばれていますか。

［2］ 家庭でできる震《しん》災による被害を防いだり減らしたりする方法として，食料や水をたくわえる以外にどのようなことが考えられますか。あなたの考えを説明しなさい。

［3］ 次のページの図は防災に対するさまざまな取り組みの様子を表したものです。この図を見て下のア～エの文章の中から，防災対策として正しい文章を1つ選び，記号で答えなさい。

ア．土石流や崖崩《がけくず》れに対して，建物の免《めん》震・耐《たい》震工事をしている。

イ．高潮に対して，地盤《ばん》や建物に液状化対策をしている。

ウ．津《つ》波に対して砂防ダムを設置している。

エ．洪《こう》水に対して河川の掘り下げや地下調節池を設置している。

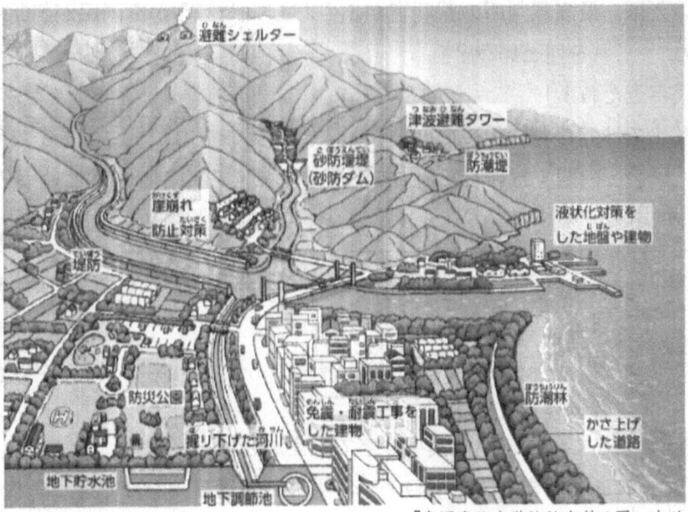

『帝国書院中学校社会科地図』より

［4］　都道府県や市区町村などが，地震や川の氾濫《はんらん》などの際に予想される被害をまとめた地図を何といいますか。カタカナで答えなさい。

【4】　AさんとBさんは，「国会・内閣・裁判所」について問題を出し合うことにしました。次の文章はその様子をしめしたものです。これを読んで，あとの各問いに答えなさい。

Aさん：「まずは私からね。国会が持つ権力は何でしょう？」
Bさん：「（　①　）権！」
Aさん：「正解！では，次はBさんの番ね。」
Bさん：「うん！国会は衆議院と参議院の二院制だけど，解散があるのはどっち？J
Aさん：「うーん。 どうだったかな？（　②　）」
Bさん：「正解！よく思い出せたね!!　Aさん，次は内閣についての問題を出して!!」
Aさん：「わかった！内閣の中心となるのは？」
Bさん：「首相！」
Aさん：「そう！正確にいうと（　③　）というね。内閣は（　③　）だけをさすわけじゃなくて，ⓐ国務大臣もふくまれているよね。」
Bさん：「では，次は裁判所!!裁判は原則何回までできるでしょう？」
Aさん：「3回！」
Bさん：「正解！では，次の問題。最高裁判所の長官を指名するのは？」
Aさん：「（　④　）！」
Aさん：「では，次の問題ね。2009年から国民が裁判に参加する制度が始まったけれど，これを何という？」
Bさん：「（　⑤　）制度！」
Aさん：「正解！」
Bさん：「この制度で国民は裁判と深くかかわるようになったんだね。国民と裁判所との関係といえば，最高裁判所の裁判官がふさわしいかどうかを国民が判断する制度があるよね。これを何という？」
Ａさん：「国民審《しん》査だね！」
Ｂさん：「正解！では，これで最後の問題にしよう。国の権力が１つの機関に集中しないように，国会・内閣・裁判所が権力を分担するしくみのことを何という？」
Ａさん・Ｂさん：「せーの！（　⑥　）!!」

［１］　文中の（①）にあてはまる語を下のア～ウより１つ選び，記号で答えなさい。
ア．行政　　イ．司法　　ウ．立法

［２］　文中の（②）にあてはまる語を下のア～ウより１つ選び，記号で答えなさい。
ア．衆議院　　イ．参議院　　ウ．両方

［３］　文中の（③）にあてはまる語を漢字６字で答えなさい。

［４］　文中の（④）にあてはまる語を下のア～ウより１つ選び，記号で答えなさい。
ア．国会　　イ．裁判所　　ウ．内閣

［５］　文中の（⑤）にあてはまる語を答えなさい。

［６］　文中の（⑥）にあてはまる語を漢字４字で答えなさい。

［７］　波線部ⓐについて，国務大臣は主に担当する省の大臣や庁の長官として働いています。地方自治や通信などに関係する仕事を担当する省庁はどこですか。下のア～オより１つ選び，記号で答えなさい。
ア．文部科学省　　イ．厚生労働省　　ウ．総務省　　エ．文化庁　　オ．宮内庁

【5】 図のように輪ゴムで動く車を使って，条件①～③の実験をし，車の進む距離《きょり》を測定しました。次の問いに答えなさい。

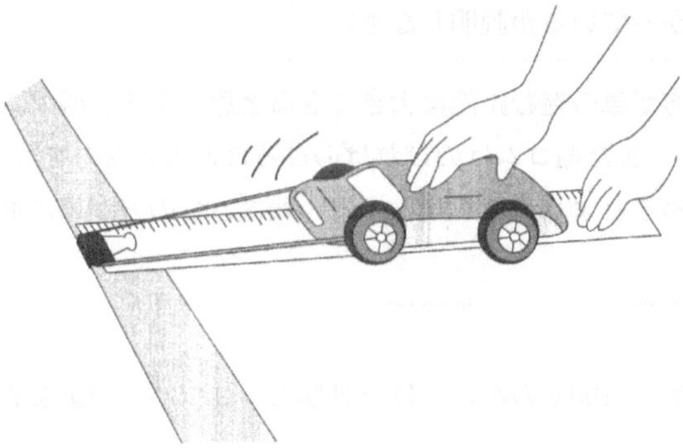

条件①

直径4cmの輪ゴムで，輪ゴムを引っ張る長さを10cm，15cm，20cmと変える。

条件②

直径4cmの輪ゴムを引っ張る長さを同じにして，太さ1mmの輪ゴムA，太さ3mmの輪ゴムBと変える。

条件③

太さ1mmの輪ゴムを引っ張る長さを10cmにして，直径5cmの輪ゴムC，直径3cmの輪ゴムDと変える。

問1　条件①で実験をしました。輪ゴムの引っ張る手ごたえのちがいについて，正しいものを（ア）～（エ）から選び，記号で答えなさい。

（ア）輪ゴムを10cm引っ張るほうが15cm引っ張る場合に比べて手ごたえが大きい。

（イ）輪ゴムを15cm引っ張るほうが20cm引っ張る場合に比べて手ごたえが大きい。

（ウ）輪ゴムを20cm引っ張るほうが10cm引っ張る場合に比べて手ごたえが大きい。

（エ）輪ゴムを引っ張る手ごたえはどの場合も同じ。

問2　条件①で実験をしました。実験の結果として正しいものを（ア）～（エ）から選び，記号で答えなさい。

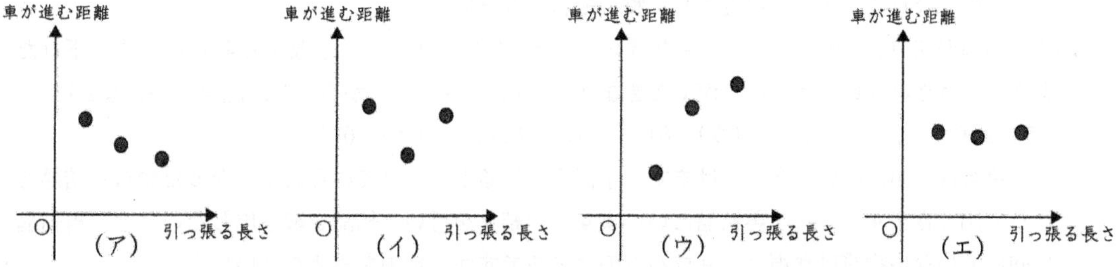

問3　条件②で実験をしました。実験の結果，輪ゴムBの方が車の進む距離は大きくなりました。その理由について述べた次の文章の（　）をうめなさい。

輪ゴムBは輪ゴムAに比べて太いので，（　　　　　　　　　　　　　　）。大きな力が車に伝わるとより遠くへ進むから，輪ゴムBの方が車の進む距離は大きくなる。

問４　条件③で実験をする前にクラスで結果を予想しました。ある児童は輪ゴムCの方が車の進む距離は大きくなると予想しましたが，実験の結果まちがっていました。以下の文章はある児童の予想です。何がまちかっているか説明しなさい。

> 「私は輪ゴムCの方が車の進む距離は大きくなると思います。輪ゴムは直径が大きくなるほど，よくのびます。 また輪ゴムはのびればのびるほど大きな力をうみ出すことができます。大きな力が車に伝わるとより遠くへ進むので，輪ゴムCの方が車の進む距離は大きくなると思います。」

【６】 次のグラフは水温と，100ｇの水にとける食塩とミョウバンの量を表したものです。次の問いに答えなさい。

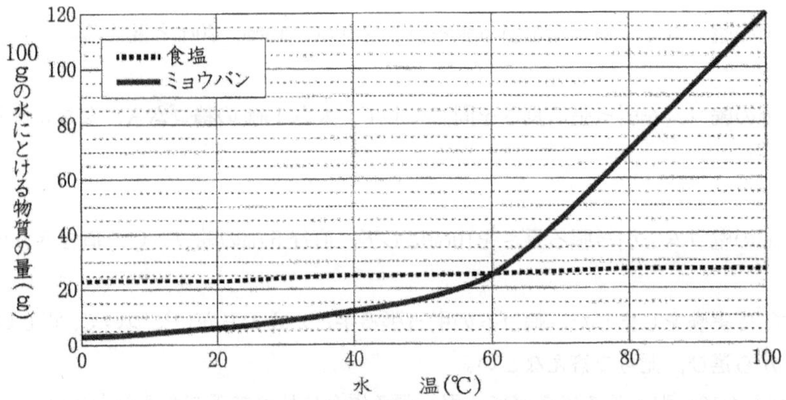

問１　水温が40℃のとき，20ｇの水にとける食塩の量は何ｇか答えなさい。

問２　グラフより食塩よりもミョウバンが多くとけるのはおよそ何℃以上のときですか。（ア）～（カ）から選び，記号で答えなさい。

（ア）０℃　（イ）20℃　（ウ）40℃　（エ）60℃　（オ）80℃　（カ）100℃

問３　水温が80℃のとき，100ｇの水にミョウバンをとけるだけとかしました。この水よう液の濃度は何％になりますか。四捨五入して整数で答えなさい。

問４　水温が100℃の水50ｇに，ミョウバンが20ｇとけていました。水温をおよそ何℃まで下げたとき，とけきれないミョウバンがでてきますか。（ア）～（オ）から選び，記号で答えなさい。

（ア）25℃　（イ）44℃　（ウ）56℃　（エ）67℃　（オ）80℃

問５　物質は水温が高いと多くとけます。水温を下げると，とけていられなくなった物質が結晶となって出てきます。これを再結晶といいます。再結晶を行い，結晶を取り出したいとき，再結晶に向いていない物質は食塩とミョウバンのどちらですか。理由も答えなさい。

【７】 日本には四季があります。特に冬は気温が下がり，生き物たちにとって厳しい季節です。次の問いに答えなさい。

問１　次のページの図は，こん虫の冬ごしのようすを表したものです。それぞれ何というこん虫のようすですか。（ア）～（エ）からそれぞれ選び，記号で答えなさい。

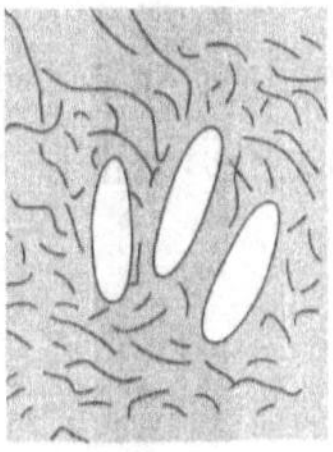

図1
土の中で，
卵として過ごす。

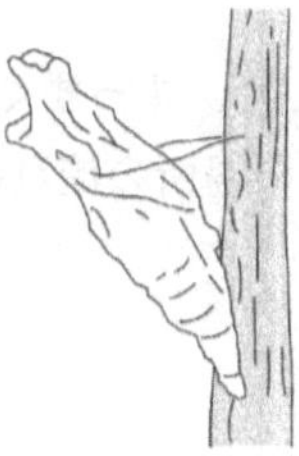

図2
木の枝で，
さなぎとして過ごす。

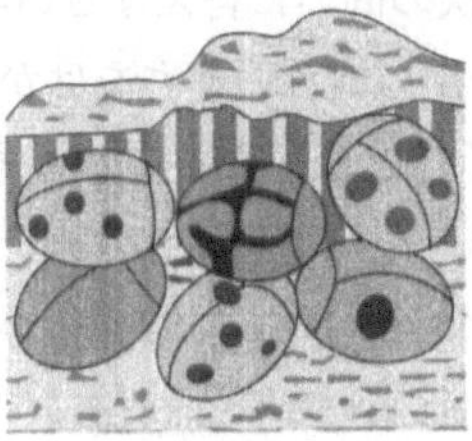

図3
落ち葉の下で，
成虫として過ごす。

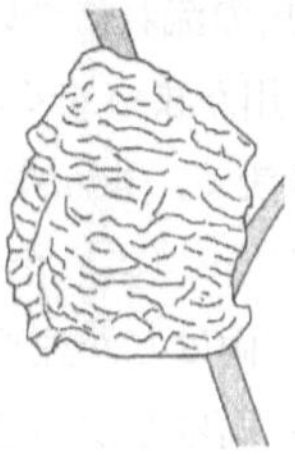

図4
木の枝で，
卵として過ごす。

（ア）テントウムシ　（イ）コオロギ　（ウ）オオカマキリ　（エ）アゲハ

問2　カエルは土の中にもぐってじっとしていますが，これは温度が低くなると，体温が下がって活動できなくなるからです。カエルやヘビなどの動物が冬の間動かずにじっとしていることを何といいますか。

問3　夏は空を飛びまわっているツバメですが，寒さは苦手です。ツバメは冬，どのようにすごしますか。簡単に説明しなさい。

問4　右の図は，生物の体温と気温の関係を表しています。体温がBのグラフのように変化する動物を，（ア）～（エ）からすべて選び，記号で答えなさい。

（ア）ヒト
（イ）キンギョ
（ウ）トカゲ
（エ）ハト

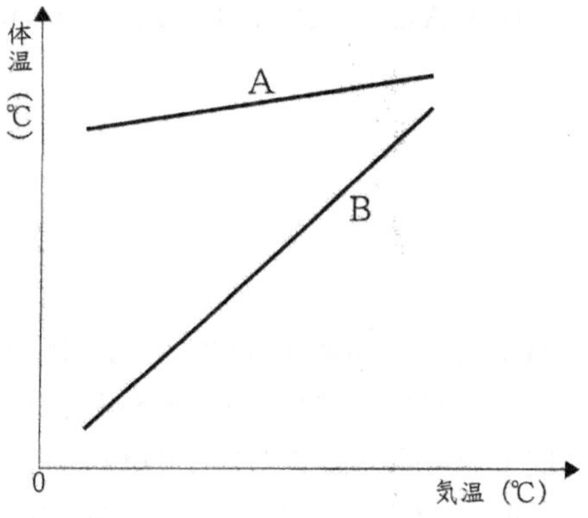

問5　次の①～④の文は植物の冬のようすを表しています。①～④の文に当てはまる植物を，（ア）～（エ）からそれぞれ選び，記号で答えなさい。

① 地面をはうように葉を広げている。
② 葉，根，くきはすべてかれ，種になっている。
③ 冬芽のじょうたいになっている。
④ 地上のくきや葉はかれているが，根もとから新しい芽がでている。

（ア）ススキ　（イ）タンポポ
（ウ）サクラ　（エ）ヘチマ

問6　樹木の中には冬になると葉が全部落ちてしまう ① と，一年中緑の葉をつけている ② があります。 ① と ② に当てはまる言葉は何ですか。

問7　問6の ① に当てはまる植物の例はどれですか。（ア）～（エ）から選び，記号で答えなさい。

（ア）スギ　（イ）マツ　（ウ）ヒノキ　（エ）イチョウ

【8】 川の流れについて，次の問いに答えなさい。

問1　川がまっすぐな所で川の流れの速さをはかりました。まっすぐな所の川底のようすは，両はしは浅く，まん中にいくほど深くなっています。この場所の流れの速さについて正しいものを（ア）～（エ）から選び，記号で答えなさい。

（ア）両はしが速く，まん中がおそく流れる。

（イ）両はしがおそく，まん中が速く流れる。

（ウ）天候によって，両はしがまん中よりも速くなったりおそくなったりする。

（エ）どの部分も同じ速さで流れる。

問2　問1の川が地かく変動で，図1のように曲がって流れるようになりました。流れの速さについて正しいものを（ア）～（エ）から選び，記号で答えなさい。

（ア）Aが最も速く，Cが最もおそい。

（イ）Bが最も速く，AとCがおそい。

（ウ）Cが最も速く，Aが最もおそい。

（エ）AとCが速く，Bが最もおそい。

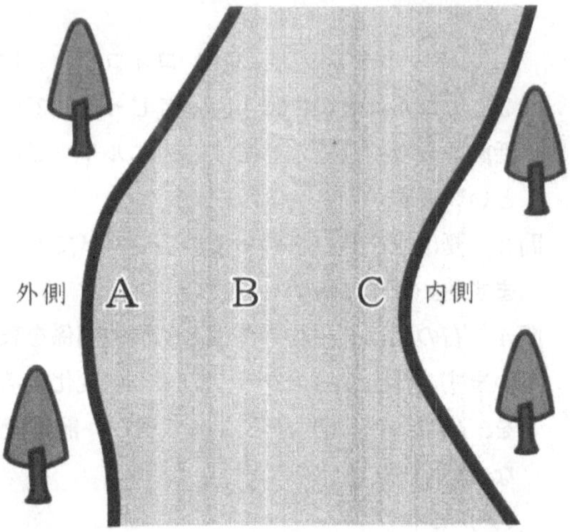

図1

問3　図1の外側･内側のどちらかは，砂が多くたい積しており，もう片方は大きな岩が積み重なったようになっています。砂が多くたい積しているのは外側・内側のどちらですか。

問4　図1の川で，しばらく晴れの日が続き水量が減少した場合，水流はどのようになりますか。正しいものを（ア）～（エ）から選び，記号で答えなさい。

（ア）全体に浅くなり，川はばは変化しない。

（イ）もとの川のちょうどまん中を流れるように川はばがせまくなっていく。

（ウ）内側を流れるように川はばがせまくなっていく。

（エ）外側を流れるように川はばがせまくなっていく。

問5　図1の川は長い年月をかけて，どのように変化していきますか。（ア）～（エ）から正しいものを選び，記号で答えなさい。ただし，地かく変動はないものとします。

（ア）元のようにまっすぐに流れるようになる。

（イ）さらに大きく曲がるようになる。

（ウ）図1とは逆に曲がる。

（エ）図1のまま，変化しない。

問6　この川の上流にダムをつくると，河口にある三角州はダムがないときと比べて成長しなくなります。それはなぜか説明しなさい。

かしたりすることで、物語がなくなったおかげて、いいことがあったかのように見せつづけていました。

　こっそりと物語を作りつづけている人も、実はいました。でも絶対に見つからないようにしなければなりませんでしたし、あくまでも仲間内で披露《ひろう》するだけでしたので、広がるようなことはありませんでした。時々、物語が好きな人に、仲間のふりをして近づいて、つかまえようとする人もいたので、物語が好きな人たちは、ますます【　Ⅲ　】過ごすようになっていました。

（加藤千恵『ラジオラジオラジオ!』より
「青と赤の物語」河出文庫　二〇一九年）

問一　本文中の【Ⅰ】～【Ⅲ】にあてはまる言葉としてもっとも正しいものを選び、それぞれ記号で答えなさい。

【Ⅰ】
ア　正確に　　イ　ちっとも
ウ　少ししか　　エ　上手に

【Ⅱ】
ア　どんどん　　イ　わずかに
ウ　あまり　　エ　気づけば

【Ⅲ】
ア　のんびりと　　イ　たんたんと
ウ　ゆるりと　　エ　ひっそりと

問二　――線1「間違った発想」とありますが、これはえらい人たちのどのような決定について述べているのでしょうか。本文中から十五字でぬき出して答えなさい。

問三　本文中の A にあてはまる言葉として正しいものを選び、記号で答えなさい。
ア　同調　　イ　議論　　ウ　抵抗《ていこう》　　エ　結束

問四　――線2「いつしか……いなくなりました」とありますが、なぜこのような状況《じょうきょう》になっているのですか。その理由を本文中の語句を用いて四十字以内で答えなさい。

問五　本文中の B にあてはまるものとして、もっともあてはまるものを選び、記号で答えなさい。
ア　その国で暮らす人たちが困った
イ　悪いことをする人がへった
ウ　全ての本やゲームがなくなった
エ　この決まりに反対する人がいない

問六　――線3「数字を上手に……見せつづけていました」について、次の問いに答えなさい。
1　「見せつづけていました」とありますが、これはだれの行動ですか。本文中からぬき出して答えなさい。
2　なぜ、このように「見せつづける」必要があったのですか。その理由を本文中の語句を用いて答えなさい。

問八　――線５「まだそこはよくわかっていないようです」とありますが、「そこ」とは何を指していますか。次の［　］にあてはまる言葉をそれぞれ指定した文字数で本文中からぬき出し、説明を完成させなさい。

オスのブタは［１　十字］と大人になってから［２　七字］のに、［３　五字］をすること。

六　次の文章を読んで、問いに答えなさい。

ある国では、物語が一切禁止されていました。

昔はその国にも、たくさんの物語がありました。小説、漫画《まんが》、ドラマ、映画、アニメ、ゲーム。人々は手を伸《の》ばせば、いいえ、伸ばすまでもなく、物語を手にして味わうことができました。

ところがあるときから、国のえらい人たちが、物語というものが、いかに悪い影響《えいきょう》を及《およ》ぼすものであるかを話し合うようになりました。えらい人たちは、物語というものがあるから、悪いことをする子どもたちや大人たちが現れるのではないかと考えるようになったのです。だったら物語自体をなくしてしまえばいいというのが、えらい人たちの発想でした。

もちろんこれは、とんでもない、[1]間違《まちが》った発想です。発想は法案というものに変わり、とある議会で、法律というものとして決まってしまいました。

めちゃくちゃだ、とたくさんの人たちが思いました。けれどその国では、めちゃくちゃな発想が、いつのまにか法律として決まってしまうようなことが、それまでにも時々《ときどき》あったのです。

物語が好きな人たちや、物語を作る人たちなど、物語に関わってきた人たちは、頑張《がんば》って［Ａ］しました。こんなことが許されるはずはない、と主張し、みんなで一緒に札を持って歩いたり、たくさんの署名を集めたりして、なんとかえらい人たちの間違いを正そうとしました。けれど意見は【　Ⅰ　】聞いてもらえませんでした。

それどころか、えらい人たちは、物語を作りつづけたり、みんなに届けつづけたりしようと頑張る人を見つけては、つかまえるようになりました。そうすることで、あきらめさせようとしたのです。物語がいいものだという意見を、無理やり消してしまうつもりでした。えらい人たちの努力によって、あきらめる人たちは【　Ⅱ　】増えていきました。

季節がいくつもいくつも変わりました。桜の木が花を咲《さ》かせ、葉桜となり、葉も散り、枝だけになって、また新たなつぼみをつけました。何度も何度もそれが繰《く》り返されました。

[2]いつしかその国では、物語の素晴《すば》らしさについて話す人はいなくなりました。物語そのものを知らない子たちが増えていきました。テレビからも教科書からもゲームからも、物語は消えていきました。

ずいぶん時間が経ったので、物語をなくそうと最初に言い出した人たちはもう誰《だれ》一人として生きてはいませんでしたが、決まりだけは残っていました。物語がなくなったからといって、［Ｂ］わけではありませんでした。だからなくす必要なんて、本当はこれっぽっちもないのだと、新たにえらくなったえらい人たちだってわかっていましたが、昔のえらい人たちの間違いを明らかにするわけにはいきませんでした。間違っていました、と認めることは、[3]ものすごく大変で厄介《やっかい》なことだと、えらい人たちは思っていたからです。だから数字を上手に隠《かく》したりごま

問一　本文中の【Ⅰ】～【Ⅲ】にあてはまる言葉として正しいものを選び、それぞれ記号で答えなさい。

【Ⅰ】
ア　では　イ　だから　ウ　そして　エ　また

【Ⅱ】
ア　たとえば　イ　もし　ウ　そのため　エ　一方

【Ⅲ】
ア　まず　イ　つまり　ウ　なぜなら　エ　そのうえ

問二　本文中の［A］にあてはまる文末表現を考え、八字以内で答えなさい。

問三　本文中の［B］に入る文として、もっともあてはまるものを選び、記号で答えなさい。

ア　力の差がなかった二匹のザリガニだったのですが、からだの大きいザリガニが圧勝したのです

イ　からだの小さなザリガニだけでなく、からだの大きいザリガニもケンカをせずに逃《に》げてしまったのです

ウ　実力的には負けているはずのからだの小さいザリガニが、今度はケンカに勝ったのです

エ　前のケンカよりも激しいものとなり、一日中戦ったのものの勝敗はつかなかったのです

問四　――線1「彼らが経験から自分の力を学んでいる証拠」とありますが、ここでの「経験」とはどのようなことですか。本文中の語句を用いて四十字以内で答えなさい。

問五　――線2「孫子の言っていること」とは、どのような言葉ですか。本文中から十六字でぬき出して答えなさい。

問六　――線3「時の経過」とありますが、次の「時間に関することわざ」の説明として、間違っているものを一つ選び、記号で答えなさい。

ア　「光陰《こういん》矢の如《ごと》し」とは「月日が過ぎていくのは、矢が飛んでいくように早い」ということから、「歳月が経過するのは早い」ことをたとえたことわざである。

イ　「急がば回れ」とは「目的地に早く到着《とうちゃく》するには、危険な近道より遠くても安全な道を選んだ方が良い」ということから、「目的を達成するにはあせらない方が確実である」ことをたとえたことわざである。

ウ　「思い立ったが吉日《きちじつ》」とは「良い考えを思いつく瞬間《しゅんかん》は何よりもすばらしい」ということから、「良い行いをすることよりも、それを思いつくことがもっと大切だ」ということをたとえたことわざである。

エ　「石の上にも三年」とは「冷たい石の上でも三年も座りつづけていれば暖まる」ということから、「がまん強く辛抱《しんぼう》すれば必ず成功すること」をたとえたことわざである。

問七　――線4「人間の専売特許ではありません」をいいかえたものとして、もっともあてはまるものを選び、記号で答えなさい。

ア　人間の力でも特に発展した知識だが、生かすことが出来ていません

イ　人間であっても専門的な研究であるとは気づくことが出来ません

ウ　人間だからといって特別な行動が認められるわけではありません

エ　人間だけが得意としている技術や方法というわけではありません

は何度も戦ってできるもので、戦わずして勝とうという話ではありません。ということで、常在戦場《じょうざい》のビジネスマン諸氏《しょし》には、孫子はほどほどにして、ザリガニのケンカも学んでみるとよいことがあるのでは？と、私としては訴《うった》えたいところです。

＜中　略＞

遊ぶ子ブタの声聞けば

二人いる私の息子のうち、お兄ちゃんはもう大学生。ちょっと前まで「ボクは光の国からきた巨人だー」とか叫《さけ》んで怪獣《かいじゅう》の私を倒《たお》して遊んでいた気がするのに、今や身長一八〇センチ。見上げる彼と、うっかり戦いゴッコでもしようものなら腕《うで》の一本も折られかねません。3時の経過は残酷《ざんこく》です。

さて、戦いゴッコですが、4人間の専売特許《せんばいとっきょ》ではありません。ネズミやハムスターなどのほ乳類や鳥でも見られます。ブタも然《しか》り。生まれてから数週間の間、子ブタたちは鼻をつきあわせて押《お》しあうようなケンカのまねごとをして遊びます。

いきものは、遊びをせんとや生まれけむのだなあ、と思うのですが、ちょっと待ってください。なぜこんなに多くの動物が戦いゴッコをするのでしょう？

たとえばエサを争ってケンカをするのならその理由もわかります。ですが、ゴッコはただの遊びです。勝ったからといってご褒美《ほうび》はありません。では、彼らがこうして遊ぶ、りくつというか合理性というかは、いったいどこにあるのでしょう？

その答えはずっと未来にあります。

英国クイーンズ大学ベルファストのジェニファー・ウェラーさんたちによると、戦いゴッコでたくさん遊んだメスの子ブタは、大きくなって誰《だれ》が強いか決めるための本当のケンカをしたときに、勝者になることが多いのです。遊びがケンカの仕方を学ぶことにつながっているのでしょう。

一方、オスの場合はメスとは逆で、子ブタ時代によく遊ぶと、大人になってケンカに負けるのです。オスは、子ブタのときにはまだない牙《きば》を使って、メスとは違うやり方でケンカをします。そのため、戦いゴッコをしてもケンカの技術が身に付かないのだと考えられています。

なのに、どうしてオスも遊ぶのか？　からだを使うことが筋肉を強くすることにつながるのか？　遊ぶことで不測の事態に出くわしても対処できる力がつくのか？　5まだそこはよくわかっていないようです。それにしても、よく遊ぶとケンカに弱くなるというメカニズムがよくわかりません。遊びばかりしていると気合いが出てこなくなるわけでもないでしょうし……。

十何年も前のわが家の場合、ドッタンバッタンやってるうちに、怪獣だったはずの私が、いつの間にか光線を撃《う》つ側になっていることがよくありました。こんな経験から、私の息子は何かを学んでいたりするのでしょうか？

ひょっとして、戦いには完全な正義も悪もない、とか心の奥《おく》底に刷《す》り込《こ》まれていたりしたら、シブい十八歳《さい》なことです。

（中田兼介『もえる！いきもののりくつ』ミシマ社　二〇二二年）

注　孫子…中国古代の武将であり、戦の方法を記した書物を残している。その書物は現代でも、多くの人がビジネスや生き方の参考にしている。

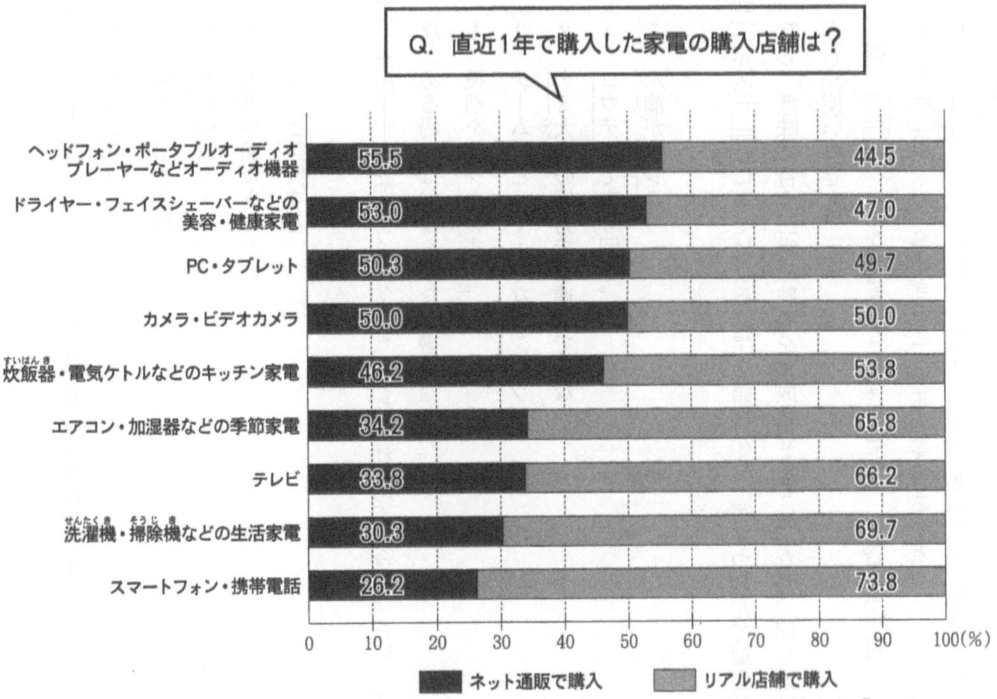

ジャドマ通販研究所「家電購入のネット通販利用実態②」より

五　次の文章を読んで、問いに答えなさい。

ザリガニの勝ち癖《ぐせ》負け癖

敵を知り己《おのれ》を知れば百戦危《あや》うからず。あまりに有名な言葉です。勝ち負けは物理力だけで決まるものではありません。彼我《ひが》の力を知り、状況《じょうきょう》に応じて正しい戦い方をすることも大事です。でも、ちょっと待ってよ孫子《そんし》さん。※注　相手の力を知ることは、そんなに簡単なものではないですし、そもそも自分の力さえ、わかっているのか怪《あや》しいものです。

【　Ⅰ　】経験に学べばどうでしょう？　ケンカしてもし勝ったなら、自分が強いとわかるのでは［　A　］？

米国ボーリング・グリーン州立大学のアリスダー・ダウズさんたちは、大きさがわずかに違うアメリカザリガニ二匹《ひき》をケンカさせました。すると多くの場合大きいほうが勝つわけです。そこで、勝ったザリガニに今度はずっと大きな相手をあてがい、ケンカを繰《く》り返させます。当然何度やっても勝てません。【　Ⅱ　】、最初に負けたほうはとても小さなザリガニと一緒《いっしょ》にして、勝つ経験を何度もさせました。そして、この二匹を再び引き合わせると、［　B　］。

気合が勝敗に影響《えいきょう》するのがケンカの世界。ザリガニの実験で勝敗が逆転したのは、小さいザリガニが、勝ち続けた己の経験から「自分は強い」という主観をつくり上げたからだと考えられます。【　Ⅲ　】勝ち癖《ぐせ》がついたわけです。このことは、1彼《かれ》らが経験から自分の力を学んでいる証拠《しょうこ》です。

経験から学んだ己の力は、往々《おうおう》にして現実と違《ちが》っていますが、ザリガニ実験の結果は、それでも勝てるのだ、ということを示しています。これは2孫子の言っていることとはずいぶん違っています。そもそも勝ち癖

【国　語】〈四五分〉〈満点：一〇〇点〉

一　次の――線部の読みを、それぞれひらがなで答えなさい。

1　集団を率いる。
2　綿密に計画を練る。
3　船底の穴をふさぐ。
4　態度が顔にあらわれる。
5　友人と談笑する。

二　次の――線部のカタカナを、それぞれ漢字で答えなさい。送りがながある場合は、ひらがなで書きなさい。

1　役割をブンタンする。
2　チームにとって大きなソンシツ。
3　ナミ大抵《たいてい》の努力では達成できない。
4　コウテイで走り回る。
5　水滴《すいてき》がタレル。

三　次の□□にあてはまる漢字を語群から一字ずつ選んで順番に書き写し、意味に合う三字の熟語を完成させなさい。なお、同じ漢字は一度しか使いません。

例　□□欠　…なくてはならないこと　　解答→不・可

1　□□足　…　多すぎることと少なすぎること
2　合□□　…　前もって交わすことを決めている合図の表現
3　□□数　…　今は予想もつかないこと
4　値□□　…　とても価値が高いこと
5　□□詩　…　季節を表しているもの

「語群」

金・不・言・風・未・過・知・物・千・葉

四　次のページのグラフについて、次の問いに答えなさい。

問一　次の文がグラフの内容を読み取ったものとして正しければ「○」、間違《まちが》っていれば「×」で答えなさい。

ア　「PC・タブレット」をリアル店舗《てんぽ》で購入《こうにゅう》した割合は、「エアコン・加湿器《かしつき》などの季節家電」のそれと比べて多い。

イ　ネット通販《つうはん》で購入した割合において、「スマートフォン・携帯《けいたい》電話」は「美容・健康家電」の約半分である。

ウ　「テレビ」を購入する際にはネット通販を利用した割合が他の家電と比べてもっとも多い。

エ　どの分野においてもリアル店舗の利用がネット通販の割合を上回ることはない。

問二　「カメラ・ビデオカメラ」について、ネット通販とリアル店舗での購入の割合は、均等であることが分かります。あなたが購入する場合、ネット通販とリアル店舗のどちらで購入しますか。理由をふくめて答えなさい。解答は複数の文になっても構いません。

A-1日程

2024年度

解　答　と　解　説

《2024年度の配点は解答欄に掲載してあります。》

＜算数解答＞《学校からの正答の発表はありません。》

【1】 聞き取り問題解答省略
【2】 (1) 11101　(2) 2024　(3) 654　(4) 26.226　(5) 0.3　(6) 1
(7) 3528　(8) 5150
【3】 (1) 10　(2) 25%　(3) 50分　(4) 7.2%　(5) 3112　(6) 44歳
(7) 18分45秒　(8) $602.88cm^2$
【4】 (1) 黒45個，白55個　(2) 黒190個，白210個
【5】 (1) 分速120m，分速80m　(2) 4分30秒，5分30秒
○推定配点○
各4点×25(【4】各完答)　計100点

＜算数解説＞

【1】 聞き取り問題解説省略。

【2】 (四則計算)

(1) 24600－13500＋1＝11101　(2) 1008＋1016＝2024
(3) 47742÷73＝654　(4) 4.23×6.2＝26.226
(5) $\frac{1}{6}+\frac{1}{20}+\frac{1}{12}=0.3$　(6) 0.5×4×0.5＝1
(7) 72×(77－28)＝3528　(8) 101×25＋105×25＝2500×2＋150＝5150

重要 【3】 (割合と比，場合の数，年齢算，消去算，平面図形，立体図形，単位の換算)

(1) $\square=6.4\times\frac{5}{4}\div\frac{4}{5}=10$　【別解】 6.4：□＝0.8：1.25より，□＝1.25×8＝10
(2) (1－9900÷13200)×100＝25(%)
(3) 75÷1.5＝50(分)
(4) 600g：400g＝3：2より，(3×4＋2×12)÷(3＋2)＝7.2(%)
(5) $\boxed{1}$ $\boxed{1}$ $\boxed{2}$ $\boxed{3}$　11□□…2通り　12□□…2通り　13□□…2通り　21□□……2通り
23□□……1通り　したがって，10番目は3112
【別解】 1□□□…3×2×1＝6(通り)　2□□□…3通り　したがって，10番目は3112
(6) 現在の子の年齢…△　22年後の子の年齢の2倍…△×2＋22×2＝△×2＋44＝△×4＋22　△…(44－22)÷(4－2)＝11
したがって，現在の父の年齢は11×4＝44(歳)
(7) $4000\div\left(150+\frac{190}{3}\right)=18\frac{3}{4}$(分)すなわち18分45秒
(8) (6×6×2＋6×2×10)×3.14＝192×3.14＝$602.88(cm^2)$

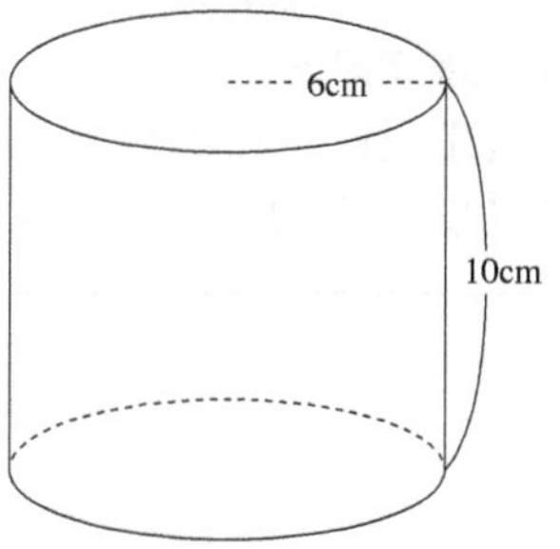

重要 【4】 (平面図形，規則性，数の性質)

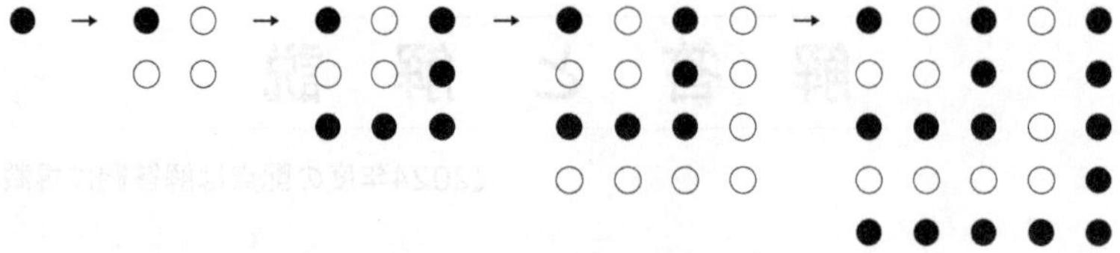

(1)　正方形の1辺の個数…100＝10×10より，10個　　黒のご石…1＋5＋9＋13＋17＝18×2＋9＝45(個)　　白のご石…100－45＝55(個)

(2)　正方形の1辺の個数…400＝20×20より，20個　　20までの奇数の個数…20÷2＝10(個)　　黒のご石…1＋5＋9＋～＋{1＋4×(10－1)}＝(1＋37)×5＝190(個)　　白のご石…400－190＝210(個)

基本 【5】 (速さの三公式と比，旅人算，割合と比，単位の換算)

(1)　兄弟の分速の差…400÷20＝20(m)　　したがって，弟の分速は100＋20＝120(m)または100－20＝80(m)

(2)　弟の分速が120mの場合…990÷(100＋120)＝4.5(分後)すなわち4分30秒後　　弟の分速が80mの場合…990÷(100＋80)＝5.5(分後)すなわち5分30秒後

★ワンポイントアドバイス★

【2】昨年と同様，計算問題の中に答えが今年の年と一致する問題がふくまれており，【5】「ランニングコースを走る兄弟」の問題は，「旅人算」の基本を問う問題である。まず，【2】，【3】の16題で着実に得点しよう。

＜社会解答＞《学校からの正答の発表はありません。》

【1】　[1]　(あ)　フランス　(い)　イタリア　(う)　ゼレンスキー　[2]　(1)　エ　(2)　エ　(3)　1945年8月6日　(4)　ア　(5)　ア　4　イ　8　ウ　7　エ　1　[3]　(1)　温暖な気候の沖縄ではビニールハウスを使えば，冬でも夏野菜を栽培できるため。　(2)　ア，エ　[4]　岸田文雄　[5]　A　イ　B　ウ　C　ア　[6]　ウ

【2】　[1]　(ア)　縄文　(イ)　邪馬台国　(ウ)　遣隋使　(エ)　北条時宗　(オ)　征夷大将軍　(カ)　江戸　(キ)　浦賀　(ク)　下田　[2]　青森県　[3]　イ　[4]　キリスト教の平等の精神が，江戸幕府が重視する身分制度と相反するため。

【3】　[1]　(1)　伊藤博文　(2)　大日本帝国　(3)　天皇　(4)　国民　(5)　平和　[2]　全ての人を個人として尊重することが必要であり，まずは他者の意見，立場を十分に理解しようとすること。

○推定配点○

【1】　[1]　各2点×3　[3](1)　4点　他　各1点×11([2](5)，[3](2)各完答)

【2】　[2]　2点　[4]　4点　他　各1点×9　【3】　[1]　各2点×5　[2]　4点　計50点

＜社会解説＞

【1】（総合問題－「サミット」に関連する地理と歴史の問題）

[1]　あ・い　サミットの参加国はG7と呼ばれている国々で，1975年に最初のサミットが開催された際はアメリカ，イギリス，フランス，西ドイツ，イタリア，日本でG6としていた。その翌年からカナダが参加しG7となる。その後，ロシアも加わりG8となっていたが，ロシアが2014年にウクライナのクリミア半島侵攻でロシアの資格停止となっている。　う　ヴォロディミル・ゼレンスキーはウクライナの大統領。

重要　[2]　(1)　グラフはアが南伊勢，イが北海道，ウが東京，エが広島のもの。広島は瀬戸内にあるので比較的温暖だが，降水量は少なめになる。　(2)　エ　広島で養殖が有名なのはカキ。
(3)　1945年8月6日に，広島へアメリカが原子爆弾を投下した。　(4)　ア　広島にあるもう一つの世界遺産が厳島神社。日本三景の一つの安芸の宮島を御神体とする神社。　(5)　厳島神社に平清盛が平氏一門の繁栄を祈願し装飾を施した経典を納めたのは有名。

やや難　[3]　(1)　沖縄は日本の他の地域と比べるとかなり温暖な土地なので，冬の時期でもビニールハウスを使うことで夏野菜を育てることが可能で，ビニールハウスを使うことで割高にはなるが，他の日本の地域からの出荷がなく競争相手もない状態ならば，高値でも売れる。　(2)　ア　沖縄本島は細長い島なので，島の中央から流れる河川はどれも短く，川そのものも多くはない。　エ　沖縄の島々はサンゴ礁にできているものが多く地下水が少なく，その景観を守るためにも島の地下に大きな貯水槽を作り，雨水を溜めるようにしてある。

基本　[4]　岸田文雄は自由民主党の第27代総裁で2021年10月から首相を務めている。

[5]　Aがオーストラリア，Bが中国，Cがアメリカ。中国の中には香港や台湾も含む。

[6]　ウ　グローバルサウスは本来は南半球を指すが，南半球に多い新興国や発展途上国を指して，現在では一般的に使われている。ブリックスBRICSはブラジル，ロシア，インド，中国，南アフリカの経済成長の著しい5カ国を指す言い方。国土が大きく，人口が多く，資源が豊富なのが5か国に共通する特徴。サステナブル sustainable は持続可能の意味。サウスアフリカ southafrica は南アフリカのこと。

【2】（日本の歴史－縄文時代から江戸時代）

重要　[1]　ア　三内丸山遺跡は縄文時代の大きな集落の遺跡。　イ　3世紀に29の小国を従えて女王卑弥呼が支配する邪馬台国連合が形成されたといわれる。邪馬台国の場所については近畿説と九州説とがある。　ウ　遣隋使は聖徳太子の時代に当時の中国の隋王朝と国交を持つために派遣されたもの。隋王朝は短く，617年には唐にとってかわられるので，遣隋使は聖徳太子の時代だけ。　エ　北条時宗は鎌倉幕府第8代執権。　オ　征夷大将軍は平安初期の坂上田村麻呂に始まるもので，本来は朝廷に従わない蝦夷などを討つ軍の総司令官の意味。　カ　徳川家康はもともとは三河の大名だが，のちに甲信駿遠州を合わせた5か国の大名となり，さらに豊臣秀吉の時代に江戸に移され，江戸を大きく変えた。　キ　浦賀は神奈川県の三浦半島の南東端にある。　ク　下田は伊豆半島の南端にある。

基本　[2]　三内丸山遺跡は青森県青森市にある。

[3]　イ　縄文式土器は弥生式土器と比べると形に装飾性があり，生地が厚手でもろい。

やや難　[4]　江戸幕府の支配制度は武士を頂点とする身分制度で，この体制を厳格に守ることが重要であったが，キリスト教は，その教えの中で，神の前では人はみな平等という考えがあり，これが江戸幕府にとっては危険なものとされ，キリスト教を徹底的に排除するようになった。

【3】（政治－日本国憲法，各地の地誌，気候，自然災害）

基本　[1]　1　伊藤博文は長州藩出身で，1885年に初代の内閣総理大臣となる。　2　大日本帝国憲法は

1889年2月11日に発布された。 3 大日本帝国憲法は形式的には三権分立をとっているが，全ての権力が天皇に集中し主権も天皇が握っていた。 4 主権を国民がもつということは，国の政治の在り方を最終的に決めるのが国民であるということ。 5 日本国憲法第9条に平和主義の事柄が規定されている。平和主義をうたう憲法は他国にもあるが，日本国憲法のような交戦権を認めないもの，一切の戦力を持たないとしているものはない。

やや難 [2] 誰もが自由で平等な社会を作るには，全ての人が個人として尊重され，それぞれの差異を，そういうものとして尊重し，認めることが大事。平等のためには差別をなくすことが大切で，さまざまな点で差があるのは当たり前だが，その差を変に意識するのも差別にもなるので，さまざまな違いがあるのは当たり前であり，その違いを意識することなく，社会が営まれるのが理想。

★ワンポイントアドバイス★

全体的には難易度は高くないが記述はかなり考えさせられるので時間配分を意識しておくことが大切。また正誤問題は正しいものを選ぶ場合と誤っているものを選ぶ場合があるので，注意が必要。

＜理科解答＞《学校からの正答の発表はありません。》

【4】 問1 1.2秒 問2 おもりが1往復するのにかかる時間は，おもりの重さや角度に関係しない。 問3 糸の長さを短くする。

【5】 問1 A 二酸化炭素 B アンモニア C 酸素 D ちっ素 問2 B 問3 A 問4 サ 問5 石灰水に吹き込むと白くにごる。 問6 酸素 固体 ク 液体 エ 二酸化炭素 固体 カ 液体 イ

【6】 問1 B 食道 C 肝臓 D 胃 E 大腸 F 小腸 問2 (A→)B→D→F→E(→G) 問3 (1) ① 消化 ② 消化管 ③ (消化)酵素 (2) だ液

【7】 問1 プラスチック容器が浅いので雨をはじいてしまい，いくらかが容器の外に出てしまう。 問2 A ア B イ C オ D カ E ク F キ 問3 (1) ア (2) ウ (3) イ 問4 ②

○推定配点○

【4】 問2 3点 他 各2点×2
【5】 問1 各1点×4 問5 3点 他 各2点×5(問6各完答)
【6】 問1，問3(1) 各1点×8 他 各2点×2
【7】 問1 3点 問4 2点 他 各1点×9 計50点

＜理科解説＞

【4】 (物体の運動ーふりこ)

基本 問1 条件1の3回の平均値は，(11.2＋12.1＋12.7)÷3＝12 10往復するのに12秒かかるので，1往復にかかる時間は12÷10＝1.2秒である。

重要 問2 おもりの重さや角度を変えても，条件1～4で10往復の時間は等しくなるので，往復にかかる時間は，おもりの重さや角度に関係しないことがわかる。

重要 問3　振り子の往復の時間は，糸の長さによって変化する。糸を短くすると往復にかかる時間は短くなる。

【5】（気体の発生・性質一気体の判別）

重要 問1　4つの気体のうち，ツンとするにおいのものはアンモニアだけである。よって気体Bはアンモニアである。BTB溶液が黄色になるのは酸性の溶液なので，気体Aは二酸化炭素である。二酸化炭素がとけた炭酸水は酸性を示す。火のついた線香が燃えるのは酸素に入れたときである。よって気体Cは酸素で，残りの気体Dはちっ素である。

基本 問2　フェノールフタレイン溶液が赤色になるのは，アルカリ性の溶液である。アンモニア水はアルカリ性を示す。

基本 問3　青色リトマス紙が赤色になるのは，酸性の溶液である。よってAの二酸化炭素である。

基本 問4　空気には，酸素：ちっ素＝1：4の割合で含まれる。

重要 問5　二酸化炭素の確認方法は，石灰水に二酸化炭素を通すと白くにごる。

重要 問6　酸素は二酸化マンガン(固体)に過酸化水素水(液体)を加えると発生する。二酸化炭素は石灰石(固体)にうすい塩酸(液体)を加えると発生する。

基本 【6】（人体一消化器・消化管）

問1　Bが食道，Cが肝臓，Dが胃，Eが大腸，Fが小腸である。

問2　口から取り入れた食物は，食道を通り胃に運ばれる。この後，小腸で栄養素が吸収され，大腸で水分やミネラルが吸収されたあと便として排出される。

問3　(1)　食べ物を吸収されやすい物質に変化させることを消化という。口から食道，胃，小腸，大腸，肛門までを消化管という。消化に関わる物質を消化酵素という。　(2)　口から出される消化酵素はだ液である。

【7】（気象一降水量）

問1　容器の底が浅いので，降ってきた雨の一部がはじかれて容器の外に出てしまう。

問2　1時間雨量が20mm以上～30mm未満のときを「激しい雨」と呼ぶ。このとき，土砂降りで，地面一面に水たまりができる。激しい雨は1時間雨量が30mm以上～50mm未満の時で，バケツをひっくり返したような雨である。1時間雨量が80mm以上のものを「もうれつな雨」と表現する。このとき，水しぶきであたり一面が白っぽくなり，視界が悪くなる。恐怖を感じる雨の降り方である。

問3　(1)　(ア)の容器は上面の面積と底面の面積が等しく，降った雨がそのまま雨量とみなせる。(2)　(ウ)の容器では上面にふたがあり，その部分の雨が容器にたまらないため，本当の雨量より水位が低くなる。　(3)　(イ)の容器は上面の面積が底面より大きいので，本当の雨量より水位が高くなる。

重要 問4　降水量は降った雨がどこにも流れ出ず，そのままたまった場合の水の深さで表す。三四郎さんの装置では，上面のろうとの面積に降る雨を集めている。その面積は30×30×3＝27000(mm^3)である。たまった雨の量が59.4mL＝59400(mm^3)なので，高さを求めると59400÷2700＝22(mm)これは②の強い雨に相当する。

★ワンポイントアドバイス★

ほとんどの問題が基本問題なので，基礎知識をしっかりと理解するようにしよう。論述式の問題も出題されるので，自分の考えを短くまとめる力も必要である。

＜国語解答＞《学校からの正答の発表はありません。》

一　1　かくべつ　　2　うたが(わしい)　　3　にっしょう　　4　ぞうちく　　5　そうじゅう
二　1　磁石　　2　確信　　3　効果　　4　破る　　5　心機一転
三　1 a　エ　b　ア　2 a　イ　b　ウ　c　ア　3 a　エ　b　ア　c　ウ
4 a　ア　b　エ
四　1　イ　　2　ク　　3　ウ　　4　カ　　5　オ
五　問一　a　エ　b　ア　問二　ア　3　イ　1　問三　イ　問四　ア・エ
問五　1　ア　2　(例)　パンの缶詰を買ってくれたお客さんに新しい缶詰を届け，回収した賞味期限の近い缶詰を海外の困っている人に届ける仕組み。　問六　Ⅰ　二[2]
Ⅱ　飢餓　問七　ア
六　問一　a 3　b 5　c 2　問二　ウ　問三　信頼関係　問四　エ
問五　ジョイはよ　問六　(例)　適切なタイミングで指示を出し，上手にできたら褒めてやる。　問七　ア　問八　笑顔　問九　イ

○推定配点○
一～四　各2点×19　五　問一・問二・問六　各2点×6　問五2　6点
他　各3点×4(問四完答)　六　問一　各2点×3　問六　5点　他　各3点×7
計100点

＜国語解説＞

一　(漢字の読み)

1は普通とは格段に違うこと。2は真実かどうか疑いたくなる様子であること。3の「日照時間」は1日のうちで，直射日光が地表を照らした時間。4は今までの建物にさらに新たに建て加えること。5は飛行機や大型機械などを思いどおりに動かすこと。

二　(漢字の書き取り)

1は鉄を吸いつける性質をもつ物体や装置。2は固く信じて疑わないこと。3の「果」を「課」などとまちがえないこと。4の音読みは「ハ」。熟語は「破片」など。5はあることをきっかけに気持ちがよい方向に変わること。

三　(漢字の書き取り)

1のaは，すきまを作るという意味でエ，bは明るくなるという意味でアがあてはまる。イは閉じていたものを開いた状態にする場合に用いる。ウは「あける」とは読まない。2のaは，自由に出入りできるようにするという意味でイ，bは解き放して自由にするという意味でウ，cは問題を解く方法という意味でアがあてはまる。エは計算法のこと。3のaは体内でいくつかの種類の組織が集まって特定のはたらきをもつものという意味でエ，bは目的を達成するために置く組織という意味でア，cは一定の時点から時点までの間という意味でウがあてはまる。イは空気を取り入れるための呼吸器のこと。4のaは期待どおりにいって満足するという意味でア，bは悪い心をあらためるという意味でエがあてはまる。イは心を神仏に向けること。ウは絵に対する知識や理解があること。

四　(ことわざ)

1は，どんな所でも住み慣れるとそこが居心地よく思われてくるという意味のイが適当。2は，必要なものや望ましい状態が都合よくそろうことのたとえのクが適当。3は，もめごとや苦難の後は，以前よりも結束が強まることのたとえのウが適当。4は，多少の努力や助けでは効果がないことの

たとえのカが適当。5は，物事はあわてずに着実に進めることが結果としてうまくいくという意味のオが適当。アは無意味な争いは避け，相手に勝ちを譲ることが最終的な勝利につながるという意味。エは良いと思ったことはすぐに実行するべきだということ。キは子どもがかわいければ，甘やかさず世間に出して，さまざまな経験をさせることが大切だということ。

五 (論説文－要旨・細部の読み取り，接続語，空欄補充，ことばの意味，記述力)

基本 問一 ――線aは，思いがけない話などを聞いて，聞き間違いではないかと思って聞いたことが信じられないこと。bの「ゆうずう」は必要に応じてうまく対応すること。

問二 空らんアは直前の内容とは反する内容が続いているので3，イは直前の内容を言いかえた内容が続いているので1がそれぞれあてはまる。

問三 ――線①は「『賞味期限が近いので……古いものは処分してもらえませんか』」という電話に対するものなのでイが適当。①後の市役所からの電話の内容をふまえていない他の選択肢は不適当。

問四 ――線②について「パンの缶詰の賞味期限は三年です。これは……」で始まる段落で，ア・エは述べているので正しい。他はいずれも述べていない。

やや難 問五 1 ――線③は，直前の「どうすれば，作った缶詰を無駄にせずにすむだろう」ということなのでアが適当。③直前の内容をふまえていない他の選択肢は不適当。 2 「そこで……」から続く3段落で，パンの缶詰を買ってくれた「お客さん」に「新しい缶詰を届けて古い缶詰を回収」し，その「賞味期限の近い缶詰は海外の困っている人に届け」ることで「パンを捨てることがなくなる……仕組みができた」ことを述べているので，これらの内容を③の「課題」の解決方法となった仕組みとして，指定字数以内の一文でまとめる。

問六 「通常なら……」で始まる段落で「通常なら三年後に買い替えとなりますが，期限が切れる一年前に声をかけ……回収する」と述べていることから，購入して二年後に回収するということなので，空らんⅠには「二[2]」があてはまる。Ⅱには「『一缶作る……』」で始まる段落内容から「飢餓」がそれぞれあてはまる。

重要 問七 ――線④直後の3段落でイ・ウ・エは述べているが，アは述べていないのであてはまらない。

六 (小説－心情・情景・細部の読み取り，空欄補充，記述力)

問一 空らんaは「手を差し出す」様子なので3，bは「鼻先を……押しつけてきた」様子なので5，cは「目的地まで……連れて行ってくれる」ことのたとえなので2がそれぞれあてはまる。

問二 ――線①前後で，「子猫のニビ……の体は何もかもが小さく……ぎゅーっと握ったら，骨が砕けてしまいそうだった」のに対し，「ジョイのしっぽは，ニビのしっぽとは比べ物にならないほどたくまし」いことが描かれているのでウが適当。①前後の描写をふまえていない他の選択肢は不適当。

問三 ――線②は，断つことのできない深いつながりという意味で，「ジョイとの信頼関係は……」で始まる段落の「信頼関係」のことである。

重要 問四 ――線③のある段落でイ・ウ・オ，「それにジョイは……」から続く3段落でアは描かれている。「ジョイという名前は……」で始まる段落に，ジョイのような「盲導犬候補となる犬たちは……人間からたくさんの愛情を受け」るとあるが，「わたし」のことは描かれていないので，エはあてはまらない。

問五 「ジョイとの信頼関係は……」で始まる段落の「ジョイはよく言えば大らかな性格，少々意地悪な言い方をすればマイペースなところがあり，自分の意思がはっきりしていて，自らの意思で何かをやる分には積極的になるのだが，自分の気にくわないことに関しては，それを見て見ぬふりをするというか，サボる癖があった。」という一文が「盲導犬には向かないのではないかと判断されそうになった最大の理由だった」ことが描かれている。

やや難 問六　――線⑤の説明として「適切な……」で始まる段落で,「適切なタイミングでジョイに指示を出し,それが上手にできた時は,グッドという声で褒めてやる」ことが描かれているので,この内容を指定字数以内でまとめる。

問七　空らん⑥直後で「深く眠れるようにな」り「穏やかな海を漂っているような気分にな」る「わたし」の様子が描かれているので,不安がなく心が安らかな様子を表すアがあてはまる。イは思いどおりに事が運んで満ち足りた様子。ウは全体が同じ雰囲気で統一されている様子。エは親しみを抱く気持ち。

基本 問八　空らん⑦は「ジョイが笑っている」様子なので,「でも正直,……」で始まる段落の「笑顔」があてはまる。

重要 問九　最後の2段落で,「ジョイが笑うと,その場所全体が明るく澄んだ空気に包まれるのを感じ……そんなジョイがそばにいることで,わたしの人生もまた,明るい方へと導かれ……ジョイと歩いていると,とてつもなくまぶしい光を感じるようになった」という「わたし」の心情が描かれているのでイが適当。これらの段落内容をふまえていない他の選択肢は不適当。

★ワンポイントアドバイス★

音読み・訓読みとともに,同音異義語や同訓異字など,漢字の知識を幅広くおさえておこう。

A-2日程

2024年度

解　答　と　解　説

《2024年度の配点は解答欄に掲載してあります。》

＜算数解答＞《学校からの正答の発表はありません。》

【1】 聞き取り問題解答省略

【2】 (1) 30　(2) 1190　(3) $\frac{71}{60}$　(4) 9.5　(5) $\frac{53}{81}$　(6) 2029　(7) $\frac{6}{7}$
(8) 4.4

【3】 (1) 2時間38分20秒　(2) 18　(3) 56点　(4) 90ページ　(5) 9.6cm^2
(6) 1　(7) 1000円　(8) 360度

【4】 (1) 5cm^2　(2) 解説参照

【5】 (1) 関六さん1320m・弟1100m　(2) (ア) 1545　(イ) 1245　(3) 分速250m

○推定配点○

各4点×25(【5】(1)完答)　計100点

＜算数解説＞

【1】 聞き取り問題解説省略。

【2】 (四則計算)

(1) $47-17=30$

(2) $1221-31=1190$

(3) $\frac{7}{20}+\frac{5}{6}=\frac{71}{60}$

(4) $10.2-0.7=9.5$

(5) $\frac{14}{9}\times\frac{5}{18}+\frac{2}{9}=\frac{53}{81}$

(6) $2024+5=2029$

(7) $\frac{9}{14}\times\frac{4}{3}=\frac{6}{7}$

(8) $4.4\times(2+3-4)=4.4$

重要 【3】 (単位の換算，数の性質，平均算，割合と比，相当算，平面図形，相似，規則性)

(1) 9500÷3600＝2(時間)…2300秒　2300÷60＝38(分)…20秒　したがって，2時間38分20秒

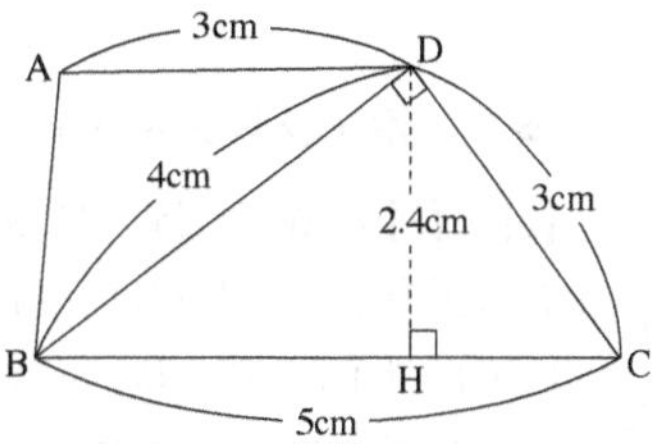

(2) 最大公約数…54＝18×3，90＝18×5，126＝18×7より，18

(3) 3回目…61×3－(52＋75)＝183－127＝56(点)

(4) 全体のページ数…$(6+30)\div\left(1-\frac{3}{5}\right)=90$(ページ)

(5) 高さ…直角三角形DBCとHDCは相似であり，DHは3÷5×4＝2.4(cm)　面積…(3＋5)×2.4÷2＝9.6(cm^2)
【別解】 (3＋5)×4×3÷5÷2＝9.6(cm^2)

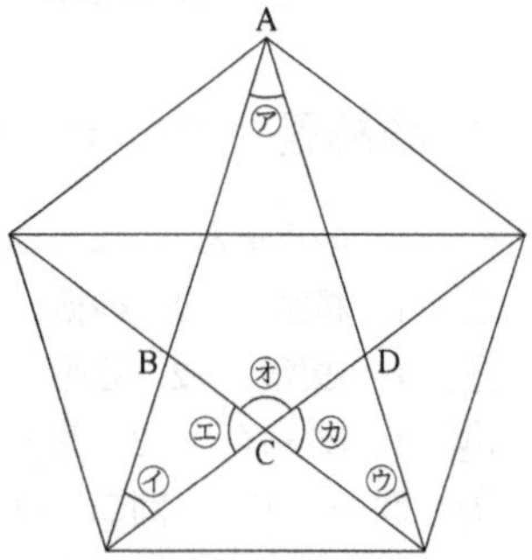

(6) 41÷333＝0.123～　100÷3＝33…1　したがって，小数第100位の数字は1

(7) 定価…(70＋30)÷(0.9－0.8)＝1000(円)

(8) 角ABC＋角CDA…㋑＋㋓＋㋒＋㋕　したがって，求める

角の和は四角形ABCDの内角の和に等しく360（度）

重要 【4】（平面図形）

（1） 3×3−2×1×2＝5（cm^2）
【別解】 2.5×1＋2.5×1＝5（cm^2）

（2） 20cm^2…6×6−2×4×2＝36−16＝20　したがって，解答例は右図のようになる。

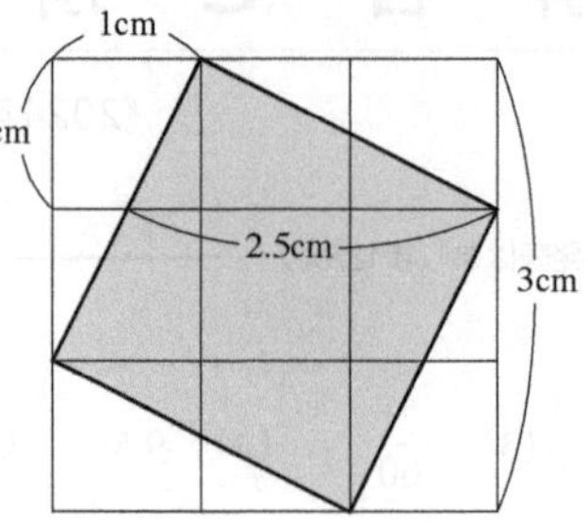

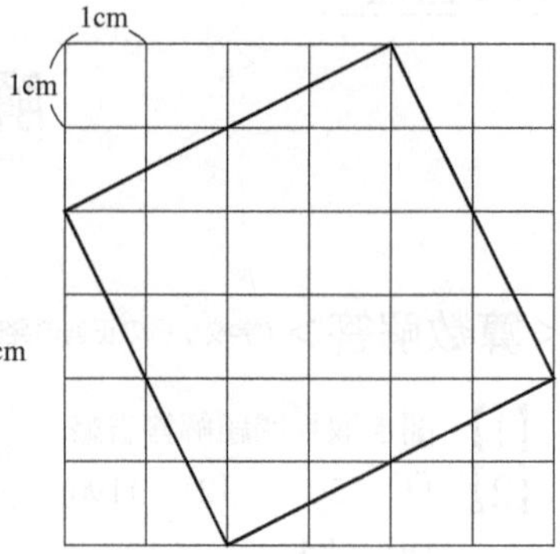

【5】（速さの三公式と比，グラフ，割合と比）

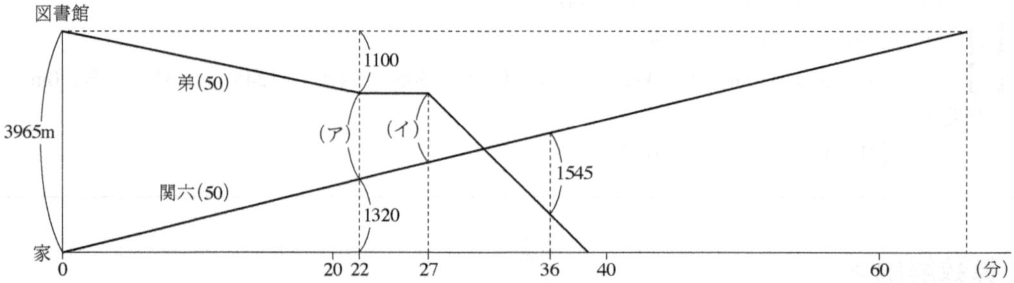

基本 （1） 関六さん…60×22＝1320（m）　弟…50×22＝1100（m）

重要 （2） （ア）…（1）より，3965−（1320＋1100）＝1545（m）
（イ）…1545−60×（27−22）＝1245（m）

やや難 （3） 36分の弟の位置から家までの距離…（2）より，60×36−1545＝615（m）　自転車で進んだ距離…（1）より，3965−（1100＋615）＝2250（m）　したがって，自転車の分速は2250÷（36−27）＝250（m）

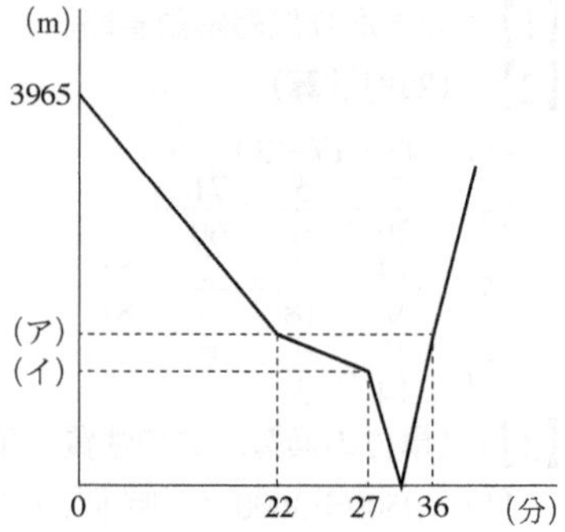

★ワンポイントアドバイス★

【2】・【3】の16題で確実に得点することが，第1のポイントである。【4】（2）「20cm^2である正方形」の問題は，（1）をヒントにする。【5】（1）「22分までに進んだ距離」，（2）「（ア）・（イ）の数」は，それほど難しくない。

＜国語解答＞《学校からの正答の発表はありません。》

一 1 のうそん　2 つごう　3 れっきょ　4 まか（される）　5 いた（める）
二 1 精密　2 砂糖　3 印刷　4 危ない　5 化ける
三 1 短所　2 意図　3 不意　4 賛成　5 無事
四 1 皮・イ　2 花・ア　3 石・オ　4 犬・エ　5 矢・ウ
五 問一 ア　問二 ウ　問三 （例） 栽培していた品種は病気に弱かったから。

問四　収穫の[が]多いジャガイモ　問五　さまざまなジャガイモを一緒に栽培していた(から。)　問六　a　オ　b　ア　c　イ　d　エ　e　ウ　問七　ア
問八　(例)　みんなが嫌いです　問九　ウ　問十　エ

六　問一　それなのに～ちていく。　問二　エ　問三　イ　問四　ア　問五　エ
問六　イ　問七　あぜ道　問八　(例)　自分が走りたいと思う場所を自分自身で考えて探し，自分の足で見つけるということ。　問九　ウ

○推定配点○
一・二・四　各2点×15(四各完答)　三　各1点×5　五　問三・問八　各5点×2
問六　各1点×5　他　各3点×7　六　問八　5点　他　各3点×8　計100点

＜国語解説＞

一　(漢字の読み)

1は住民の多くが農民である村。2は状況や予定のこと。3は並べあげること。4の音読みは「ニン」。熟語は「就任」など。5の音読みは「ツウ」。熟語は「苦痛」など。

二　(漢字の書き取り)

1は細部にいたるまで正確な寸法で作られていること。2の「糖」の部首は「米(こめへん)」であることに注意。3の「印」の部首は「卩(ふしづくり)」であることに注意。4の音読みは「キ」。熟語は「危険」など。5の音読みは「カ・ケ」。熟語は「文化」「化身」など。

三　(同義語)

1と「短所(たんしょ)」は，人の性質などのよくない面のこと。2と「意図(いと)」は，ある目的をもって実現しようとすること。3と「不意(ふい)」は，思いがけないこと。4と「賛成(さんせい)」は，同じ意見であることを言動などで示すこと。5と「無事(ぶじ)」は，事故などがなく，普段と変わりないこと。

四　(ことわざ)

1は，たぬきをまだ捕まえていないのに，その皮がいくらで売れるか考えて，もうけの計算をすることから。2は，花見に来て，花よりも花見団子に夢中になることから。3は，頑丈な石の橋をさらにたたいて確認しながら渡ることから。4は，犬が出歩くと棒でなぐられるような災難に合ったりすることから。5は，長い時間が矢のように通りすぎてしまうということから。

五　(論説文－要旨・細部の読み取り，接続語，指示語，空欄補充，ことばの意味，記述力)

基本　問一　――線①は，直後で述べているように「ジャガイモの疫病が大流行して，アイルランド国中のジャガイモが壊滅状態になってしまった」ことなので，突然ふりかかる不幸なできごとという意味のアが適当。イは主に人間の行為が原因の災い。ウは機械や身体などの機能が正常に働かなくなること。エは多量の雨などで河川の水が増加してあふれ出ること。

問二　――線②の理由として②前で，「アイルランド国中のジャガイモが壊滅状態になって……食べ物を失った多くの人たちは……アメリカ大陸に渡り」，「その大勢の移民たちの力が……アメリカ合衆国をさらに押し上げ，つくっていったと考えられ」ると述べているのでウが適当。②前の内容をふまえ，アイルランド人がアメリカでジャガイモを作ったことを説明していない他の選択肢は不適当。

問三　――線③の説明として，「優れた株が……」で始まる段落で「……アイルランドでは……優秀な株だけを……栽培していた」こと，「全国で……」で始まる段落で「一つの品種しか栽培されていない……その株がある病気に弱ければ，国中のジャガイモがその病気に弱いということに

なり」，③のような被害を受けたことを述べているので，これらの内容を指定字数以内で簡潔にまとめる。

問四　「アイルランドの人たちに……」で始まる段落で，「収穫の多いジャガイモ」が「優れた株」であることを述べている。あるいは次段落の「収穫が多いジャガイモ」でもよい。

問五　――線⑤の説明として⑤後で，「アンデスでは，さまざまなジャガイモを一緒に栽培していた」ため，すべてのジャガイモが枯れてしまうようなことはなかったことを述べている。

問六　aは直前の内容につけ加える内容が続いているのでオ，bは数量が少ないことを強調する意味のア，cは言うまでもなくという意味でイ，dは直後の「～ば」と呼応して仮定の意味を表すエ，eはようやく，やっと，という意味でウがそれぞれ適当。

問七　――線⑥前で，「世界中の人がみんなあなたと同じようなタイプの人だった」ら「みんなあなたと同じようなことを考えるはずですから，世界中の人が仲良くすることができるでしょう」と述べているのでアが適当。⑥前の内容をふまえていない他の選択肢は不適当。

問八　⑦は直前の一文の「好き」を「嫌い」に変えて，同様の形でくり返しているので「みんなが嫌いです」といった内容があてはまる。

問九　――線⑧は「お医者さんも，……総理大臣も，すべての仕事をあなたと同じ能力や性質を持つ人がやらなければな」らない世界なのでウが適当。⑧直前の段落内容をふまえていない他の選択肢は不適当。

問十　エは最後の5段落内容をふまえているが，アの「世界中が一つのタイプの人間によって動いている」とは述べていない。イは最後の段落内容，ウは「それでは，……」から続く2段落内容と合わない。

六　(小説－心情・情景・細部の読み取り，空欄補充，記述力)

問一　――線①の大田の心情として，「ただの……」で始まる段落の「それなのに，声をかけられると，残された力が沸き立ってくる。まだ余力があったのかと自分で驚くくらい，手にも足にも力が満ちていく。」という二文で描かれているので，この部分をぬき出す。

重要　問二　――線②後で，「ゴール地点に，俺は倒れこむように突入し……なりふりかまわずただ前に突っ込んだ。……倒れこんだ分だけ，崎山よりわずかに先に走りぬいた」様子が描かれているのでエが適当。②後の描写をふまえていない他の選択肢は不適当。

基本　問三　――線③後で，「さすがに中学生たちと並んでジョグするのは照れる」という大田の心情が描かれているのでイが適当。この心情をふまえていない他の選択肢は不適当。

問四　――線④では，「ただのタイムトライアル……」で始まる場面の「俺は走りたかったんだ。……こんなふうに走りたかったんだ」という思いを改めて感じており，「……一つになって走る八人の背中を見ながら……あんなふうに走れたらいいだろうなとは思う」という心情も描かれているのでアが適当。走りたいという気持ちに改めて気づいたことを説明していないイ・ウは不適当。エの「更に早く」も不適当。

問五　――線⑤後で，「『じゃあ，グラウンド以外も走ればいいじゃん』」ということも話していることからエが適当。⑤後の上原のセリフをふまえていない他の選択肢は不適当。

問六　⑥は直前の「体を，気持ちを動かしていたい……じっとしてはいられない」気持ちのことなのでイが適当。⑥直前の気持ちに従いたいことを描写していない他の選択肢は不適当。

問七　――線⑦は「『じゃあ……』」で始まるセリフの「『あぜ道も山道もアスファルトも』」のことなので，指定字数から「あぜ道」をぬき出す。

重要　問八　――線⑧は，上原が話す「『大田君を駆り立てるもの』」を「どうやって探せばいいのだろう。どうすればそこへたどり着けるのだろう」ということに対するものなので，「自分が走りたいと思う場所を自分自身で考えて探し，自分の足で見つけるということ」というような内容で，⑧で具体的に行動することを指定字数以内で説明する。

やや難 問九　本文では，母校の駅伝チームの練習に参加したことをきっかけに，みんなで走ることの喜びとともに誰かと同じ場所に向かって走りたいという自分の気持ちと，自分自身で走る場所を見つけることに気づいたことが描かれているのでウが適当。アの「あきらめを感じた」，イの心情，エの「自分自身」に対する心情はいずれも描かれていないので不適当。

★ワンポイントアドバイス★

小説では，会話の前後の心情の変化にも注意して読み進めよう。

B-1日程

2024年度

解　答　と　解　説

《2024年度の配点は解答欄に掲載してあります。》

＜算数解答＞《学校からの正答の発表はありません。》

【1】 聞き取り問題解答省略

【2】 (1) 39　(2) 125.8　(3) $\frac{49}{120}$　(4) 12　(5) 0.09　(6) 974000
(7) 1619.2　(8) 13

【3】 (1) 14700cm^2　(2) 3　(3) 188.16cm^2　(4) 30cm^2　(5) 36秒
(6) 25000円　(7) 22g　(8) 96円

【4】 (1) 45L　(2) 車A(のほうが)120km(長く走る)　(3) 3600円

【5】 (1) 8　(2) 447

○推定配点○

各4点×25　　計100点

＜算数解説＞

【1】 聞き取り問題解説省略。

【2】 (四則計算)

(1) 96－26＋58－89＝128－89＝39

(2) 4277.2÷34＝125.8

(3) $\frac{5}{24}+\frac{1}{5}=\frac{49}{120}$

(4) 24×0.5＝12

(5) 0.3×0.3＝0.09

(6) 1000×974＝974000

(7) 202.4×(5－2＋5)＝1619.2

(8) $\frac{13}{15}\div\left(\frac{2}{3}-\frac{3}{5}\right)=\frac{13}{15}\times15=13$

【3】 (単位の換算，平面図形，立体図形，速さの三公式と比，通過算，割合と比)

基本 (1) 1.47×100×100＝14700(cm^2)

(2) □＝12÷2－3＝3

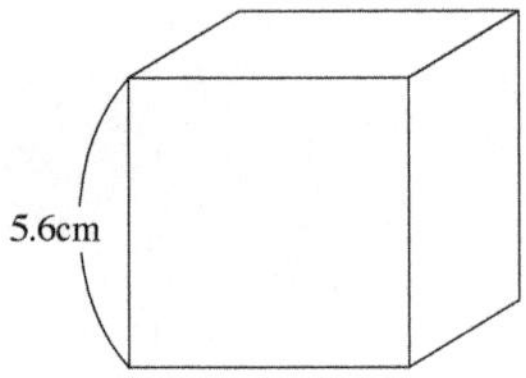

重要 (3) 5.6×5.6×2＋5.6×4×5.6＝5.6×5.6×6＝188.16(cm^2)

(4) 5×12÷2＝30(cm^2)

(5) 時速120km…秒速120000÷3600＝$\frac{100}{3}$(m)　したがって，
求める時間は(400＋800)÷$\frac{100}{3}$＝36(秒)

(6) □×1.2×0.7＝□×0.84＝21000　したがって，原価は21000÷0.84＝25000(円)

(7) 食塩の重さ…300×0.04＋2＝14(g)　したがって，蒸発させた水の重さは300＋2－14÷0.05
＝22(g)

(8) A：B…2：5＝8：20　B：C…4：5＝20：25　30円…(25－20)÷2＝2.5　したがって，
Aさんの所持金は30÷2.5×8＝96(円)

重要 【4】 (割合と比)

車A…燃費16km／L　車B…燃費12km／L

(1) 車Aのガソリン・タンクの容量…720÷16＝45(L)

(2) 車Bのガソリン・タンクの容量…45＋5＝50(L)　車Bが走ることができる距離…12×50＝

600(km)　したがって，車Aのほうが720－600＝120(km)長く走ることができる

(3)　車Aが3000円で走る距離…16×3000÷150＝320(km)　車Bが320km走る価格…135×320÷12＝3600(円)

重要 **【5】** (規則性)

(1)　$\frac{1}{7}$の小数計算…1÷7＝0.142857～　100÷6…16余り4　したがって，小数100位の数は8

(2)　1行，6個の数の和…右表より，1＋4＋2＋8＋5＋7＝27　したがって，100個の数の和は27×16＋1＋4＋2＋8＝432＋15＝447

142857
⋮　16行
142857
1428

★ワンポイントアドバイス★

特に，難しい問題はないが【2】，【3】の16題で確実に得点することが第1のポイントである。【3】(7)では「食塩水の重さ＝食塩の重さ÷濃さの割合」をを利用する。【5】(2)では「数の行列」を利用すると計算しやすい。

＜社会解答＞《学校からの正答の発表はありません。》

【1】 [1]　ウ　[2]　聖徳太子　[3]　ア　[4]　長崎　[5]　ポツダム　[6]　イ
[7]　奥州藤原(氏)　[8]　天草四郎[益田時貞]　[9]　オランダはプロテスタントの国で積極的にはキリスト教の布教をしないので。　[10]　イ　[11]　ア
[12]　(5→)1→3→4→2

【2】 [1]　(1)　記号　E　静岡(県)　(2)　記号　F　山形(県)　(3)　エ　[2]　エ
[3]　太平洋側の気候区　[4]　ウ　[5]　ア　[6]　エ

【3】 [1]　関東大震災　[2]　転倒しやすい家具類の固定／避難場所や経路の確認
[3]　エ　[4]　ハザードマップ

【4】 [1]　ウ　[2]　ア　[3]　内閣総理大臣　[4]　ウ　[5]　裁判員制度
[6]　三権分立　[7]　ウ

○推定配点○

【1】　[9]　4点　[12]　3点　他　各1点×10　【2】　[1](1)・(2)　各2点×2(各完答)
他　各1点×6　【3】　[2]　4点　他　各2点×3　【4】　[7]　1点　他　各2点×6
計50点

＜社会解説＞

【1】 (日本の歴史－日本の世界遺産に関連する問題)

[1]　法隆寺は聖徳太子が建てさせたとされる，世界最古の木造建築。聖徳太子の時代の法隆寺は創建後すぐに焼失してしまったが，現存のものはその後に再建したもので，それでも世界最古の木造建築物ではある。

[2]　聖徳太子は厩戸皇子で，推古天皇の甥にあたり，蘇我氏との血のつながりもある。

重要 [3]　ア　十七条の憲法は役人の心得のようなもので，アのように仏教を重視し，争いごとをさけ，民衆を大事にすることが尊いとされた。

[4]　1945年8月9日に原子爆弾が投下されたのは長崎。当初は別の都市が狙われていたが，天候の

関係で視界がわるいということで，長崎に変更して投下されたという。

[5]　ポツダムはドイツのベルリンのそばにある都市の名前。ポツダム宣言に署名してある連合軍はアメリカ，イギリス，中華民国でソ連は入っていない。

[6]　イ　平泉があるのは岩手県。

[7]　奥州藤原氏は藤原不比等の子の代に別れた藤原北家の系統の豪族。

[8]　天草四郎はキリシタン大名の小西氏の遺臣の増田甚兵衛の子とされ，天草島原一揆の際の首領となった。

やや難　[9]　オランダはもともとスペインの植民地であった，今のオランダやベルギーのある地域に，プロテスタントのカルヴァン派が広がり，スペインから独立したところ。当時，カトリックは盛んに布教活動を行っていたが，プロテスタントはカトリックほど布教活動は行わず，布教なしで貿易のみを行うのも可能ということでオランダは許された。

基本　[10]　イ　大森貝塚を発見したエドワード・モースは，もともとは海の生物の学者で，その研究のために来日し，東京に行く際に鉄道沿いの大森の地で貝塚を発見したとされる。

[11]　アが土偶。女性をかたどったものとされ，女性が子どもを産むことから，狩りの獲物となる動物や野の食べ物がたくさんできることを祈るためのものではないかとされる。

重要　[12]　5　縄文時代→1　飛鳥時代→3　平安時代→4　江戸時代→2　昭和時代の順。

【2】（日本の地理―日本の各県に関連するさまざまな問題）

基本　[1]　(1)　A県は長野県。隣接するのはEの静岡県。　(2)　B県は宮城県。隣接するのはFの山形県。　(3)　長野県と静岡県の間にあるのが南アルプスとよばれる赤石山脈。宮城県と山形県の間にあるのが奥羽山脈。

[2]　エ　太平洋に面するのはBの宮城県，Dの鹿児島県，Eの静岡県。Cの広島県が面するのは瀬戸内海，Fの山形県が面するのは日本海。Aの長野県は内陸県で海岸線はない。

[3]　日本の気候区を6つに分けると，北海道，太平洋側，日本海側，内陸，瀬戸内，南西諸島になる。Eの静岡県は太平洋側の気候区になり比較的温暖で，6月ごろの梅雨の時期と9月ごろの台風が来る時期に雨が多く，冬は雨が少ないのが特徴。

[4]　ウ　表1の1がみかん，3がりんごになる。

やや難　[5]　A～Fの県の港として当てはまるのはアの清水港が静岡県のもので，他はない。清水港は漁港としての役割もあるが，東海工業地域の輸出入の港としても重要な役割を果たす。東海工業地域は自動車やオートバイなどの製造が多く，また静岡県は製紙業が盛んなので，その原料のパルプなどの輸入もある。

重要　[6]　エ　Cの広島県は瀬戸内工業地域のある場所。広島県はもともとは造船関連の工業が発達していたが，現在は自動車工業に主力が動いている。瀬戸内の石油化学コンビナートは，かつての塩田の跡地を利用してつくられた。

【3】（総合問題―防災に関連する問題）

基本　[1]　2023年の100年前の1923年9月1日は関東大震災が発生した日。

やや難　[2]　家庭で地震そのものを防ぐことはできないが，地震によって起こる問題に備えることはいろいろとできる。地震の際に人が死傷する原因で多いのが家屋の倒壊や家具などが倒れて人が下敷きになることがあげられる。家屋の耐震化ももちろん重要だが，個人が手軽にできるのは家の中の家具などが倒れるのを防ぐ工夫である。また，避難場所はもちろん，避難場所へ行くルートを確認しておくのも重要である。

重要　[3]　エが正しい。アの土石流や崖崩れは，山や崖のようなところで土砂が崩れてくることなので，その対策なら山の斜面や崖を崩れにくいように補強したり，その斜面と住宅地などの間に頑強な壁や網を設けて住宅に土砂や岩などが来ないようにすることが必要。イの高潮は海面が高くなることなので，その被害を無くすには防潮堤などで海の水が陸に入ってこないようにすることが必要。液状化現象は埋立地や地下水面が高い場所でおこる，地面の土砂が地下水と混ざりドロドロの状態になって上の地面が陥没したり，泥水が地表に噴き出すもの。ウの津波は地震で海底が突き上げられ，その上の海の水が持ち上げられて陸地へ押し寄せるもの。これに対しての備えはイと同様に防潮堤をつくることが必要。砂防ダムは山の上から土砂が流れてくるのを防ぐためのもの。

[4]　ハザードマップは，その地域で想定される自然災害が発生した場合に被害が出る可能性のある場所や，避難場所，避難場所への安全な経路を示した地図。

【4】（政治一三権に関連する問題）

基本　[1]　ウ　議会，日本の国会がもつのは立法権。

[2]　ア　国会の中で衆議院には解散があるが，参議院にはない。衆議院は任期が参議院よりも短く，解散もあるので参議院と比べると選挙をやる回数が多くなりうるため，衆議院の方が民意が反映されやすい議院として，衆議院に強い権限を与えてある。

[3]　一般に首相と呼ばれる役職が，日本では内閣総理大臣。

[4]　ウ　最高裁長官は内閣が指名した後，天皇が任命する。最高裁のその他の裁判官は内閣が任命する。

重要　[5]　裁判員制度は，殺人や傷害，強盗，放火といった重大事件といわれる犯罪を裁く刑事裁判の第一審に適用され，裁判官3人とその地方裁判所のある地方の有権者の中から選ばれた裁判員6人で裁判を行う。

[6]　三権分立は立法，行政，司法といった権力が一か所に集中し独裁状態になるのを防ぎ，国民の権利を守るために，それぞれの権力が互いに他の権力とチェックし合うようにするもの。

[7]　ウ　内閣の省庁の中で，総務省はその守備範囲がかなり広いものになっている。

★ワンポイントアドバイス★

記述問題はいきなり解答欄を埋めるのではなく，まずは設問を見て，答えのネタになるものを書き出してみて，それからその書き出したものの取捨選択や順番を考えて解答欄に答えを書いてみよう。

＜理科解答＞《学校からの正答の発表はありません。》

【5】　問1　ウ　　問2　ウ　　問3　引っ張る長さを同じにすると，太いゴムの方が大きな力がかかるから。　問4　直径が小さいほど，のびが長くなる。

【6】　問1　5(g)　　問2　エ　　問3　41(%)　　問4　エ　　問5　物質　食塩　　理由　食塩はミョウバンに比べて温度による溶解度の変化が小さいから。

【7】　問1　図1　イ　　図2　エ　　図3　ア　　図4　ウ　　問2　冬眠　　問3　南の暖かな地域に渡り，そこで過ごす。　問4　イ，ウ　　問5　①　イ　　②　エ　　③　ウ　　④　ア　問6　①　落葉樹　　②　常緑樹　　問7　エ

【8】　問1　イ　　問2　ア　　問3　内(側)　　問4　エ　　問5　イ　　問6　ダムで土砂がせき止められて，河口まで運ばれる土砂の量が少なくなるから。

○推定配点○

【5】　各2点×4　　【6】　問5　3点(完答)　　他　各2点×4

【7】 問1，問5，問6 各1点×10 他 各2点×4（問4完答）
【8】 問6 3点 他 各2点×5 計50点

＜理科解説＞

【6】（物体の運動―ゴムのエネルギー）

基本 問1 ゴムは伸びが大きいほど大きな力を持つ。そのため，手ごたえも大きくなる。

基本 問2 引っ張る長さが長いほど大きな力を持つようになり，車の進む距離も長くなる。

問3 同じ長さを引っ張ると，ゴムの太さが太い方が大きな力を持つ。

問4 直径が小さい方が同じ長さを引っ張っても伸びが長くなり，力が強くなる。

【7】（ものの溶け方―溶解度）

基本 問1 40℃の水100gに食塩は25g溶ける。水の量が20gでは100：20＝25：□ □＝5g溶ける。

基本 問2 60℃の時，食塩とミョウバンのとける量が等しくなり，それ以上の温度ではミョウバンの方が多くなる。

重要 問3 80℃の水100gにミョウバンは最大で70g溶ける。このときの濃度は（70÷170）×100＝41.1≒41（%）である。

重要 問4 水50gにミョウバンが20g溶けているので，水が100gに40gのミョウバンがとけたのと同じ濃度になる。グラフより，40gのミョウバンが飽和になる温度は67℃である。

問5 食塩は再結晶に向いていない。食塩は温度を変えても溶解度がそれほど変化しないため，溶けきれなくなって結晶になる量がわずかだからである。

【7】（動物―動物の特長）

基本 問1 コオロギは冬の間は土の中で卵で過ごす。アゲハはさなぎで冬を越す。テントウムシは多くが集まって，落ち葉などの下で成虫として冬を越す。カマキリは枝に産み付けられた卵で冬を越す。

基本 問2 カエルやヘビの冬越しを冬眠という。

問3 ツバメは寒い冬は，暖かい南の地域に渡りをしてその地で過ごす。

問4 Aは体温が気温の影響を受けにくい恒温動物のグラフであり，Bは体温が気温の影響を大きく受ける変温動物のグラフである。魚類，ハ虫類は変温動物である。

問5 ① このような葉をロゼットといい，タンポポで見られる。 ② ヘチマは一年草であり，冬には葉，茎，根すべてが枯れる。 ③ サクラは葉を落とし，冬芽になっている。 ④ ススキは多年草であり，茎や葉は枯れるが根が残っている。

問6 冬になると全部の葉が落ちてしまう樹木を落葉樹，一年中緑の葉をつけている樹木を常緑樹という。

問7 落葉樹はイチョウである。その他は常緑針葉樹である。

【8】（流水・地層・岩石―川のはたらき）

基本 問1 両端が浅く真ん中が深いのは，川の流れが両端で遅く真ん中で速いため，浸食作用が真ん中で盛んにおこなわれるからである。

基本 問2 カーブの外側ほど水の流れが速くなり，内側ほど遅くなる。

基本 問3 内側の流れが遅いので，たい積作用が大きい。そのため内側に砂が多くたい積する。

問4 川底は外側の方がけずられて深くなっている。水量が減ると，外側を流れるように川幅が狭くなる。

問5 外側でさらに浸食がすすみ，川の曲がりが大きくなっていく。

問6　ダムは土砂をせき止めるので，下流に運ばれる土砂の量が減り，河口にたい積する土砂も少なくなるため，三角州が成長しなくなる。

★ワンポイントアドバイス★

実験や観察に基づく出題が多い。現象の理由についてしっかりと理解をしておくことが大切である。自分の考えを短くまとめる力も必要である。

＜国語解答＞《学校からの正答の発表はありません。》

一　1　ひき(いる)　2　めんみつ　3　せんてい[ふなぞこ，ふなそこ]　4　たいど　5　だんしょう

二　1　分担　2　損失　3　並　4　校庭　5　垂れる

三　1　過・不　2　言・葉　3　未・知　4　千・金　5　風・物

四　問一　ア　×　イ　○　ウ　×　エ　×　問二　(例)「カメラ・ビデオカメラ」を購入する場合，商品を実際に手に取って確かめたいし，専門的な知識を持つ店員さんに商品の長所や短所を直接聞くことができるので，私はリアル店舗で購入する。

五　問一　Ⅰ　ア　Ⅱ　エ　Ⅲ　イ　問二　(例)　ないのでしょうか　問三　ウ　問四　(例)　大きいザリガニは負け続ける経験をし，小さいザリガニは勝ち続ける経験をしたこと。　問五　敵を知り己を知れば百戦危うからず　問六　ウ　問七　エ　問八　1　子ブタ時代によく遊ぶ　2　ケンカに負ける　3　戦いゴッコ

六　問一　Ⅰ　イ　Ⅱ　ア　Ⅲ　エ　問二　物語自体をなくしてしまえばいい　問三　ウ　問四　(例)　物語がいいものだという意見が，えらい人たちによって無理やり消されてしまったから。　問五　イ　問六　1　新たにえらくなったえらい人たち　2　(例)　物語をなくすという決まりは間違っていましたと認めることは，ものすごく大変で厄介なことだと思っていたから。

○推定配点○

一・二　各2点×10　三　各1点×5(各完答)　四　問一　各1点×4　問二　8点

五　問一・問八　各2点×6　問四　6点　他　各3点×5

六　問一　各2点×3　問四・問六2　各6点×2　他　各3点×4　計100点

＜国語解説＞

一　(漢字の読み)

1の音読みは「リツ・ソツ」。熟語は「効率」「引率」など。2はくわしくて細かなこと。3は船の底。4は感じたり考えたりしたことが，表情や動作などに現れたもの。5は打ち解けて楽しく語り合うこと。

二　(漢字の書き取り)

1は分け合って受け持つこと。2は損をすること。3の「並大抵」は普通の程度であるさま。4は学校の運動場や庭。5の画数は8画であることに注意。

三　(三字熟語)

1は「かふそく」と読む。2は味方どうしであることを確認する合図の言葉のこと。3は「みちすう」

と読む。4は「あたいせんきん」と読む。5は「ふうぶつし」と読む。

四 **(グラフの読み取り，記述力)**

重要 問一　リアル店舗で「PC・タブレット」を購入した割合は49.7%，「季節家電」は65.8%で「季節家電」のほうが多いので，アは×。ネット通販で「スマートフォン・携帯電話」を購入した割合は26.2%で，「美容・健康家電」の53.0%の約半分なので，イは○。ネット通販の利用がもっとも多いのは，55.5%の「オーディオ機器」で，「テレビ」は33.8%なので，ウは×。「キッチン家電」「季節家電」「テレビ」「生活家電」「スマートフォン・携帯電話」は，ネット通販よりリアル店舗の利用が上回っているので，エは×。

やや難 問二　解答例では，実際に商品を確かめたい等の理由で，リアル店舗で購入することを述べている。値段はネット通販のほうが安い場合が多いので，金銭的な理由でネット通販で購入するという考えもある。いずれの場合も，理由を明確にして具体的に述べていくことが重要だ。

五 **(随筆文－要旨・細部の読み取り，接続語，指示語，空欄補充，ことわざ，記述力)**

基本 問一　Ⅰは直前の内容をふまえた提案をしているのでア，Ⅱは直前の内容と対比させる内容が続いているのでエ，Ⅲは直前の内容を言いかえた内容が続いているのでイがそれぞれあてはまる。

問二　Aは，直前の自分の意見をやわらかい言い方で述べている表現なので「ないのでしょうか」といった内容があてはまる。

重要 問三　B直後の段落で，「ザリガニの実験で勝敗が逆転したのは，小さいザリガニが，勝ち続けた己の経験から……勝ち癖がついた」からだと述べていることから，小さいザリガニが勝ったことを説明しているウがあてはまる。小さいザリガニが勝ったことを説明していない他の選択肢は不適当。

やや難 問四　「米国……」で始まる段落で，大きいほうの「勝ったザリガニに今度はずっと大きな相手をあてがい，ケンカを繰り返させ」ると「当然何度やっても勝て」ないこと，「最初に負けたほうは……勝つ経験を何度もさせ」たことを述べているので，これらの内容から，大きいザリガニと小さいザリガニそれぞれの経験を指定字数以内で具体的に説明する。

基本 問五　――線2は冒頭の「敵を知り己を知れば百戦危うからず」という言葉のことである。

問六　「思い立ったが吉日」は，何かを始めようという気持ちになったら，すぐに行動に移すのがよい，という意味なので，ウの説明は間違っている。他はいずれも正しい。

問七　「専売特許」は，その人だけが得意とする技術や方法，特技という意味なのでエがあてはまる。「専売特許」の意味をふまえていない他の選択肢はいずれもあてはまらない。

問八　――線5直前の段落内容から，1には「子ブタ時代によく遊ぶ」，2には「ケンカに負ける」，3には「戦いゴッコ」がそれぞれあてはまる。

六 **(小説－情景・細部の読み取り，空欄補充，記述力)**

問一　Ⅰは後に打ち消しの語をともない，少しも，全然という意味でイ，Ⅱは次々に勢いよく進行するさまという意味のア，Ⅲは静かに，目立たないようにするさまという意味でエがそれぞれあてはまる。

基本 問二　――線1は，直前の段落の「物語自体をなくしてしまえばいい」という，えらい人たちの発想のことである。

問三　Aは「めちゃくちゃな発想」に対して「こんなことが許されるはずはない，と主張」することなので，受け入れがたく，反発するという意味のウがあてはまる。

問四　「それどころか，……」で始まる段落で，「えらい人たちは……物語がいいものだという意見を，無理やり消してしまう」ようなことをしていることが描かれているので，この内容を――線2の理由として指定字数以内でまとめる。

重要 問五 「ところが……」で始まる段落の「えらい人たちは，物語というものがあるから，悪いことをする子どもや大人たちが現れるのではないかと考え」て「物語自体をなくし」た，ということをふまえた内容がBに入るので，イがあてはまる。この段落内容をふまえていない他の選択肢はあてはまらない。

やや難 問六 1 ――線3は，「新たにえらくなったえらい人たち」の行動である。 2 3のある段落で，「昔のえらい人たちの間違いを……間違っていました，と認めることは，ものすごく大変で厄介なことだと」新たにえらくなった「えらい人たちは思っていたからです」と描かれていること，「間違い」は「物語をなくそう」という「決まり」であることをふまえて，3のようにする必要があった理由を説明する。

★ワンポイントアドバイス★

グラフや図の読み取りでは，数字や項目をていねいに確認して正確に読み取ることが重要だ。

MEMO

大切なことはメモしておこうネ！

2023年度

★★★★★★★★★★★★★★★★★★★★★★★★

入　試　問　題

2023年度

関東学院六浦中学校入試問題（A－1日程）

【算　数】（45分）　＜満点：100点＞

【注意】 解答用紙，問題用紙に **考え方** と書いてある問題は，答えを求めるために用いた考え方や途中《とちゅう》の式や図などを解答用紙に残しなさい。

［聞き取り問題］

【1】 放送を聞いて，２つの水槽《すいそう》ＡとＢに水を入れるようすについて，次の問いに答えなさい。

⑴ 水槽Ａの容積は何㎤ですか。

⑵ 水槽Ａを満水にするには，水を入れ始めてから何分何秒かかりますか。

⑶ 水槽Ａと水槽Ｂを同時に満水にするには，水槽Ａに水を入れ始めてから，何分何秒後に水槽Ｂに水を入れ始めればよいですか。

［聞き取り問題］は以上です。

※放送台本は非公表です。

【2】 次の計算をしなさい。

⑴ $13579-8642$

⑵ $337\times3+253\times4$

⑶ $25296\div68$

⑷ 3.29×2.4

⑸ $\frac{1}{3}-\frac{1}{4}+\frac{1}{6}-\frac{1}{12}+\frac{1}{15}$

⑹ $0.2\div0.25\times0.5\div0.125\div0.4$

⑺ $9\times\{8\times(7+6)+5\times4\times3\}\div(2+1)$

⑻ $87\times9+87\times10+87\times13+91\times7+91\times9+91\times10$

【3】 次の □ にあてはまる数を求めなさい。

⑴ $2.4:\frac{4}{7}=$ □ $:8\frac{1}{3}$

⑵ 原価14000円の商品に □ ％の利益を見込んでつけた定価は19600円です。ただし，消費税は考えません。

⑶ ６年生６人と４年生４人がソフトボール投げをしました。６年生の平均が □ m，４年生の平均が20mのとき，全員の平均は26mです。

⑷ ２％の食塩水400ｇと12％の食塩水600ｇを混ぜた食塩水の濃度は □ ％です。

⑸　時速 □ ㎞で走る長さ300mの列車が，1300mの鉄橋を渡《わた》り始めてから渡り終えるまでにかかった時間は1分20秒です。

⑹　120円のドーナツを □ 個，150円のパイを □ 個あわせて21個買った代金は2940円でした。ただし，消費税は考えません。

⑺　1時間に2500個の製品を作る機械Aと3時間に5000個の製品を作る機械Bを同時に使い始めたとき，15000個の製品を作るのにかかる時間は □ 時間 □ 分です。

⑻　右の展開図からできる円錐《えんすい》の表面積は □ ㎝^{2}です。
ただし，円周率は3.14とします。

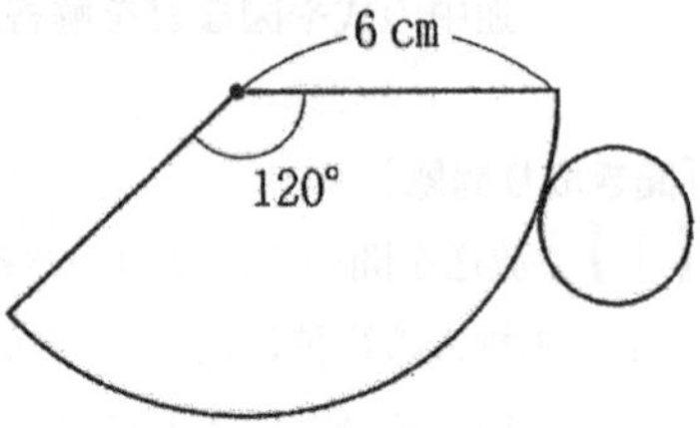

【4】　下の図は，1辺の長さが2㎝の立方体の積み木をある規則にしたがって，3段目まで積み上げたようすを示したものです。このとき，次の問いに答えなさい。

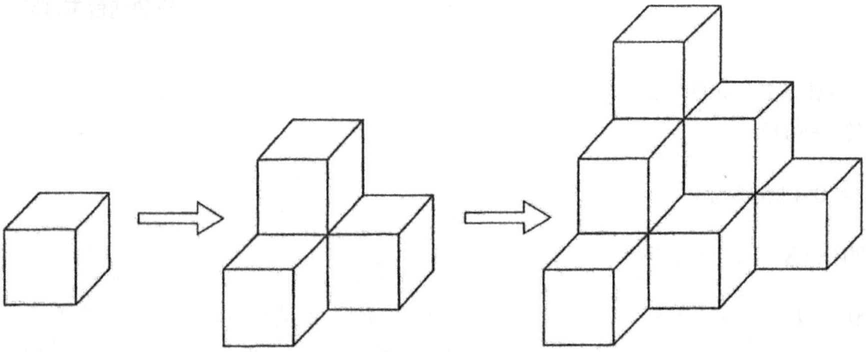

⑴　この規則にしたがって，7段目まで積み上げたとき，使った立方体の積み木は全部で何個ですか（考え方や途中の式を書きなさい）。**考え方**

⑵　7段目まで積み上げたときにできる立体の表面積は何㎝^{2}ですか。

【5】　ゆうこさんと先生の会話文を読み，下の問いに答えなさい。

ゆうこ：アメリカの気温が86度というニュースを目にしました。そのような高い気温はこれまで見たことがありません。

先　生：アメリカの気温86度を，日本で使っている気温に換算《かんさん》すると30度です。

ゆうこ：アメリカの気温の表し方は，日本と違うのですね。

先　生：そうです。温度を示す単位に「摂氏《せっし》（℃）」と「華氏《かし》（℉）」があります。日本では摂氏を使うことが一般的ですが，諸外国のなかには，アメリカのように華氏を使う国もあります。

ゆうこ：摂氏と華氏の間にはどのような関係があるのですか。

先　生：摂氏の値Aと華氏の値Bの間は，次の式が成り立っています。

$$A \times 9 \div 5 + 32 = B$$

ゆうこ：確かに，この式でAの値を30にしたとき，Bの値は86になります。

私が見たニュースは気温30℃のことだったのですね。

先　生：そのようですね。普段《ふだん》から摂氏を使っている私たちにとって，「気温86度」と言われると驚《おどろ》いてしまいます。ゆうこさんが驚くのももっともなことです。

でもアメリカの人たちにとっては華氏を使った気温の方が一般的なのです。

ゆうこ：なるほど。

では，気温の他にも日本と外国で違う単位を使っているものがありますか。

先　生：長さや重さなどがそうです。どのような単位があるのか調べてみましょう。

ゆうこ：わかりました。

(1)　摂氏25.5℃を華氏で表すと何°Fですか。

(2)　ある5日間の気温を調べたら下の表のようになりました。表のア，イ，ウにあてはまる数を求めなさい。

	1	2	3	4	5	平　均
摂氏（℃）	25.5	27.0	ア	24.0	25.5	イ
華氏（°F）		80.6	82.4	75.2		ウ

【社会・理科】（50分）　＜満点：各50点＞

【1】 横浜に住む太郎くん親子の次の会話文を読んで，あとの問いに答えなさい。

父　：これまで国内の各地を旅行してきたけれど，最近は新型コロナウイルス感染症《かんせんしょう》の影響《えいきょう》でなかなか旅に出られないね。

太郎：今までに行ったところで一番遠い場所は沖縄だね。あざやかな色の花がいっぱい咲《さ》いていたね。

父　：海もきれいだったね。でも太平洋戦争の末期に（　A　）軍が上陸して悲惨《ひさん》な戦いがあったところだ。戦後も①長く占領《せんりょう》され，今も多くの基地がおかれている島だ。

太郎：戦争といえば，長崎にも行ったね。平和公園に大きな平和祈念《きねん》像があって，原爆が落とされた町という印象が強かったな。

父　：長崎の町は古くからキリスト教と関係が深いんだよ。②キリスト教が伝わって20年くらいしてから町づくりが行われ，（　B　）船が入港してきたそうだ。江戸時代には出島が築かれて，（　C　）人が住んでいたのは知っているよね。

太郎：（　C　）の商館があって，商館員たちは出島から長崎の町へ自由に出入りできなかった。

父　：九州では太宰府にも行ったね。今は③天神さまの方が有名だけれども，九州を治めたり，外交上の大切な役所が置かれていて，役所として整ったのは８世紀くらいかな。

太郎：九州といえば，卑弥呼が治めた邪馬台国があったといわれる場所のひとつにもなっているね。

父　：太宰府に旅行した際には下関にも行ったね。（　D　）との戦争の時の講和条約が結ばれたところだ。この条約で日本は遼東（リャオトン）半島を手に入れたけれど，（　E　）などが（　D　）に返すように要求したということもガイドブックに書いてあったよね。

太郎：遼東半島についてのいきさつは，ぼくにはちょっと難しいな。でも結局，日本はここと④南満州鉄道を自分のものにしたんだよね。

父　：下関では⑤壇ノ浦の古戦場跡《あと》も見たけれど，近い時代のできごとの方が想像しやすいね。

太郎：今まで旅行してきた中で，家から距離《きょり》が一番近いのが鎌倉。そういえば，昨年の大河ドラマのテーマは鎌倉時代だったね。

父　：⑥源氏の将軍は３代で絶えてしまった。鎌倉は海に面していて，まわりは山で攻《せ》められにくく，守りやすい。いかにも武士の根拠《こんきょ》地という感じがするね。

太郎：浦賀も家から近いね。⑦（　A　）のペリーが４せきの軍艦《ぐんかん》を率いてきたところだね。今度は北の方へも行ってみたいな。

［１］上の文中の空らん（A）～（E）にあてはまる国を下のア～キよりそれぞれ１つ選び，記号で答えなさい。

ア．清　　イ．ポルトガル　　ウ．ロシア　　エ．アメリカ

オ．イギリス　　カ．オランダ　　キ．オーストラリア

［２］波線部①について，沖縄が日本に返還《へんかん》されたのは西暦何年ですか。

［3］波線部②について，キリスト教を初めて日本に伝えたとされる人物はだれですか。

［4］波線部③とは，藤原氏によって都から追放され，大宰府に流された人物をさしていますが，だれのことですか。

［5］波線部④について，1931年におきたこの鉄道の爆破事件をきっかけに，日本が戦争をおこしてつくりあげた国を何といいますか。漢字で答えなさい。

［6］波線部⑤について，この古戦場で戦ったのは何氏と何氏ですか。漢字で答えなさい。

［7］波線部⑥について，そのあとの幕府の政治はどのように変化しましたか。正しいものを下のア～エより１つ選び，記号で答えなさい。

ア．朝廷の力が強くなり，幕府の勢力は東日本におよぶだけとなった。

イ．執権である北条氏によって政治が進められ，幕府の基礎《きそ》が固まった。

ウ．将軍の補佐役である執権は，三管領が交互《こうご》につとめた。

エ．将軍は足利氏から選ぶようになった。

［8］波線部⑦について，ペリーが日本に来た数年後，日本はアメリカやイギリスと貿易を開始しました。その当時のようすとして正しいものを下のア～エより１つ選び，記号で答えなさい。

ア．毛織物・綿織物など外国のすぐれた製品がたくさん輸入されて，人々の生活は豊かになった。

イ．生糸や茶などがさかんに輸出されて国内で品不足になり，物価が上がって人々の生活は苦しくなった。

ウ．外国人が指導者となり大きな工場がつぎつぎと建てられて，産業が発達した。

エ．長崎や横浜など開港場では，外国人と日本人の区別なく住むことができた。

【２】 次の文章を読んで，あとの問いに答えなさい。

日本国憲法には三つの基本的な原則があります。第一は国の政治を最終的に決めるのは（　ア　）であるという原則です。しかし，すべての問題について（　ア　）が直接決めることはできないので，（　イ　）で選ばれた代表者を通じて決めることになります。国民に選ばれた代表者が集まる国会は，①衆議院と参議院の二院制になっています。また，大日本帝国憲法で主権者とされていた（　ウ　）は，日本国憲法では（　エ　）とされました。

第二の原則は（　オ　）の尊重です。（　オ　）は，言いかえれば人間が生まれながらにもっている，人間が人間らしく生きていく権利です。

第三の原則は（　カ　）主義で，これは日本国憲法の前文と第（　キ　）条にかかれています。1954年に設置された（　ク　）については，さまざまな議論がありますが，政府は憲法の定める戦力ではないという考え方をとっています。

［1］文中の空らん（ア）～（ク）に適した語句や数字を答えなさい。語句については漢字で答えなさい。

［2］波線部①について，国会が衆議院と参議院の二院制になっていることについて，次の文中の≪Ａ≫にあてはまる文を，12字以内で答えなさい。

二つの院があることで，≪　　Ａ　　≫とともに，選挙の機会が増え，国民の多様な意見を取り入れることができる。

【3】 次の地図を見ながら，あとの問いに答えなさい。

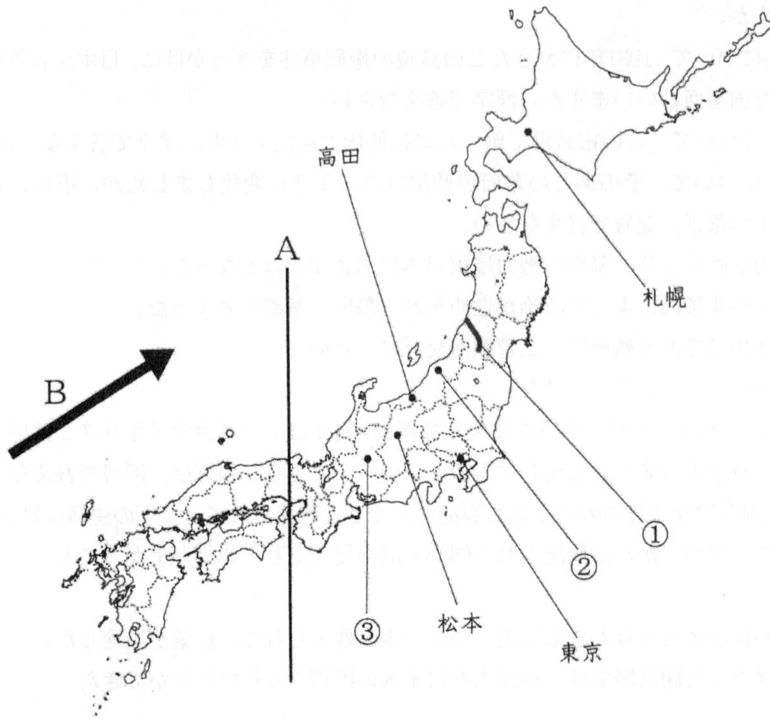

［1］地図中のAの経線は日本の標準時となっている経線です。この経線が通っている，瀬戸内海に面した兵庫県の都市は何市ですか。都市名を漢字で答えなさい。

［2］地図中のBの海流名を漢字で答えなさい。

［3］地図中の①の河川名を下のア～エより選び，記号で答えなさい。

ア．石狩川　　イ．利根川　　ウ．信濃川　　エ．最上川

［4］地図中の②について，各問いに答えなさい。

⑴　この平野名を下のア～エより選び，記号で答えなさい。

ア．庄内平野　　イ．越後平野　　ウ．筑紫平野　　エ．讃岐平野

⑵　この平野では稲作がさかんです。水田には，米を作るほかにどのような役割がありますか。その役割を答えなさい。

⑶　この地域では，昨年9月に台風14号が上陸して大きな被害をもたらしました。日頃から，豪《ごう》雨《う》災害に対して，どのような備えが必要ですか。あなたの考えを具体的に説明しなさい。

［5］近年，世界各地で異常気象が多発していますが，その原因は何だと考えますか。自分の考えを答えなさい。

［6］次のページのア～エの雨温図は，地図中の札幌，高田，東京，松本のものです。この中から高田の雨温図を選び，記号で答えなさい。また，その雨温図を選んだ理由を答えなさい。

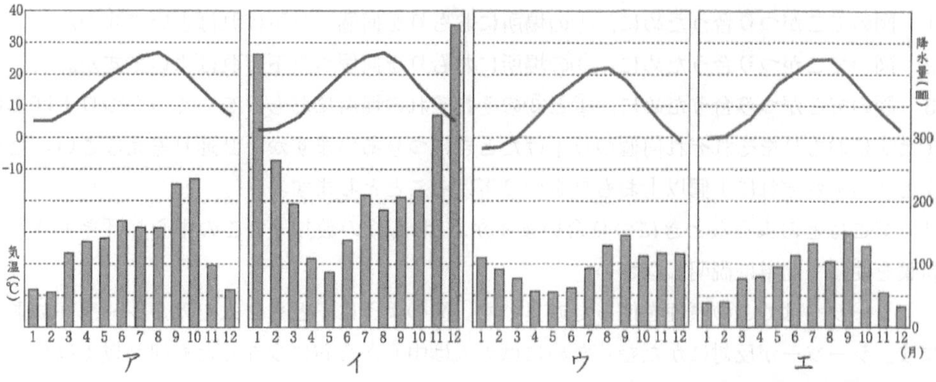

2022／2023『日本国勢図会』より

［7］右の写真は，地図中の③にある世界遺産にも指定された白川郷の伝統的な家の様子です。この屋根は，なぜこのような急傾斜《けいしゃ》になっているのでしょうか。その理由を説明しなさい。

出典：photo-ac.com

【4】 実験用てこにおもりを3個つり下げて，実験を行いました。おもりの重さは全て等しく，穴と穴の間かくも全て等しいとします。次のページの問いに答えなさい。

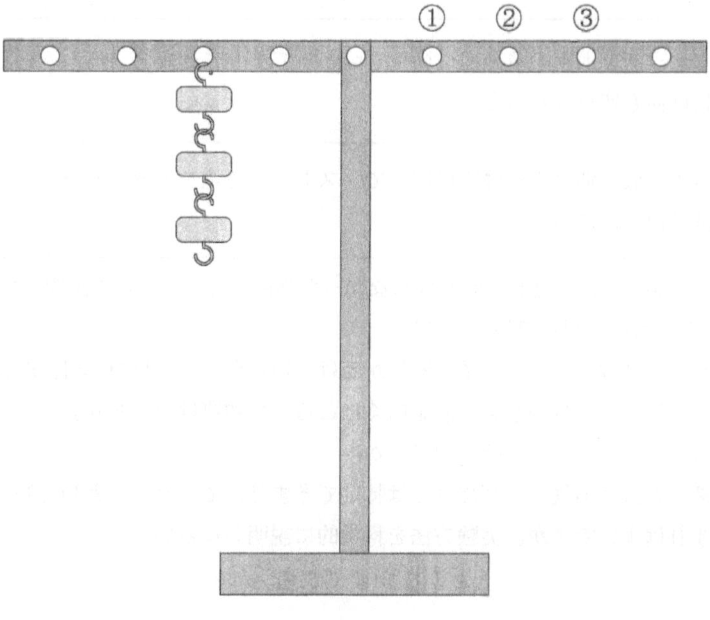

問1　図のてこがつり合うために，①の場所におもりを何個つり下げればよいですか。

問2　図のてこがつり合うために，③の場所におもりを何個つり下げればよいですか。

問3　図のてこがつり合うために，①と②のそれぞれの場所におもりをいくつかつり下げました。①と②におもりをそれぞれ何個つり下げたときにつりあいますか。２通り答えなさい。ただし，①と②のそれぞれに１個以上おもりをつり下げることとします。

問4　てこはどのようなときにつり合いますか。「おもりの数」，「てこの中心」，「きょり」という言葉を使って簡単に説明しなさい。

問5　シーソーはてこの原理を使った遊具です。図のように子ども２人だけがシーソーに乗っています。シーソーが反対にかたむくためには大人は中心から右に少なくとも何m以上はなれたところに座ればよいですか。小数第一位までの数で答えなさい。ただし，子どもと大人の体重は図に示したとおりとします。

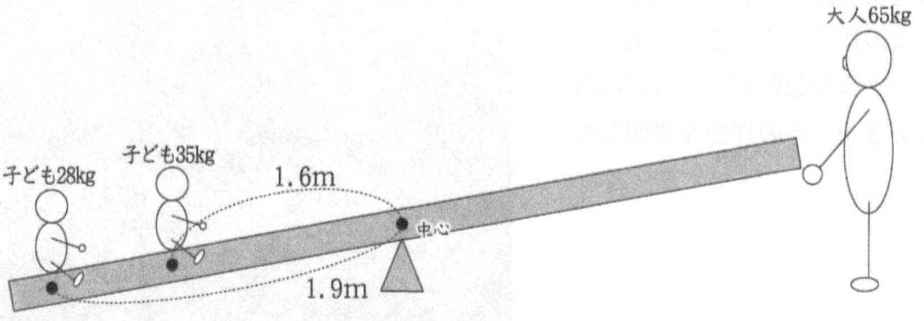

【５】　A～Eの５種類の水よう液（うすい塩酸，食塩水，炭酸水，石灰水，アンモニア水）があります。水よう液を特定するために実験１～３を行いました。次の問いに答えなさい。

実験１	水よう液を１てきずつ赤色リトマス紙につけたところ，青色に変化したものはBとEの水よう液だった。
実験２	水よう液を別々の蒸発皿に少量ずつとって蒸発させたところ，AとDとEの蒸発皿には何も残らなかった。
実験３	水よう液を別々の試験管に取って，ストローで息をふきこんだところ，Bの水よう液は白くにごった。

問1　実験２の結果より，蒸発皿に何も残らなかった理由として，正しく説明しているものを（ア）～（ウ）から１つ選び，記号で答えなさい。

（ア）固体がとけていたから　　（イ）液体がとけていたから　　（ウ）気体がとけていたから

問2　実験３の結果から，Bの水よう液を白くにごらせた物質は何ですか。

問3　水よう液B，C，Eはそれぞれ何ですか。

問4　水よう液AとDは実験１～３だけでは特定できませんでした。AとDを特定するにはどのような実験をすればよいですか。実験方法を科学的に説明しなさい。

【６】 光合成に関する＜文章１＞＜文章２＞を読み，あとの問いに答えなさい。

＜文章１＞

光合成は太陽光のエネルギーを利用してデンプンなどの栄養分を作る反応です。このとき二酸化炭素を吸収して，酸素を放出します。また，呼吸はデンプンなどの栄養分を分解して生きるために必要なエネルギーを作る反応です。このとき酸素を吸収して，二酸化炭素を放出します。植物は光が当たっているときは，この２つの反応を両方とも行いますが，光が当たっていないときは呼吸だけ行います。

光合成で吸収する二酸化炭素と放出する酸素の体積は等しく，呼吸で吸収する酸素と放出する二酸化炭素の体積も等しいとします。

問１　正午ごろ，日なたの植物は光合成量の方が呼吸量よりも圧とう的に多いです。植物が酸素や二酸化炭素を吸収する量は，正午から翌日の正午まで，どのように変化しますか。(ア)～(ウ)から記号で答えなさい。ただし，同じ記号を何度用いても構いません。解答らんは左から必要な数だけ使用しなさい。

(ア) 酸素を吸収する量が多い。　　(イ) 二酸化炭素を吸収する量が多い。

(ウ) 吸収する酸素と二酸化炭素の量が等しい。

＜文章２＞

植物が光合成で作ったデンプンなどの栄養分で，呼吸によって消費されなかったものは，成長に用いられます。２つの植木ばち（Ａ，Ｂ）を用意し，同じ種類で同じ大きさの植物をそれぞれの植木ばちに植えました。どちらの植木ばちの土も殺きんしてあり，び生物は存在せず常に最適なしめり具合にしておきました。Ａの植木ばちは暗やみの実験室に，Ｂの植木ばちは植物の成長に最適な強さの光があたる実験室に置きました。実験室に置いてから72時間後に植物の重さを量ったら，Ａは３ｇ減少し，Ｂは９ｇ増加していました。どちらの植物もかれていませんでした。

問２　Ａの減少した３ｇは何の重さですか。あとの(ア)～(エ)から最も適当なものを１つ選び，記号で答えなさい。

(ア) 植物が呼吸のために使用したデンプンなどの栄養分の量

(イ) 植物が光合成のために使用したデンプンなどの栄養分の量

(ウ) 蒸散した水分の量

(エ) 吸収した水分の量

問３　Ｂの呼吸のために使用したデンプンなどの量と光合成で作ったデンプンなどの量は72時間でおよそ何ｇと考えられますか。(ア)～(オ)から，それぞれ１つずつ選び，記号で答えなさい。

(ア) ０ｇ　(イ) ３ｇ　(ウ) ６ｇ　(エ) ９ｇ　(オ) 12ｇ

問４　実験開始から72時間たった実験室の空気で，酸素が最も少ないのはどの実験室ですか。(ア)～(ウ)から１つ選び，記号で答えなさい。ただし，実験開始前はどの実験室も全く同じであったとします。

(ア)Ａの植物を入れた実験室　(イ)Ｂの植物を入れた実験室　(ウ)何も入れなかった実験室

問５　この実験で，光以外の条件を同じにしたのはなぜですか。

【７】 大地さんと花子さんは星座について話をしています。会話文を読んで，あとの問いに答えなさい。

花子さん　私は11月生まれのさそり座なの。大地さんは何座なの。
大地さん　５月生まれのおうし座だよ。おうし座にはアルデバランという赤くかがやく１等星があるよ。
花子さん　その星知ってる。最近参加した「冬の星座観察会」で南の空にのぼっているおうし座とアルデバランを見たよ。冬の夜空で一番明るくかがやいているのは，おおいぬ座の白い星「(　A　)」だけどね。
大地さん　あれ，今は２月なのに，私の星座のおうし座が見えるんだね。
花子さん　そうだよ。だって，私のさそり座も（　B　）の代表的な星座でしょ。
大地さん　そうか。じゃあ自分の星座を見たければ，だいたい反対の季節で夜空を見上げればいいのか。
花子さん　ほら，ここにある「星座早見」を使えば，見たい星座がいつごろ，どの方角に見えるか調べられるよ。
大地さん　本当だね。あれ，この「黄道」と書いてある点線は何だろう。おうし座の中も通っていて，その近くに「６／１」と書いてある。
花子さん　そうだね。６／１がおうし座，７／１がふたご座，　８／１がかに座の近くにある。
大地さん　生まれ月の星座と１か月位ずれているね。何だか面白くなってきたぞ。星座についてもっと色々調べてみようっと。

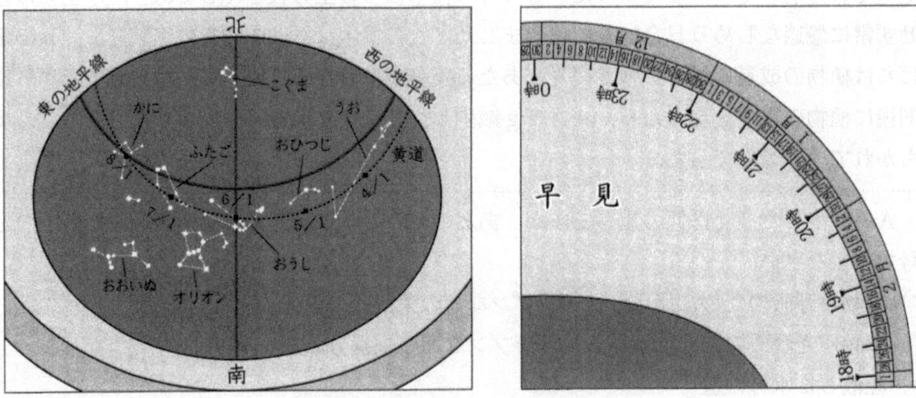

問１　会話文中（A）に当てはまる星の名前をカタカナで書きなさい。
問２　会話文中（B）に当てはまる季節を漢字１文字で書きなさい。
問３　赤色や白色など，星の色を決める要素は何ですか。（ア）～（エ）から１つ選び，記号で答えなさい。
（ア）地面の色　　（イ）地球からのきょり　　（ウ）星の大きさ　　（エ）表面の温度
問４　図の星座早見は，ある日の20時ごろにおうし座のアルデバランが南中しているときの星空を示しています。この星空は何月何日のものですか。
問５　この後観察を続けるとおうし座はどの方角に移動していきますか。

問6　星座早見の「黄道」とは星空の中での太陽の通り道を，また6／1のような日付はその日の太陽の位置を示したものです。これらの事がらを参考にして，（ア）～（エ）のうち，正しい文をすべて選び，記号で答えなさい。

（ア）うお座は，4月ごろは太陽と同じ方角にあるので見ることができない。

（イ）オリオン座は，夏に北の夜空に見ることができる。

（ウ）かに座は，夏に南東の夜空で見ることができる。

（エ）こぐま座は，どの季節にも見ることができる。

選び、記号で答えなさい。

ア　お母さんにもっと家にいてほしいということ。

イ　お母さんに自分の話を聞いてもらいたいということ。

ウ　お母さんに仕事をやめてほしいということ。

エ　お母さんに手作りの料理を作ってほしいということ。

問十　本文の表現の特徴《とくちょう》を説明したものとして、最も適切なものを次から選び、記号で答えなさい。

ア　情景描写やたとえが多く、そこから登場人物の心情が読み取れるようになっている。

イ　現在と過去を交互《こうご》に設定することで、登場人物の生い立ちがていねいに描かれている。

ウ　「あたし」の視点から物語を進行させることで、「あたし」の気持ちがわかりやすく描かれている。

エ　登場人物それぞれの視点から描くことで、心情が読み取りやすくなっている。

ウ　しおり先生はあかねの気持ちを理解して言い当てている。

エ　しおり先生はあかねのことを昔の自分と重ねてあわれんでいる。

問二　――線②「それ」が指すものとして、最も適切なものを次から選び、記号で答えなさい。

ア　あかねの語彙力　　イ　あかねの言葉

ウ　あかねが感じた気持ち　　エ　誰かに伝える文章

問三　――線③「具現化」の意味として最も適切なものを次から選び、記号で答えなさい。

ア　わかりやすく表現すること。

イ　見たままに表現すること。

ウ　おだやかに表現すること。

エ　昔の思い出を表現すること。

問四　――線④「モヤモヤしたものが、胸の中で膨らんでいる」の説明として、最も適切なものを次から選び、記号で答えなさい。

ア　先生や母親に言いたいことが次々とあふれて困っているということ。

イ　言葉で上手に表現できない複雑な感情がこみあげてきたということ。

ウ　今までおさえていた怒りや不満がこみあげてきたということ。

エ　しおり先生の言うことが理解できずとまどっているということ。

問五　――線⑤「拳を作って、それをかたく握り締めながら」とありますが、このときの「あかね」の心情として最も適切なものを次から選び、記号で答えなさい。

ア　読んだ感想をスムーズに言葉で表現できない自分に心からあきれて困っている。

イ　しおり先生に自分の気持ちが伝わらなかったことを腹立たしく思っている。

ウ　本の内容が自分には苦しくて腹立たしく泣き出してしまいそうになっている。

エ　主人公とその母親が仲のよい話を読んで、主人公をうらやましく感じている。

問六　（１）～（４）にあてはまる言葉として適切なものを次から一つずつ選び、記号で答えなさい。記号は一度しか使いません。

ア　てきぱきと　　イ　ポキリと　　ウ　ぎゅっと

エ　のろのろと　　オ　カチカチと

問七　――線⑥「ごめんね、つらかったね」から読み取れることとして、最も適切なものを次から選び、記号で答えなさい。

ア　自分が勧めた本であかねがつらい気持ちになっていることにしおり先生は気づき、いたわっている。

イ　気に入るだろうと思った短編をあかねが気に入っておらず、しおり先生は残念に思っている。

ウ　自分の言葉できちんと思いを説明できないあかねを、しおり先生はあえてつきはなしている。

エ　短編を勧めたことが原因とはいえ、泣き出してしまったあかねにしおり先生はあきれている。

問八　――⑦「その感情の正体」とありますが、答えとなる一文をぬき出し、はじめと終わりの五字を答えなさい。句読点も含《ふく》みます。

問九　――線⑧「自分の気持ち」の内容として最も適切なものを次から

＊

シャーペンの芯が切れた。

消しゴムを勢いよくかけたせいで、少しよれよれになってしまった原稿用紙の表面を、手で払《はら》う。消しゴムのかすを、ティッシュでくるんでくずかごに捨てた。それから、シャーペンの芯を補充《ほじゅう》する。

文章を書くのって、やっぱり面倒くさい。フリック入力の何十倍も時間がかかってる気がする。それでも、約束しちゃったんだから仕方ないって言い聞かせた。相変わらずの語彙力だし、若者言葉を使うなんてってゴーダ※は怒るかもしれないけど、しおり先生には伝わるんじゃないかなって、そう思う。あたしは、しおり先生に話した本の感想を、箇条書《かじょうが》きみたいなへたくそな文章で記して、原稿用紙のマスを埋《う》めていく。それから、最後の短編にふれて、お母さんのことを書いていた。仕事が忙《いそが》しくて、いつも家にいなくて、最後にあたしと遊んでくれたのは何年前だろうってこととか、だからこの主人公のことが羨《うらや》ましいってこととかを。

いつの間にかあたしは、お話とは関係のない気持ちを書き出してしまっていたけれど。

でも、これは課題と関係がないからといって、くずかごに入れるわけにはいかない。

この気持ちを、なかったことにしたくはないと思ったんだ。

三枚目の最後の行までシャーペンを走らせたとき、玄関《げんかん》から音がした。

あたしは、（　４　）腰《こし》を上げて、部屋を出て行く。

帰ってきたお母さんが、ヒールを脱《ぬ》いでいた。

「おかえりなさい」

あたしはお母さんに声をかける。

お母さんは、なんだか疲《つか》れた眼をしていたけど、あたしの顔を見て、不思議そうに眉《まゆ》を寄せた。

「そんな顔して、どうしたの？」

伝えられるだろうか。

伝わるだろうか。

大丈夫、少しだけ、⑧自分の気持ちのこと、整理できたような気がするから。

言いたいことがたくさんある。知ってほしいことがたくさん。たとえば、読んだばかりの小説の話とか、図書室にいる子どもっぽい先生のこととか、アイルーのこととか、教室で浮いちゃってる子が可哀想《かわいそう》でどうしようって話とか、たまにはピザじゃないものを食べたいとか、それから、それから――。

「あのね、お母さん、あたしね……」

（相沢沙呼「やさしいわたしの綴りかた」『教室に並んだ背表紙』集英社　二〇二一年）

※ゴーダ……読書感想文の課題を出した教師、郷田先生。

問一　――線①「まるであたしの心を覗いたみたいに、やさしく笑う」の説明として、最も適切なものをあとから選び、記号で答えなさい。

ア　しおり先生はあかねの弱点を指摘して直そうとしている。

イ　しおり先生はあかねのことをかわいそうだと思っている。

くのなんて、とってももったいない。もしかしたらそこには、きれいな言葉やすてきな感情が眠っているかもしれない。それをかたちにすることで、自分に発見があったり、誰かに影響《えいきょう》を与えることができるかもしれない。抱《いだ》いた気持ちを、外に出さないでなかったことにしちゃうなんて、もったいないよ。この原稿用紙は、あかねちゃんの心を③具現化してくれる、魔法《まほう》のページなんだから」

あたしは、やさしい声でそう言うしおり先生の言葉を耳にしながら、彼女の指が撫《な》でていく原稿用紙の余白を見つめていた。自分のこころをかたちにしてくれる原稿用紙。自分でもわからない気持ちを整理して書き出すための場所。本当に、そうなんだろうか。そんなの、意味があるんだろうか。わからないけど、④モヤモヤしたものが、胸の中で膨《ふく》らんでいる。

あたしが黙《だま》っちゃったせいだろうか、先生が言った。

「でも、そうかぁ、あかねちゃん、最後の短編、だめだったかぁ」

先生は、ちょっと不思議そうだった。

あたしは、唇《くちびる》を開いた。

開いた太腿《ふともも》の上で、⑤拳《こぶし》を作って、それをかたく握《にぎ》り締《し》めながら。

「あのお話は……。だって」

いらいらする。腹が立つ。

苦しさが溢《あふ》れて、うめくみたいに言う。

語彙力、ないから、うまく言えないんだけど。

ぜんぜんきれいじゃないんだけど。

「主人公の、女の子が、お母さんと仲良くて」

どうしてかな。震《ふる》える指先のせいで、シャーペンの芯《しん》が（　１　）折れてしまったみたいに、言葉が途切《とぎ》れてしまう。うまく言えない。わからない。整理できない。先生は静かに頷《うなず》いた。（　２　）ペンをノックして、あたしは言葉を押《お》し出す。顔が熱かった。

「あたしとは、ぜんぜん違って、だから」

先生、わかる？

わかんないよね。

あたし、語彙力ないし、自分の気持ち、モヤモヤしてわかんないし、だから。

なんで、眼《め》、熱いんだろう。

「そっか」

先生は頷《うなず》く。

差し出された原稿用紙に、なにかが落ちて、染《し》みを作った。

⑥「ごめんね、つらかったね」

あたしは頷く。

それで、ああ、そうか、そうだったんだって思った。

「先生、あかねちゃんの感想文が読みたいな。あかねちゃんの気持ちを知りたい」

やさしい声音《こわね》に、胸の奥が（　３　）した。⑦その感情の正体が、ようやくわかった。あたしは頬《ほお》を這《は》う熱を感じながら、唇を噛《か》みしめた。掌《てのひら》に爪《つめ》が食い込《こ》んで痛い。情けない顔を隠《かく》すように必死にうつむくと、みっともなくしゃっくりが出て、白紙のマスをひとつひとつ埋《う》めるみたいに、透明《とうめい》なしるしを落としていく。

たぶん、きっとそう。

あたし、ずっとずっと、さびしかったんだ。

イ　大人が家事や家族の世話に追われて経済的に苦しくなるということ。

ウ　大人が家事や家族の世話について悩みを相談することができないということ。

エ　大人が家事や家族の世話に十分な時間をかけることができないということ。

問八　本文全体について次の問いに答えなさい。

（1）本文で述べられている「ヤングケアラー」の問題点としてあてはまるものを次から**すべて**選び、記号で答えなさい。

ア　父や祖父、弟の世話をする割合が高い。

イ　母や祖母、きょうだいの世話をする割合が高い。

ウ　家事のため学校に行くことができない。

エ　大人の代わりに家事や家族の世話をしている。

（2）「ヤングケアラー」の問題には、どのような解決方法があると考えられますか。あなたの考えを一文で説明しなさい。

七、次の文章を読んで、あとの問いに答えなさい。

中学二年生の「あかね」は母親と二人暮らしで、仕事で帰宅の遅い母親とは最近気持ちがすれ違っており、母親にひどい言葉を投げつけることもあった。ある日、クラスメートが書いた読書感想文の下書きをゴミ箱から拾ったあかねは、自分の作品として提出しようと思いつく。ただ、どの課題図書について書かれたものなのかわからず図書室で探していたところ、学校司書の「しおり先生」に目論見《もくろみ》を見破られる。しおり先生は自分が勧《すす》めた本をあかねが読んだら、あかねが求めている答えを教えると約束する。

　次の場面は、しおり先生の勧めた本を読み終えたあかねが、しおり先生と話している場面である。

「あかねちゃんは、読書感想文を書くことが、自分の世界とは無関係なことだって言っていたけれど、たぶん、そんなことはないんだよ。あかねちゃんはさ、自分の気持ちや感情に説明がつけられなくて、モヤモヤしちゃうときってない？」

先生は、①まるであたしの心を覗《のぞ》いたみたいに、やさしく笑う。

「先生にもね、そういう経験がたくさんあった。自分の感じていることをうまく整理できなくて、自分自身のことがわからないときがあるの。だから、誰かに伝えて聞いてもらうこともできない。そういうときはね、自分の気持ちをノートに書くの」

「ノートに……？」

「そう。不思議なんだけれど、自分の気持ちを書き出そうとすると、自分の心を整理することができるのね。書いているうちに、自分が感じていたこととか、こんがらがっていた考えが綺麗《きれい》にまとまっていく。読書感想文を書くことも同じなの。自分の気持ちを整えていくと、モヤモヤの正体が見えてくる。誰かに伝えることができるようになる。その練習になるの」

「でも……、あたし、語彙力《ごいりょく》とかないし、そんなの書けないよ」

「あかねちゃんの言葉でいいんだよ。あかねちゃんが感じた気持ちは、あかねちゃんだけのものなんだもの。②それを自分の中だけにしまってお

がお母さんときょうだいを世話しているか、きょうだい自身が障害を持っているケースとして捉《とら》えられています。日本の実態調査の結果は、必ずしも親の病気や障害のためとも言えない状態で（たとえば親が仕事で不在といった理由で）、子どもや若者が年下のきょうだいの世話を相当量担っているのではないかという状況を浮かび上がらせました。

（澁谷智子『ヤングケアラーってなんだろう』ちくまプリマー新書　二〇二二年）

※ヤングケアラー
　家族の介護《かいご》・看病・世話などを、大人と同程度の負担で、長期間、日常的に行っている子ども。

問一　（１）～（３）にあてはまる言葉として適切なものを次から一つずつ選び、記号で答えなさい。記号は一度ずつしか使いません。

ア　また　　イ　さて　　ウ　たとえば
エ　あるいは　　オ　しかも

問二　図１から読み取れることとして、あてはまるものを次から**すべて**選び、記号で答えなさい。

ア　ケアを必要とする人が「祖母」である割合は、「母」である割合に次いで高い。
イ　ケアを必要とする人が「母」である割合は「父」の割合の二倍以上である。
ウ　ケアを必要とする人が「兄」「姉」「弟」「妹」である割合の合計は、「母」の割合を超《こ》える。
エ　ケアを必要とする人が「兄」「姉」「弟」「妹」である割合の合計は、「祖母」の割合を超える。

問三　――線①「お母さんやおばあちゃんが家のことができなくなると、家事や家族の世話をする役割が子どもや若者にまわってくるのはなぜなのでしょうか」の理由としてあてはまら**ない**ものを次から一つ選び、記号で答えなさい。

ア　どのような家事が実際に必要かをお父さんが理解していないから。
イ　家事の内容をお父さんが具体的にイメージできていないから。
ウ　お父さんは外で働いているので、家での時間を自由に過ごしたいから。
エ　家のことは家にいる子どもがするのが当然だとお父さんが考えているから。

問四　――線②「把握」の意味として最も適切なものを次から選び、記号で答えなさい。

ア　しっかりとにぎること。　　イ　しっかりと理解すること。
ウ　しっかりと学習すること。　　エ　しっかりとまとめること。

問五　――線③「家事や育児を担う戦力として大きな役割を果たしていた」とありますが、具体的にはどのようなことですか。本文から二十五字以内でぬき出し、はじめと終わりの五字を答えなさい。

問六　――線④「裏方」とありますが、本文ではどのような意味で使われていますか。本文から二十字以内でぬき出しなさい。

問七　――線⑤「日本は子育て世代の大人がそれほど追い込まれている社会である」とありますが、その説明として最も適切なものをあとから選び、記号で答えなさい。

ア　大人が家事や家族の世話をどうしたらよいかわからないということ。

時間と手間をかけていたのか、お父さんは具体的にイメージできていないことも珍《めずら》しくありません。その状態でお母さんが病気になっても、お父さんは「家のことは家にいる子どもがするのが当然」という感覚を持っていたり、そもそもどういう家事があるのか気づかなかったり、家にいなかったりして、結果として子どもが家事や家族の世話をせざるを得ない状況《じょうきょう》が多く出てくるように思います。

（　２　）、注目したいのは、ひとり親家庭などにおいては、おばあちゃんも③家事や育児を担う戦力として大きな役割を果たしていたケースが少なくない点です。お父さんやお母さんが家の外で仕事をして賃金を得ている場合、おばあちゃんが食事作りや洗濯や子どもの世話などをしていることもあり、そのおばあちゃんが倒れて動けなくなると、家事は子どもが担う形になりやすいようです。

子どもは、家族を支えたいと思って自分から家のことをする場合もありますが、他に選択肢《せんたくし》がなく、ケアを担わなくてはならない状況に追い込《こ》まれることもあります。大人が家の外で仕事をし、家族を経済的に支えている状況では、大人のように働いて稼《かせ》げない子どもや若者は、家で家事や家族の世話をして貢献《こうけん》することを求められやすい構造にあるのです。経済的なことが優先される感覚はそれぞれの家庭の中にもしっかり根付いていて、大人のように外で稼ぐことができない子どもが必要に応じて「④裏方」をするのは「仕方ない」と考える親も多いのでしょう。裏を返せば、⑤日本は子育て世代の大人がそれほど追い込まれている社会であるとも言えます。

子どもが誰をケアしているのかに関して、厚生労働省のヤングケアラー調査では、想像以上に「きょうだい」のケアをしている中高生が多いという実態も示されました。たとえば「世話を必要としている家族」として「父母」を挙げたのは中学2年生の23・5％であったのに対して、「きょうだい」を挙げたのは61・8％にものぼります。全日制高校2年生でも、世話を要する家族として「きょうだい」が44・3％を占めた一方で、「父母」は29・6％でした。

（　３　）、「きょうだい」を世話している中高生はほぼ毎日世話をしており、平日に世話に費やす時間は平均４・４時間となっています。「時間的余裕がない」ときつさを感じている割合が父母や祖父母を世話している場合に比べて高いことも明らかになりました。その「きょうだい」がどういう状況で世話を必要としているのかについては、「幼い」という理由が突出して高く、７割を超えていました。

先ほど紹介した埼玉県のヤングケアラー調査（図１）でも、実は、「兄」「姉」「弟」「妹」を足すと「兄弟姉妹」は「母」に次ぐ2位（22・4％）となり、「祖母」よりも多くなります。「兄弟姉妹」が世話を必要とする状況は、「幼い」が38・0％、「発達障害」が32・2％、「知的障害」が27・6％でした。

海外でも、きょうだいを世話するヤングケアラーの存在は、それなりに認識されています。たとえば、「イギリスのヤングケアラー　２００４年報告書」では、６１７８人のヤングケアラーの実態が調査されていますが、ケアを必要とする人とヤングケアラーの関係は、「母／義母」が52％、「きょうだい」が31％、「父／義父」が14％、「祖父母」が３％となっています。

子どもがケアしている相手は、お母さんに次いできょうだいが多いのですが、それは、お母さんが病気で家のことができずにヤングケアラー

4　父はおもむろにうなずいた。

5　にわかに空が明るくなる。

ア　急に　　イ　感謝していたわる
ウ　次第に　　エ　思いを晴らす方法がない
オ　おそろしい様子で　　カ　幼《おさな》くてかわいらしい
キ　はげます　　ク　ゆっくり重々しく

六、次の文章を読んで、あとの問いに答えなさい。

子どもがケアをしている相手が誰《だれ》なのかという点も、※ヤングケアラーを調査する時に明確にしなくてはいけない点です。家族の中だと、ケアの受け手として「お母さん」「お父さん」「きょうだい」「おばあちゃん」「おじいちゃん」「その他」といった項目《こうもく》が浮かびます。でも、これも、「父母」や「祖父母」とまとめていいのか、「きょうだい」は「兄」「姉」「弟」「妹」に分けて年齢《ねんれい》関係を見るべきなのか、迷うところが出てきます。私としては、「お母さん」「お父さん」「おばあちゃん」「おじいちゃん」は分けて見ていったほうが、子どもがケアをしている具体的な状況がより見えやすくなると今では感じています。日本の調査でも海外の調査でも、子どもが世話をしている相手として多く挙がるのは「お母さん」で、それに比べて子どもが「お父さん」を世話している比率はかなり低くなるという傾向《けいこう》があるからです。

（　１　）、２０２０年の夏に埼玉《さいたま》県で県内すべての高校2年生約5万５０００人を対象として行われたヤングケアラー実態調査では、ケアの受け手は「母」が24%、「祖母」が20・3%とそれぞれ20%を超え、それに対して「父」は11・1%、「祖父」は13・6%でした（図１）。子どもが家族の世話をするのは、ケアの担《にな》い手と想定されてきたお母さんやおばあちゃんがケアを必要とするようになった状況で起きやすくなっていることがわかります。

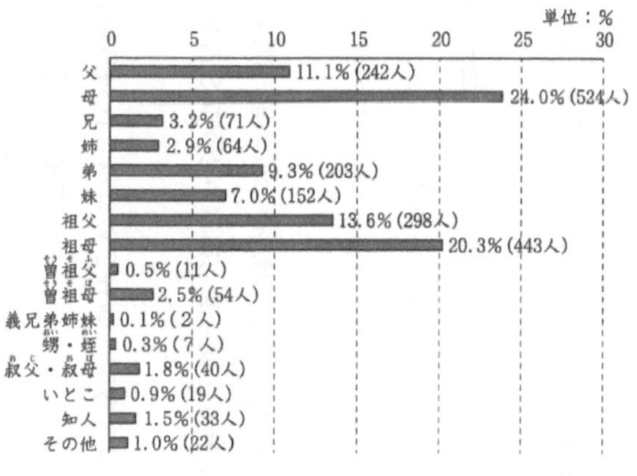

図１　ケアを必要とする人とヤングケアラーとの関係
（被介護者数 2,185 人における割合）

①お母さんやおばあちゃんが家のことができなくなると、家事や家族の世話をする役割が子どもや若者にまわってくるのはなぜなのでしょうか。このあたりの構造を少し掘《ほ》り下げて考えてみる必要があるかもしれません。

お父さんが外で働き、お母さんが家のことをするという分業がはっきりしていた家庭では、お父さんはもともと家で過ごす時間が短く、ケアの全体像を②把握《はあく》していないことがあります。洗濯《せんたく》や買い物や料理、ゴミ出しやお弁当作り、子どもの学校のことなどにお母さんがどれぐらいの

【国語】（四五分）〈満点：一〇〇点〉

一、次の――線の読みを、それぞれひらがなで答えなさい。

1 厳重に取りしまる。
2 値段が均一の品物。
3 居住地を記入する。
4 友人と計らって決める。
5 知人を訪ねる。

二、次の――線のカタカナを、それぞれ漢字で答えなさい。送りがながある場合は、ひらがなで書きなさい。

1 テンコウに恵《めぐ》まれる。
2 会社にキンムする。
3 ヤサシイ問題から解く。
4 ケイカイな音楽に合わせて踊《おど》る。
5 決勝でライバルにヤブレル。

三、次の各文から誤った漢字を一字ぬき出し、正しい漢字に直して答えなさい。

1 今年の夏も熱い日が続いたが、元気に過ごせた。
2 クラスの仲間と強力して行事を成功させた。
3 築五十年の家はところどころ痛んでいる。
4 祖父は息をひきとる間際《まぎわ》に、最後の言葉を家族に伝えた。
5 週間誌を欠かさず買って読むことを楽しみにしている。

四、次の□にあてはまる漢字一字を入れて慣用句やことわざを完成させ、さらに意味をア～クから一つずつ選び、記号で答えなさい。

1 百□は一見にしかず
2 石の上にも□年
3 光陰《こういん》□のごとし
4 住めば□
5 □のない所に煙《けむり》は立たぬ

ア 土台がしっかりしていればこわれないということ。
イ 月日のたつのが早いこと。
ウ うわさにまどわされないよう、言動には注意が必要ということ。
エ うわさにのぼるからには、何か原因があるはずだということ。
オ 何度か話で聞くよりも実際に自分の目で見た方が理解できること。
カ 実際に見るよりも何度も話を聞いた方が理解できること。
キ 住み慣れればどこでもよさがあること。
ク 辛抱《しんぼう》すれば、いつかは成功すること。

五、次の――線を言いかえたものとして、最も適切なものをア～クから一つずつ選び、記号で答えなさい。

1 友達の努力をねぎらう。
2 妹の笑顔はあどけない。
3 あと少しで入賞できず、やるせない。

2023年度

関東学院六浦中学校入試問題（A－2日程）

【算　数】（45分）　＜満点：100点＞

【注意】 解答用紙，問題用紙に 考え方 と書いてある問題は，答えを求めるために用いた考え方や途中《とちゅう》の式や図などを解答用紙に残しなさい。

［聞き取り問題］

【1】 放送を聞いて，２種類の食塩水を混ぜるときのようすについて，次の問いに答えなさい。

(1) ４％の食塩水に溶けている食塩の量は何ｇですか。

(2) 水を加える前の食塩水の濃度は何％ですか。

(3) 加えた水の量は何ｇですか。

［聞き取り問題］は以上です。

※放送台本は非公表です。

【2】 次の計算をしなさい。

(1) $31416-27183$

(2) $3\times3\times3+7\times7\times7+1\times1\times1$

(3) $2023\div17\div7$

(4) $11+(7-5)\times3\div2$

(5) $\frac{2}{3}+\frac{4}{5}-\frac{6}{7}$

(6) $\frac{1}{2}\div0.3-\frac{4}{5}\div0.6$

(7) $1.2\div1.125\times3.75$

(8) $3.14\times3+31.4\times0.5+0.628\div0.1$

【3】 次の□にあてはまる数を求めなさい。

(1) 10と12の最小公倍数から84と126の最大公約数を引いた数は□です。

(2) 30－29＋28－27＋26－25＋…＋12－11＋10－９を計算すると□です。

(3) ５つのヘチマの長さが35cm，36cm，39cm，45cm，55cmのとき，平均は□cmです。

(4) 赤いビーズと青いビーズの数の比が３：2，青いビーズと黄色いビーズの数の比が５：６のとき，赤いビーズと黄色いビーズの数の比は□：□です。

(5) 原価□円の商品に２割の利益を見《み》込《こ》んで決めた定価から20％引きしたときの値段は1200円です。ただし，消費税は考えません。

(6) ある３つの整数○，△，□は，○，△，□の順に大きくなります。
○＋△＋□＝12，○×△×□＝60のとき，○は□です。

(7)　図のように，長方形の中に面積が 8 cm²，12cm²，18cm² である 3 つの三角形があります。斜線《しゃせん》部分の三角形の面積は ☐ cm²です。

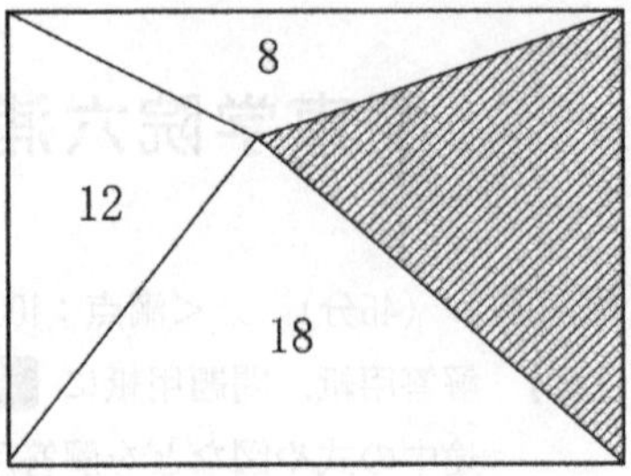

(8)　体積が512cm³の立方体の一辺の長さをすべて半分にして出来る立方体の体積は ☐ cm³です。

【4】　ある電動アシスト自転車には次のようなメーターが装備されています。

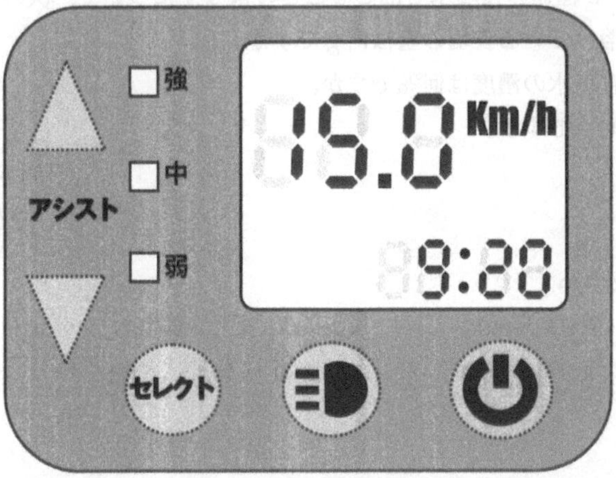

左下にある丸いセレクトボタンを押すことで，液晶《えきしょう》画面では速さと走行可能距離《きょり》を切り替《か》えて表示できます。図 1 では速さが時速15km，図 2 では走行可能距離が41kmであることが表示されています。 また，液晶画面の右下には時刻が表示されています。

次の問いに答えなさい。

図 1

図 2

(1)　液晶画面の速さの表示が変わらないように走行しました。走行中の液晶画面が次のように変化したとき，その間に走った距離は何kmだと考えられますか。

(図は次のページにあります。)

変化前

変化後

⑵　液晶画面で走行可能距離を確認してから，速さの表示が時速15㎞のまま変わらないように走行しました。その後，ある時刻でふたたび走行可能距離を表示したところ，液晶画面は下のように表示されましたが，時刻だけ正しく表示されませんでした。もしも正しく表示されていたら，その時刻はどのように表示されていたと考えられますか。

確認直後

ある時刻

【５】　６枚のカードを３枚ずつ上下２組に分け，上組の１枚目，下組の１枚目，上組の２枚目，下組の２枚目，上組の３枚目，下組の３枚目の順に重ねます。この操作を『シャッフル』ということとします。上から「１」「２」「３」「４」「５」「６」と書かれたカードが並んでいる状態から何回かシャッフルするとき，次の問いに答えなさい。

なお下の図は，１回目のシャッフルのようすを表しています。

１回目の「シャッフル」

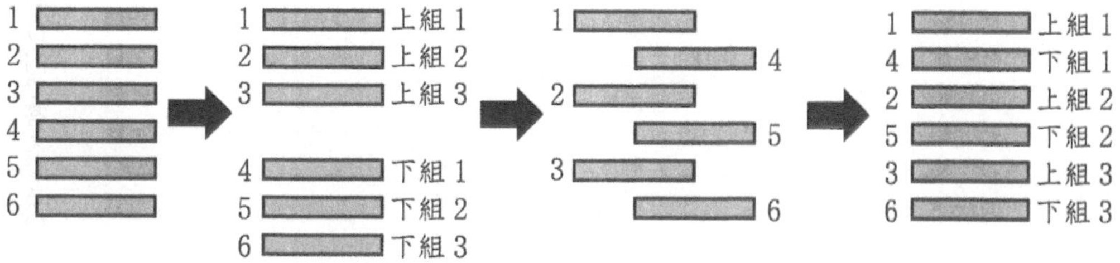

⑴　４回目のシャッフルをした後，カードはどのような順になっていますか。６枚のカードに書かれた数を上から順に答えなさい（考え方や途中の式を書きなさい）。考え方

⑵　23回目のシャッフルをした後，上組の３枚のカードに書かれた数をかけ合わせた数はいくつですか。

本文を参考にして四十字以内で説明しなさい。

問六 ――線③「すごくながいまつ毛をしている。」という表現から読み取れることとして最も適切なものを選び、記号で答えなさい。

ア みほの言葉におどろいた私が冷静なみほの様子をまじまじと見つめている。

イ みほの言葉におどろいた私が放心状態でみほの横顔を見つめている。

ウ みほの言葉をおちついて受け止めた私があらためてみほの横顔の美しさに見とれている。

エ みほの言葉をおちついて受け止めた私がみほの横顔を忘れたくないと思い見つめている。

問七 ――線④「うつむいたひょうしに、ぽたっと涙がおちた。」という表現から読み取れることとして最も適切なものを選び、記号で答えなさい。

ア 大人びて何を考えているかわからないみほだか、本当は母親よりも父親と一緒に暮らしたいという気持ちを持っている。

イ 大人びて自分の感情を出さないみほだが、心の中ではいつもひとりでいたいという気持ちを持っている。

ウ いつもおちついているみほだが、本当はこれからどうしていいのかわからず混乱している。

エ いつもおちついているみほだが、実は強がっている気持ちの裏で深く傷つき悲しい思いをしている。

問八 [A] にあてはまる言葉を本文から七字でぬき出しなさい。

問九 ――線⑤「メロンは、甘くて、つめたくて、しみるみたいな味がした。」とありますが、この一文から「私」のどのような気持ちが読み取れますか。七十字以内で答えなさい。

と言った。お父さんは毎年、お姉ちゃんの誕生日には決まってメロンを買ってくる。でも、今年はもう、ここにお姉ちゃんはいないのだ。

「島木さんのとこに持ってったら?」

私が言うと、お母さんが台所から、

「せっかくだからうちでいただきましょう」

と言った。

お風呂《ふろ》に入ってから、お母さんと、おばあちゃんと、私でメロンを食べた。（自分で買ってきたくせに、お父さんは食べなかった。茶の間に一人ですわって、スポーツニュースをみながらビールをのんでいる。）メロンは、とてもよくうれていた。

「かよこを産むときね」

お母さんが言った。

「難産でね、産んだあともしばらく入院していたの。病院は陰気《いんき》だし、毎日むし暑くて、憂鬱《ゆううつ》だったわ」

ふうん。私は、きれいな緑色の果肉をスプーンですくって口に入れる。［ d ］と冷気がひろがる。

「メロンが食べたいって言ったら、お父さんすぐ買ってきてくれてね」

そこまで言って、お母さんは黙った。そして、おばあちゃんとお母さんと顔をみあわせてくくっと笑った。

「なに?」

「お父さんね」

声をひそめて、お母さんが言う。

「これから毎年、死ぬまでメロンを買ってやるから、だから元気になってくれ、って」

くくっとおばあちゃんが笑い、お母さんも笑いそうな顔になって、

「真剣《しんけん》な顔で言うのよ。死ぬまで、なんて」

と、もう一度言った。

私は、何とも返事ができなかった。それで毎年毎年、ほんとにメロンを買い続けているのだと思うと、笑うよりおどろいてしまう。

茶の間をみると、お父さんの後ろ姿はいつもどおり無愛想だった。私は、メロンをせっせとすくいながら、

（Ⅱ）「夫婦なんて、ばかみたい」

と言ったみほの、お人形みたいな横顔を思い出していた。⑤メロンは、甘くて、つめたくて、しみるみたいな味がした。

（江國香織『こうばしい日々』新潮文庫　一九九九年）

問一　本文はいくつの場面で構成されていますか。数字で答えなさい。

問二　［ a ］～［ d ］に入る言葉として最も適切なものを次から選び、それぞれ記号で答えなさい。同じ記号は一回しか使いません。

ア　しずしず　　イ　さあっ　　ウ　くるくるっ

エ　もぞもぞ　　オ　ぼーっ　　カ　ごしごし

キ　とことこ　　ク　ふらっ　　ケ　どやどや

問三　――線①「みほの両親は仲がいい。しょっちゅう、二人ででかけてゆく。」とありますが、本当はどこに行っていたのですか。本文から十三字でぬき出しなさい。句読点も一字に含みます。

問四　……線（Ⅰ）・（Ⅱ）は誰《だれ》の言葉ですか。人物の名前を本文からぬき出しなさい。

問五　――線②「でも、こういう人って、一体どういう人のことだろう。」とありますが、お母さんが考える「こういう人」とはどんな人ですか。

自分で焼いたケーキをほおばって、お姉ちゃんは言った。

「お母さん、誕生祝いに、海外旅行でもねだっちゃえば？」

ふふふ、と、お母さんは笑った。

「そうねぇ、それもいいわねぇ」

お父さんはむっつりしたまま、聞こえないふりでお茶をのんでいる。

「ダイヤモンドの指輪とか」

お姉ちゃんが言い、お母さんはもう一度、ふふふ、と笑った。（Ⅰ）「あたしね、島木さんにピンクハウスのワンピース買ってもらうんだ、今度の誕生日」

お姉ちゃんとお母さんの誕生日は一週間ちがいなのだ。

「はいはい、ごちそうさま。でもね、お父さんはこういう人ですからね、プレゼントなんて、最初から期待していませんよ」

お母さんが言い、この話はそれでおしまいになった。②でも、こういう人って、一体どういう人のことだろう。

びっくりすることがあったのは、それから少しあとだった。お弁当の時間で、みほはいつものとおり、きれいなハンカチの上にきれいなお弁当をひろげていた。

「私、二学期から転校するの」

きょう、泊まりにおいでよ、と言うのとおんなじ、普通の口調でみほが言った。

「ええっ」

私はコーヒー牛乳をのみこむと、思わず大きな声をだして言った。

みほはおちついていた。

「両親が離婚《りこん》するの。私はママと一緒《いっしょ》にママの実家に行くから」

どこ、ときいたら、横浜《よこはま》、とみほはこたえた。③すごくながいまつ毛をしている。

コンサートとか食事とかっていうのは嘘《うそ》で、ほんとうは裁判所とか、両親の実家とかに行っていたのだ、とみほは言った。

私は、写真の中のみほのママを思い出す。白くて、細くって、茶色い髪の、笑っている女の人。

「夫婦なんて、ばかみたい」

みほが言った。④うつむいたひょうしに、ぽたっと涙《なみだ》がおちた。

「手紙、書くね」

私は言い、みほは黙っていた。

女は哀《かな》しい。美人でも、やっぱり哀しい。

みほは、お弁当箱をハンカチで包み、きゅっとしばった。髪が、肩のところで［ b ］と揺れる。

「横浜にも、泊まりに来ていいよ」

小さくて白い、気の強そうな、みほの顔。うん、と私は言った。

横浜の学校でも、みほの下駄箱はきっと手紙で一杯《いっぱい》になる。でも、みほは［ A ］、それをすっとカバンにしまうだろう。

「その前に期末試験かぁ」

みほが、さばさばと言った。

夜、みほのことを考えながら、［ c ］とテレビをみていたら、お父さんが帰ってきて、「みやげだ」と言ってテーブルにメロンをおいた。私は、ちょっとあきれて、

「親ばかぁ」

サートだとか、食事だとか、温泉だとか。だから、私はみほの家に、もう三回も遊びに行った。（そのうち一回は、泊まりだった。）

みほのママとは会ったことがないけれど、写真はいっぱいみた。みほのママはみほにそっくり。白くって、細くって、茶色い髪。やっぱり、すごく美人。だんなさまに愛される奥《おく》さんになるには、どうしても美人じゃなくちゃいけないのだ。

甘《あま》いたれのかかったミートボールを一つ口に入れ、私は、結婚《けっこん》なんてしたくない、と思った。

みほの下駄箱《げたばこ》に、またラブレターが入っていた。四通目だ。入学して、たった二カ月で、四人の男の子がみほを好きになった、ということだ。みほは、封筒《ふうとう》を裏返して差出し人の名前をたしかめると、興味なさそうに、それをカバンにしまった。

「好きな人、いないの」

校庭を歩きながら、私はきいた。きょうは少しむし暑い。

「いない」

ふうん、とこたえたとき、横をサッカー部員が [a] と駆《か》けていった。

「やだーっ。土けむり」

私はスカートを両手でぱんぱんたたいたけれど、みほは平気な顔で歩きつづけた。

「みのりはいいね、好きな人がいて」

そう言ったみほの横顔が、びっくりするほど大人びてきれいだったので、私はどきっとしてしまった。

「よくないよ、別に」

ちっともよくなんかない。好きな人がいたって、むこうはこっちが好きじゃないんだし。

「大学生なんでしょ、その人」

「……わかんない」

次郎《じろう》くんは、去年の今ごろ大学四年生だったから、普通《ふつう》ならもう大学生じゃない。でも、そのころすでに自信たっぷりに、俺《おれ》、留年だわ、と言っていたから、もしかして、まだ大学生かもしれない。そうだといいなと思う。

「ふうん」

興味なさそうに、みほは言った。

その夜は、お母さんの誕生祝いをやった。去年結婚したお姉ちゃんも来た。大きなケーキを持ってきて、自分で焼いたのだと自慢《じまん》した。私とおばあちゃんがブラウスをプレゼントしたら（私が二千円、おばあちゃんが五千九百円、それぞれだしあって買ったのだ）、お母さんはにこにこして、嬉《うれ》しそうに、ありがとう、と言った。

今年も、お父さんはなんにもあげなかった。乾杯《かんぱい》のときだって、みんな「おめでとう」と言ったのに、お父さんだけ黙《だま》ったままだった。でも、それはもうあたりまえのことになっていて、誰《だれ》も（もちろん私も）不思議には思わない。みほのパパなら、こういうとき、きっと何か（お花とかアクセサリーとか）、ママにプレゼントするんだろうなと思う。

「島木さん、ほっといていいの」

お母さんがお姉ちゃんにきいた。島木さんというのはお姉ちゃんのだんなさま。からだが大きくて、ぼーっとしていて、めがねをかけている。

「いいの、いいの。どうせ遅《おそ》いんだし」

(B) 落ち着いていく

ア 少しずつ使われるようになる
イ 安定して使われるようになる
ウ だんだん使われなくなる
エ 安心して使われるようになる

問二 [a]・[b] にあてはまることばとして最も適切なものを次から選び、記号で答えなさい。同じ記号は一度しか使いません。

ア さて　イ なぜなら　ウ したがって
エ しかし　オ たとえば

問三 ――線①「明治期に翻訳語として～とても手間取ったのです。」とありますが、その理由を本文を参考にして五十字以内で答えなさい。

問四 [あ] に入る言葉として最も適切なものを本文から五字でぬき出しなさい。

問五 ――線②「自然N」とはどのようなものですか。それが書かれている部分を**「なぜネイチャーに相当する日本語はなかったのか」**の段落から十字でぬき出しなさい。

問六 ――線③「私も以前は、～と疑問に思いました。」とありますが、その理由を説明した次の文の（　）にあてはまる言葉を本文からぬき出しなさい。（　）には同じ言葉が入ります。

> 英語のネイチャーの意味である「自然N」は（　　　　）を含まないが日本語の「天地」は（　　　　）も含む意味を持つ言葉だったから。

問七 [Ⅰ]～[Ⅳ] に「内」と「外」を入れる場合、最も適切なものを次から選び、記号で答えなさい。

ア Ⅰ 外　Ⅱ 内　Ⅲ 内　Ⅳ 外
イ Ⅰ 外　Ⅱ 外　Ⅲ 外　Ⅳ 内
ウ Ⅰ 内　Ⅱ 内　Ⅲ 外　Ⅳ 外
エ Ⅰ 内　Ⅱ 外　Ⅲ 内　Ⅳ 内

問八 ――線④「それは無理でしょう。」とありますが、「それ」とはどういうことですか。本文の言葉を使って**二十五字**以内で答えなさい。

問九 [い] に「自然O」と「自然N」のどちらかの言葉を入れなさい。

六、次の文章を読んで、問いに答えなさい。

お弁当の時間に、玉子焼きにフォークをつきさして、
「きょう、うちに泊《と》まりにおいでよ」
とみほが言った。みほは、中学に入ってからできた友達で、すごく美人。白くって、細くって、天然パーマの茶色い髪《かみ》が、肩のところでくるっと揺《ゆ》れる。何だかお人形っぽい感じ。
「ごめん。きょうはダメなんだ。お母さんの誕生日だから」
じゃ、しかたないね、とみほは言った。みほのお弁当はいつもすごくきれい。菜めしの青、にんじんサラダのオレンジ、玉子焼きのきいろ。でもとても小さなお弁当箱だから、私だったらちょっとたりないなと思う。
「また夫婦《ふうふ》でおでかけなの」
私がきくと、みほはあっさりうなずいた。
①みほの両親は仲がいい。しょっちゅう、二人ででかけてゆく。コン

て「自然」という言葉に(B)落ち着いていくのは、明治三〇年代だと言われています。それにしても時間がかかったものです。①明治期に翻訳語として新しく造語された「社会」「自由」「個人」「権利」「存在」「近代」「恋愛《れんあい》」「彼《かれ》、彼女《かのじょ》」「美」がすんなり普及《ふきゅう》していったのに比べると、とても手間取ったのです。それは、それまでの「自然」がすでにあり、しかも名詞ではなく、形容詞的、副詞的な使われ方をしていたからです。みなさんは「天地自然」という言葉を、「天と地と自然のこと」だと、すべて名詞だと受けとるでしょうね。ところが明治時代には「天地はおのずからなる」という意味だと受けとる人がほとんどだったのです。

［a］、次第《しだい》に「自然」が翻訳語として使われることが多くなっていったのは、ナチュラル（natural）が文字通り「自然な」という意味だったからで、こちらは無理なく浸透《しんとう》していきました。それにしても不思議だと思いませんか。ナチュラルの方が日本語の伝来の「自然」に重なるのに、［あ］の方は全然重ならないということを。

この章では、あえて古くからの日本語の自然を「自然〇」。新しい日本語の自然を「②自然N」と表記します。混同しないためです（〇はold、Nはnewとnatureの略です）。

なぜネイチャーに相当する日本語はなかったのか

それにしても「自然N」はなぜ明治時代に新しくつくらねばならなかったのでしょうか。③私も以前は、なぜ「天地」と訳さなかったのだろうか、と疑問に思いました。しかし「自然N」は人間を含《ふく》みませんが、「天地」は人間も含むのです。ここがとても重要です。西洋に普及したキリスト教の教えでは、「神さまは人間を造り、そして人間のために自然を造った」のですから、自然と人間は最初から分かれています。ですから、人間はいつも自然を自然の［Ⅰ］から見ることができるのです。

ところがそれまでの日本人は、いつも天地を［Ⅱ］側から、［Ⅲ］からのまなざしで見てきました。したがって天地の中のさまざまな生きものや現象はよく見えていたのです。［b］、生きものの名前はよく知っていましたし、天候や季節の変化についても豊かな知恵《ちえ》を蓄《たくわ》えてきました。

しかし、日本人は天地の外から天地を見ることはできなかったのです。天上の高天原《たかまがはら》の神々なら見ることができるのではないか、と思うかもしれませんが、高天原も天地の一部ですから、④それは無理でしょう。この天地の中で、山川草木、お日様や雲や風、そして動物や土や水などと一緒《いっしょ》に、天地の一員として生きて来た日本人にとって、神や人間や人工物以外を指す「自然N」と人間とを分けて見ることは難しかったのです。これは西洋人や「［い］」を身につけている現代の日本人にはなかなか理解できないでしょう。

ところが日本の歴史が始まって初めて、天地を［Ⅳ］側からみる言葉「自然N」が、都会の知識人から次第に浸透していくのです。

（宇根豊『日本人にとって自然とはなにか』ちくまプリマー新書　二〇一九年）

問一　～～～線(A)・(B)の語句の本文中の意味として最も適切なものをそれぞれ次から選び、記号で答えなさい。

(A)　決め手に欠ける

ア　全く決めることができない　　イ　勝手に決められる

ウ　簡単に決めることができる　　エ　完全には決められない

【国語】〈四五分〉 〈満点：一〇〇点〉

一、次の――線の漢字の読みを、それぞれひらがなで書きなさい。

1 公園の周辺を散歩する。　2 災害を未然に防ぐ。

3 晩飯の準備をする。　4 あの人の言葉を心に留める。

5 着物を織る。

二、次の――線のカタカナを、それぞれ漢字で書きなさい。

1 親の体質がイデンする。

2 すべての疑問がヒョウカイした。

3 コガタの車を設計する。

4 鳥がスから飛び立つ。

5 取り残された人をキュウシュツする。

三、次の語句の対義語を、それぞれ漢字で答えなさい。

1 心配　2 幸福　3 危険　4 成功　5 拡大

四、次のア～エの文の――線の言葉から用法が異なるものを一つ選び、それぞれ記号で答えなさい。

1 ア ないものねだりはしてはいけない。
イ あの人とは関わらないほうがよい。
ウ 昨日、本がないと言っていた人がいた。
エ 海岸まで五十メートルもない。

2 ア テーブルの上にあるリンゴを取る。
イ その本は今、どこにあるでしょうか。
ウ ある晴れた日に起きた事件です。
エ 私の心はいまでもそこにある。

3 ア この世界はいろいろな物質からできているのだ。
イ これから外出なんて危険だよ。もう時間もおそいから。
ウ 昨日は雨だったから一日中部屋で読書をした。
エ その車は高いから買うことができない。

4 ア 最近、小学校時代のことがよく思い出される。
イ 君にそんなことを言われるなんて思ってもみなかった。
ウ あの生徒は先生によくおこられるそうだ。
エ そんな身なりをしていたら、みんなになんと思われるかわからないよ。

5 ア 明日は大雨になるそうだ。
イ このままではやる気がなくなってしまいそうだ。
ウ あの店は来週で閉店になるそうだ。
エ 先生がすごいイベントを考えているそうだ。

五、次の文章を読んで、問いに答えなさい。

何と翻訳《ほんやく》したらよかったのか

江戸《えど》時代末期から明治時代後半まで、英語のネイチャー（nature）の翻訳語はなかなか定まりませんでした。「自然、天地、万物《ばんぶつ》、造化、宇宙、天然」などという翻訳語が使われましだが、(A)決め手に欠けました。やが

2023年度

関東学院六浦中学校入試問題（Ｂ－１日程）

【算　数】（45分）　＜満点：100点＞

【注意】 解答用紙，問題用紙に **考え方** と書いてある問題は，答えを求めるために用いた考え方や途中《とちゅう》の式や図などを解答用紙に残しなさい。

［聞き取り問題］

【１】 放送を聞いて，ある動物園の入園者数について，次の問いに答えなさい。

⑴　９月の入園者数の合計は何人ですか。

⑵　10月の入園者数の合計は何人ですか。

⑶　11月の入園者数の合計は，9月に比べ何％増えると予想できますか。

［聞き取り問題］は以上です。

※放送台本は非公表です。

【２】 次の計算をしなさい。

⑴　47＋19－43

⑵　25－225÷15

⑶　320.84÷2.6

⑷　$\frac{11}{6}-0.75+\frac{4}{3}+\frac{1}{12}$

⑸　$\frac{7}{8}\times 0.4\div\frac{7}{5}$

⑹　92－２×(14÷15＋２÷30)

⑺　$1.8\times\left(1\frac{1}{3}-\frac{3}{4}\right)\div 1\frac{1}{2}$

⑻　$(3.2\times 8-3\times 3.2)\div\frac{48}{7}$

【３】 次の □ にあてはまる数を求めなさい。

⑴　０より大きく，$\frac{49}{6}$より小さい整数は全部で □ 個あります。

⑵　12と15の公倍数のうち，小さい方から数えて６番目の数は □ です。

⑶　６㎞の道のりを，行きは時速３㎞で，帰りは時速２㎞で往復したときの平均の速さは時速 □ ㎞です。

⑷　下のようにあるきまりにしたがって数が並んでいるとき，７番目の数は □ です。

2，4，12，48，240，……

⑸　ある長方形のたてと横の長さを，小数第一位で四捨五入したところ，それぞれ４㎝と５㎝となりました。このとき，長方形の面積は □ cm^2以上 □ cm^2未満です。

⑹　ＡさんとＢさんの所持金の比は３：２でしたが，ＢさんがＡさんに1250円を渡《わた》したところ４：１

となりました。このときAさんの最初の所持金は □ 円です。

⑺　右の図形でかげのついた部分の面積は □ ㎠です。

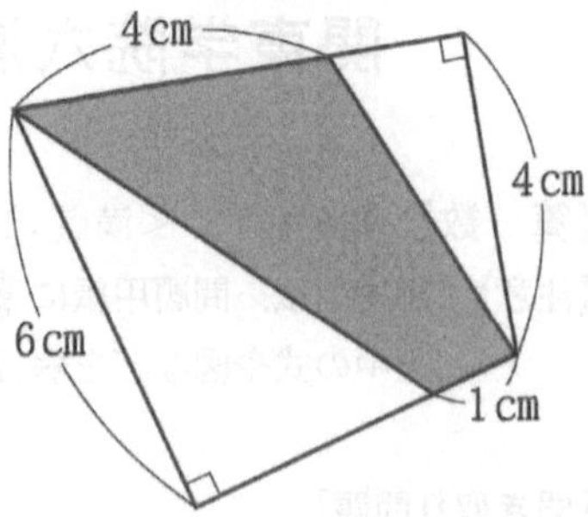

⑻　8％の食塩水と12％の食塩水を3：1で混ぜた食塩水400gに14％の食塩水100gを混ぜると □ ％の食塩水になります。

【4】　あるお店でマスクを5枚買うと，引換券《ひきかえけん》が1枚もらえます。この引換券を10枚集めると，マスク5枚と引き換《か》えることができます。 このとき，次の問いに答えなさい。ただし，引き換え可能な引換券はすべてマスクと引き換えるものとします。

⑴　マスクを150枚買ったとき，マスクは全部で何枚になりますか。

⑵　マスクが全部で202枚となったとき，買ったマスクは何枚ですか（考え方や途中の式を書きなさい）。考え方

【5】　太郎さんと花子さんの会話を読み，あとの問いに答えなさい。

太郎：切り絵って知ってる？

花子：紙を切って，いろいろな形や模様をつくることができるのよね。

太郎：そうそう。折った紙を切って広げると，切る部分を少なくしていろいろな形や模様をつくることができるよ。

花子：紙の折り方や切り方を工夫すると，対称《たいしょう》な形や模様があらわれそうね。

⑴　太郎さんは，下の図のように，大きな正方形の紙を2回半分に折り，小さな正方形にしました。

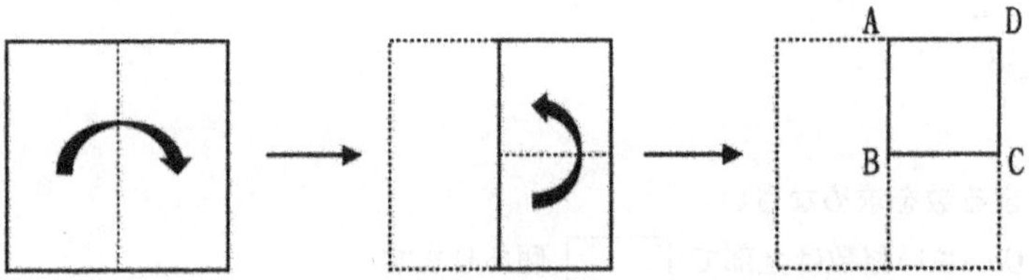

さらに花子さんは，この小さな正方形の紙に，右の図のような「B」を中心とする半径1㎝と半径4㎝の円の一部をそれぞれかきました。図の太線の部分で紙を切りはなしたとき，かげをつけた部分を広げてできる図形の面積は何㎠ですか。ただし，円周率は3.14とします。

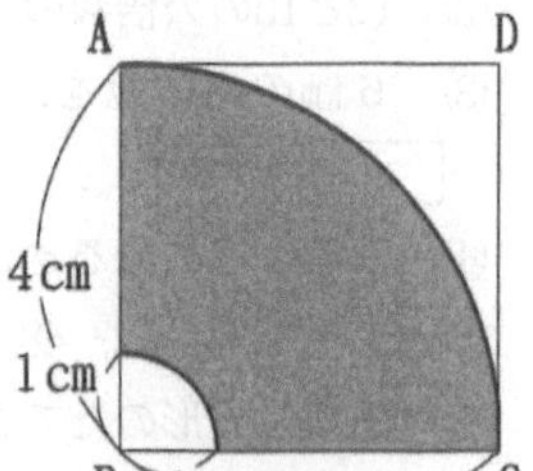

⑵　花子さんは，下の図のように大きな正方形の紙を２回半分に折り，三角形にしました。

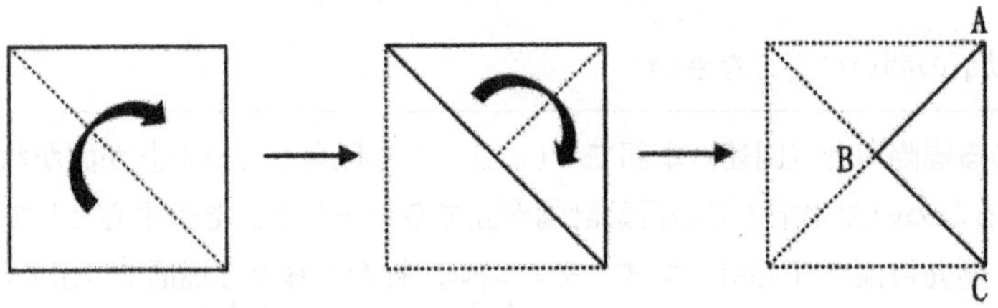

さらに太郎さんは，この三角形の紙に，右の図のような線をかきました。右の図の太線の部分で紙を切りはなすとき，かげをつけた部分を広げてできる図形を解答らんにかき入れなさい。

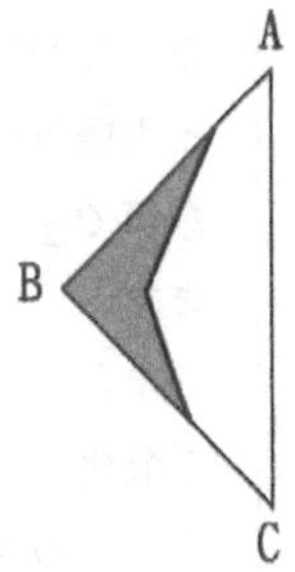

【社会・理科】（50分）　＜満点：各50点＞

【1】 次の文章を読んで，以下の問いに答えなさい。

2015年，（　A　）にある国際連合（国連）本部で「（　B　）な開発サミット」が開かれ，（　B　）な社会を実現するための2030年までの行動計画が立てられました。その中心として示されたのが「（　B　）な開発目標（SDGs）」です。それ以降，社会の様々な場面で「SDGs」という文字を目にするようになり，人々の環境に対する認識《にんしき》や取り組みに影響《えいきょう》を与えてきました。しかし，新型コロナウイルス感染症《かんせんしょう》の流行，2022年２月に始まった①ロシアによるウクライナ侵攻《しんこう》の影響で，SDGsの達成は厳しい状況におかれています。特に，国連の報告では，ここ数年で②「貧困《ひんこん》」や「飢《う》え」の急増《きゅうぞう》が認められ，③G７各国などに対して支援《しえん》が求められています。

また，ウクライナ侵攻では世界各地でエネルギー危機《きき》が発生し，各国で石炭火力発電が増え，二酸化炭素の④排出《はいしゅつ》量の増加が心配されています。その後，各国では原子力発電所を活用しようという動きが始まりました。 日本では⑤岸田首相が原子力発電所を増設《ぞうせつ》する検討《けんとう》をはじめるなど，日本のエネルギー政策は転換期《てんかんき》を迎えていると言われています。しかし，⑥世界で唯一《ゆいいつ》の核兵器による被爆《ひばく》国であり，東日本大震災の際に福島第一原子力発電所事故のあった日本では，原子力に対する国民の理解と協力がより必要となります。

電力の確保と脱炭素《だったんそ》の両立に向け，⑦再生可能《さいせいかのう》エネルギーを導入《どうにゅう》しつつ，足りない発電量を補《おぎな》うために原子力発電所を利用する動きがある中，日本は世界の流れに対して「原子力」をどうしていくかという問題に直面しており，国民一人ひとりがしっかりと⑧政治に関わっていく姿勢《しせい》が大切となっています。

［1］文中の空らん（A）に入る都市名を答えなさい。

［2］文中の空らん（B）に入る語句を漢字４字で答えなさい。

［3］波線部《はせんぶ》①について，右のグラフはロシアが埋蔵《まいぞう》量世界１位のエネルギー資源《しげん》に関するものです。 この資源は何ですか。下のア～エより１つ選び，記号で答えなさい。

ア．天然《てんねん》ガス　　イ．石炭

ウ．原油　　　　エ．ウラン

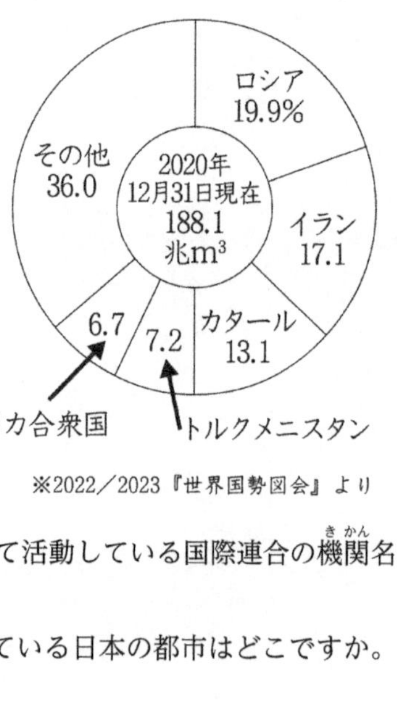

※2022／2023『世界国勢図会』より

［4］波線部②について，子どもの貧困や飢えの解決，支援に向けて活動している国際連合の機関《きかん》名をカタカナ４字で答えなさい。

［5］波線部③について，今年のG７サミットの開催《かいさい》が予定されている日本の都市はどこですか。次のページのア～エより１つ選び，記号で答えなさい。

ア．伊勢志摩　　イ．広島　　ウ．東京　　エ．洞爺湖《とうやこ》

［６］波線部④について，次の表は2019年の二酸化炭素排出量を表しています。表中の（あ）と（い）にあてはまる国名を答えなさい。

二酸化炭素（CO_2）排出量の多い国

順位	国名	排出量（100万トン）(2019年)（注）
1	（　あ　）	9,809.2
2	アメリカ合衆国（米国）	4,766.4
3	（　い　）	2,309.1
4	ロシア	1,587.0（2018年）
5	日本	1,066.2
6	ドイツ	659.1
7	大韓民国（韓国）	586.2
8	カナダ	571.8
9	メキシコ	455.0
10	ブラジル	406.5

※総務省統計局『世界の統計2022』より

［７］波線部⑤について，2021年10月に内閣総理大臣に任命された岸田首相が所属している政党名を，下のア～エより１つ選び，記号で答えなさい。

ア．日本民主党　　イ．日本共産党　　ウ．自由民主党　　エ．公明党

［８］波線部⑥について，日本は非核三原則《さんげんそく》をかかげています。以下の（１）に入る語句を答えなさい。

核兵器を「もたない，つくらない，（　１　）」

［９］波線部⑦について，再生可能エネルギーの普及《ふきゅう》が進まない理由を答えなさい。また，再生可能エネルギーを普及させるためには，どのようなことが必要ですか。あなたの意見を答えなさい。

［10］波線部⑧に関して，2022年４月１日から成人年齢が20歳から18歳に変わりました。これにより成人を迎えた18歳の人が，新たに出来るようになったことを１つ答えなさい。

【２】次の文章を読んで，以下の問いに答えなさい。

わたしたちが住む①日本は，北半球に位置し，太平洋や日本海などの海に囲まれた島国です。②北から南まで多くの島々が弓のように連なっています。

同じ日本でも地域によって③気候や文化に様々な違いがみられます。その違いを，日本の魅力《みりょく》ある④観光《かんこう》資源として発信する動きも盛《さか》んです。

関東学院六浦中学校・高等学校では，選択制《せんたくせい》グローバル研修《けんしゅう》として，海外だけでなく日本国内にも目を向け，実際に現地に足を運ぶことで多くの学びを得ることができます。

ここ数年，新型コロナウイルス感染症の影響で中止となっていた研修も一部が再開され，2022年には釜石防災研修（⑤岩手県），⑥北海道研修，⑦京都・奈良研修などが行われました。海外では⑧アメリカやカナダ・ニュージーランド・オーストラリアなどへの個人留学も再開され

ています。一方，ポーランドや⑨中国など海外からの留学生が同じクラスで一緒《いっしょ》に学んでいます。

［1］波線部①について，日本の国土面積はおよそどのくらいですか。下のア～エより1つ選び，記号で答えなさい。

ア．28万km^2　　イ．33万km^2　　ウ．38万km^2　　エ．48万km^2

［2］波線部②について，日本の最北端と最南端にあたる場所はどこですか。下のア～エより1つ選び，それぞれ記号で答えなさい。

ア．択捉島　　イ．南鳥島　　ウ．沖ノ鳥島　　エ．与那国島

［3］波線部③について，日本では夏と冬に季節風がふきます。下の文中の（1）・（2）にもっともよくあてはまる方角を下のア～エより1つ選び，記号で答えなさい。

夏には（　1　）からふき，太平洋側に多くの雨を降らせます。
冬には（　2　）からふき，日本海側に雨や雪を降らせます。

ア．北西　　イ．南東　　ウ．北東　　エ．南西

［4］波線部④について，下の文章は，日本を訪れる外国人観光客からも人気の，ある観光地に関するものです。この文章が説明している日本の観光地名を答えなさい。

中心部に九州で一番高い宮之浦岳《みやのうらだけ》をもつ山岳《さんがく》島であり，年間降水量が4,000～10,000㎜もあること等から，樹齢《じゅれい》数千年の縄文スギをはじめとして，極めて特殊《とくしゅ》な森林植生を有しています。またこの地域には，アカヒゲ（鳥）等の絶滅《ぜつめつ》の恐れのある動植物が生息《せいそく》，自生《じせい》しています。

［5］波線部⑤について，右の写真は岩手県にある寺院の一部です。この寺院の名称《めいしょう》を答えなさい。

またこの寺院を建てた一族は何氏ですか。答えなさい。

［6］波線部⑥について，次のページのグラフは日本の地域別の農業産出額の割合を表したものです。グラフ中のア～オのうち北海道にあたるものを1つ選び，記号で答えなさい。

地域別の農業産出額の割合（2020年）

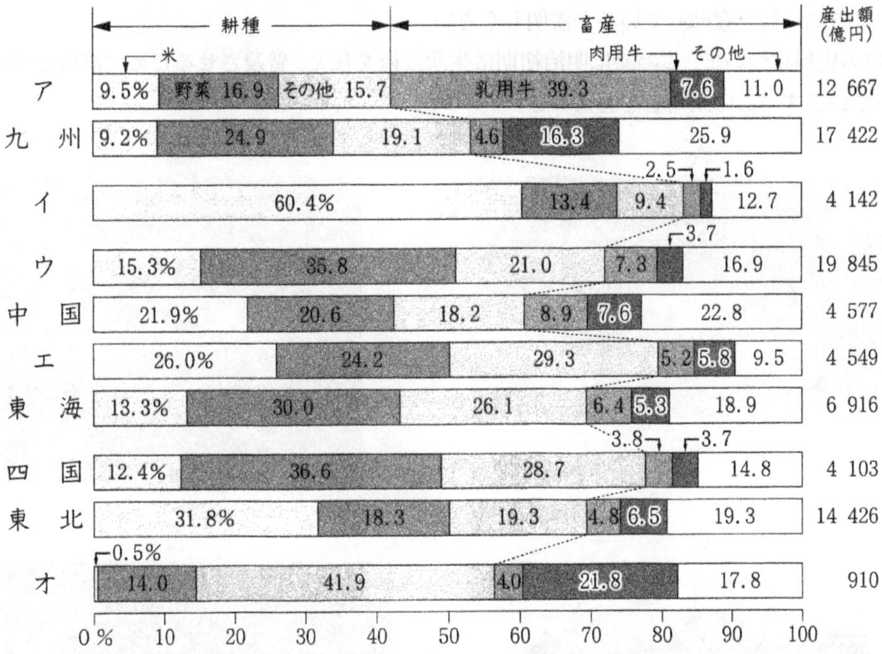

※2022／2023『日本国勢図会』より

［7］波線部⑦について，京都に開かれた都を下のア～エより１つ選び，記号で答えなさい。

ア．平安京　　イ．平城京　　ウ．藤原京　　エ．大宰府

［8］波線部⑧について，次のグラフは日本の貿易相手国または地域を表しています。グラフ中のア～エのうちアメリカにあたるものを１つ選び，記号で答えなさい。

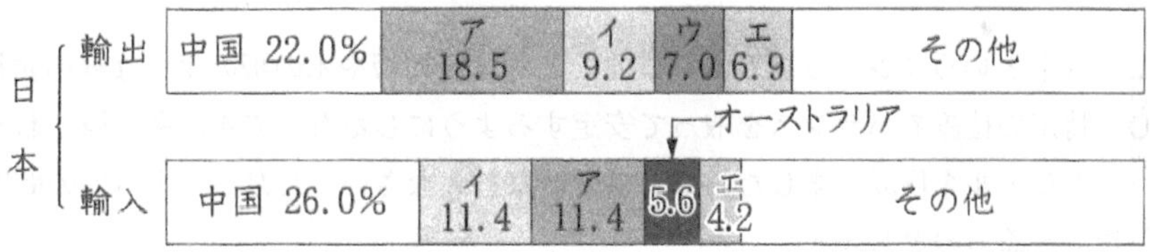

※2022／2023『世界国勢図会』より

［9］波線部⑨について，中国において人口の急速《きゅうそく》な増加をおさえるために，1979年から実施《じっし》され，2015年に廃止された政策《せいさく》名を答えなさい。

【３】次のページの史料をみて，あとの問いに答えなさい。

［1］Aの史料は，日本とある外国との戦いの様子を描いています。 この外国の当時の国名を答えなさい。

［2］Bの史料は，Aの史料の右側の人物が戦ったにも関わらず十分な恩賞《おんしょう》をもらえなかったため，恩賞の要求交渉《こうしょう》をしているところを描いています。この人物が恩賞として要求したのは何か答えなさい。

［3］Cの史料は，ある３カ国の関係を描いたものです。この三人が表している３カ国をすべて答えなさい。

［4］Cの史料について，橋の上にいる人物は釣《つ》りをしないで，二人の釣り人をただ見つめています。この絵は何を意味しているか説明しなさい。

［5］Dの史料について，この絵は明治初期に生産技術を伝え，普及させるために設置された工場を描《えが》いています。この工場名を答えなさい。

A

B

C

D

【4】「モビール」というインテリアがあります。これは金属板や木の板のような軽い素材を，糸や棒でつるし，特定の位置でバランスを取って安定するようにしたものです。糸，棒，おもりを使って図のようなモビールを作成しました。あとの問いに答えなさい。ただし，すべての問題で糸と棒の重さは無視できるものとします。

問1　2個のおもりをつるしたモビールが図のようにつり合っています。Mのおもりの重さが30ｇのとき，①のおもりの重さは何ｇですか。糸から棒の先までのきょりは図に示した長さになっています。

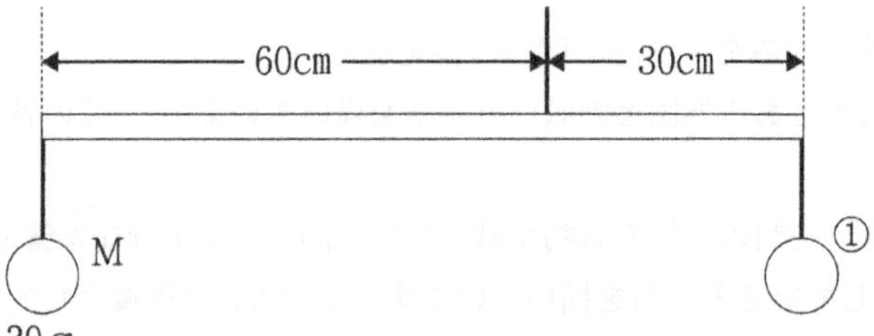

問2　問1のモビールの①のみをつり合いを保ったまま図（次のページ）のように取りかえました。①以外の部分は問1と変わりません。②と③のおもりの重さはそれぞれ何ｇですか。糸から棒の

先までのきょりは図に示した長さになっています。

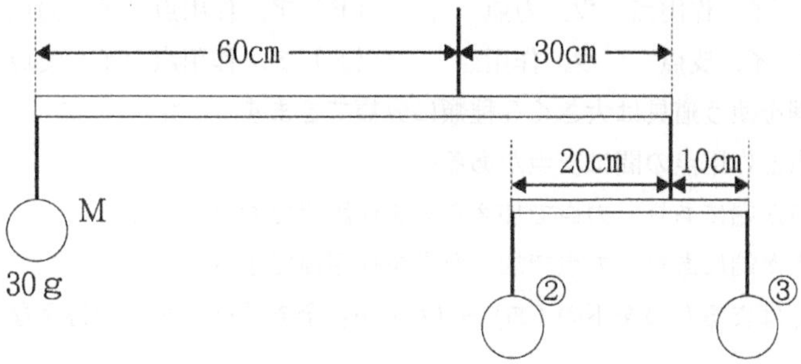

問３　６個のおもりをつるしたモビールが図のようにつり合っています。Nのおもりの重さが40 g のとき，④～⑧のおもりの重さはそれぞれ何 g ですか。糸から棒の先までのきょりは図に示した長さになっています。

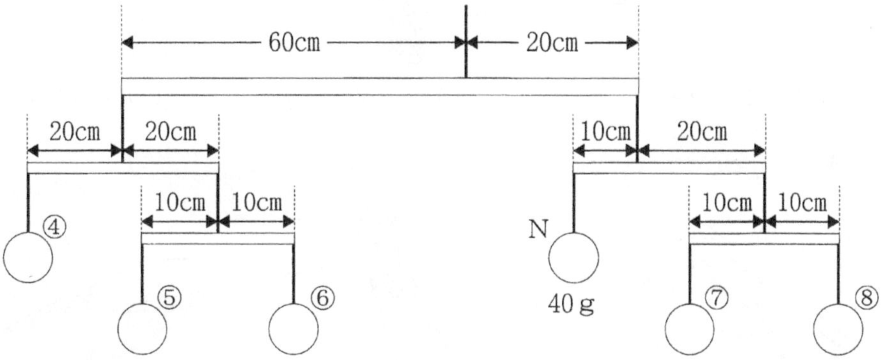

問４　私たちの身の回りにはてこの原理を利用する様々な道具があります。以下の道具のア～ウの組み合わせとして正しいものを次のページの（A）～（F）から選び，記号で答えなさい。

（1）はさみ

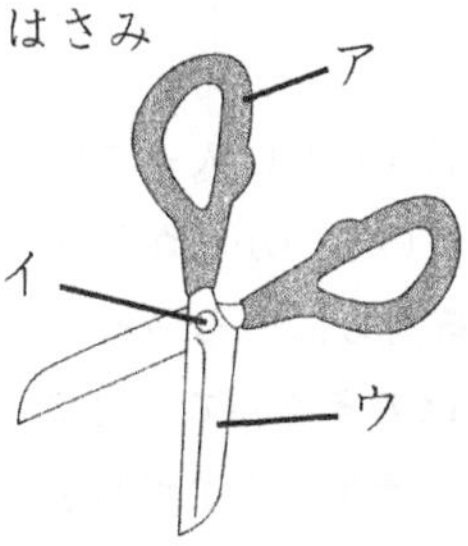

（2）くぎぬき

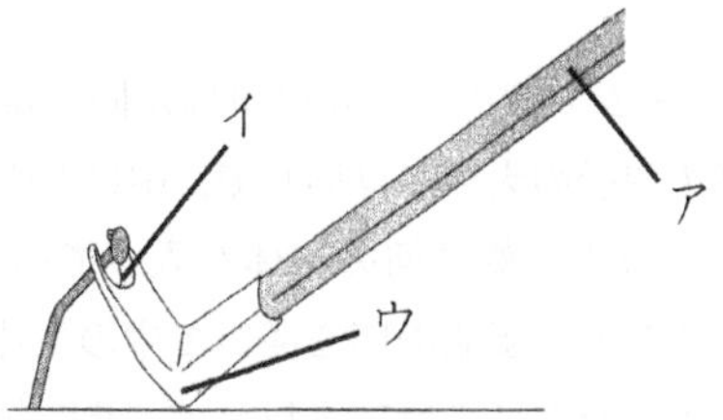

（3）ピンセット

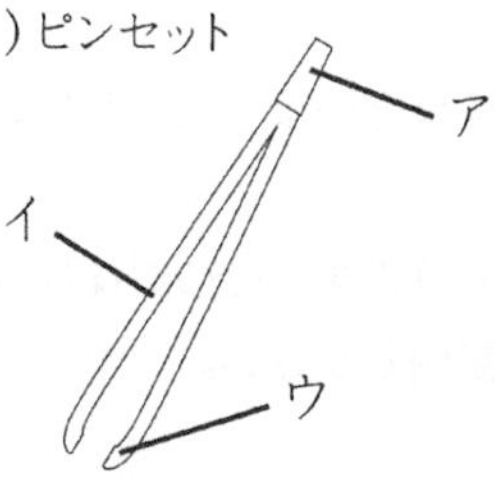

（4）せんぬき

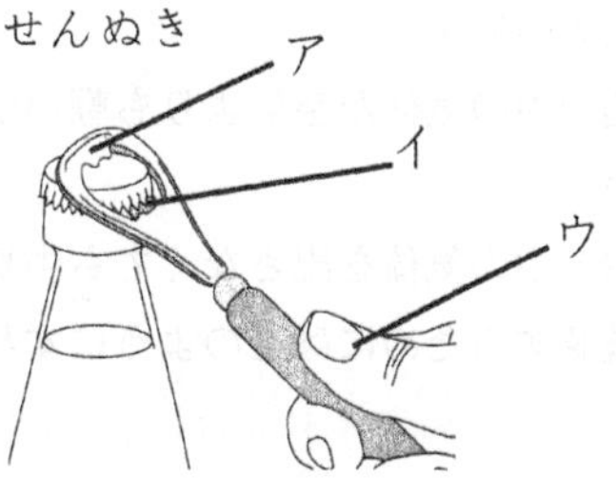

（Ａ）ア．支点　イ．力点　ウ．作用点　（Ｄ）ア．力点　イ．作用点　ウ．支点
（Ｂ）ア．支点　イ．作用点　ウ．力点　（Ｅ）ア．作用点　イ．力点　ウ．支点
（Ｃ）ア．力点　イ．支点　ウ．作用点　（Ｆ）ア．作用点　イ．支点　ウ．力点

問５　てこの原理を使う道具は大きく３種類に分類できます。
　分類１　力点と作用点の間に支点がある
　分類２　支点が端にあり，力点で加えた力を作用点で大きくする
　分類３　支点が端にあり，力点で加えた力を作用点で小さくする
この分類に当てはまるものを下の（あ）～（か）から全て選び，記号で答えなさい。

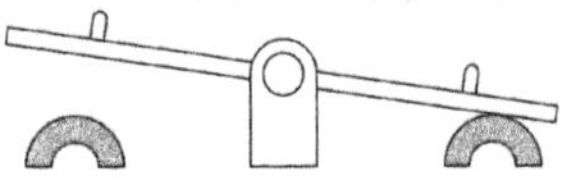
（あ）シーソー

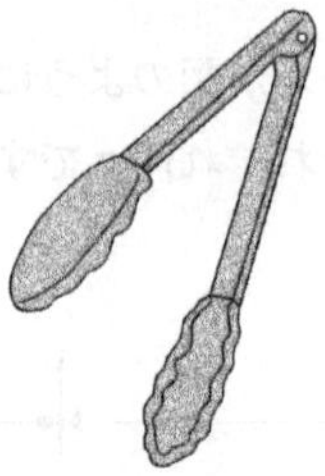
（い）トング

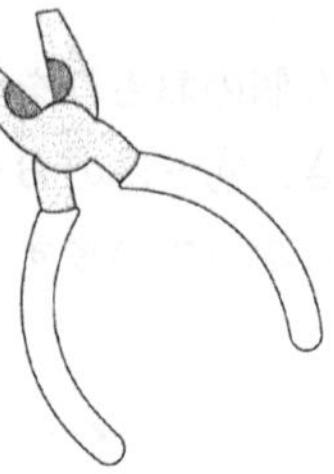
（う）ペンチ

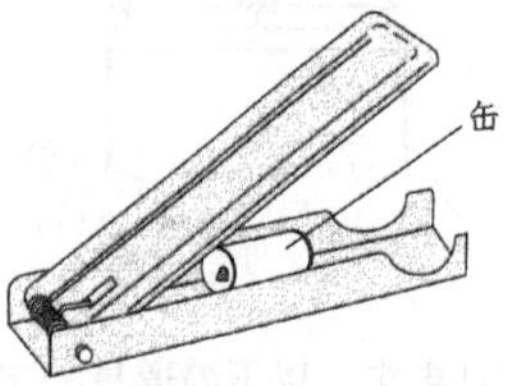

（え）空き缶つぶし機

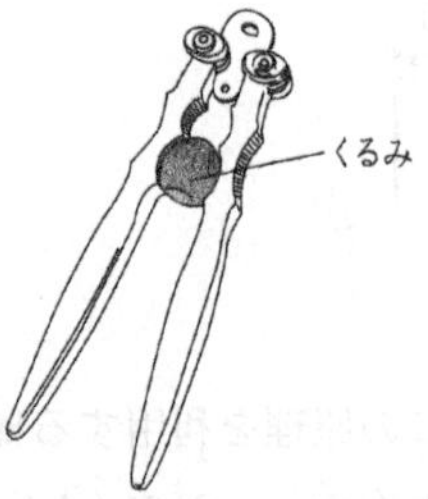

（お）くるみ割り器

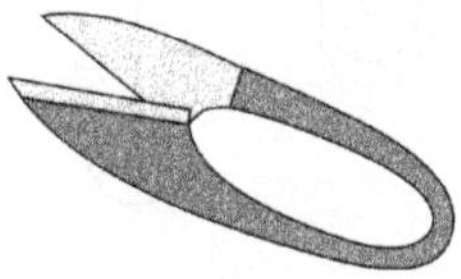
（か）糸切りばさみ

【５】　次のページの表の６種類の気体が同じ重さのゴム風船Ａ～Ｆに入っています。６個の風船の大きさは同じで，中にどの気体が入っているのかわかりません。それぞれの風船に何の気体が入っているか判断するためにいろいろな実験を行いました。風船の口を開いて中の気体を出すことはできるので，気体を石灰水に通したときの反応を見れば，その気体が二酸化炭素かどうかがわかります。あとの問いに答えなさい。ただし，次のページの表は気体とその性質をまとめたものです。

問１　風船の中の気体が空気よりも軽いか重いかを調べるにはどのようにすればよいですか。説明しなさい。

問２　風船の中の気体を出さなくても中身がわかる気体があります。その気体は何ですか。また，それを確認するためにはどのようにすればよいですか。説明しなさい。

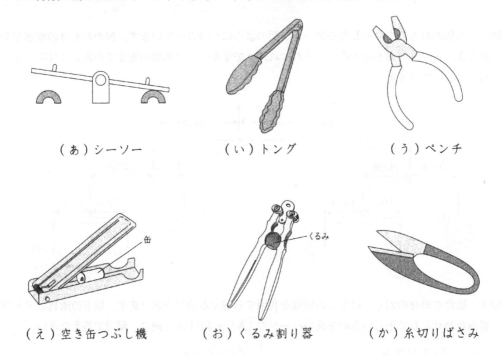

気　体	性　　　質
アンモニア	非常に水にとけやすい気体で，とけた水よう液はアルカリ性を示します。空気より軽いです。
塩化水素	水にとけやすい気体で，とけた水よう液は塩酸です。空気よりも重いです。
酸　素	水にほとんどとけない気体で，ものを燃やすはたらきがあります。
水　素	水にほとんどとけない気体で，気体の中で最も軽いです。空気中で火を近付けると音を出して燃えます。
ちっ素	水にほとんどとけない気体で，空気中にたくさんあります。
二酸化炭素	水にとける気体で，とけた水よう液は炭酸水です。石灰水に通すと，白くにごります。空気よりも重いです。

問3　風船Aの中の気体を，右図のようにして大型試験管の中に集めました。試験管を取り出して中の気体に火のついた線香を入れると，火が大きくなりました。
また，風船Bの中の気体を風船Aと同じように大型試験管に集めました。水そうの水にBTBよう液を加えたところ水が黄色になりました。風船Aから試験管に集めた気体の量と比べて，風船Bから試験管に集めた気体の様子を表したものを（ア）～（ウ）から選び，記号で答えなさい。

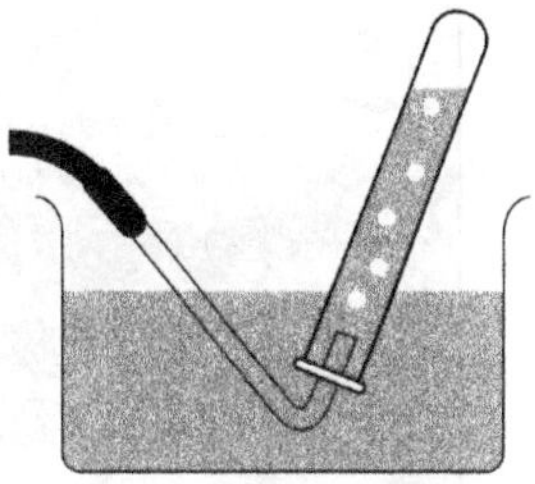

水そう

（ア）

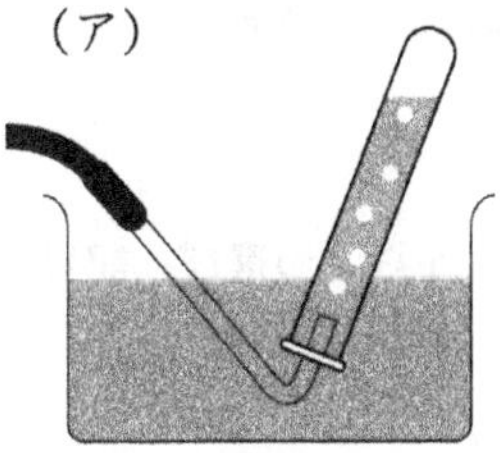

Aと同じ

（イ）

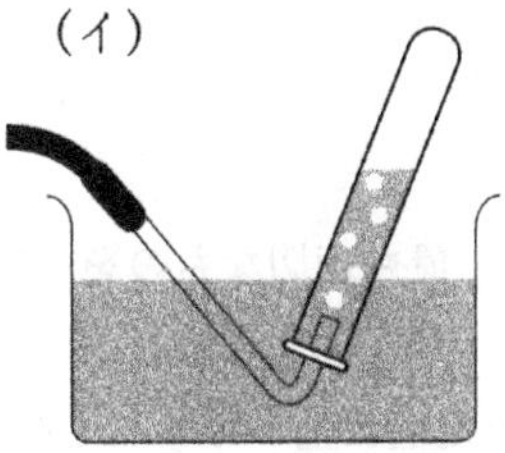

Aより多い

（ウ）

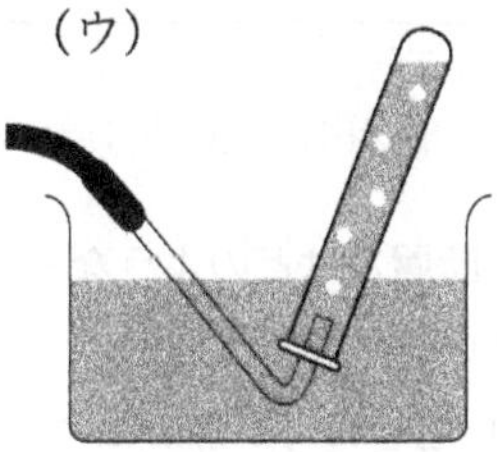

Aより少ない

問4　アンモニアを問3のように集めようとしましたが，うまくできませんでした。その理由を簡単に説明しなさい。また，アンモニアを集めるためにはどのようにすればよいですか。図で表しなさい。

【6】 健二さんは家族で旅行に行った際，近くに断層を見られる場所があることを知り，そこに立ち寄って見学することにしました。次のページの資料1はその時にとった写真です。また，近くにはこの断層の様子を保存した「地震《じしん》断層観察館」もあったので，中に入って断層の様子を観察したり，断層について調べたりしました。館内の資料によると，この断層は「根尾谷《ねおだに》断層」と呼ばれ，1891年の濃尾《のうび》地震の時にできたものであることが分かりました。また，次のページの資料3に見られるように日本列島は世界的にも地震が多く発生する場所であり，1995年の阪神淡路大震災《はんしんあわじだいしんさい》や2011

年の東日本大震災，2016年の熊本地震のように，近年も大きなひ害をもたらす地震がたびたび発生していることが分かりました。健二さんは帰ってから，家にあった小麦粉とココアの粉で断層ができる様子を再現する実験を行いました。その時の結果が下の資料2です。 これらの資料1～3を見て，あとの問いに答えなさい。

資料1

資料2

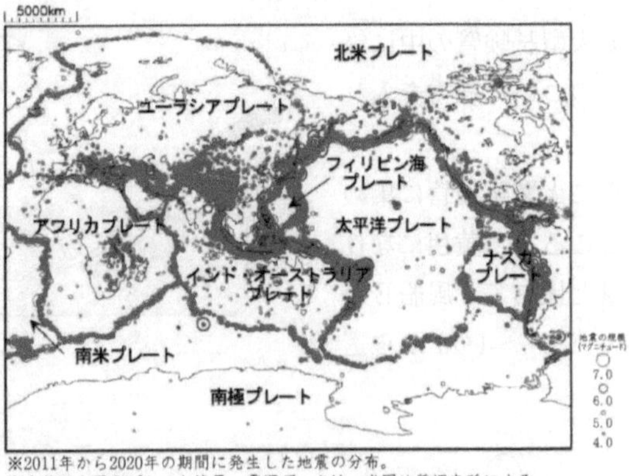

※2011年から2020年の期間に発生した地震の分布。
※点線は主要なプレート境界。震源データは，米国地質調査所による。
資料3（出典：気象庁HP）

※プレートとは地球表面をおおうきょ大な岩石の板のことです。地図上の●は地震の発生場所をしめします。

問1　断層とはどのようなものですか。最も適切なものを（ア）～（エ）から1つ選び，記号で答えなさい。

（ア）地層に力が加わって割れ，割れた面に沿ってずれて動いたもの。

（イ）地層が流水の作用によってけずられ，がけのような状態となったもの。

（ウ）マグマのえいきょうで地層の一部がとけて，割れたもの。

（エ）地震でできた地下の空どうに土砂が落ちこみ，がけとなったもの。

問2　資料2の様な断層を再現するため，健二さんの実験ではどのような力を加えたと考えられますか。適切なものを（ア）～（エ）から1つ選び，記号で答えなさい。

（ア）上からおす力

（イ）上からけずる力

（ウ）横からおす力

（エ）上下にゆらす力

問3　日本列島が世界的に見て地震が多い理由を，資料3を見て説明しなさい。

問4　阪神淡路大震災や熊本地震では起こらず，東日本大震災では大きなひ害をもたらした自然現象とは何ですか。また，地震が起こった場所によりそのような違いが生じる理由を考えて書きなさい。

問５　地震災害が多い日本で暮らしていく上で，あなたが日ごろから心がけていることを書きなさい。

エ　相手を威嚇《いかく》するような足音を立てながら、強さを示すように腕を振り上げる

問八　――線⑧「ぎくしゃく」の意味として最も適するものを選び、記号で答えなさい。

ア　ものごとにまったく取り組めないさま

イ　ものごとが円滑《えんかつ》でないさま

ウ　ものごとの進みがはやいさま

エ　ものごとをきちんと理解しているさま

問九　この場面では楓が弓道の基本的な動作や技術を学んでいく様子が描《えが》かれています。あなたが取り組んでいることを例に挙げて、「基本・基礎《きそ》」がどのようなことで、なぜ大切なのかを説明してください。

問二　――線②「これが射法八節だ」とありますが、次の図Ａ・Ｂは射法八節の中のどの型を示していますか。本文中の説明を読み、最も適する型の名前を本文中からぬき出して答えなさい。

図Ａ

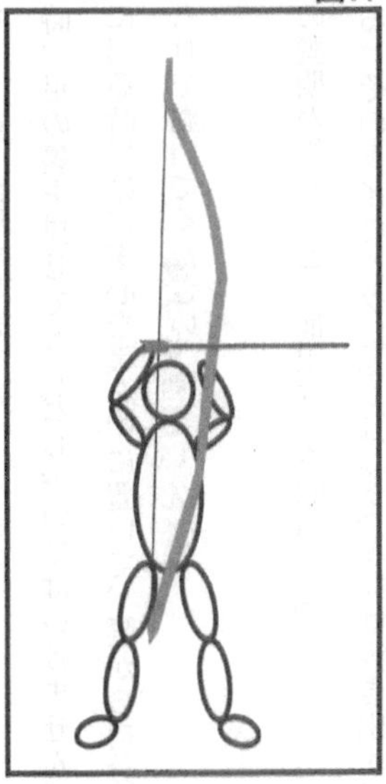

図Ｂ

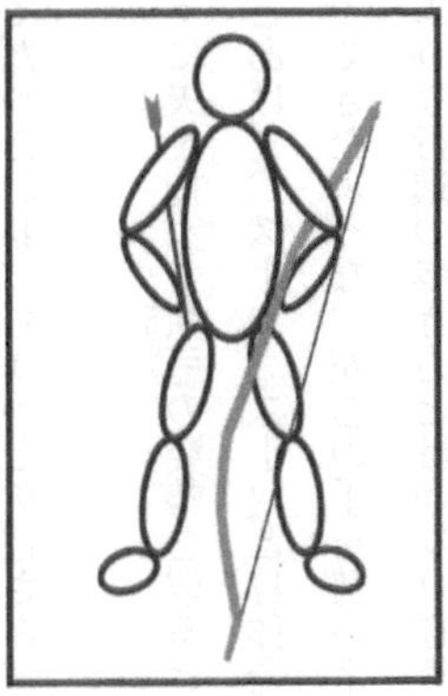

問三　――線③「型」とありますが、久住さんはこれをどのようなことと言いかえていますか。「…のこと」につながる形で本文中から二十字でぬき出して答えなさい。句読点や記号も一字として数えます。

問四　――線④「ふーん、意外と新しいんですね」とありますが、楓にとってどのようなことが意外でしたか。本文中の語句を用いて、二十五字以上三十五字以内で答えなさい。

問五　――線⑤「そう思ってもらえたら、嬉しいわ」とありますが、久住はどのようなことに対して嬉しいと感じていますか。本文中の語句を用いて、四十字以上五十字以内で答えなさい。

問六　――線⑥「それでも、楽しいと楓は思った」とあるが、楓はどのようなことに対して「楽しい」と感じていますか。その説明として最も適するものを選び、記号で答えなさい。

ア　古くから伝わる伝統的な動きを研究しながら、初心者が分かるように伝えていくこと。

イ　自分が周囲よりも技術的に優れていると実感し、あこがれの対象となっていること。

ウ　同じことを繰り返していく中で少しずつ違いを感じ、それを直しながら正しい形を身につけていくこと。

エ　いつもと変わらないことにも熱中することで、日常の嫌なことを忘れられること。

問七　――線⑦「あなた、全然違う」と楓は歩き方を注意されましたが、弓道で用いられる歩き方とはどのような違いがありますか。「学校で習った歩き方」と「弓道の歩き方」の特徴《とくちょう》としてそれぞれの（　）にあてはまるものを選び、記号で答えなさい。

学校で習ったのは（　１　）歩き方だが、弓道では（　２　）歩き方というところに違いがある。

ア　いつも以上に足をはやく動かすにもかかわらず、できる限り足音をたてない

イ　足をほとんどあげることなく、足をするように身体全体で前に進んでいく

ウ　両手を勢いよく振りながら、足を膝まで上げるというまるで行進のような

練習時間の最後の一五分、という頃に、前田が宣言《せんげん》した。

「これから、歩く練習をします」

全員が弓と矢を持って、射場の端《はし》の方に集まった。そして、上段者が先に立って、射場の中を歩き始めた。新人たちは後ろの方、楓は列の最後尾についた。前との間隔《かんかく》を空け、ふつうに歩き出すと、たちまち前田の声が飛んできた。

「あ、ちょっと待って。⑦あなた、全然違う」

どうやら、楓のことを言ってるらしい。楓は困惑《こんわく》して立ち止まった。

「ああ、あなたは初めてだったわね。ちょっと久住さん、お手本見せてもらえる?」

久住が左手に弓、右手に矢を持った執弓《とりゆみ》の姿勢を取ると、そのまま歩き始める。足をほとんどあげず、スーッ、スーッと身体全体で前に進んでいく。楓が学校で習ってきたような、左右の手を勢いよく振り、足を膝《ひざ》まで上げる、というような行進の歩き方とはかなり違う。時代劇みたいな、ちょっと不自然な歩き方だ。

「歩く時、足の裏を見せてどしどし歩いてはいけません。足はすり足で。前に出る時には、重心を真ん中に置いて、腰から自分を前に移動させるつもりで動いてください」

久住の説明が終わると、前田は手を叩《たた》いて「一、二、一、二」と号令を掛《か》ける。そのタイミングに合わせてみんなは歩き出す。射場の壁に沿って、長方形を形作るように歩いて行く。楓もなかなかうまく歩けないが、モローはもっと下手だった。妙《みょう》に足の動きが⑧ぎくしゃくしている。

「足、揃《そろ》ってない。一、二、一、二」

楓は前に立ってる小菅の足下を見て、それに合わせようとした。すると、前田の声が飛んでくる。

「矢口さん、背中を伸ばして」

いけない、いつもの癖《くせ》だ、と楓は思う。猫背《ねこぜ》になりがちなので、母によく注意されるのだ。楓は背中を緊張させた。

「そう、視線は床の三メートルほど先に向けるようにね」

一、二、一、二、と続け、リズムに乗ってきた。みんなの足も揃《そろ》っている。だんだん楽しくなってきた、と思ったところで、

「はい、今日はここまで」

と、声が掛かった。歩く練習は時代劇の人になったみたいで、ちょっとおもしろかった。それで、その日の練習は終わった。

（碧野 圭『凛として弓を引く』講談社文庫 二〇二一年）

問一 ――線①「巻藁の傍には全身が映る鏡が置かれている」とありますが、これらの道具を使う説明として最も適するものを選び、記号で答えなさい。

ア 実際の的に向かって矢を射るよりも、目の前に置く巻藁の方がねらいやすいため、初心者用に使っている。

イ 上級者が矢を射る姿勢を鏡に映すことで様々な角度から正しい姿勢を観察し、学ぶために使っている。

ウ 本番の会場にも同じような道具が用意されているので、いつでも緊張《きんちょう》感を忘れないために使っている。

エ 巻藁に射る際、鏡に全身を映すことによって正しい姿勢を確認し、身につけるために使っている。

弓を左右に押し開く「引き分け」。

その姿勢で身体のバランスを整え、狙いを定める「会」。

矢を発射する「離れ」。

矢を放った後、しばらく姿勢を保つ「残身《ざんしん》」。

②これが射法八節だ。的前に立って矢を放つ、そのシンプルな動作のひとつひとつにこんな風に名前がついている。時間にしてわずか一分とか二分のことだ。

「これが弓道の基本の③型です。このひとつひとつがちゃんとできていれば、自然と矢は正しいところに向かいます」

「なんだか難しいですね。こんなに細かくやることが決まってるなんて」

楓が感想を言うと、久住はにっこり笑う。

「ほかのスポーツと違って、弓道は初心者でも上段者でも、この射法八節を正しくやる、それに尽きるんです。だから、一度手順を覚えてしまえば、いちいち考えなくても自然と身体が動くようになります。同じことを繰《く》り返して、型を身体に染み込ませるんです」

「誰《だれ》が、この射法八節を考えたんですか？」

楓が聞くと、久住はびっくりした顔をしたが、すぐに笑顔になった。

「誰でしょうね。私も知らないから、今度調べておくわ。たぶん、戦後弓道を体系化しようとした時にまとめられたものだと思うけど」

④「ふーん、意外と新しいんですね」

「そうね。でも、いま弓道をやっている人はみんなこの射法八節を練習してきたんですよ」

「みんな同じことを？」

「そう。型っていうのは、それがいちばん合理的で、無駄がなく、美しい動きなの。この中には先人の意志や智恵《ちえ》が息づいているの。射法八節という言葉でまとめられたのは新しいかもしれないけど、その動き自体はおそらくずっと昔からあったと思う」

そう言われて、ふいに楓の頭の中に武士が矢を射るイメージが浮かんできた。鎧兜《よろいかぶと》を着けた武士が馬上から狙《ねら》いを定めて、スパーンと矢を放つ。イメージの武士の顔はなんとなく乙矢に似ている。

「弓道をやるってことは、その伝統を受け継いでいくってことなのよ」

「それって……ロマンチックかも」

久住は再びにっこり笑った。

⑤「そう思ってもらえたら、嬉《うれ》しいわ。できれば矢口さんにも、その伝統を受け継いでほしい」

久住が暗《あん》に入会を勧《すす》めている、と思った。返事のしようがなくて、楓は黙《だま》ってしまった。

結局、その日は新人たちは的前での練習はしなかった。ただひとり、善美だけは後半は的前に移って練習するように指導者に言われたが、それ以外の無段の人間は、最後まで巻藁の前を動かなかった。

⑥それでも、楽しいと楓は思った。体験教室の時は、与えられる課題をただこなすだけで精一杯《せいいっぱい》だった。だが、いまは違う。身体がやることをわかっている。単純な動作の繰り返しだが、それが意外とおもしろい。同じことを繰り返しているようで、毎回少しずつ違う。ほんのちょっとの手首の動かし方や力の入れ方で矢の向きが変わる。より正しく、より大きく引こう、ということだけに集中していると、あっという間に時間が過ぎていった。

ているということであり、温暖化対策が進んでいると考えられる。

エ　白熱電球は２０１３年３月に製造が中止すると述べられていることから、今後も白熱電球が使われる場は減り、使用率も同様に減少するのではないかと考えられる。

問八　――線⑥「対象を見るために狭い範囲を明るくする照明を使い、周辺には明るさを低くする照明を組みあわせる」という照明の方法の呼び方を本文中から十二字でぬき出して答えなさい。記号も一字とします。

問九　――線⑦「住宅の北側に天窓をつけるのも、同じような効果があります」とありますが、この効果とは、どのようなことですか。本文中の語句を用いて答えなさい。

七、次の文章を読んで、問題に答えなさい。

　高校入学前の楓《かえで》はふと立ち寄った神社で、弓道をしている男子高校生・乙矢《いつや》に出会う。そこでは弓道会という集まりがひらかれ、さまざまな年齢《ねんれい》の人が弓道の練習にはげんでいた。何度か体験会に参加したものの、高校入学後は参加しなくなってしまったが、早々に入部した部活動をやめてしまったことで改めて弓道会の練習に参加することとなった。この場面では楓と留学生のモローが指導員の久住《くすみ》・隅田《すみだ》から教わっている場面である。

「新人の皆さんは、こっちに来てください」

　そうして楓たちは道場の壁《かべ》にある、丸いものの前に来た。藁《わら》を束ねて的状にしたもので、巻藁《まきわら》というのだそうだ。①巻藁の傍《そば》には全身が映る鏡が置かれている。

「巻藁の練習は、弓を射る時の正しい姿勢を身につけるためのものです。上段者になっても、巻藁で自分の姿勢をチェックするのは欠かせません」

　久住が楓に説明する。巻藁の練習では実際に矢を射るが、専用の矢を用いる。矢羽はついておらず、先もとがっていない。

　巻藁はふたつあり、それぞれに指導者がついて新人たちの練習をチェックしている。

「ちょっと間が空いたけど、射法八節《しゃほうはっせつ》は覚えているかしら？」

　楓が最初に並んだ巻藁の傍には久住がいた。もう一方には隅田が付いていて、モローを指導している。

「えーっと、少しだけ」

「じゃあ、思い出しながら、順番にやってみましょう。まずは足踏《ぶ》み。覚えているかな」

　巻藁まで二メートルくらいのところに、的と垂直になるよう、横向きに立つ。弓は左手に、矢を右手に持ったまま、それぞれ腰《こし》のところに手を当てる。

　そして、その姿勢を保ったまま、足を左右に開く。これが「足踏み」。

　矢をつがえて弓の下部を左膝頭《ひだりひざがしら》に乗せ、姿勢を正し、呼吸を整える「胴造《どうづく》り」。

　右手の親指を弦《つる》に掛けて矢を支さえ、左手で弓を握り、顔を的に向ける「弓構え」。

　顔は的に向け、両手を水平に保ったまま弓を上にあげる「打ち起こし」。

問二　――線②「すだれの売れゆきが多くなり」について、次の問いに答えなさい。

1　すだれにはどのような役割がありますか。使い方も合わせて説明しなさい。

2　すだれを使うことによってもたらされる節電効果を説明しなさい。

問三　――線③「電球交換がおそらくもっともかんたんな温暖化対策だ」とありますが、電球の交換が温暖化対策となることの説明として最も適するものを選び、記号で答えなさい。

ア　照明器具は世界の電力のうち約五分の一を消費しているため、そのエネルギー効率を良くすることで消費電力を削減することができ、燃料を節約することにつながると考えられている。

イ　照明器具は世界の電力のうち約半分を消費している計算となるため、その数を減らすことによって消費電力を抑えることができ、燃料を節約することにつながると考えられている。

ウ　照明器具は世界の電力のうち約五分の一を消費しているものの、思った以上に白熱灯の売上が良く、大きな利益を生んでいるため、その利益で燃料を大量に買えば問題ないと考えられている。

エ　照明器具は世界の電力のうち約半分を消費しているとはいえ、燃料を燃やして明かりをつけることに比べればエコであるため、常に新しい電球に交換することも節約の一つだと考えられている。

問四　――線④「じっさいの使用状況においては既存の照明の半分程度の電力消費ですむことが多いのです」とありますが、そのように述べる理由として最も適するものを選び、記号で答えなさい。

ア　拡散した光が広い範囲をくまなく照らすことが出来るから。

イ　照明技術の発達によって一つの電球の寿命が延びたから。

ウ　光が広がらず、照らしたいところを集中して照明するから。

エ　電球を作る材料費が低下し、以前よりも電球が安くなったから。

問五　図２・４の［Ⅰ］～［Ⅲ］には、「電球型蛍光灯」・「白熱灯」・「ＬＥＤ電球」のどの照明器具があてはまりますか。本文を参考にして、記号でそれぞれ答えなさい。

ア　電球型蛍光灯　　イ　白熱灯　　ウ　ＬＥＤ電球

問六　――線⑤「ＬＥＤのコスト低下は…予想されるようになりました」とありますが、今使用している電球型蛍光灯や白熱灯からＬＥＤにおきかえるときの長所と短所をそれぞれ答えなさい。

問七　P50下のグラフは２０１９年度に家庭（居間）で使用している照明の種類を示したものです。本文の内容と比較しながら、あとに述べている内容が合っていれば「○」、間違っていれば「×」と答えなさい。なお、本文で述べている「白熱灯」とグラフの「白熱電球」は同様のものとします。

ア　国連環境計画による気候変動枠組条約締約国会議での報告では、白熱電球が照明器具の売上の半分を占めていたが、２０１９年になってもその割合は変わっていないと考えられる。

イ　P50下のグラフによるとＬＥＤ照明の使用率はどの照明よりも高くなっており、本文中での予想には届かないものの、照明はＬＥＤにおきかわりつつあると考えられる。

ウ　本文で述べているよりもＬＥＤ照明の利用率が高くなっているということは、この文章が書かれた時よりも照明用電力がおさえられ

照明の電力を削減《さくげん》するための最初の一歩は、過剰《かじょう》照明からの脱却《だっきゃく》です。安全や防犯《ぼうはん》のための照明の場合には考慮《こうりょ》が必要ですが、ビル、デパート、地下鉄、地下街などで過剰な照明を減らすことができます。これは東日本大震災以後の節電対策として、多くの場所で実施されています。

現実的な効率の高い照明の方法は、タスク・アンビエント照明とよばれる方法です。これは、局所照明（タスク・ライティング）と周辺照明（アンビエント・ライティング）の組みあわせです。⑥対象を見るために狭《せま》い範囲《はんい》を明るくする照明を使い、周辺には明るさを低くする照明を組みあわせるわけです。

太陽の光を室内に導いて照明のかわりをさせる、ソーラーチューブとよばれる方法があります。これは直径30～50センチのパイプの内面に反射フィルムをつけて、太陽の光を反射させます。パイプの端部《たんぶ》の一方を太陽の方向に向けておき、もう一方の側を室内の天井《てんじょう》などにとりつけます。太陽の方向やパイプの曲がりぐあいによって運べる光の量は変わってきますが、電気代をかけずに照明が可能になります。⑦住宅の北側に天窓をつけるのも、同じような効果があります。

（槌屋治紀『これからのエネルギー』岩波ジュニア新書　二〇一三年）

問一　――線①「油田の発見と同じ」について、次の問いに答えなさい。

1　筆者は油田の発見と何が同じだと述べていますか。本文中から八字でぬき出して答えなさい。

2　油田と1の解答はどのような点が同じだと述べていますか。最も適するものを選び、記号で答えなさい。

ア　一度見つけたり使ったりしてもコストは高いままだということ。

イ　一度見つけたり使ったりするだけで大きな利益を得られるということ。

ウ　一度見つけたり使ったりすると効果を発揮しつづけるということ。

エ　一度見つけたり使ったりしたところで、生活は大きく変わらないということ。

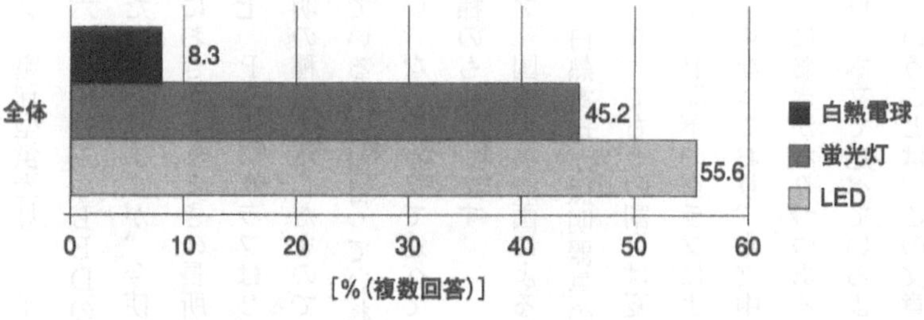

出典：環境省「平成31（令和元）年度　家庭部門のCO2排出実態統計調査（確報値）」
「2019年度の家庭エネルギー事情を知る」より「図1　使用している照明の種類（居間）」
(https://www.env.go.jp/earth/ondanka/kateico2tokei/2019/result3/detail8/index.html)
(2022年8月20日に利用)

発光ダイオードのこと）などにおきかえれば、電力消費全体の２％以上を削減でき、４７０億ドル（約４・７兆円）の燃料節約につながるとしています。

日本では、コンパクト型蛍光灯が白熱電球に比較して省エネルギーであるとして推奨《すいしょう》されてきましたが、ここ数年、ＬＥＤ電球がさらに低消費電力であることが広く知れわたりました。すでに白熱電球を製造しているメーカーは、２０１３年３月までには白熱電球の生産を中止しています。また蛍光灯のとりつけ金具にそのままさしこめて代替できる直管型のＬＥＤランプも発売されています。ＬＥＤ電球は、光が拡散《かくさん》せず目的とする部分を照明するので、④じっさいの使用状況においては既存《きそん》の照明の半分程度の電力消費ですむことが多いのです。

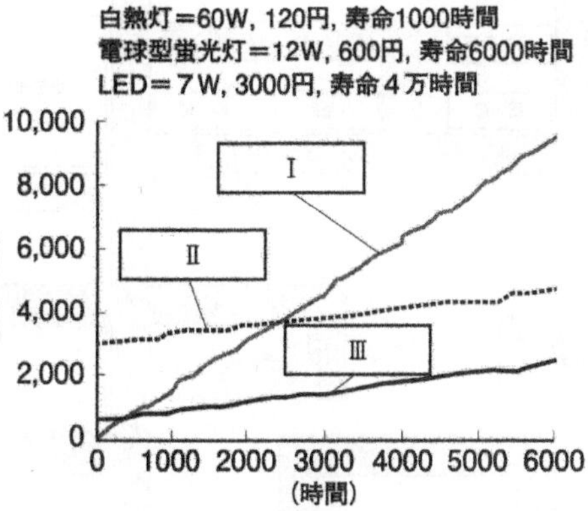

図 2.4　白熱灯と LED と電球型蛍光灯
（同じ明るさのもの、費用＝電球代＋電気代）

図２・４では、ＬＥＤと電球型蛍光灯と白熱灯のライフサイクルコストを比較しています。ＬＥＤは消費電力が小さいため電気代は小さくなりますが、初期費用が大きいことが問題です。電球型蛍光灯は５００時間で白熱灯より低コストになりますが、ＬＥＤでは２５００時間必要となっています。しかし、⑤ＬＥＤのコスト低下は急速であり、近いうちに照明はすべてＬＥＤにおきかわると予想されるようになりました。

蛍光灯の明るさは、１ワットあたり96～１１０ルーメンです。これに対して、ＬＥＤ電球の明るさは、すでに１ワットあたり市販《しはん》品で80ルーメン、開発中のもので１００ルーメン程度になっており、これが２０２０年にいたる前に２００ルーメンまで効率化する可能性があると予測されています。

大量生産により、照明用電力が現状の半分以下になることが期待できます。住宅の電力消費のうち16％が照明ですが、エアコンと厨房《ちゅうぼう》用を除いた電力消費のうちでは、照明は22％を占めています。この部分が半分以下になると予想できます。２０５０年までにはさらに効率が上昇する可能性があります。これとは異なる技術ですが、有機ＥＬ（Electro Luminescence）を利用する照明は、面状の発光体であり、広く一様な照明を得ることができます。この技術も効率が高くなる可能性があります。

２０１２年夏の節電対策のなかでも、照明をＬＥＤに交換する例はひじょうに多かったようです。私のオフィスのあるビルでも、廊下《ろうか》・エレベーター・トイレなどの照明は、すべてＬＥＤに交換《こうかん》されました。都心の街路や交通信号の照明にもＬＥＤの利用が増加しています。蛍光灯と比較して電力消費が半分以下になり、午後のピーク電力の制限を避《さ》けるのに有効であるため、ＬＥＤへの交換が実施されています。

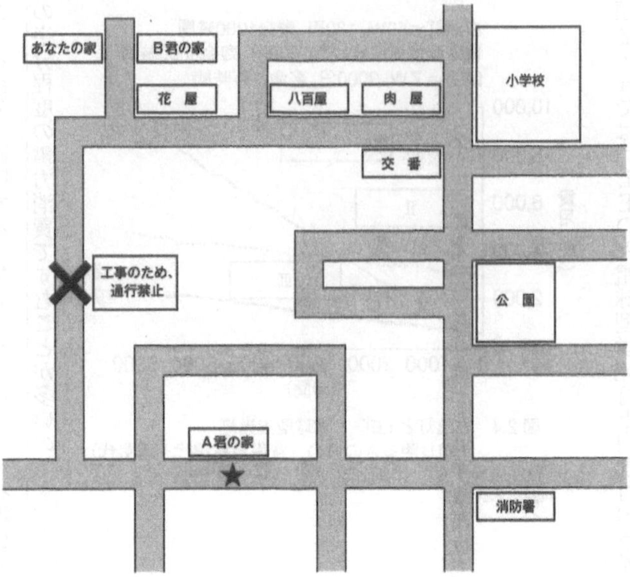

六、次の文章を読んで、問題に答えなさい。

①油田の発見と同じ

２０１１年3月の原子力発電所の事故以来、政府の節電要請《ようせい》がおこなわれ、節電への意識が高まり、多くの節電情報が知られるようになりました。

電車のラッシュアワー以外の10～20％間引き運転、通路の間引き照明がおこなわれています。休日のシフト（自動車産業は木金を休日にシフト）や、サマータイム（4時に終業）を実施《じっし》する企業があらわれました。②すだれの売れゆきが多くなり、エアコンのかわりに扇風機《せんぷうき》を使い、天井照明のかわりに卓上《たくじょう》ＬＥＤ電気スタンドを使用する人が増えています。ＬＥＤ電球が多くのビルや家庭で利用されはじめています。このような節電意識が、人々のライフスタイルの中に浸透《しんとう》すれば、将来のエネルギー消費は大きく変わってくるはずです。

省エネルギー技術についての一般的な調査は、すでに多くおこなわれています。省エネルギー技術は、太陽エネルギーなどのエネルギー供給技術と比較《ひかく》すると、１単位あたりエネルギーのコストが小さく、導入するのに必要な時間が短いことが特徴であり、現実的な効果が高いことが知られています。また、省エネルギー技術は一度導入されると、それ以後引きつづいて省エネルギー効果を発揮しつづけるので、枯渇《こかつ》しない油田を新しく掘削《くっさく》するのと同等の価値があり、きわめて有効な方法です。

ここでは、各種の効率の高い既知《きち》の技術（ＢＡＴ：Best Available Technology）やライフスタイルの変化から生みだされる省エネルギーの可能性を考えてみましょう。

《中略》

照明技術

省エネ電球が世界中に普及《ふきゅう》すれば、CO_2の排出量を少なくとも１％削減できると、国連環境計画（ＵＮＥＰ）が気候変動枠組《わくぐみ》条約締約《ていやく》国会議（ＣＯＰ16）で報告しています。報告書では「③電球交換《こうかん》がおそらくもっともかんたんな温暖化対策だ」と報告しているのです。この報告書によると、世界の電力の19％を消費している照明器具について１００カ国を調べたところ、エネルギー効率の悪い白熱灯が電球の売上の半分以上を占めていました。これを電球型蛍光灯《けいこうとう》やＬＥＤ（Light Emitting Diode、

【国語】（四五分）〈満点：一〇〇点〉

一、次の――線部の読みを、それぞれひらがなで答えなさい。

1　試合は延長戦へと突入した。
2　ユーモアに富んだ意見。
3　全員そろっているかを点呼して確認する。
4　その功績によって永く名を残している。
5　暴風雨にみまわれる。

二、次の――線部のカタカナを、それぞれ漢字で答えなさい。送りがながある場合は、ひらがなで書きなさい。

1　テンネン記念物に指定された動物。
2　同じソクドで走り続ける。
3　氏名とジュウショを記入してください。
4　算数の授業で新しい公式をオソワル。
5　ケワシイ道を進む。

三、次の□に共通する漢字一字を答えなさい。

〈例〉手□／□番　→　順（「手順」「順番」となるため）

1　経□／□去
2　人□／□式
3　団□／□果
4　保□／□康
5　活□／□作

四、次の例文の内容に合う四字熟語をア～カから選び、記号で答えなさい。

1　いつも私はだれかの意見や考えに左右されてしまう。
2　廊下《ろうか》を走らないようにと注意されたが聞き入れず、転んでけがをしてしまった。
3　将来なりたい職業はたくさんあるが、いつかはどれかに決めなければならない。
4　彼女の主張は筋道が通っていて、とても伝わりやすい。
5　この研究を完成させるために、これまで何度も失敗を重ねてきた。

【選択肢】

ア　試行錯誤《しこうさくご》
イ　因果応報《いんがおうほう》
ウ　理路整然《りろせいぜん》
エ　我田引水《がでんいんすい》
オ　取捨選択《しゅしゃせんたく》
カ　付和雷同《ふわらいどう》

五、あなたはA君を家に招いて遊ぶ約束をしています。A君が道に迷わないように、A君の家からあなたの家までの行き方を五つの文で説明しなさい。（図は次のページにあります。）

※A君は「★」に立っていることとする。
※五つめの文は「……私の家です。」につながる形で答えなさい。

MEMO

大切なことはメモしておこうネ！

A-1日程

2023年度

解　答　と　解　説

《2023年度の配点は解答欄に掲載してあります。》

＜算数解答＞《学校からの正答の発表はありません。》

【1】　聞き取り問題解答省略

【2】　(1)　4937　　(2)　2023　　(3)　372　　(4)　7.896　　(5)　$\frac{7}{30}$　　(6)　8

　　(7)　492　　(8)　5150

【3】　(1)　35　　(2)　40%　　(3)　30m　　(4)　8%　　(5)　時速72km

　　(6)　ドーナツ7個・パイ14個　　(7)　3時間36分　　(8)　50.24cm^2

【4】　(1)　84個　　(2)　672cm^2

【5】　(1)　77.9°F　　(2)　ア　28.0°C　　イ　26.0°C　　ウ　78.8°F

○推定配点○

各4点×25(【3】(6)完答)　　計100点

＜算数解説＞

【1】　聞き取り問題解説省略。

【2】　(四則計算)

(1)　$13500-8600+79-42=4937$　　(2)　$1011+1012=2023$

(3)　$25296\div68=6324\div17=372$　　(4)　$3.29\times2.4=7.896$

(5)　$\frac{1}{12}\times2+\frac{1}{15}=\frac{7}{30}$　　(6)　$\frac{1}{5}\times4\times0.5\times8\times\frac{5}{2}=8$

(7)　$9\times(104+60)\div3=3\times164=492$　　(8)　$87\times32+91\times26=2784+2366=5150$

重要【3】　(割合と比，平均算，速さの三公式と比，通過算，単位の換算，鶴亀算，仕事算，平面図形)

(1)　$0.6:\frac{1}{7}=4.2:1$より，$\square=\frac{25}{3}\times4.2=35$

(2)　$(19600-14000)\div14000\times100=560\div14=40$(%)

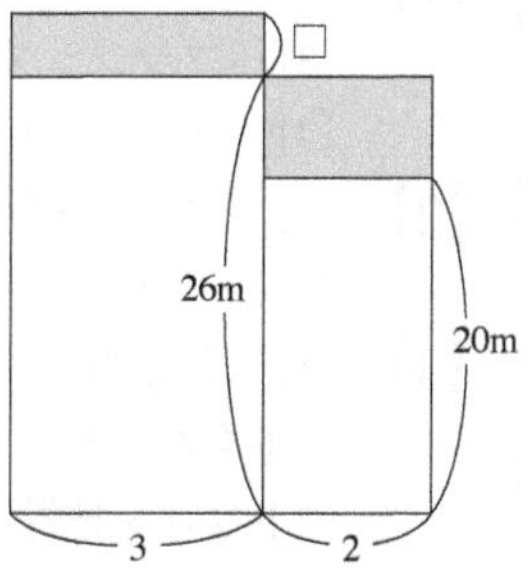

(3)　6人：4人＝3：2　右図より，色がついた部分の面積が等しく6年生の平均は$(26-20)\times2\div3+26=30$(m)

(4)　400g：600g＝2：3より，$(2\times2+12\times3)\div(2+3)=8$(%)

(5)　列車の秒速…$(300+1300)\div(60+20)=20$(m)　　したがって，時速は$20\times3.6=72$(km)

(6)　ドーナツ…$(150\times21-2940)\div(150-120)=7$(個)　　パイ…$21-7=14$(個)

(7)　$15000\div\left(2500+\frac{5000}{3}\right)=150\div\left(25+\frac{50}{3}\right)=3.6$(時間)すなわち3時間36分

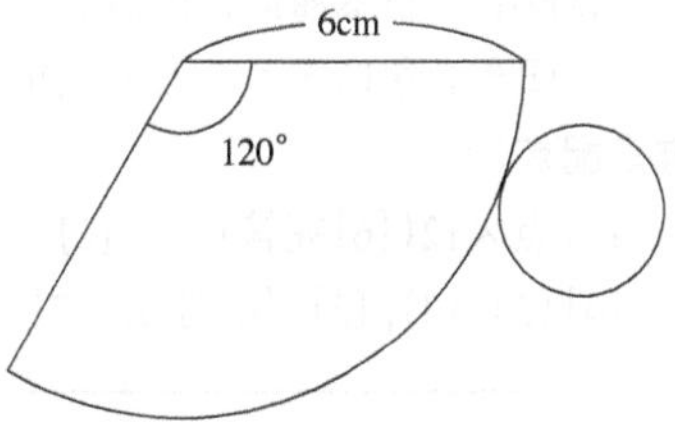

(8)　底面の半径…右図より，$6\div360\times120=2$(cm)　したがって，表面積は$(2\times6+2\times2)\times3.14=16\times3.14=50.24$($cm^2$)

重要 【4】 (立体図形，平面図形，規則性)

(1) 立方体の個数…

① 1

② 1＋1＋2＝4

③ 4＋1＋2＋3＝10

④ 10＋1＋2＋3＋4＝20

⑤ 20＋1＋2＋3＋4＋5＝35

⑥ 35＋1＋2＋3＋4＋5＋6＝56

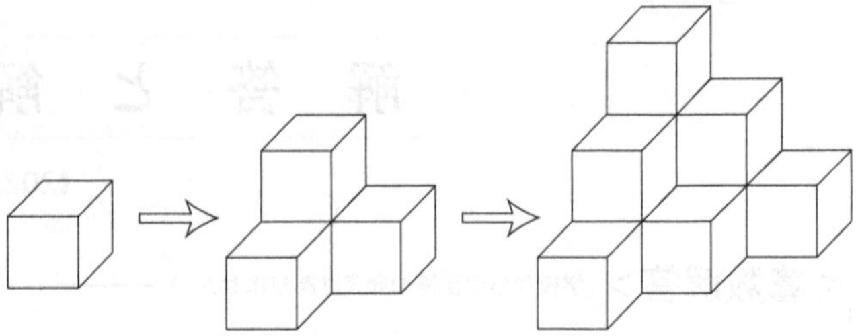

したがって，7段の場合は56＋28＝84(個)

(2) 表面積…右図より，2×2×(1＋2＋3＋4＋5＋6＋7)×6＝4×28×6＝672(cm^2)

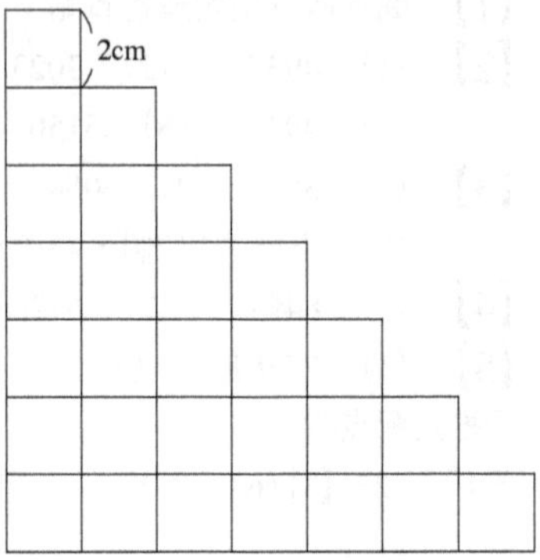

【5】 (割合と比，統計と表，平均算)

(1) 摂氏25.5度…25.5×9÷5＋32＝5.1×9＋32＝77.9より，華氏77.9度

(2) ア…(82.4−32)×5÷9＝28.0　イ…25.5＋(1.5＋2.5−1.5)÷5＝26.0　ウ…26×9÷5＋32＝78.8

	1	2	3	4	5	平　均
摂氏(°C)	25.5	27.0	ア	24.0	25.5	イ
華氏(°F)		80.6	82.4	75.2		ウ

★ワンポイントアドバイス★

【2】計算問題8題，【3】短文問題8題で確実に得点しよう。これらの問題数は，全体の6割以上に相当する。【4】(1)「立方体の個数」は簡単に考えるとミスしやすく，(2)「表面積」も「1辺2cm」の条件を忘れると失敗する。

＜社会解答＞《学校からの正答の発表はありません。》

【1】 [1] (A) エ　(B) イ　(C) カ　(D) ア　(E) ウ　[2] 1972年　[3] フランシスコ・ザビエル　[4] 菅原道真　[5] 満州国　[6] 源氏，平氏　[7] イ　[8] イ

【2】 [1] (ア) 国民　(イ) 選挙　(ウ) 天皇　(エ) 象徴　(オ) 基本的人権　(カ) 平和　(キ) 9　(ク) 自衛隊　[2] より慎重に審議ができる

【3】 [1] 明石市　[2] 対馬海流　[3] エ　[4] (1) イ　(2) 大雨の時に一時的に水をためる　(3) ハザードマップ等を見て冠水しやすい場所や避難場所，そこへのルートなどを把握すること　[5] 地球温暖化による海水面の上昇　[6] (高田) イ　(理由) 日本海側に位置しており，冬の降水量が多いから。　[7] 豪雪地帯なので，屋根の傾きを急にすることで屋根に雪が積もり家がつぶされるのを防ぐため。

○推定配点○

【1】 各1点×12([6]完答)　【2】 各2点×9

【3】 [4](2),(3),[5],[6]理由,[7] 各3点×5　他 各1点×5　計50点

＜社会解説＞

【1】（日本と世界の歴史－「旅」に関連する問題）

重要 [1] A 太平洋戦争末期の1945年4月，アメリカは沖縄県に上陸し戦闘を行い，日本が無条件降伏した後，占領統治をし続け，1972年に日本に返還した。またアメリカのペリーが1853年に来航し，当時のフィルモア大統領の国書を幕府に突きつけ，翌1854年に日米和親条約を結び開国させた。 B ポルトガル船が初めて長崎に来航したのは1567年。 C オランダはスペインから1581年に宗教上の対立で独立。カトリックのスペインに対して，オランダはプロテスタントの信者が多い地域となる。 D 1894年から95年の日清戦争の講和条約が下関条約。 E 日本が下関条約でリャオトン半島を獲得すると，そこを狙っていたロシアがドイツ，フランスとともに三国干渉を行い，日本に清へリャオトン半島を返すように圧力をかけ返させた。その後，ロシアはリャオトン半島へ進出し，日露戦争の際にはリャオトン半島のあたりが戦場になる。

[2] 沖縄県が日本に返還されたのは1972年。

基本 [3] 1517年にドイツでルターが宗教改革をはじめ，カトリックが次第に劣勢になり，その中でフランシスコ・ザビエルはイグナチウス・ロヨラとともにイエズス会を1534年にパリで設立し，ザビエルはインドにわたり，そこから1549年に日本に布教に来た。

[4] 菅原道真は宇多天皇，醍醐天皇によって藤原氏を牽制する存在として重用され894年に遣唐使廃止を建議した後，899年には右大臣となり，左大臣に藤原時平が就いた。その後藤原時平によって謀られ，901年に菅原道真は大宰府に左遷されてしまった。

[5] 1931年の柳条湖事件を機に，関東軍が満州を支配し執政に旧清国の最後の皇帝の宣統帝溥儀をたてて満州国を建国した。

[6] 1185年に壇の浦で戦ったのは源氏と平氏。

重要 [7] イ 源氏の直系の将軍実朝が死ぬと，将軍が存在しないと幕府にはならないので源氏の親戚になる京都の貴族，公家の家から形式的に将軍を立てて北条氏は鎌倉幕府を存続させた。実朝の死後に後鳥羽上皇が承久の乱をおこすが，北条泰時が京に攻め上り上皇側の軍勢を破り，鎌倉幕府の支配が以後西国にも及ぶようになる。

やや難 [8] イ 開国後，欧米の国々が日本から生糸や茶などを買うようになり，国内ではこれらの品が急激に品不足となり物価が高騰した。

【2】（政治－日本国憲法の三大原則，三権分立などに関連する問題）

基本 [1] ア 憲法の三大原則の一つに国民主権があり，これは国の在り方を最終的に決める権限の主権を国民が持つというもの。 イ 日本は間接民主制をとっており，これは国民が選挙で選んだ代表の議員が議会で国民の意見を代弁するというもの。 ウ 天皇は大日本帝国憲法の段階では全ての権力を握り主権も持つ存在であった。 エ 日本国憲法での天皇の位置づけは日本国の象徴，日本国民統合の象徴というもの。 オ 基本的人権とは人間が生まれたときから持っているあたり前の権利のこと。 カ 平和主義をうたう憲法は他国にもあるが，国の交戦権を否認し，一切の武力を保持しないとするのは極めて珍しい。 キ 平和主義に関する憲法の条文は日本国憲法第9条で，この条文だけで一つの章となっている。 ク 自衛隊は1950年の朝鮮戦争勃発時にアメリカが警察予備隊を日本に設置させたのが始まりで，サンフランシスコ平和条約発効後の1952年に保安隊となり，1954年に管轄官庁を警察庁から分けて防衛庁として自衛隊が誕生した。

重要 [2] 二院制は同じような審議を二度やるだけでは意味があまりないが，衆議院と参議院とではその成り立ちもことなり性格も違うということで，より慎重に審議することができるとされている。参議院は衆議院に対して，議員の任期が6年で解散もないので，衆議院よりは参議院の方が世論を気にせず，本当に国の政治にとって必要なことかどうかという視点で審議することが可能とされ，「良識の府」ともよばれる。

【3】（日本の地理－各地の地誌，気候，自然災害などに関連する問題）

基本 [1] A線は東経135度の経線で，これが日本の標準時子午線であり，兵庫県明石市を通る。

[2] Bは日本海側を北上する暖流の対馬海流。太平洋側の暖流が日本海流。

[3] エ 山形県内を流れる大きな川が最上川。この川の流域に米沢盆地や山形盆地，新庄盆地，庄内平野などがある。

やや難 [4] (1) イ 新潟県に広がるのが越後平野で信濃川の流域になる。 (2) 水田には米を作るために水を張るが，一方で水田には大雨の際に，その場所に降った雨をそこにためておき，河川に流れ込んで河川の水量が一気に増えるのをおさえる役割がある。その他にも，水田に水が溜まった後，その水が少しずつ地面の下に浸透していくので，地下水を形成する役割をもっていたり，水田に雨水が溜まった後に，地下に浸透していく中で，地面の中の土砂の層が水をろ過し，地下水になる際にはきれいな水になるような役割ももっていたりする。 (3) 豪雨災害の場合，まず住んでいる場所の安全性が問題となるので，ハザードマップなどで確認することが大事。近隣に大きな河川や湖，池，沼などがあれば大雨で水量が増えると，洪水を引き起こす可能性がある。また家の近隣に山があったり，あるいは家が斜面の上などの場合には，土砂崩れの危険性もある。災害が起こりそうな場合に避難先へ移動する経路にもこれらの危険性がある場所は避けるべきであり，そういうことを考えた避難経路を把握しておくことが大事であろう。

やや難 [5] 近年，世界で起こっている異常気象の原因の一つとされているのは地球温暖化。

重要 [6] 設問の雨温図はアが東京，イが高田，ウが札幌，エが松本のものになる。イが高田のものと判断できるのは，高田が日本海側に位置するので，冬の降水量が非常に多いものがイであるからである。ウとエで札幌と松本の区別は6月ごろの降水量が決めてになり，北海道は梅雨がないのでウが札幌のものと判断できる。

重要 [7] 合掌造りの建物が白川郷に建てられているのは，豪雪地帯なので，冬の降雪量が非常に多く，屋根の上に大量の雪が積もるとその重みで家屋がつぶされてしまう可能性が高いので，屋根の傾斜を急にしてある合掌造りの建物だと，屋根の上に雪が積もってきても急斜面なので自然に雪が下に落ちるため，家屋がつぶされる心配がない。また，合掌造りの家屋は建物の中が何層にもなっており，雪が積もって下の階が埋まっても，その上の階から表に出られるように作られている。

★ワンポイントアドバイス★

全体的には難易度は高くないが記述はかなり考えさせられるので時間配分を意識しておくことが大切。また正誤問題は正しいものを選ぶ場合と誤っているものを選ぶ場合があるので，注意が必要。

＜理科解答＞《学校からの正答の発表はありません。》

【4】 問1 6個 問2 2個 問3 ① 2個，② 2個 ① 4個，② 1個

問4 てこの中心から左にあるおもりの数とてこの中心からおもりをつるした位置までのきょりをかけた数とてこの中心から右にあるおもりの数とてこの中心からおもりをつるした位置のきょりをかけた数が等しいときてこはつりあう。 問5 1.7m以上

【5】 問1 (ウ) 問2 炭酸カルシウム 問3 B 石灰水 C 食塩水

E アンモニア水 問4 アルミニウム片を入れて気体が発生すかどうかを確かめる。

【6】 問1 (イ)→(ウ)→(ア)→(ウ)→(イ) 問2 (ア) 問3 呼吸量 (イ)

光合成量 (オ) 問4 (ア) 問5 比べる実験は比べるもの以外すべて同じ条件にしないと，何が原因で植物の体重の変化が起こったのかわからないから。

【7】 問1 シリウス 問2 夏 問3 (エ) 問4 1月30日 問5 西

問6 (ア)・(エ)

○推定配点○

【4】 問4 3点 他 各2点×5(問3各完答) 【5】 各2点×6

【6】 問5 3点 各2点×5(問1完答) 【7】 各2点×6(問6完答) 計50点

＜理科解説＞

重要 【4】 (力のはたらき－てこ)

問1 3(個)×2=□(個)×1より，6個である。

問2 3(個)×2=□(個)×3より，2個である。

基本 問3 3(個)×2=□(個)×1+△(個)×2より，□が2個のとき，△は2個，または，□が4個のとき△が1個のとき，てこはつりあう。

基本 問4 てこを左に回す働きと右に回す働きが等しくなったとき，てこはつりあう。回す働きは，おもりの重さ×支点からおもりをつり下げた位置までのきょりで表せる。

問5 28(kg)×1.9(m)+35(kg)×1.6(m)=65(kg)×□(m)より，□は1.68mになるので，1.7m以上離れたところに座ればよい。

【5】 (物質と変化－水溶液の性質)

重要 問1 液体や気体がとけた水溶液は蒸発しても蒸発皿に何も残らない。A～Eの水溶液中に液体が溶けた水溶液はないので(ウ)が正解となる。

重要 問2 石灰水と二酸化炭素が反応すると，水に溶けない炭酸カルシウムが発生し，これが水溶液をにごらす。

基本 問3 水溶液Bは息を吹き込むことで白くにごるので，石灰水である。水溶液Cは実験2より，BとCは固体が溶けた水溶液だとわかるので，Cは食塩水である。水溶液Eは実験1より，BとEはアルカリ性なので，Eはアンモニア水である。

基本 問4 塩酸はアルミニウムと反応し水素を発生させるが，炭酸水はアルミニウムと反応しない。アルミニウムの他に，鉄や石灰石を入れて確かめてもよい。

【6】 (生物－植物)

やや難 問1 正午ごろは光合成量が多いので二酸化炭素を吸収する量が多い(イ)。日没になるにしたがって光合成量は減るので，一度吸収する酸素と二酸化炭素の量が等しくなり(ウ)，その後，夜になると光合成ができないので，酸素を吸収する量が多くなる(ア)。翌日，日の出を迎えると徐々に

光合成量が増え，一度吸収する酸素と二酸化炭素の量が等しくなり(ウ)，その後は光合成量が増えていくので二酸化炭素を吸収する量が多く(イ)なる。

重要 問2　呼吸はデンプンを使用するので，呼吸に使われたデンプンの分，Aは減少した。

基本 問3　AとBは同じ種類で，同じ大きさの植物なので，Bの呼吸量はAと同じ3gである。72時間で作ったデンプン量は，3(g)＋9(g)＝12(g)である。

重要 問4　比べる実験は比べるもの以外すべて同じ条件にする。

重要 【7】　(天体―星と星座)

問1　おおいぬ座の1等星はシリウスである。

問2　さそり座は夏の星座である。

問3　星の色は星の表面温度によって決まる。

基本 問4　星座早見の20時は1月29日と31日の間にあるので，1月30日である。

問5　1日の中で星は東から南，西へ移動する。

基本 問6　うお座は4月ごろ太陽と同じ方角にあるので見ることができない。よって，(ア)は正しい。オリオン座は夏に太陽と同じ方角にあるので見ることができない。よって，(イ)は間違いである。かに座は夏に太陽と同じ方角にあるので見ることができない。よって，(ウ)は間違いである。こぐま座は北の空にあるので，1年中見ることができる。よって，(エ)は正しい。

★ワンポイントアドバイス★

問題文の条件をていねいに読み，問われていることを正確に把握しよう。

＜国語解答＞《学校からの正答の発表はありません。》

一　1　げんじゅう　2　きんいつ　3　きょじゅうち　4　はか　5　たず

二　1　天候　2　勤務　3　易しい　4　軽快　5　敗れる

三　1　[誤]　熱　[正]　暑　2　[誤]　強　[正]　協　3　[誤]　痛　[正]　傷
4　[誤]　後　[正]　期　5　[誤]　間　[正]　刊

四　1　[漢字]　聞　[意味]　オ　2　[漢字]　三　[意味]　ク
3　[漢字]　矢　[意味]　イ　4　[漢字]　都　[意味]　キ
5　[漢字]　火　[意味]　エ

五　1　イ　2　カ　3　エ　4　ク　5　ア

六　問一　1　ウ　2　ア　3　オ　問二　ア，イ，エ　問三　ウ　問四　イ
問五　洗濯や買い～お弁当作り　問六　家で家族の世話をして貢献すること
問七　イ　問八　1　イ，エ　2　親にケアが必要になったとき，すぐに頼れる公的な機関を作る。

七　問一　ウ　問二　ウ　問三　ア　問四　イ　問五　ア　問六　1　イ　2　オ
3　ウ　4　エ　問七　ア　問八　あたし，ず～ったんだ。　問九　イ　問十　ウ

○推定配点○

一～五　各1点×35　六　問一・問三・問四　各2点×5　問八2　5点　他　各3点×5
七　問六　各2点×4　他　各3点×9　計100点

＜国語解説＞

一　（漢字の読み）

重要　1 「厳」の訓読みは「きび－しい」。　2 「一」はこの場合「いつ」と読む。「きんいち」ではない。　3 「きょじゅうち」とは，文字通り住んでいる所という意味である。　4 4の場合は「打ち合わせて」のような意味になるので「計る」で「はか－る」と読む。　5 「たづ」と表記しないように気をつける。

二　（漢字の書き取り）

基本　1 「候」は全10画の漢字。「矢」である。「失」のように上に出さない。　2 「勤」は全12画の漢字。10画目はやや右上にはねる。　3 「易」は全8画の漢字。「日」の下に横棒を入れて全9画にしないように注意。また，「優しい」と混同しないように気をつける。　4 「快」は全7画の漢字。5画目は4画目の右側まで出す。　5 「敗れる」は全11画の漢字。7画目は止める。

三　（漢字）

1　気温が高いことをいう「あつ－い」は「熱い」ではなく，「暑い」表記である。　2　力を合わせて事に当たることという意味の「きょうりょく」は「強い力」ではなく「協力」だ。　3　この場合の「いた－んだ」は，建物が傷ついたり，故障の箇所があるということなので「傷む」表記をする。　4　死亡するということの「さいご」は「後」ではなく「期」表記で「さいご」と読む。

5　一週間単位で発行される「しゅうかんし」は「週刊誌」と表記する。

四　（ことわざ・慣用句）

重要　1　意味に気をつけよう。「一見にしかず」の「～しかず」は及ばないという意味だが，カのように，「見ることがおよばない」のではなく，オのように，「『聞』くことは見ることにおよばない」ということなので「聞」でオである。　2 「三年」である，実際の三年ということではなく，「長い間辛抱する」ということである。　3 「『矢』のごとし」の「～ごとし」は，「～(の)ようだ」という意味の言葉だ。「光陰」とは，月日，歳月のこと。あっという間に月日が経つということになる。　4 「住めば『都』」は，住み慣れればどこでも良さがあるという意味。住むなら都市のほうが良いという使い方は誤りである。　5 「『火』のないところに煙は立たぬ」は，まったく根拠がなければうわさは立たないという意味。火が原因で煙が，うわさが立つという結果ということになる。

五　（ことばの意味）

1 「ねぎらう」は，漢字表記すると「労う」と書く。してくれた労力に対して「感謝していたわる」ということだ。　2 「あどけない」は，無邪気でかわいらしいということなのでカである。

3 「やるせない」は，思いを晴らす方法がないという意味である。「せつない」に近い意味合だ。

4 「おもむろに」は，物事の起こりがゆっくりしていることという意味である。不意にという意味で誤用する場合が多いので注意する。　5 「にわかに」は，急に，突然という意味の言葉だ。

六　（論説文－細部の読み取り，接続語の問題，ことばの意味，記述力）

問一　1　前部分はケアしている対象がお母さんが多く，お父さんは少ない傾向があると述べていて，後部分は，実際の図で説明をしているので「たとえば」が入る。　2　前部分は――線①にある問題，つまり，母親や祖母が家事をできなくなると，子どもにその負担が回ってくる事を説明している。後部分も，また，祖母が家事ができなくなると子どもが家事を担う構造についての説明なので「また」が入る。　3　前部分は子どもがだれをケアしているかの具体的な数値を挙げている。後部分は，「毎日」ケアしているという数値を挙げている。つまり。子どもが想像以上に家族のケアを「しかも」毎日しているということを述べていることになる。

基本　問二　ア　図1の中で母の次に祖母が多いことからあてはまる。　イ　父は11.1％だから，2倍すると22.2となり，母の24.0%は2倍以上になるのであてはまる。　ウ　兄弟姉妹の割合を合計すると22.4%になるが，母の割合は超えない。　エ　兄弟姉妹の合計は22.4%であるので，祖母の20.3%を越えるのであてはまる。

問三　「あてはまらないもの」という条件に注意する。「お父さんが外で～」で始まる段落に，ア・イ・エの内容は述べられているが，ウのように自由に過ごしたいという欲求が原因とは述べられていない。

問四　「把握」とは，文字としては，しっかりにぎることではあるが，具体的に何か物を握ることをいうのではなく，――線②の場合は，「理解すること」だ。

やや難　問五　「具体的には」という条件なので，家事や育児の内容を書くことになる。もともと母親が中心になってやっていることとして，「お父さんが外で～」で始まる段落にある「洗濯や買い物～お弁当作り」が具体的な家事労働だ。

重要　問六　ここでの「裏方」に対する「表」は，外で仕事をして経済的に家族を支えることになる。したがって「裏方」とは，外で稼げない子どもや若者が行っている「家で家事や家族の世話をして貢献すること」になる。

問七　問六の「裏方」で考えたように，外で稼げない子どもや若者が家事や育児を担う構造だった。このことからイを選ぶことになる。

やや難　問八　1　母や祖母きょうだいの割合が高いことは述べられているのでイはあてはまる。状況から考えるとウもあてはまることになると想像できるが，それについての図表などでふれているところはない。　エ　外で働く大人に代わってということなのでエはあてはまる。　2　1で考えた問題点をフォローするような内容を考える。一文でという条件なので，ポイントをしぼって書こう。

七　**(物語－心情・情景，細部の読み取り，指示語の問題，空欄補充，ことばの意味)**

重要　問一　「心を覗いたみたい」という表現は，口に出していないのに思っていることを言い当てられたということなのでウだ。

基本　問二　――線②の先生の言葉の出だしに着目する。「あかねちゃんの感じた気持ち」を自分の中だけにしまっておくのはもったいないと先生は言っているのだ。

問三　アとイで迷うところだが，「あたしは，やさしい～」で始まる段落に，「自分のこころをかたちにしてくれる」・「自分でもわからない気持ちを整理して」とあることに着目してアを選択する。

問四　「モヤモヤ」という言葉は，物語の出だしの先生の言葉の中にもある。ここでは，「自分の気持ちや感情に説明がつけられない」ことをモヤモヤとしている。そのことから先生とあかねの会話が始まっているのだ。先生に言われて，わかったようなわからないような気持ちではあるが，やはり先生の言うモヤモヤが広がっていくというのだからイである。

問五　あかねちゃんは，何も言いたいことがないのではないことは，続く「あのお話は……」と言い始めていることからわかる。伝えたいことがあるのに，うまく伝えることができないことにいらだちを感じているのだからアである。

基本　問六　1　シャープペンシルのしんが折れるというのだから「ポキリと」だ。　2　しんを出すときのノックは「カチカチと」である。　3　先生の言葉で自分の気持ちがわかったということは先生の言葉が胸にしみたということになるので，胸が「ぎゅっと」したのだ。　4　下手ではあるが自分の思いを書いた紙を前にしている。自分の感情を自分で確かめているときにお母さんが帰宅したのだ。心情として，てきぱきと動いているのではなく，伝えられるだろうかと考えながらの行動として「のろのろと」出むかえに行っているのだ。

問七　先生は，あかねの感想を理解したのである。自分とはぜんぜん違うとやっと言ったあかねちゃんを受け入れいたわっているのだからアを選ぶ。

問八　先生の「つらかったね」という言葉で「そうだったんだ」と理解したのだ。気づいた自分自身の気持ちは「あたし，ずっと～かったんだ。」の一文である。

問九　「言いたいことがたくさん～」で始まる段落にあるように，話したいことが「それから，それから」というほどあふれているのだからイだ。

問十　先生が登場する場面も，お母さんが登場する場面も，視点は「あたし」であり，「あたし」がどのような心情になっていくかを描いているのでウである。

★ワンポイントアドバイス★

非常に多く出題される知識問題での失点をできる限り少なくしよう。

A-2日程

2023年度

解　答　と　解　説

《2023年度の配点は解答欄に掲載してあります。》

＜算数解答＞《学校からの正答の発表はありません。》

【1】 聞き取り問題解答省略

【2】 (1) 4233　(2) 371　(3) 17　(4) 14　(5) $\frac{64}{105}$　(6) $\frac{1}{3}$　(7) 4
(8) 31.4

【3】 (1) 18　(2) 11　(3) 42cm　(4) 5：4　(5) 1250円　(6) 3
(7) 14cm^2　(8) 64cm^3

【4】 (1) 7.7km　(2) 11：32

【5】 (1) 「1」「2」「3」「4」「5」「6」　(2) 15

○推定配点○

【3】 各5点×8　他 各4点×15(【5】(1)完答)　計100点

＜算数解説＞

【1】 聞き取り問題解説省略。

【2】 (四則計算)

(1) 31000－27000＋416－183＝4233　(2) 27＋344＝371

(3) 2023÷17÷7＝119÷7＝17　(4) 11＋3＝14

(5) $\frac{22}{15}-\frac{90}{105}=\frac{64}{105}$　(6) $\frac{5}{3}-\frac{4}{3}=\frac{1}{3}$

(7) $\frac{6}{5}\times\frac{15}{4}\times\frac{8}{9}=4$　(8) 3.14×8＋6.28＝3.14×10＝31.4

【3】 (数の性質，数列，平均算，割合と比，平面図形，立体図形)

基本 (1) 10，12の最小公倍数…60　84，126の最大公約数…42　したがって，求める差は60－42＝18

重要 (2) 10から30までの偶数の個数…(30－10)÷2＋1＝11(個)　したがって，求める和は11

基本 (3) 35＋(0＋1＋4＋10＋20)÷5＝35＋7＝42(cm)

基本 (4) 赤いビーズと黄色いビーズの数の比…$\frac{3}{2}$：$\frac{6}{5}$＝5：4

基本 (5) □×1.2×0.8＝□×0.96＝1200　したがって，原価は1200÷0.96＝1250(円)

基本 (6) 60＝3×4×5，3＋4＋5＝12　したがって，○＝3

重要 (7) ア＋イ…右図より，8　ウ＋エ…18　ア＋イ＋ウ＋エ…8＋18＝26　したがって，イ＋エは26－12＝14

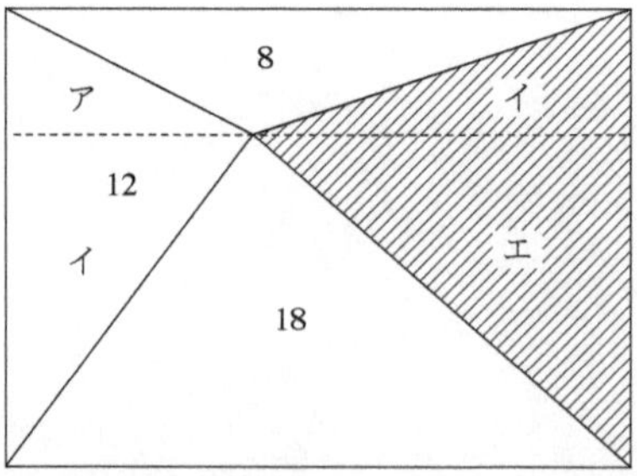

重要 (8) 相似比が2：1である2つの立体の体積比…8：1　したがって，求める体積は512÷8＝64(cm^3)

重要 **【4】（速さの三公式と比，単位の換算）**

（1） 16.5÷60×(60＋16－48)＝7.7(km)

（2） 走行した時間…60×(34.1－17.6)÷15＝66（分） したがって，正しい時刻は10：26＋1：06＝11：32

重要 **【5】（規則性）**

（1） 1回目…1・4・2・5・3・6
2回目…1・5・4・3・2・6
3回目…1・3・5・2・4・6
4回目…1・2・3・4・5・6

（2） 23回目…(1)より，23÷4＝5…3であり，カード順は1・3・5・2・4・6 したがって，上3枚の数の積は1×3×5＝15

★ワンポイントアドバイス★

【2】(6)「○，△，□の順に大きくなる」場合，○は最小であり，(7)「斜線部分」の面積で差がつきやすい。【5】「シャッフル」の問題は，あわてなければ確実に解ける問題である。まず，【2】，【3】でミスを最小限に抑えよう。

＜国語解答＞《学校からの正答の発表はありません。》

一 1 しゅうへん　2 さいがい　3 ばんめし　4 と　5 お

二 1 遺伝　2 氷解　3 小型　4 巣　5 救出

三 1 安心　2 不幸　3 安全　4 失敗　5 縮小

四 1 イ　2 ウ　3 ア　4 ア　5 イ

五 問一 (A) エ　(B) イ　問二 a エ　b ウ　問三 日本人は自らを「天地」の一員として認識していたので，外側にある独立した名詞で認識できなかったから。
問四 ネイチャー　問五 神や人間や人工物以外　問六 人間　問七 ア
問八 天上の高天原の神々が，天地の外から天地を見ること。　問九 自然N

六 問一 5　問二 a ケ　b ウ　c オ　d イ　問三 裁判所とか，両親の実家とか　問四 Ⅰ (島木)かよこ　Ⅱ みほ　問五 無口で無愛想だが，気持ちの表し方が不器用なだけで，根は優しくて誠実な人がらの人。　問六 ア　問七 エ
問八 興味なさそうに　問九 離婚するという，理想の夫婦に見えていたみほの両親と比べ，そっけない夫婦と感じる自分の両親に，娘でもわからないきずながあるのだと感心する気持ち。

○推定配点○

一～四 各1点×20　五 問一・問二 各2点×4　問三・問八 各5点×2　他 各4点×5
六 問一・問三・問四 各3点×4　問二 各2点×4　問六～問八 各4点×3
他 各5点×2　計100点

＜国語解説＞

一　(漢字の読み)

基本　1「周」の訓読みは「まわ－り(る)」。　2「災」の訓読みは「わざわ－い」である。　3　夕飯のことである。「飯」の音読みは「ハン」。　4「留」の音読みは「リュウ」。訓読みは「と－まる(める)」である。意味としては「とどまる」ことだが，読みを「とど－まる」とはしない。　5「織」の音読みは「ショク」である。

二　(漢字の書き取り)

1「遺」は全15画の漢字。12画目はとめる。　2「氷」は全5画の漢字。2画目の点の位置に注意して「永」と混同しないようにする。　3「型」を「形」と間違えないように気をつける。　4「巣」は全11画の漢字。1～3画目の向きに注意する。　5「救」は全11画の漢字。3～6画はそれぞれ1画だ「水」にしない。7画目の点も忘れずに書く。

三　(反対語)

重要　1「心配」の対義語は「安心」。　2「幸福」の対義語は「不」を使った「不幸」である。　3「危険」の対義語は「安全」。　4「成功」の対義語は「失敗」。「失」の4画目はきちんと上に出し「矢」に読み間違えられないように気をつける。　5「拡大」は広げることなので，対義語は「縮小」である。「小」を「少」としないように気をつける。

四　(ことばの用法)

1　イ以外の「ない」は，何かが実際に存在していないことを表す「ない」だが，イの「ない」は否定の「ない」。　2　ウ以外の「ある」は，何かが実際に存在していることを表す「ある」だが，ウの「ある」は「晴れた日」を特定した「ある」だ。文法用語では連体詞という。　3　ア以外の「から」は理由を表す「から」だが，アの「から」は，どこから出てきたかを説明する「から」である。　4　ア以外の「れる」は，受け身の意味だが，アは自発の意味を表す「れる」だ。　5　イ以外の「そうだ」は伝聞を表す「そうだ」だが，イは，やる気がなくなってしまうという様態を表す「そうだ」である。

五　(論説文−細部の読み取り，接続語の問題，空欄補充，ことばの意味，記述力)

重要　問一　(A)「決め手に欠ける」とは，物事を完全に決めるには不足する部分があり確定できないということなのでエである。　(B)　おおかたの人がそういう意味で使うようになったということなのでイである。

問二　a　前部分は，なかなか翻訳後として定着していかなかったことを述べていて，後部分は，使われることが多くなってきた理由を述べているので「しかし」だ。　b　前部分は，日本人は天地の中の生きものや現象がよく見えていたという内容で，後部分は，生きものの名前をよく知っていたということなので「したがって」である。

やや難　問三　――線①直後に「それは」と説明している部分に着目すると，ポイントは名詞として受け取らなかったということになる。「本文を参考にして」というのだから，名詞として受け止めなかった理由を後の文中から考える。「天地はおのずからなる」という考え方は，日本人が「天地」は，自分は「天地」の一員という考え方だと思っていたため，自分の外側にある独立した名詞とは認識できなかったということになる。

問四　ナチュラルの方は日本語伝来の「自然」につながるのに，冒頭から考えている「ネイチャー」は重ならないのが不思議だと述べているのだから「ネイチャー」である。

やや難　問五　――線③直後に「人間を含みません」とあるので，自然Nは，こういうことだと認識し，このような内容の十字を探す。「しかし，日本人は～」で始まる段落に「『神や人間や人工物以外』を指す自然N」とある。

問六　――線③直後の「人間を含みません」に着目する。日本人は自分を「天地の一員」としてみていたということは「人間」を含んでいるということになるので,「人間」である。

問七　西洋では「自然と人間は最初から別れている」のだから,　Ⅰ「外」からみることが可能なのに対して,日本人は自分が一員だからⅡ「内」側から,Ⅲ「内」からのまなざしで見ているのだ。だから「自然N」が浸透していかなかったのだが,次第に浸透していったのは,Ⅳ歴史が始まって初めて「外」側から見る思考が生まれたからだということになる。

問八　天上にいる神なら,自然と人間を分けて見られるかもしれないという疑問を否定しているという内容である。したがって,何が無理なのかに対応するような解答にする。つまり,「天上の高天原の神々が,天地の外から天地を見ること」が不可能なのである。

重要 問九　人間と自然を分けて考える西洋人の考えが自然Nということになるので「自然N」が入る。

六　(物語-心情・情景,細部の読み取り,空欄補充,記述力)

問一　出だしは,お弁当を食べながらみほと話したり,みのりが考えたりしている場面だ。次に,下駄箱に場面が移り,二人で下校しながら話す場面になる。3番目は「その夜は～」で始まるみのりの家で誕生会の場面だ。4番目は「びっくりすることがあった～」から始まる,母の誕生会から何日か後のお弁当の時間に,みほの両親が離婚し,みほが転校することを伝える場面になる。5番目は「夜,みほのことを～」で始まる,同じ日の夜,みのりが家に帰り,みほのことを考えていると父がメロンを買って帰ってくる最後の場面になるので5場面である。

基本 問二　a　土けむりが上がるほどの勢い,人数と考えられるので「どやどや」だ。　b　出だしの場面でみほの髪は肩のところで「くるくるっ」と揺れることを説明している。　c　真剣に見入っているわけではない。考えごとをしながら「ぼーっ」と見ているのだ。　d　食べたとたん口の中に広がる冷たさということだから「さぁっ」だ。

問三　4場面目のお弁当の場面で,「コンサートとか～」で始まる段落に,実は「裁判所とか,両親の実家とか」に行っていたとある。

問四　Ⅰ　お姉ちゃんの言葉だ。が,「名前」を書くことを求められているので,姉の名前が出てくるところを探すことになる。最後の場面で,母がメロンの話をするとき,「かよこを産むときね」と話し始めている。聞いているのは,妹にあたるみのりなのだから,「かよこ」が姉の名だ。　Ⅱ　この場でみのりが言っているのではない。両親が離婚するという話をたんたんと語った「みほ」が言った言葉を思い出しているのだ。

やや難 問五　誕生日のプレゼントなどを用意しない人ではあるが,この誕生日会のときの父親がしなかったことを書くだけでは完全に不足解答になる。「そういう人」というのは,プレゼントなどは用意しない人という一種のあきらめもあるが,そのことに対して怒りを感じているのではなく,後の展開でわかってくる,「根は優しく,言ったことは守る誠実な人」だと理解している言葉だ。

問六　みほの言葉におどろいているのは確かなので,アとイにしぼれる。「すごくながいまつ毛」という観察は,放心状態ではできない。自分は大変おどろいているのに,当事者であるみほのおちついている様子をまじまじと見つめているから発見したことなのでアを選ぶ。

問七　両親が離婚すること,そのため転校することを落ち着いた様子でたんたんと述べるみほだったが,「ばかみたい」といういかにも自分には無関係なような言葉とは裏腹に涙をこぼすのは,実のところとても悲しく切ない気持ちを抱えていて,それを表に出さないように強がっているのだからエである。

問八　2場面目にも,みほの下駄箱にラブレターが入っている場面があった。その時も「興味なさそうに」カバンに入れている。おそらく転校先でも同じようにするだろうと想像しているのだ。

やや難 問九　みほの両親のように自分の両親も離婚するわけではないので,同列に考えると非常に難しい。離婚するなど思いもしないほど，みほの両親は仲良しで理想的なステキな夫婦に見えていたのだ。それに対して，自分の両親は，父は妻にそっけなく，母はそれを平気に思っているような夫婦に感じていた。しかしメロンを買い続ける父のことを「笑うよりおどろいてしまう」とあるように，娘であるのにわからない夫婦のきずなは，良い意味で「ばかみたい」と思えるもので，それが「しみる」というのだから，何かわけがわからないけれど感心する気持ちである。

★ワンポイントアドバイス★

比較的長い記述に手こずりそうなので，しっかり文をまとめる力を養っておこう。

B-1日程

2023年度

解　答　と　解　説

《2023年度の配点は解答欄に掲載してあります。》

＜算数解答＞《学校からの正答の発表はありません。》

【1】 聞き取り問題解答省略

【2】 (1) 23　(2) 10　(3) 123.4　(4) 2.5　(5) $\frac{1}{4}$　(6) 90　(7) 0.7
(8) $2\frac{1}{3}$

【3】 (1) 8個　(2) 360　(3) 時速2.4km　(4) 10080
(5) 15.75cm^2以上24.75cm^2未満　(6) 3750円　(7) 11cm^2　(8) 10%

【4】 (1) 165枚　(2) 187枚

【5】 (1) 47.1cm^2　(2) 解説参照

○推定配点○

【3】 各5点×8　他　各4点×15(【3】(5)完答)　計100点

＜算数解説＞

【1】 聞き取り問題解説省略。

【2】 (四則計算)

(1) $47-43+19=23$

(2) $25-15=10$

(3) $320.84\div2.6=160.42\div1.3=123.4$

(4) $1\frac{11}{12}+1\frac{4}{12}-0.75=3.25-0.75=2.5$

(5) $\frac{7}{8}\times\frac{2}{5}\times\frac{5}{7}=\frac{1}{4}$

(6) $92-2\times1=90$

(7) $1.8\times\frac{2}{3}\times\frac{7}{12}=7\times0.1=0.7$

(8) $3.2\times5\times\frac{7}{48}=\frac{7}{3}$

【3】 (割合と比，数の性質，平均算，速さの三公式と比，規則性，平面図形，概数)

基本 (1) $49\div6=8\frac{1}{6}$より，1から8までの整数は8個

基本 (2) 12，15の最小公倍数…60　公倍数には0をふくめないので，6番目の公倍数は$60\times6=360$

重要 (3) $6\times2\div(6\div3+6\div2)=2.4$(km)

重要 (4) 6番目…$240\times6=1440$　したがって，7番目の数は$1440\times7=10080$

重要 (5) 4cm…3.5cm以上4.5cm未満　5cm…4.5cm以上5.5cm未満　したがって，長方形は$3.5\times4.5=15.75$(cm^2)以上，$4.5\times5.5=24.75$(cm^2)未満

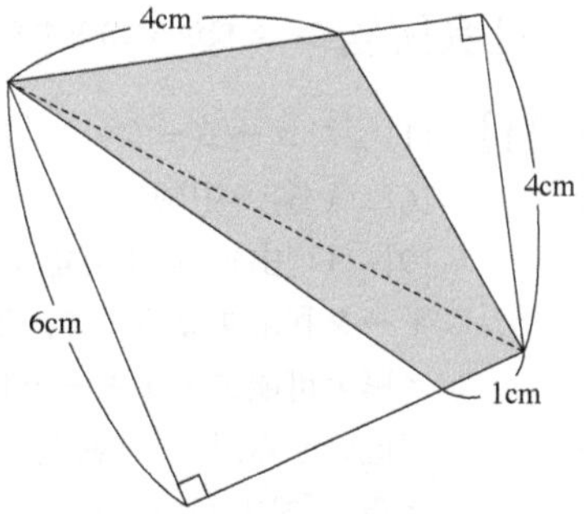

基本 (6) $3+2=4+1=5$より，Aさんの最初の所持金は$1250\times3=3750$(円)

重要 (7) 右図より，面積は$(1\times6+4\times4)\div2=11$($cm^2$)

重要 (8) 食塩水400gの濃さ…$(8\times3+12\times1)\div(3+1)=9$(%)
400g：100g…4：1　したがって，求める濃さは$(9\times4+14\times1)\div(4+1)=10$(%)

【4】（割合と比）

マスク5枚…引換券1枚　　引換券10枚…マスク5枚

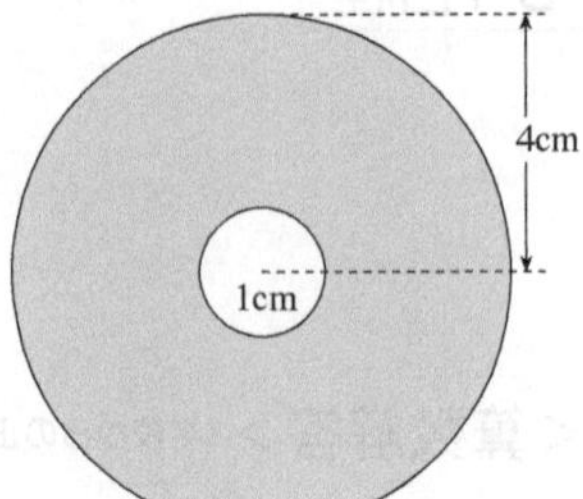

重要 (1)　マスク150枚…引換券150÷5＝30(枚)　　したがって，マスクは150＋5×30÷10＝165(枚)

やや難 (2)　マスク180枚…引換券180÷5＝36(枚)　　このときのマスクの総数…180＋5×30÷10＝195(枚)　　したがって，買った枚数は180＋202－195＝187(枚)

重要 **【5】（平面図形，図形や点の移動）**

(1)

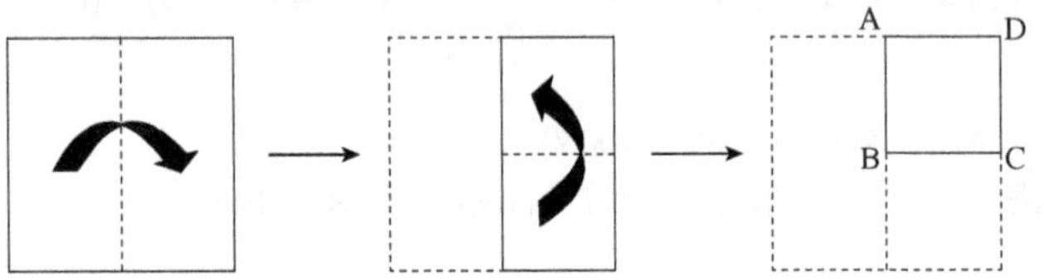

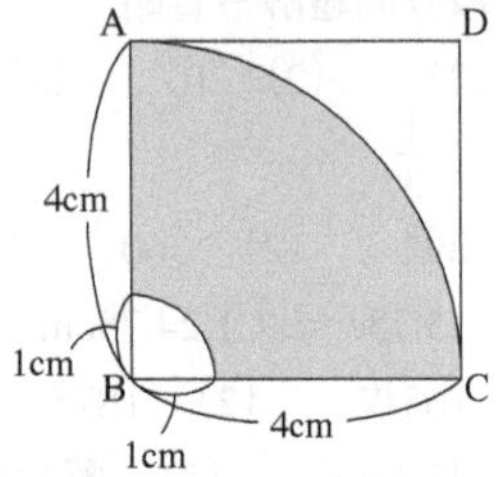

面積…右図より，(4×4－1×1)×3.14＝15×3.14＝47.1(cm²)

(2)

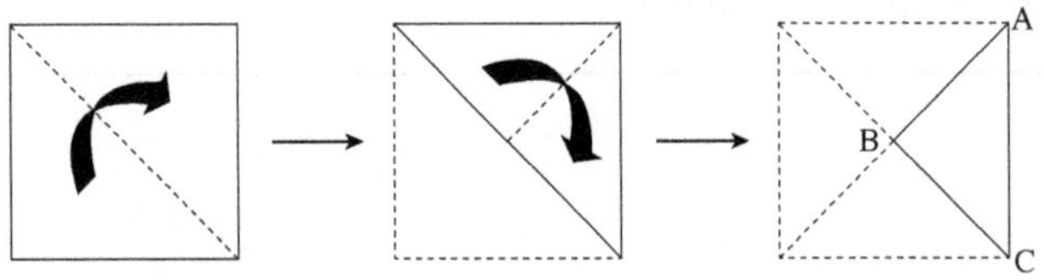

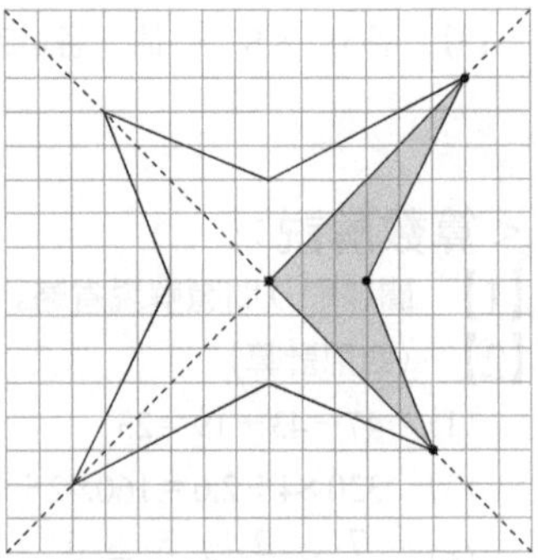

影をつけた部分…紙を広げたときの図は右のようになる。

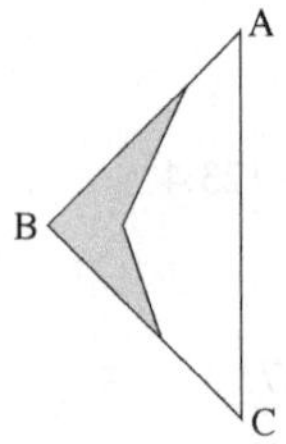

★ワンポイントアドバイス★

【3】(2)「公倍数」には0をふくめないで計算し，(3)「往復の平均時速」をまちがえてはいけない。【4】(2)「マスクが202枚になったとき，買った枚数」は，まちがいやすく，【5】(2)「作図」も，正確に描く必要がある。

＜社会解答＞《学校からの正答の発表はありません。》

【1】 [1]　ニューヨーク　　[2]　持続可能　　[3]　ア　　[4]　ユニセフ　　[5]　イ
[6]　(あ)　中国　　(い)　インド　　[7]　ウ　　[8]　もちこませない
[9]　(理由)　再生可能エネルギーを使う発電は発電コストが高いから。[再生可能エネルギーを利用するうえで，地形や自然環境などの地域的特性によって制限がかなりあるから。／再生可能エネルギーを利用する発電は化石燃料を燃やす火力発電などと比べると安定性が低いから。]　　(意見)　国や自治体の財政的支援　　[10]　保護者の同意なく契約ができる。[婚姻ができる。]

【2】 [1] ウ [2] (最北端) ア (最南端) ウ [3] (1) イ (2) ア
[4] 屋久島 [5] (寺院) 中尊寺 (何氏) 奥州藤原氏 [6] ア [7] ア
[8] ア [9] 一人っ子政策

【3】 [1] 元 [2] 領地 [3] 日本, 清[中国], ロシア [4] 日本と清が朝鮮をめぐってにらみ合っている状態をロシアがうかがっている様子。 [5] 富岡製糸場

○推定配点○

【1】 [6], [9] 各1点×4 他 各2点×8 【2】 [2], [3], [5] 各1点×6 他 各2点×6
【3】 [3] 各1点×3 [4] 3点 他 各2点×3 計50点

＜社会解説＞

【1】 (政治－国際社会, 環境問題, 日本の政治に関連する問題)

[1] 現在の国際連合の本部はアメリカのニューヨークのマンハッタンにある。

基本 [2] SDGsはsustainable development goals 持続可能な開発目標の頭文字を合わせたもの。sustainableが引き延ばせる, 継続できるという意味の語。

重要 [3] ア ロシアが埋蔵量世界1位なのが天然ガス。日本は近年オーストラリアからの輸入が増えている。

[4] ユニセフ(UNICEF)は国連児童基金と訳される組織。

[5] イ 2023年のG7サミットの会議が予定されていたのは広島。予定通り開催された。

重要 [6] 世界で二酸化炭素の排出量が最も多いのが中国で, アメリカ, インドと続く。この三カ国はかつての京都議定書が作成された段階では削減義務を負う国として参加していなかった。

[7] ウ 菅義偉首相が辞任したことを受けての首相の選出なので, 衆議院, 参議院のそれぞれの院の中の各党の勢力は変化がなく, 与党が自由民主党と公明党であることは同じで自由民主党の新総裁となった岸田文雄が新しい内閣総理大臣として国会の議決で指名され, 天皇が任命した。

[8] 非核三原則は核兵器をもたない, つくらない, もちこませないというもので, 1967年に当時の佐藤栄作首相が国会で明言したもの。

やや難 [9] 再生可能エネルギーは自然由来のエネルギーで, いろいろな種類があり, そのエネルギーを利用して発電する方法もいろいろとあるが, その設備の設置にかかる費用や, 維持費などのコストがかなりかさむものが多かったり, 発電設備の設置場所がかなり限られるものもあったりすること, あるいは太陽光や風力などの場合に常に安定して供給することが難しかったりすることが普及を妨げている。費用面では国や自治体が支援をすることが可能ではあるがそれ以外の問題点に関しては解消することが現時点では難しいものも多い。

[10] 成人年齢が18歳に引き下げられたことで, 18歳になると可能なものとしては, さまざまな契約を単独ですること, 10年のパスポートを取得すること, さまざまな資格を取得すること, 婚姻することなどがある。

【2】 (日本の地理ー日本の国土に関連するさまざまな問題)

基本 [1] ウ 日本の国土面積は約38万平方キロメートルで, 世界の国々の中では広い方から数えて60番目になる。日本よりわずかに国土が狭い国がドイツになる。

[2] 日本の最北端が択捉島, 最南端が沖ノ鳥島, 最東端が南鳥島, 最西端が与那国島になる。

重要 [3] 季節風は海の上の空気と大陸の地上の空気の温度がどちらが高くなるかによって風向きが変わってくる。夏は地上の方が高くなるので, 大陸の上の空気が暖められて上に動き, 海の上の空気が大陸の方へ吹き込むようになり, 冬は逆に海の上の方が空気が温まりやすく, 海の上の空気

が上昇し，そこへ大陸から風が吹くようになる。東アジアの場合，夏は太平洋からユーラシア大陸に向かって吹く南東の季節風となり，冬は逆に北西の季節風となる。冬の季節風は一般的には乾いていて冷たい風となるが，日本の場合にはユーラシア大陸から日本列島の方へ吹いてくる際に日本海を通過するため日本列島に来る直前に水分を含むことになり，これが雪や雨をもたらす。

[4]　屋久島は鹿児島県の南にある，ほぼ丸い形の島。この島の有名な縄文杉があることで世界自然遺産にも登録されている。

[5]　中尊寺は奥州藤原氏の拠点となっていた平泉にある寺。平安時代の浄土信仰の影響で，阿弥陀如来がおかれているのが有名な金色堂。

やや難　[6]　アが北海道。農業産出額も大きく，畜産の比率が高いのが特色。イは米の多い北陸，ウは首都圏の近郊農業の野菜や高冷地農業の野菜が多い関東と山梨や長野，エは近畿地方，オは沖縄県になる。沖縄県は気候的には稲作に適しているが，大きな河川や地下水が乏しいので稲作はほとんどないのが特徴。

[7]　ア　選択肢の中で，現在の京都府におかれたのは平安京のみ。平城京と藤原京は奈良県，大宰府は福岡県にあった。

重要　[8]　アがアメリカ。イはEU，ウは韓国，エは台湾。

[9]　中国で，かつて著しい勢いで人口が増加していた際に人口増加を抑制するために一人っ子政策が導入され，夫婦の子どもを2人以上にすることを禁じていた。しかし，人口が横ばいになり，高齢化がすすんできたことで一人っ子政策は廃止された。現在の中国は総人口が2022年の末段階で減少に転じたとされている。

【3】（日本の歴史―日本の外国との関わりの歴史に関する問題）

基本　[1]　Aは元寇の後に御家人の竹崎季長が描かせた「蒙古襲来絵詞」。元はモンゴル帝国を統一したフビライ・ハンが中国に入り宋王朝を倒し，樹立した王朝。元が中国を統一するのは1279年で，日本に最初に来た文永の役の際はまだ統一を成し遂げる前であった。

[2]　竹崎季長の「蒙古襲来絵詞」は竹崎がえた所領の神社に奉納されている。

[3]　絵の左側で釣り竿を垂れている武士が日本で，右側の釣竿を垂れているのが清。釣り上げようよしている魚が朝鮮で，その様子を橋の上から見ているのがロシア。

重要　[4]　日清戦争の際の日本，清，ロシアの様子を示した絵で，日本と清が朝鮮をめぐり争っているのをロシアが見て様子をうかがっている状態を示している。

[5]　富岡製糸場は明治初期の1872年にフランスの技術を導入して設立された官営模範工場。この後の多くの製糸場とは異なり，模範工場として旧大名の娘などがここで働きながら西洋式の製紙技術を学び，それを他の場所に広めることが期待されていた。

★ワンポイントアドバイス★

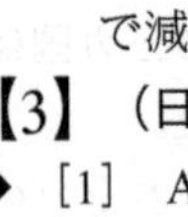

やや難しい問題と比較的簡単な問題が混在しているので，とりあえずは難しいものは飛ばして先に進むことが重要。周辺のことから考えれば答えにたどり着くこともあるのであきらめずに色々と考えていくことが解答するポイント。

＜理科解答＞《学校からの正答の発表はありません。》

【4】 問1 60g 問2 ② 20g ③ 40g
問3 ④ 10g ⑤ 5g ⑥ 5g ⑦ 10g ⑧ 10g
問4 (1) (C) (2) (D) (3) (A) (4) (B)
問5 分類1 (あ),(う) 分類2 (え),(お) 分類3 (い),(か)

【5】 問1 風船を空気中で手放す。 問2 (気体) 水素 (説明) 風船を空気中で手放したとき，風船が上昇するスピードが最も速い。
問3 (ウ) 問4 (理由) アンモニアは水に非常によく溶けるから。

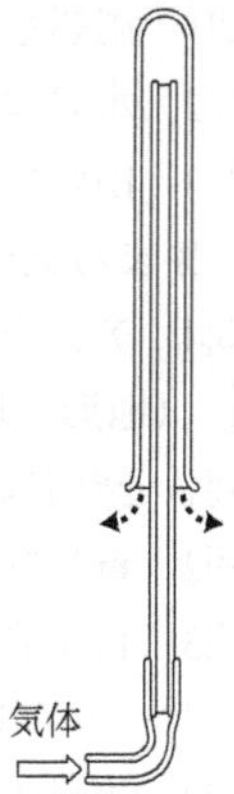

【6】 問1 (ア) 問2 (ウ) 問3 日本列島の周りには4つのプレートがあるから。 問4 (自然現象) 津波 (理由) 震源が陸の下にある場合，津波の被害は起こらず，震源が海底であった場合，津波の被害がおこる。 問5 防災グッズを常備する。

○推定配点○

【4】 各2点×15(問5各完答) 【5】 各2点×5(問2完答) 【6】 各2点×5(問4完答) 計50点

＜理科解説＞

【4】 (力のはたらき－てこ)

重要 問1 30(g)×60(cm)＝□(g)×30(cm)より，60g

重要 問2 図1より，おもりと支点までのきょりが2：1なので，おもりの重さの比は1：2になる。

図1

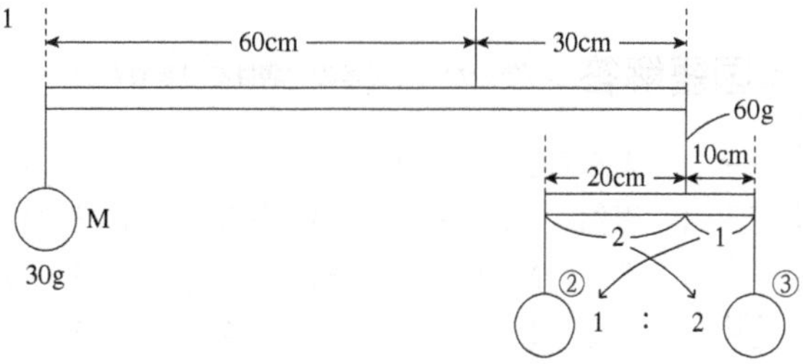

基本 問3 図2より，④は10g，⑤は5g，⑥は5g，⑦は10g，⑧は10gである。

図2

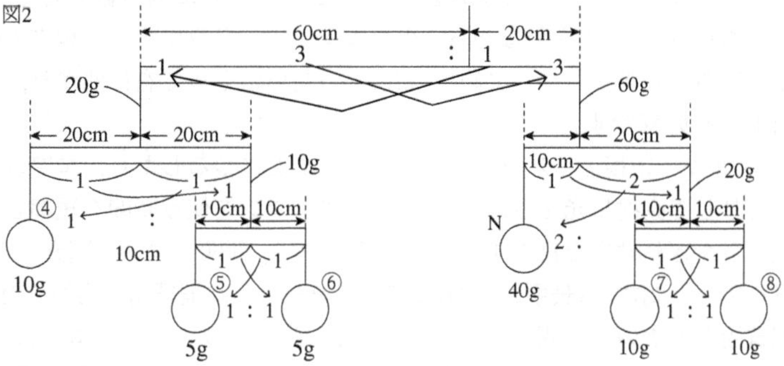

重要 問4 (1) はさみは，アが力点，イが支点，ウが作用点である。 (2) くぎぬきは，アが力点，イが作用点，ウが支点である。 (3) ピンセットはアが支点，イが力点，ウが作用点である。 (4) せんぬきはこの使い方だと，アが支点，イが作用点，ウが力点である。

基本 問5 分類1 支点が真ん中にあるのは，(あ)と(う)である。 分類2 力点で加えた力を作用点で大きくするには，支点と力点のきょりが支点と作用点よりも長くなればよい。よって，(え)と(お)である。 分類3 力点で加えた力を作用点で小さくするには，支点と力点のきょりが支点と作用点よりも短くなればよい。よって，(い)と(か)である。

【5】（物質と変化一気体の性質）

基本 問1　風船を空気中で手放し，浮けば空気よりも軽く，落ちれば空気よりも重い。

基本 問2　水素は最も軽い気体なので，空気中で手を離すと最も速く上昇する。

基本 問3　Bは水そうの水を酸性に変えたので，Bの気体は水に溶けることがわかる。よって，試験管に集まる気体はAより少ない。

重要 問4　アンモニアは水に非常に溶けやすく，空気よりも軽いので，上方置換法で集める。

【6】（地形一地層）

重要 問1　断層は地層に力が加わって割れ，割れた面に沿ってずれて動いたものである。

重要 問2　資料2は逆断層のモデルである。逆断層は地層を横から急激に押されてできる。

重要 問3　日本列島の周りにはユーラシアプレート，北米プレート，太平洋プレート，フィリピン海プレートの4つのプレートがある。

重要 問4　東日本大震災では，津波が起こった。これは，地震の震源が海底であったことに原因がある。

問5　解答例の他に，家具を壁に固定するなどが考えられる。

★ワンポイントアドバイス★

問題文をていねいに素早く読み理解する読解力を養おう。

＜国語解答＞《学校からの正答の発表はありません。》

一　1　えんちょう　2　と　3　てんこ　4　なが　5　ぼうふうう

二　1　天然　2　速度　3　住所　4　教わる　5　険しい

三　1　過　2　形　3　結　4　健　5　動

四　1　カ　2　イ　3　オ　4　ウ　5　ア

五　(1文め)　君の家を左に見てまっすぐ進みます。　(2文め)　右に消防署が見えたら左に曲がります。　(3文め)　右に公園を見ながらそのまままっすぐ進みます。　(4文め)　左にある交番にそって左に曲がります。　(5文め)　右にある花屋にそって右に曲がり，花屋の並びのB君の家の前が[私の家です。]

六　問一　1　省エネルギー技術　2　ウ　問二　1　まどにつるしたり，エアコンの室外機の上につるしたりして直射日光をさえぎる。　2　エアコンを使う時間を短縮したり，室外機の直射日光をさえぎり効率を良くする。　問三　ア　問四　ウ　問五　Ⅰ　イ　Ⅱ　ウ　Ⅲ　ア　問六　(長所)　CO_2の排出量を減らし，消費電力も減らせる。(短所)　初期費用が大きい。　問七　ア　×　イ　○　ウ　×　エ　○
問八　タスク・アンビエント照明　問九　太陽の光を室内に導いて照明の代わりをさせ電気代をへらす効果

七　問一　エ　問二　図A　打ち起こし　図B　足踏み　問三　いちばん合理的で，無駄がなく，美しい動き　問四　武士の時代あたりからずっと続いてきたように思ったが戦後に体系化したこと　問五　体系化したのは戦後でも，その動きを伝統として受け継ぐことをロマンチックだと思ってくれていること。　問六　ウ　問七　1　ウ　2　イ
問八　イ　問九　お習字を習っています。だんだん難しい字や少しくずした字をお手本に

もらっても，最初の頃にならった点画がしっかりしていないと上手に書けないと思いました。

○推定配点○

一～四　各1点×20　　五　5点

六　問二・問九　各4点×3　　問六・問八　各3点×3　　他　各2点×11

七　問三　3点　　問四・問五・問九　各5点×3　　他　各2点×7　　計100点

＜国語解説＞

一　(漢字の読み)

基本　1 「延」の訓読みは「の－ばす(びる)」だ。　2 「富」は単独では「とみ」と読むが，「富んだ」の場合は「と－む」である。　3 点呼とは，一人一人名前を呼んで存在を確認すること。　4 「永久」の「永」は音読みは「エイ」。　5 表記を「ぼおふうう」とまちがえないようにする。

二　(漢字の書き取り)

基本　1 「然」は全12画の漢字。3・4画目は2本なので注意する。　2 「度」は全9画の漢字。4～7画目は筆順に注意する。　3 「住」の部首は「亻(にんべん)」。ぎょうにんべんにしないように気をつけよう。　4 送り仮名に気をつける。　5 「険しい」は全11画の漢字。「検」と混同しないようにする。

三　(熟語)

1 「経過」⇒「過去」で「過」。　2 「人形」⇒「形式」で「形」　3 「団結」⇒「結果」で「結」。　4 「保健」⇒「健康」で「健」。　5 「活動」⇒「動作」で「動」。

四　(四字熟語)

1 他者に影響され考えが左右してしまうことを「付和雷同」という。　2 注意されていたのに，悪い結果になりその報いを受けるということなので「因果応報」だ。　3 複数ある中で捨てたり，取り入れたりするということだから「取捨選択」になる。　4 理論がきちんと通っているということだから「理路整然」である。　5 何度も試みたり失敗することを繰り返すことを「試行錯誤」という。エの「我田引水」は他人のことを考えず，自分に都合がいいように言ったり行動したりすることという意味の四字熟語。

五　(記述力)

工事のため，通行禁止の方向には進めないので，消防署の方向から来てもらうことになる。道としては4本でつながるが，5文で教えるとなると，一番迷いそうな所は，公園の向かい側に回り道になってしまう道があるところだろう。したがって，消防署から交番までの道を曲がらずまっすぐに歩くことを伝えることで5文になる。また，ただ，右・左としてしまうと，歩く人がどちらを向いているのかによって異なってしまうので，「～を左に見て」のように，向く方向を指示することが必要だ。

六　(論説文－細部の読み取り，空欄補充，記述力)

問一　1 「省エネルギー技術について～」で始まる段落に「～枯渇しない油田を新しく～同等の価値」とあることに着目し，「省エネルギー技術」が同等の価値と考える。　2 1で着目した同じ段落に「一度導入～効果を発揮しつづけるので」とあるのでウを選択する。

やや難　問二　1 「すだれ」とは，細く割った竹やアシ(ヨシ)などの植物を並べて編んだものだ。窓ぎわなど直射日光のあたるところにつるして，熱や暑さをしのぐような役割をする。　2 窓などから入る直射日光をさえぎることで，エアコンを使用する時間を短くしたり，設定温度を少しでも高くできる。また，室外機が直射日光にあたって熱くなりすぎることを防ぐことで室外機の効率がよくなるとされている。

問三　まず，照明器具は世界の電力の19%というのだから，およそ五分の一ということだ。「世界の電力のうち半分ではないので，イとエは誤りになる。アとウで考えると，白熱灯の売り上げが良いからそれで燃料を買うということは述べていないのでアだ。

基本　問四　――線④直前に着目する。「光が拡散せず目的とする部分を照明するので」とあるので，ウである。

問五　Ⅱ　「初期費用が大きい」のがLEDと言っているので，初期費用が3000円程度から始まっているウがLEDだ。次に，「電球型蛍光灯は500時間で白熱灯より低コストになる」から，およそ500時間で交差し，その後横ばいになっているⅢがア，Ⅰが白熱灯ということになる。

問六　短所に関しては，問五で考えたことが参考になる。短所は初期費用が大きいという点だ。一方長所は，「照明技術」の小見出しで始まる段落で，LEDが一番低消費電力だということを示している。省エネ電球が世界中に普及すればCO2の排出量を少なくできる。さらに消費電力も減らせるとある。

問七　ア　白熱電球の売り上げが半分以上をしめていたことは本文で述べられているが，2019年のグラフでの白熱電球は圧倒的に少なくなっているので×。　イ　LEDの使用率は一番高いが，――線⑤中にあるように「すべてLEDにおきかわる」という予想には届いていないので○。
ウ　イで考えたように，本文ではすべておきかわると予想しているのだから，「利用率が高くなっている」は誤りであり，同時に温暖化対策が進んでいるとは述べていないので×。　エ　「日本では，コンパクト型～」で始まる段落に2013年に白熱電球の生産中止を説明している。生産がなければ使用が増えることは考えられないので○。

基本　問八　「現実的な効率の高い～」で始まる段落に着目する。「狭い範囲を明るくする」ということは局所的に明るくするということなので，局所照明「タスク・アンビエント照明」である。

やや難　問九　――線⑦中の「同じような効果」を考えるということだ。直接的には「電気代をかけずに照明が可能になる」ということだ。これはどのような方法でできるかといえば，ソーラーチューブという方法だ。つまり，太陽の光を室内に導いて照明の代わりをする方法である。

七　(物語–心情・情景，細部の読み取り，空欄補充，記述力)

重要　問一　「巻藁の練習は～」で始まる久住の説明の中に「正しい姿勢を確認するため」とある。これは弓を引く人だれにでも当てはまることで，イのように「上級者が」ではない。したがってエを選ぶ。

基本　問二　図Aは，両手を水平に保ったまま「弓を上にあげる」とある。弓が上がっているので「打ち起こし」である。　図Bは，弓と矢を持ったまま，それぞれ腰のところに手を当てる図なので「足踏み」である。

問三　型についての質疑応答が続き，「そう。型っていうのは～」と久住がまとめている中に「いちばん合理的～美しい動き」とある。

問四　「意外と新しい」ということが意外ということになる。弓道と聞いたら，武士の時代あたりから延々と今にいたっているように感じていたが，戦後に体系化したことが意外だったということになる。

問五　戦後体系化したと聞いて意外に新しいという反応をしたが，「伝統を受け継ぐ」ということについては「ロマンチックだ」と受け止めてくれたことに久住は喜びを感じたのである。

問六　――線⑥以降の内容から考える。動作は同じことの繰り返しだが，毎回少しずつ違う感覚を持ち，そして，上達していくことが楽しいのだからウだ。

基本　問七　1　「久住が左手に弓～」で始まる段落に着目する。学校の行進は「左右の手を勢いよく振り，足を膝まで上げる」ような行進なのでウ。　2　それに対して，弓道での行進は「足をほとんど上げずスーッ，スーッと身体全体で前に進む」というのだから，イ。

問八　「ぎくしゃく」とはぎこちない様子を表す言葉だ。ぎこちないとは「円滑ではない」ということなのでイ。

やや難　問九　どのような話題でもかまわないが，「基本・基礎」がなぜ大切なのかがふくまれる内容にしよう。参考解答では「書道」を取り上げたが，「取り組んでいること」がなかなか思い浮かばないこともあるかもしれない。習い事に限ることなく，たとえば，算数で難しい問題を解くようになっても，きちんとした計算などの基本，基礎がなければ正しい解答が導けないのような学習面で書くこともできる。

★ワンポイントアドバイス★

知識も問題数も多いところに，読解問題でも記述で書くことを求められる設問も多い。時間配分に気をつけよう。

MEMO

大切なことはメモしておこうネ！

2022年度

入試問題

2022年度

2022年度

関東学院六浦中学校入試問題（A－1日程）

【算　数】（45分）　＜満点：100点＞

【注意】 解答用紙，問題用紙に **考え方** と書いてある問題は，答えを求めるために用いた考え方や途《と》中《ちゅう》の式や図などを解答用紙に残しなさい。

［聞き取り問題］

【1】 放送を聞いて，Aさん，Bさん，Cさん3人が持っているご石の個数について，次の問いに答えなさい。

(1) AさんとCさんを比べると，どちらが何個多くご石を持っていますか。

(2) Aさんが持っているご石の個数とCさんが持っているご石の個数の比をもっとも簡単な整数の比で表しなさい。

(3) Aさん，Bさん，Cさんが持っているご石の個数をそれぞれ求めなさい。

［聞き取り問題］はここまでです。

※放送台本は非公表です。

【2】 次の計算をしなさい。

(1) $12345-6789$

(2) $258\times 7+3\times 72$

(3) $\frac{5}{6}-\frac{9}{14}+\frac{4}{21}$

(4) $33434\div 73$

(5) 2.35×3.7

(6) $0.4\div 0.5\times 0.25\div 0.125$

(7) $9\times 8\times \{(7+6)\times 5-4\times 3\}\div(2+1)$

(8) $69\times 19+69\times 16-69\times 5+77\times 19+77\times 16+77\times 5$

【3】 次の □ にあてはまる数を求めなさい。

(1) $2.8:\frac{2}{3}=6.3:$ □

(2) 原価18000円の商品に25％の利益を見込んでつけた定価は □ 円です。ただし，消費税は考えません。

(3) 4つのレンコンの重さが314g，282g，300g，□ gのとき，平均は292gです。

(4) 6％の食塩水300gと18％の食塩水600gを混ぜた食塩水の濃度は □ ％です。

(5) 1周4.2kmのコースのスタート地点から，Aさんは分速80mで，Bさんは分速70mで反対方向に同時に歩き始めたとき，2人は □ 分後にはじめて出会います。

⑹　30円の商品Aを □ 個，60円の商品Bを □ 個をあわせて35個買った代金は1500円でした。ただし，消費税は考えません。

⑺　ある水そうを満水にするには，大きいバケツ1個だと12回，小さいバケツ1個だと18回注ぐ必要があります。この水そうに，大きいバケツ1個と小さいバケツ3個の計4個を同時に使って水を注ぐとき，水そうは □ 回で満水になります。

⑻　下の展開図からできる円錐《えんすい》の表面積は □ cm^2です。ただし，円周率は3.14とします。

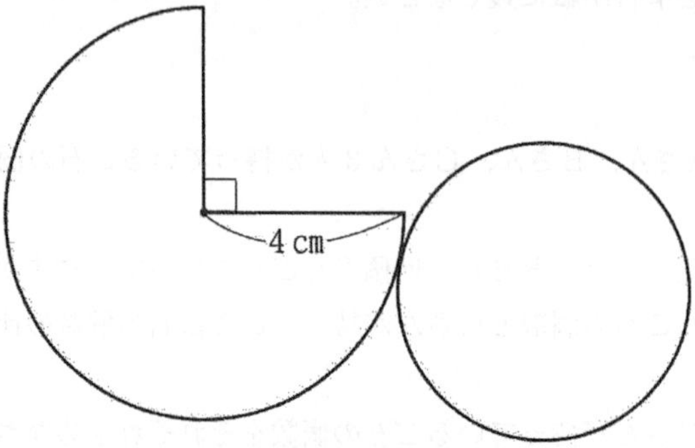

【4】　下の例のように，1から順に奇数を足した和は，奇数の個数どうしをかけた積と等しいという性質があります。この性質を使って，次の計算をしなさい。

(例)

$$1 = 1 \times 1$$
$$1 + 3 = 2 \times 2$$
$$1 + 3 + 5 = 3 \times 3$$
$$1 + 3 + 5 + 7 = 4 \times 4$$
$$\cdots$$
$$\cdots$$
$$1 + 3 + 5 + 7 + \cdots + 19 = 10 \times 10$$
$$\cdots$$

⑴　$1 + 3 + 5 + \cdots + 221$

⑵　$223 + 225 + 227 + \cdots + 2221$（考え方や途中の式を書きなさい。）**考え方**

【5】　右の図のような，3辺の長さが3 cm，4cm，5cmの直角三角形ABCがあります。頂点Aから辺BCと垂直になるように直線を引き，その交点をDとします。次の問いに答えなさい。

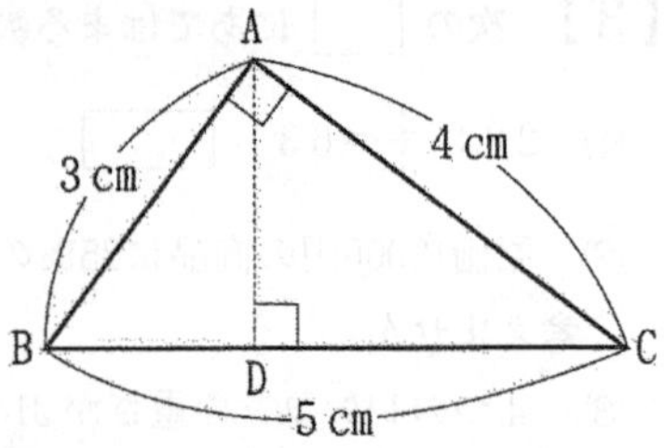

⑴　ADの長さは何cmですか。

⑵　この直角三角形を，辺BCを軸《じく》に1回転したときにできる立体の体積は何cm^3ですか。ただし，円周率は3.14とします（考え方や途中の式を書きなさい）。**考え方**

【社　会・理　科】（50分）　＜満点：各50点＞

【１】 広太《こうた》さんのクラスでは，班ごとにそれぞれ日本のある都道府県について調べました。次の**あ**～**か**の文は，その内容について発表したものです。この文に関する，下の各問いに答えなさい。

あ．広太《こうた》さん

らっかせいやしょうゆの生産高が全国１位（2017年）のこの県は，昼と夜の人口比率《ひりつ》が89.7％と全国で２番目に低くなっています（平成27年国勢調査による）。臨海部には大規模な製鉄所や石油コンビナートがあります。

い．さくらさん

この県の最高地点は①世界遺産にも指定されている島にある山の山頂となっています。火山灰が堆積《たいせき》した台地では，この県の旧国名の名がついた②農産物などが生産されています。

う．明《あきら》さん

この県の中央部にある湖の周辺では，精密機械工業や電子工業がさかんです。この県の北東部を流れる河川は隣《となり》の県に入ると，その県の旧国名がついた名称《めいしょう》に変わります。

え．花子《はなこ》さん

日本の近代化を支えた港湾《こうわん》があります。③1901年に操業を開始した製鉄所が位置する地区の「海域」は，「死の海」といわれるほど汚染《おせん》がひどかったのですが，現在，水質はほぼ改善されました。

お．太郎《たろう》さん

米代川《よねしろがわ》の河口《かこう》に位置する港は，古くから④米や杉の積出港として栄えました。米代川流域では，杉を使った桶樽《おけたる》や曲げわっぱが生産されています。

か．めぐみさん

埋《う》め立て地につくられ⑤1994年に開港した貿易港があります。この港からの2018年のおもな輸出品は，集積回路や半導体などがあります。江戸時代，商業の中心地として発展し，「天下の台所」とよばれていました。

［１］　**あ**～**か**のそれぞれの文は，あとの地図中のア～コのどの都道府県を説明していますか。記号で答えなさい。

［２］　**あ**～**か**の文の都道府県のうち，政令指定都市を含んでいる都道府県をすべてあげなさい。（**あ**～**か**の記号で答えること）

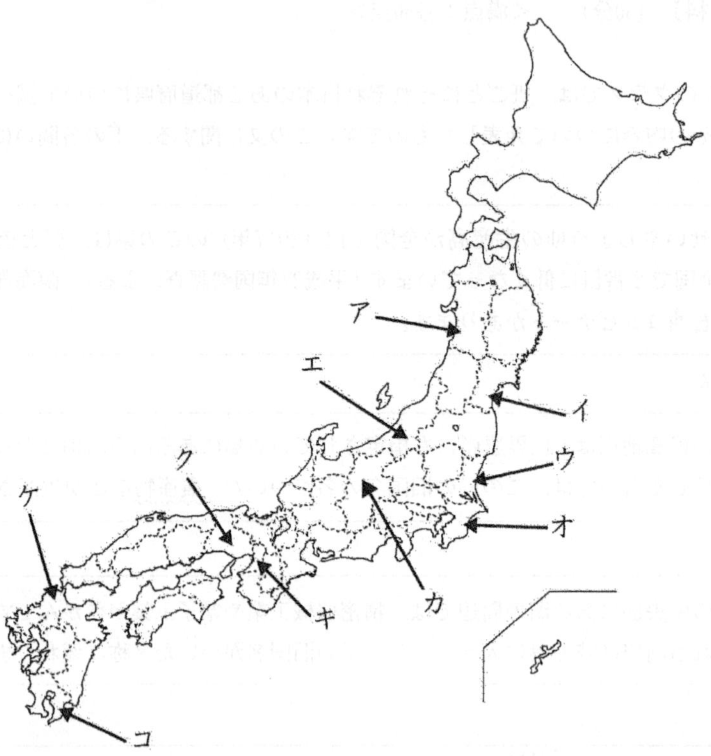

［3］ 波線部①について，昨年，世界自然遺産に登録されたところを下のア～エより1つ選び，記号で答えなさい。

ア．小笠原諸島	イ．奄美大島，徳之島，沖縄島北部及び西表島
ウ．北海道，北東北の縄文遺跡群	エ．知床

［4］ 波線部②に関する下の（A）・（B）の問いに答えなさい。

（A） 次の表は，はくさい，キャベツ，レタスの主産地を表しています。表中の㋐に共通してあてはまる都道府県名を答えなさい。

はくさい

県	生産量（トン）	%
茨城	243700	27.7
㋐	235200	26.7
北海道	28800	3.3
群馬	27900	3.2
栃木	24400	2.8
全国	880900	100

キャベツ

県	生産量（トン）	%
群馬	261000	18.3
愛知	245100	17.2
千葉	111100	7.8
茨城	110900	7.8
神奈川	76700	5.4
全国	1428000	100

レタス

県	生産量（トン）	%
㋐	221000	37.9
茨城	87300	15.0
群馬	49100	8.4
長崎	31600	5.4
兵庫	26100	4.5
全国	583200	100

（2019／20年版「日本国勢図会」による）

（B） 上の表の群馬県や㋐県では，高原などで夏のすずしさを利用して，ほかの産地よりも農産物の生育をおくらせて出荷する方法がとられています。この方法を何と言いますか。

［5］ 日本の農家が機械を導入する理由は，大規模化だけではありません。日本の農家が，農地がせまくても機械を導入しなければならなかった理由を，下の2つの表を参考に説明しなさい。

年齢階層別《ねんれいかいそうべつ》に見た農業就業人口

年齢階層	人 数（人）			割 合（%）		
	1990年	2000年	2010年	1990年	2000年	2010年
15～29歳	281000	247000	90000	5.8	6.3	3.5
30～39	470000	192000	87000	9.8	4.9	3.3
40～49	552000	365000	147000	11.5	9.4	5.6
50～59	1077000	523000	358000	22.3	13.4	13.7
60～64	841000	507000	319000	17.5	13.0	12.2
65～	1597000	2058000	1605000	33.1	52.9	61.6
計	4819000	3891000	2606000	100.0	100.0	100.0

（農林水産省「農林業センサス」による）

農家世帯員数と農業従事者の推移

	1960年	1970年	1980年	1990年	2000年	2010年
農家世帯員数	34411	26282	21366	13878	10467	6503
農業就業人口（人）	14542	10252	6973	4819	3891	2606

（農林水産省「農林業センサス」による）

［6］ 波線部③について，この製鉄所の名称を答えなさい。

［7］ 波線部④について，米の産地には平野に大きな川が流れている場合が多いです。下の表で，都道府県名・平野名・河川名の組み合わせとして，誤っているものはどれですか。ア～エより1つ選び，記号で答えなさい。

おもな米の生産地

記号	都道府県名	平野名	河川名
ア	新潟県	越後平野	信濃川
イ	北海道	石狩平野	石狩川
ウ	秋田県	秋田平野	雄物川《おものがわ》
エ	山形県	筑紫平野	最上川

［8］ 近郊《きんこう》農業に関する下のア～エの説明文の中から，誤っているものを1つ選び，記号で答えなさい。

ア．都市から遠くはなれた地域で，都市向けの野菜などをつくる農業は，近郊農業に対して輸送園芸農業とよばれる。
イ．近郊農業は，都市へ出荷する野菜や草花などをつくる園芸農業の1つである。
ウ．近郊農業では，おもに都市で消費される米・小麦を中心に生産している。
エ．近郊農業では，野菜や草花などを多毛作で栽培《さいばい》することが多い。

［9］ 波線部⑤について，この貿易港の名称を答えなさい。

【2】 次の文章を読み，下の各問いに答えなさい。

新型コロナウイルスの感染が世界中で広がっていますが，日本では昔からさまざまな疫病《えきびょう》が流行してきました。弥生時代の人骨には結核《けっかく》のあとが確認されており，土器や装飾《そうしょく》品にはまじないのようなデザインが残っています。

6世紀には朝鮮半島の（　A　）から仏像が伝わりますが，同じ時期に疫病が発生したため，仏像が廃棄《はいき》されてしまいました。しかし，疫病がさらに広まったため，蘇我馬子と厩戸皇子《うまやどのおうじ》（聖徳太子）は仏教を保護し，仏教を敬うようにさせました。

8世紀には天然痘《てんねんとう》が流行しました。（　B　）天皇は①鎮護《ちんご》国家思想を掲《かか》げ，全国に国分寺を建て，東大寺に大仏を造りました。

794年に桓武天皇は（　C　）をつくり，この都で政治を立て直そうとしましたが，（　C　）でもたびたび疫病が流行しました。これが（　D　）の始まりとされています。

998年には日本で初めて麻疹《はしか》が流行しました。この頃に清少納言によって書かれた（　E　）にも，疫病が世の中を騒《さわ》がしているということが書かれています。

江戸時代になると西洋医学が伝わり，日本の医学は大きく進歩しました。②適塾という蘭学《らんがく》塾を開いた③緒方洪庵は，天然痘のワクチンを広めるため，1849年に除痘館《じょとうかん》を開きました。また，④1858（安政5）年にコレラが流行すると，洪庵はコレラの治療《ちりょう》手引書「虎狼痢治準《ころりちじゅん》」をまとめました。コレラは⑤1879年と1886年にも大流行し，いずれも死者は10万人を超《こ》えました。

1899年にはペストが日本で初めて流行し，⑥1905年～1910年に大流行しました。⑦1918年には新型インフルエンザのスペイン風邪《かぜ》が流行し，感染予防策としてマスクの着用が定着しました。

太平洋戦争中にアメリカ軍が上陸した（　F　）県では，住民たちが日本軍の命令によってマラリアの流行地域に強制疎開《そかい》（移住）させられ，そのために多くの人々がマラリアにかかりました。この「戦争マラリア事件」によって，3千人以上の県民が犠牲《ぎせい》になったと言われています。政府が打ち出した政策によって，一般住民が犠牲となった「戦争マラリア」の歴史に，私たちは学ばなければなりません。

［1］（A）にあてはまる国名を下のア～エより1つ選び，記号で答えなさい。

ア．百済《くだら》　イ．高句麗《こうくり》　ウ．高麗《こうらい》　エ．新羅《しらぎ》

［2］（B）にあてはまる天皇名を下のア～エより1つ選び，記号で答えなさい。

ア．推古　イ．聖武　ウ．天智　エ．天武

［3］波線部①の鎮護国家思想とは，どのような考えか説明しなさい。

［4］（C）にあてはまる語句を漢字3字で答えなさい。

［5］（D）に最もよくあてはまる語句を下のア～エより1つ選び，記号で答えなさい。

ア．葵《あおい》祭　イ．高山祭　ウ．祇園《ぎおん》祭　エ．ねぶた祭

［6］（E）にあてはまる書物名を漢字3字で答えなさい。

［7］波線部②の適塾の出身者で，のちに「学問のすゝ《す》め」を著した人物の氏名を漢字で答えなさい。

［8］波線部③の緒方洪庵は，長崎で西洋医学を学びました。江戸時代の長崎の説明として誤っているものをあとのア～エより1つ選び，記号で答えなさい。

ア．長崎の出島でオランダとの交易がおこなわれていた。

イ．長崎は幕府直轄《ちょっかつ》の港町として栄えていた。

ウ．長崎では琉球王国を通して中国（清）との交易もおこなわれていた。

エ．長崎ではキリシタンでないことを証明するための絵ふみがおこなわれていた。

［9］ 波線部④の1858（安政5）年に起きた出来事として，ふさわしいものを下のア～エより1つ選び，記号で答えなさい。

ア．ペリーが浦賀に来航して開国を要求した。	イ．坂本龍馬の仲介《ちゅうかい》で薩長同盟が結ばれた。
ウ．日米修好通商条約が締結《ていけつ》された。	エ．徳川慶喜が大政奉還を申し出た。

［10］ 波線部⑤の1879年から1886年の間に起きた出来事として，誤っているものを下のア～エより1つ選び，記号で答えなさい。

ア．板垣退助が自由党を結成した。	イ．ノルマントン号事件が起きた。
ウ．日比谷《ひびや》に鹿鳴館《ろくめいかん》が建てられた。	エ．大日本帝国憲法が発布された。

［11］ 波線部⑥の1905年に結ばれたポーツマス条約により，日本が獲得《かくとく》した領土を下の地図中のア～エより1つ選び，記号で答えなさい。

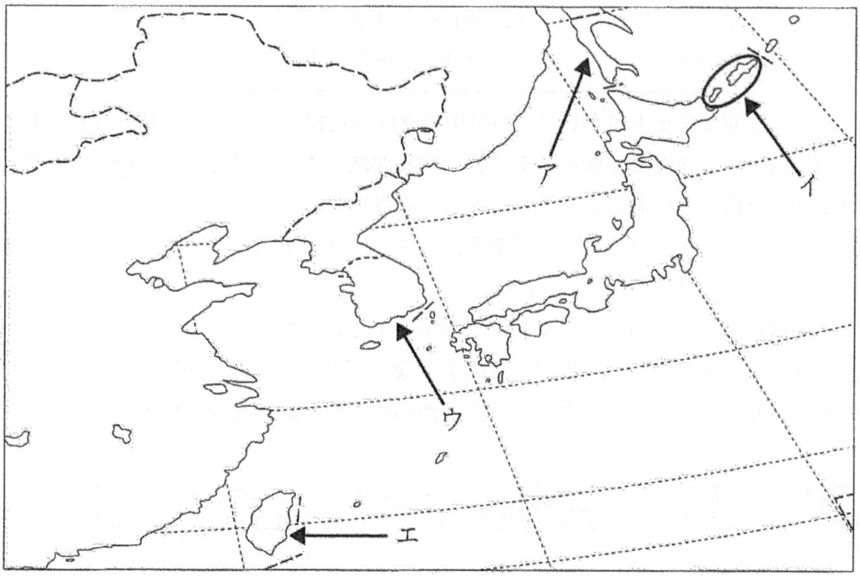

［12］ 波線部⑦の1918年に内閣総理大臣となり，最初の本格的な政党内閣を組織した人物を下のア～エより1つ選び，記号で答えなさい。

ア．伊藤博文	イ．大隈重信	ウ．小村寿太郎	エ．原敬

［13］（F）に入る県名を漢字2字で答えなさい。

【3】 以下の各問いに答えなさい。

［1］ 国際連合に関して述べた文として，正しいものをあとのア～エより1つ選び，記号で答えなさい。

ア．総会は国際連合の最高機関で，通常年1回開かれる。

イ．安全保障理事会の現在の常任理事国は，アメリカ・イギリス・フランス・ドイツ・ロシアの

5か国である。

ウ．国際司法裁判所は，ニューヨークに置かれている。

エ．国連平和維持《いじ》活動をＰＫＦという。

［2］ 国際連合では，多くの専門機関が活動しています。その中の1つで，諸国民の教育，科学，文化の協力と交流を通じて，国際平和と人類の福祉《ふくし》を推進している専門機関を何と言いますか。

［3］ 子どもの権利条約における4つの柱として，誤っているものを下のア～エより1つ選び，記号で答えなさい。

ア．参加する権利	イ．育つ権利	ウ．働く権利	エ．守られる権利

［4］ 貿易に関するルールを定める国際機関を下のア～エより1つ選び，記号で答えなさい。

ア．ＩＬＯ	イ．WHO	ウ．WTO	エ．ＩOC

［5］ 発展《はってん》途《と》上国《じょうこく》の生産者の生活を支援《しえん》するため，その生産物を適正な価格で継続《けいぞく》的に購入《こうにゅう》する取り引きのことを何と言いますか。下のア～エより1つ選び，記号で答えなさい。

ア．ステルスマーケティング	イ．トレードオフ
ウ．フェアトレード	エ．フリーマーケット

［6］ 2015年の国連サミットにおいて「持続可能な開発目標」（SDGs）が採択《さいたく》されました。この目標の実現に向けて，あなたが関心のある社会的な問題を1つあげてください。そして，その解決に向けてあなた自身が行動できることを説明しなさい。

［7］ 2020東京オリンピックでは，内戦や政治的理由，社会不安などが原因で生まれ育つた国を離《はな》れた人々が，特別に選手団をつくってオリンピックに参加しました。このような原因で生まれ育った国を離れた人々を何と言いますか。漢字2字で答えなさい。

［8］ 1964年の東京オリンピック以降，下のような「ピクトグラム」が用いられるようになりました。なぜ，オリピックでは「ピクトグラム」が必要なのか説明しなさい。

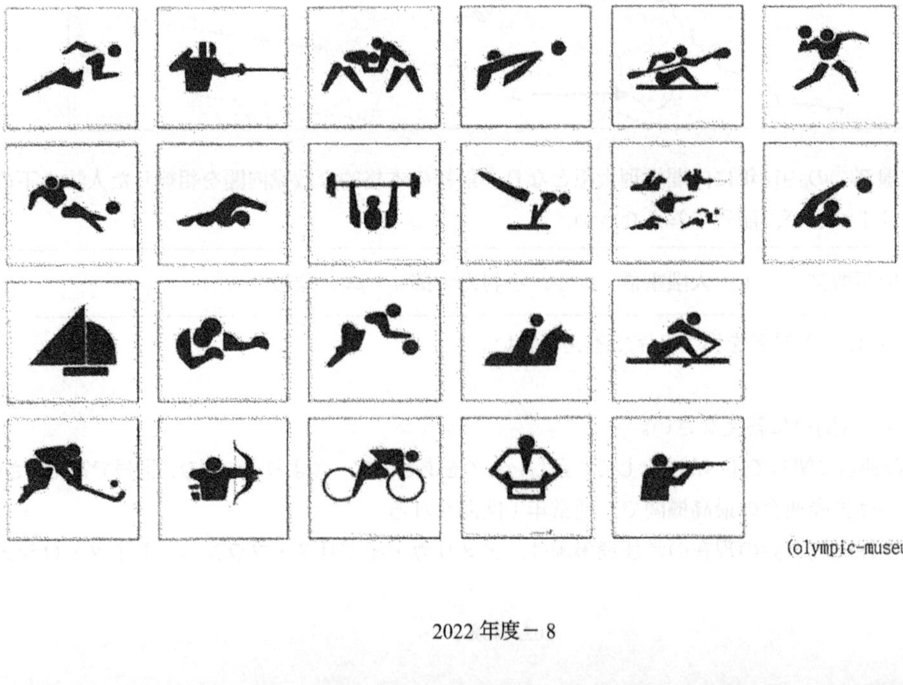

(olympic-museum.deによる)

【4】実験についての文章を読み，次の問いに答えなさい。

ある重さの食塩に，室温で水を加えてよくかき混ぜたところ，ビーカーの底に一部がとけ残りました。そこで①ある方法でとけ残った食塩をとり除くと，②食塩水がえられました。③この食塩水を長時間放置し様子を観察しました。なお，実験のときに器具などについた水や食塩の重さは考えないものとします。

問1　下線部①のとけ残った食塩をとり除く方法を何といいますか。

問2　下線部②のように水に食塩をとかせるだけとかした水よう液を何といいますか。

問3　下線部③の水よう液のようすとして正しいものを(ア)～(ウ)から1つ選び，記号で答えなさい。ただし，図中の○は食塩の粒《つぶ》とします。

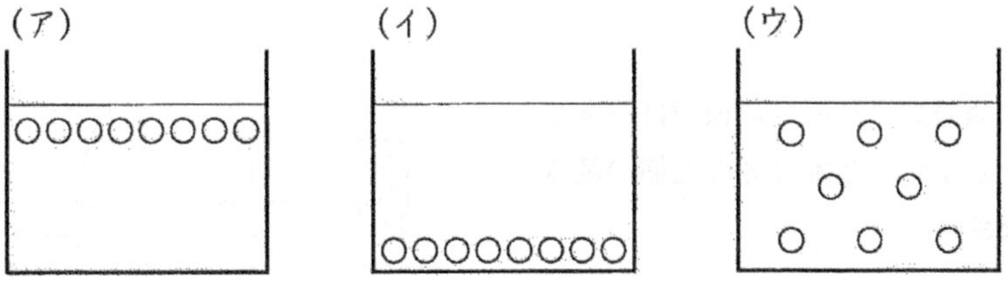

問4　90gの水に50gの食塩を加えて，変化が見えなくなるまでよくかき混ぜ，下線部①の操作によってとり除いた食塩が20gでした。この食塩水ののう度は何％になりますか。

問5　問4の食塩水をしばらく加熱したところ，食塩水の中に食塩の結晶《けっしょう》があらわれました。そこで加熱を止めて室温まで冷ましたあと，下線部①と同じ方法でその食塩の結晶をとり除くと6gでした。このときの食塩水は何gですか。

【5】虫眼鏡に使用されている凸《とつ》レンズは，図1のようにレンズに対して垂直に入射した光を一点（焦点《しょうてん》）に集めるという特性をもっています。レンズの厚みによって光の集まり方は異なりますが，光を集める性質を使えば太陽光から火をおこすこともできます。また，凸レンズの光を集めるという特性を利用すると，スクリーンに像を映し出すこともできます。

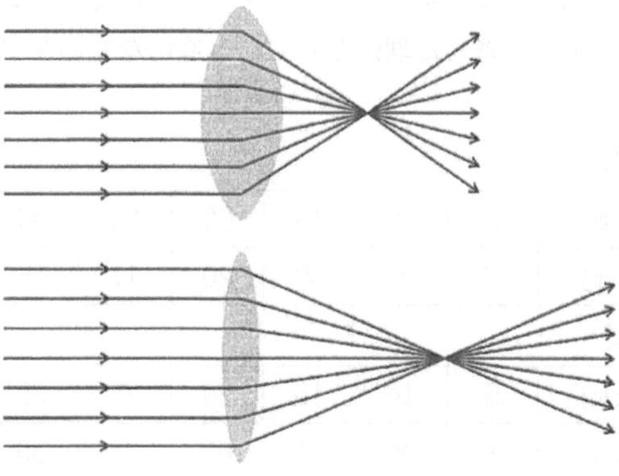

図1

凸レンズ，ろうそくの火，スクリーンを用いた装置を使ってスクリーンに像を映す実験を行いました。次のページの図2のように，物体とレンズの距離《きょり》Aを5㎝，10㎝，15㎝……と変えていき，像がはっきりと映るレンズとスクリーンの距離Bを測定し，表にまとめました。次の問いに答えなさい。

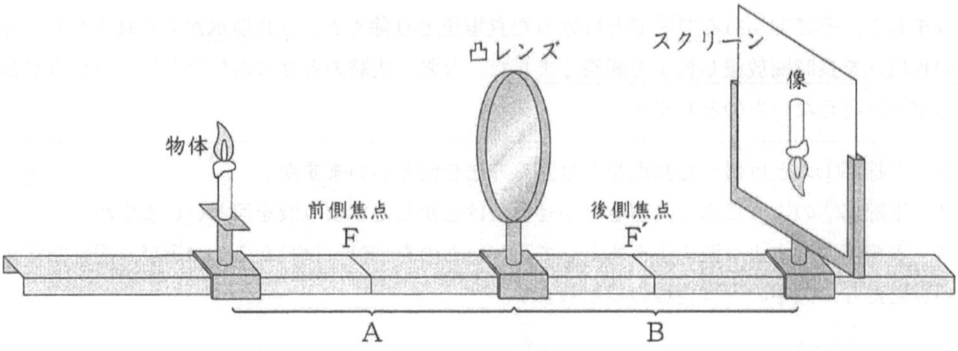

図２

問１　次の状態でスクリーンに像がはっきりと映ったとします。２本の光の道筋の続きを作図しなさい。

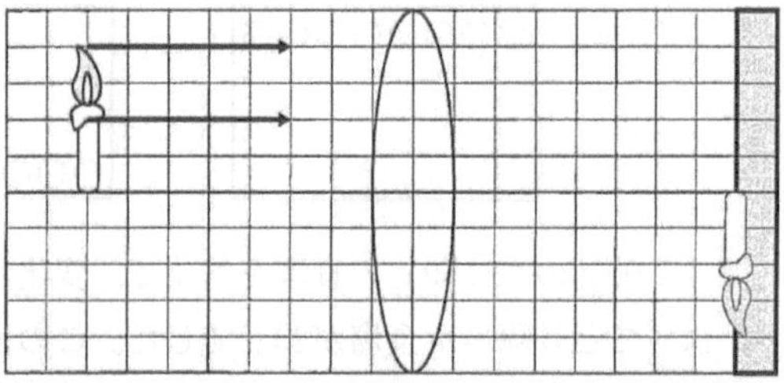

問２　距離Aが小さいとき，スクリーンに像はできませんでした。その状態でスクリーン側からレンズをのぞいた時，観察される様子として正しいものを(ア)～(エ)から１つ選び，記号で答えなさい。

(ア)　上下左右反転し，縮小されたろうそくが見える。

(イ)　上下左右反転し，拡大されたろうそくが見える。

(ウ)　上下左右反転せず，縮小されたろうそくが見える。

(エ)　上下左右反転せず，拡大されたろうそくが見える。

問３　次の表は厚みのことなるレンズ①・②を用いて同様の実験を行った結果です。像がスクリーンにできない場合は×を記入しています。厚いレンズは①と②のレンズのどちらですか。記号で答えなさい。また，そのように考えた理由として最も適切なものを(ア)～(ウ)から１つ選んで，記号で答えなさい。

レンズ①

A［cm］	5	10	15	20	25	30	35
B［cm］	×	×	30	20	17	15	14

レンズ②

A［cm］	5	10	15	20	25	30	35
B［cm］	×	×	×	60	38	30	26

(ア)　レンズにより近い距離で像を映すことができるから

(イ)　A＝Bとなる値がより大きいから

(ウ)　像ができないはんいがより大きいから

問4　ヒトの眼には水晶体《すいしょうたい》と呼ばれるレンズがあり，網膜《もうまく》というスクリーンに像を映すことで景色を認識しています。遠くを見てから近くを見た場合，レンズの厚さはどのようになりますか。簡単に説明しなさい。

【6】 花子さんはお父さんといっしょに焼き肉屋さんでメニューを見ながら会話しています。

（メニュー）

牛タン	牛カルビ	牛ハラミ	豚レバー	豚ハツ

お父さん：よーし，今日はたくさん食べるぞ。何でも好きなものを注文していいよ。その代わり，牛肉は合計で3人前までね。

花子さん：あれれ，いきなり出鼻をくじかれること言うね。じゃあその分，今まで食べたことのないメニューを色々注文しちゃおう。

お父さん：ところでメニューを見て，牛や豚《ぶた》のどの部分かわかるかい。タンは英語のtongueだから舌のことだとこの前教えたよね。

花子さん：うん，覚えてる。カルビは韓国《かんこく》語が語源で，あばら骨の周りの肉のことね。

お父さん：その通り，よく覚えていたね。 じゃあハラミは。

花子さん：腹の肉かな。お父さん大きいからたくさんとれるね。

お父さん：失礼だな。ハラミは筋肉で出来ている横かく膜《まく》のことだよ。ヒトでは【　①　】の下にあって，この筋肉を動かすことで【　①　】をふくらませて呼吸をしている。

花子さん：そうなんだ。 えーと，レバーは確か【　②　】だったよね。焼く前はこい赤色で，血液が入っている感じだもの。

お父さん：おお，よく知っていたな。【　②　】は血液を貯蔵する臓器だけれど，他にも脂肪《しぼう》の消化を助けるたん汁《じゅう》をつくったり，　A　している。

花子さん：だから栄養たっぷりで貧血にも効果があるね。あまり好きではなかったけれど，レバー注文しちゃおう。

お父さん：では次，ハツはどの部分でしょう。ヒントは英語で言うとheartです。

花子さん：ハート，だから【　③　】のことかな。

お父さん：大正解。【　③　】は　B　ポンプとしてのはたらきをしているよ。筋肉でできているから歯ごたえがあっておいしいよ。

花子さん：そうかぁ。 じゃあ，どんどん注文してジャンジャン焼こう。

お父さん：いや，待て待て，お父さんくらいの年になると脂肪の消化はしづらいから，カルビは少なめにたのむよ。

問1　文中【①】～【③】には臓器の名前が入ります。当てはまるものを(ア)～(オ)から1つずつ選び，それぞれ記号で答えなさい。

（ア）　心臓　　（イ）　かん臓　　（ウ）　じん臓
（エ）　胃　　（オ）　肺

問2　文中 [A] ・ [B] には臓器のはたらきが入ります。当てはまるものを(ア)～(エ)から1つずつ選び，それぞれ記号で答えなさい。

(ア)　食べ物を消化したり殺菌《さっきん》したり

(イ)　血液から二酸化炭素を受け取り，酸素を受けわたす

(ウ)　体の中の有害なものを無害なものに変えたり

(エ)　全身に酸素や栄養分を届けるために血液を送り出す

問3　花子さんが食べた焼き肉は消化管を通る間に分解されていきます。食べ物が通る消化器官を下の図の(ア)～(カ)から記号で選び，食べ物が通る順に並べなさい。(ただし，解答らんの矢印をすべて使用するとは限りません)

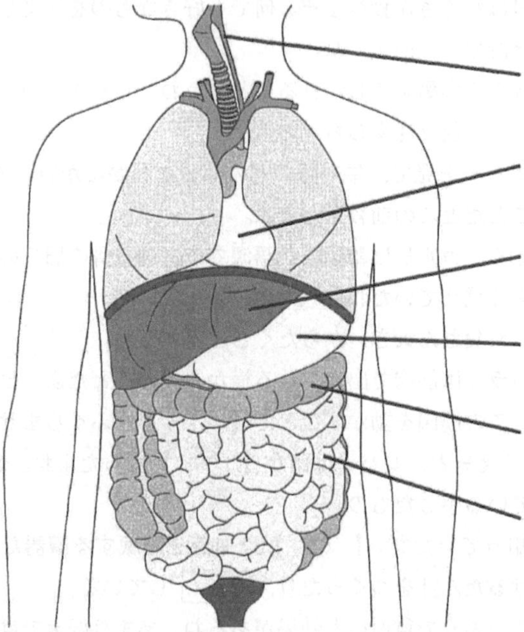

問4　文中下線部，脂肪の消化にかかわる臓器を問3の図中の(ア)～(カ)から1つ選び，そのはたらきを簡単に説明しなさい。

【7】 いわお君は岩石について授業で以下のように習いました。

岩石の大部分は，堆積岩《たいせきがん》，火成岩，変成岩のどれかに分類されますが，今回は堆積岩と火成岩についての授業です。

①堆積岩

堆積岩は，水中などで砂や泥《どろ》，れき（小石）などが堆積して，長い時間かけて押《お》し固められて岩石になったものです。その中で，川によって運ばれたものからできているのが砂岩，泥岩，れき岩です。砂岩は粒《つぶ》の大きさが0.02㎜～2㎜の砂でできていて，0.02㎜以下の粒なら泥岩，2㎜以上の粒なられき岩といいます。

海底で，二酸化ケイ素を多くふくむプランクトンが堆積してできた岩石がチャートです。炭酸カルシウムを多くふくむサンゴやプランクトンが堆積してできた岩石が石灰岩です。チャートは

とてもかたい岩石ですが，石灰岩はひかく的やわらかく，鉄のくぎで傷をつけることができます。石灰岩に塩酸をかけると二酸化炭素の泡《あわ》が発生します。

凝灰岩《ぎょうかいがん》は，火山噴火《ふんか》で降り積もった火山灰が押し固められてできます。水中だけでなく陸上でもできます。

②火成岩

火成岩は，マグマが冷えて固まった岩石で，地上もしくはひかく的浅い地下で固まった火山岩と，地下深い所で固まった深成岩に分けられます。火山岩はマグマが（　A　）冷えて固まったためルーペで見てみると結晶《けっしょう》と結晶になれなかったものがあり，色々な大きさのものが混ざっています。深成岩は（　B　）冷えて固まったため，大きめで同じような大きさの結晶でできています。

火成岩は，マグマにふくまれていた二酸化ケイ素の割合が66％以上だと白い岩石になり，52％以下だと黒い岩石に，52～66％だと灰色の岩石になります。火山岩で二酸化ケイ素を66％以上ふくんでいるのは流紋岩《りゅうもんがん》，52～66％ふくんでいるのは安山岩，52％以下だと玄武岩《げんぶがん》になります。また，玄武岩と同じマグマでできている深成岩は斑《はん》れい岩《がん》で，安山岩と同じマグマでできている深成岩はせん緑岩で，流紋岩と同じマグマでできている深成岩は花こう岩です。

いわお君は習ったことを次のような表にまとめました。

<table>
<tr><td rowspan="6">①</td><td rowspan="3">川で運ばれて固まったもの</td><td>2mm以上の粒が集まってできている</td><td>③</td></tr>
<tr><td>0.02～2mmの粒が集まってできている</td><td>④</td></tr>
<tr><td>0.02mm以下の粒が集まってできている</td><td>⑤</td></tr>
<tr><td rowspan="2">海底に生物が降り積もってできたもの</td><td>二酸化ケイ素を多くふくむ</td><td>⑥</td></tr>
<tr><td>炭酸カルシウムを多くふくむ</td><td>⑦</td></tr>
<tr><td colspan="2">火山灰が降り積もってできたもの</td><td>⑧</td></tr>
<tr><td rowspan="6">②</td><td rowspan="3">火山岩</td><td>黒い岩石</td><td>⑨</td></tr>
<tr><td>灰色の岩石</td><td>⑩</td></tr>
<tr><td>白い岩石</td><td>⑪</td></tr>
<tr><td rowspan="3">深成岩</td><td>黒い岩石</td><td>⑫</td></tr>
<tr><td>灰色の岩石</td><td>⑬</td></tr>
<tr><td>白い岩石</td><td>⑭</td></tr>
</table>

問１　表の①～⑭には下の(ア)～(セ)のどれかが１つずつ入ります。

表の①・④・⑦・⑨・⑭に入れる岩石を，(ア)～(セ)から１つずつ選び，それぞれ記号で答えなさい。

(ア)　玄武岩　　(イ)　花こう岩　　(ウ)　チャート　　(エ)　れき岩

(オ)　安山岩　　(カ)　石灰岩　　(キ)　斑れい岩　　(ク)　砂岩

（ケ） 火成岩　（コ） せん緑岩　（サ） 泥岩　（シ） 流紋岩
（ス） 堆積岩　（セ） 凝灰岩

問2　文中の（A）・（B）に当てはまるものを，(ア)～(ウ)から1つずつ選び，それぞれ記号で答えなさい。

（ア） 海の中で
（イ） ゆっくりと
（ウ） 急速に

問3　堆積岩となった，砂岩，泥岩，れき岩を構成している粒に共通の特ちょうがあります。それはどのようなものですか。(ア)～(エ)から1つ選び，記号で答えなさい。また，そのようになった原因を説明しなさい。

（ア） 必ず化石がふくまれている
（イ） 粒が角ばっている
（ウ） 粒の角がとれて丸くなっている
（エ） 粒が常にぬれている

問4　堆積岩となった，凝灰岩を構成している粒にはどのような特ちょうがありますか。問3の(ア)～(エ)から1つ選び，記号で答えなさい。また，そのようになった原因を説明しなさい。

問5　チャートと石灰岩を見分ける方法を2つ答えなさい。

オ　ほめられることで自信がつき、恥をかいても忘れられない体験になり、上達のきっかけになる。

問七　――線⑤の［　］に入る言葉を、本文中の【　】から十一字でぬき出しなさい。

問八　人前で発表・プレゼンテーションをするとき、あなたはどのようなことが一番大切だと考えますか。その理由もふくめて答えなさい。

七、問題に使用された著作権者が二次使用の許可を出していないため、問題の掲載をしておりません。

（出典：山中恒『ぼくがぼくであること』岩波少年文庫　二〇一八年による）

たら忘れてしまうことが多い。しかし、前に出てきた人は、④経験の密度が濃《こ》いので忘れないのだ。

経験の密度を濃くするためには、恥ずかしがらずに、思い切って人前にさらされることが必要である。そこで思い切ってしまえば意外に何でもないものだ。

物事をはじめても、「うまくなるまでは周りに黙《だま》っておこう」と、こっそり習っている人は多い。しかし、そういう人は決して上達しない。

兼好は、この段の最初でこういっている。

（古文を省略）

【芸能を身につけようとする人は、「上手にできるようになるまでは人に知られないようにこっそりと習って、うまくなってから出ていったら格好《かっこう》いいだろう」といつもいう。しかし、そういう人は一つも芸が身につかない】

つまり、こっそりと習ってうまくなってからなどといっていたら、いつまでだっても絶対に何も身につかないと断言しているのだ。⑤そのいいっぷりが「[　　]」と、実に率直である。

（齋藤孝『使える！『徒然草』』PHP新書　二〇〇五年）

問一　A ～ C に入ることばとして、最も適切なものをそれぞれ次から選び、記号で答えなさい。

ア　たとえ　イ　つまり　ウ　しかし
エ　むしろ　オ　なぜなら　カ　ところで

問二　……線Dの□に身体の一部を表す漢字一字を入れて、慣用句を完成しなさい。

問三　——線①「謙譲の美徳」とはどのようなことですか。簡単に言い換《か》えた部分を十一字でぬき出しなさい。

問四　——線②「ファジーな部分」とありますが、ここではどのようなことですか。最も適切なものを次から選び、記号で答えなさい。

ア　日本の住みやすいところ
イ　ものごとの曖昧なところ
ウ　ものごとをはっきりさせるところ
エ　なにごとも恥ずかしがるところ

問五　——線③「たたき台」について、次の問いに答えなさい。

⑴　ここでの意味として最も適切なものを次から選び、記号で答えなさい。

ア　発表するときに使う机　イ　実験的に行う発表
ウ　検討に用いる見本　エ　積極的に目立つ存在

⑵　「たたき台」と同じ内容を持つ言葉を、——線③より後から十一字でぬき出しなさい。

問六　——線④「経験の密度が濃い」とは、ここではどのような体験を指しますか。次から**あてはまらないものを二つ**選び、記号で答えなさい。

ア　人前に立てば集中力が高まる。
イ　ほかの人の発表を見ることによって、自分のよくないところを発見するきっかけとなる。
ウ　自分一人が先生のチェックを受け、未熟な部分がわかり、訂正《ていせい》するチャンスになる。
エ　うまくなるまで周りに黙っていると、いざ発表するときにびっくりさせることができる。

4 ア のれんに腕押《うで》し　イ 豆腐《とうふ》にかすがい
ウ ぬかに釘《くぎ》　エ 泣きっ面《つら》に蜂《はち》

5 ア 石の上にも三年　イ 雨だれ石をうがつ
ウ 百聞は一見に如《し》かず　エ ちりも積もれば山となる

六、次の文章は、兼好法師《けんこうほうし》の『徒然草《つれづれぐさ》』第百五十段について書かれたものです。あとの問いに答えなさい。本文中の古文と小見出しは省略しています。

いまの日本人の最大の弱点は何かと聞かれたら、人によって、その答えはいろいろ違《ちが》うだろう。公共心がないとか、交渉力《こうしょうりょく》がない、あるいは、やる気を喪失《そうしつ》している、などという人もいるかもしれない。

私は、日本人がやる気がないとも、頭が悪いとも、優しさがないとも思っていない。［A］そんなことよりも、国際的に比較《ひかく》した場合、日本人の最大の弱点は、無駄《むだ》にシャイ（恥《は》ずかしがり）なことである。

恥ずかしがることのよさというのも確かにある。たとえば、恥《はじ》を知る、でしゃばらないなどの①謙譲《けんじょう》の美徳は、現在の日本でも立派に通用する。また、それが通用する社会のほうが、欧米《おうべい》のように「イエス」「ノー」をはっきりさせなくてはならない社会よりも、よほど住みやすい面がある。それは日本文化のよさでもあろう。

日本に長く住み慣れた、あるアメリカ人が久しぶりに母国に帰ったら、親から「はっきりしなさい」と叱《しか》られたという笑い話を聞いたことがある。彼は、日本に住んでいるうちに、日本的な曖昧《あいまい》さ、謙譲を身につけてしまったのであろう。

私は、それはそれで、いろいろな感情をゆるやかに処理していくという②ファジーな部分をうまく活用する面があって、よい文化的な伝統だと思っている。むろん、恥ずかしがることが、謙譲として、有効に機能している場合である。

［B］、恥ずかしがることが、まったく毎駄という場合がずいぶんあるのだ。「そんなことで君が恥ずかしがることは何の意味もない」という場面である。それどころか、物事を上達させるときにD□を引っ張ることにもなる。

たとえばセミナーなどで、「前に出てプレゼンテーションをしてくれないか」と言っても、たいていの場合、さっと出てくる人がいない。人前で恥をかくのを避《さ》けたいからである。

こういう、人前で発表する機会があったら、未熟であっても、積極的に出るようにすべきだ。あえて自分が③たたき台になることが大切なのである。

まず、人前に立てば集中力が高まる。また自分一人を先生がチェックしてくれるので、未熟な部分がはっきりとわかり、訂正《ていせい》するチャンスになる。そこでほめられれば自信がつくし、［C］恥をかいたとしても、忘れられない体験になり、上達のきっかけになる。

いまの自分の力が低いからこそ、講義やセミナーに参加しているわけである。そこで思い切って発表し、失敗したとしても恥だと思わないことが肝心《かんじん》なのだ。

さらに当人だけでなく、他の人たちも、「こうやってはいけないんだ」とか、「こういうやり方がいいんだ」と学ぶことができる。つまり、みんなのためのテキストにもなる。

見ているだけでは、身にしみる実体験にならないので、しばらくたっ

【国語】（四五分）〈満点：一〇〇点〉

一、次の――線の漢字の読みを、それぞれひらがなで書きなさい。

1 山へ植物の採集に行く。
2 仕事に支障をきたす。
3 先生の質問に口頭で答える。
4 父の険しい顔つき。
5 プロ野球選手を志す。

二、次の――線のカタカナを、それぞれ漢字で書きなさい。送りがながある場合は、ひらがなで書きなさい。

1 人のオウライが激しい。
2 疑うヨチがない。
3 水玉モヨウの洋服。
4 病院でもらった薬がよくキク。
5 提案をココロヨク引き受けた。

三、次の各文の【　】に入る最も適切なものをア～キからそれぞれ選び、記号で答えなさい。

1 【　】山のような荷物だ。
2 【　】帰るでしょう。
3 【　】おかけください。
4 【　】一万円持っていたとしたら何に使いますか。

ア かりに　イ まさか　ウ まるで　エ どうぞ
オ たぶん　カ 決して　キ たいそう

四、次の――線が共通して意味する言葉をそれぞれア～オから選び、記号で答えなさい。

1 選手交代のタイミングが最も大切なことだ。
事件解決の重要な手がかりを握《にぎ》っている。
2 友人に本音を包み隠《かく》さず言う。
有力候補にあえて新人を対抗《たいこう》させる。
3 相手に強く要求する。
しめ切りの時刻が近づく。
4 彼を野球の師として尊敬する。
先生に教えを請《こ》う。

ア 迫《せま》る　イ 仰《あお》ぐ　ウ ぶつける
エ かぎ　オ やま

五、次のア～エのことわざの中から、意味が他と異なるものをそれぞれ一つ選び、記号で答えなさい。

1 ア 猫《ねこ》に小判　イ 馬子《まご》にも衣装《いしょう》
ウ 豚《ぶた》に真珠《しんじゅ》　エ 犬に論語
2 ア 釈迦《しゃか》に説法《せっぽう》　イ 河童《かっぱ》に水練
ウ 鬼《おに》に金棒《かなぼう》　エ 猿《さる》に木登り
3 ア 弘法《こうぼう》も筆の誤り　イ 論より証拠《しょうこ》
ウ 河童の川流れ　エ 猿も木から落ちる

2022年度

関東学院六浦中学校入試問題（B－1日程）

【算　数】（45分）　＜満点：100点＞

【注意】 解答用紙，問題用紙に **考え方** と書いてある問題は，答えを求めるために用いた考え方や途《と》中《ちゅう》の式や図などを解答用紙に残しなさい。

[聞き取り問題]

【1】 放送を聞いて，ある本を読んだときの様子について，次の問いに答えなさい。

(1) 1日目は全体の何％を読みましたか。

(2) 2日目は何ページ読みましたか。

(3) この本は全部で何ページですか。

[聞き取り問題]はここまでです。
※放送台本は非公表です。

【2】 次の計算をしなさい。

(1) $2021-1256+818$

(2) $46-9\div3\times(8-2)$

(3) $\frac{1}{3}+\frac{1}{4}+\frac{1}{5}$

(4) $649062\div321$

(5) $\frac{5}{2}\times\frac{7}{6}\div\frac{35}{4}\div\frac{1}{9}$

(6) $1.25+0.25\times2.75-0.125\times1.5$

(7) $2.71\times40+27.1\times3-0.271\times500$

(8) $\{13+(9-2\times3+5)\times4\}-(57\div3-4)$

【3】 次の □ にあてはまる数を答えなさい。

(1) 面積が54km^2で，人口密度が1km^2あたり1208人である都市の人口は □ 人です。

(2) 7dLは □ Lです。

(3) 原価 □ 円の商品に，8％の利益を見込んでつけた定価は3780円です。ただし，消費税は考えません。

(4) 5％の食塩水100gに11％の食塩水200gを混ぜると □ ％の食塩水になります。

(5) □ mの道のりを時速9kmで走ると8分40秒かかります。

⑹ 右の図形の影《かげ》のついた部分の面積は □ cm^2 です。ただし，円周率は3.14とします。

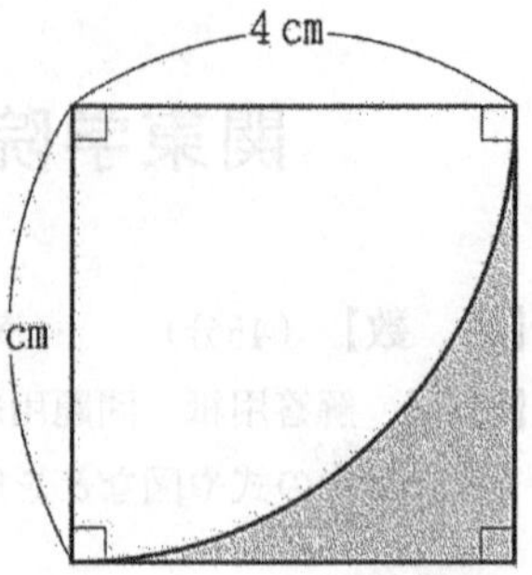

⑺ 国語，算数，理科の点数がそれぞれ76点，63点，69点で，これに社会の点数 □ 点を合わせると４教科の平均点は76点です。

⑻ ５円玉，10円玉，50円玉があわせて72枚あります。５円玉，10円玉，50円玉のそれぞれの合計の金額の比が２：11：15のとき，５円玉の枚数は □ 枚です。

【4】 次の問いに答えなさい。

⑴ 27個の同じ大きさの立方体が，縦横３個ずつ３段にすきまなく積み重ねられています。右の図のように，４ヶ所の ■ の部分へ，十分に長い棒を表面に垂直な方向に通します。そのとき，棒が通っていない立方体は何個ですか。

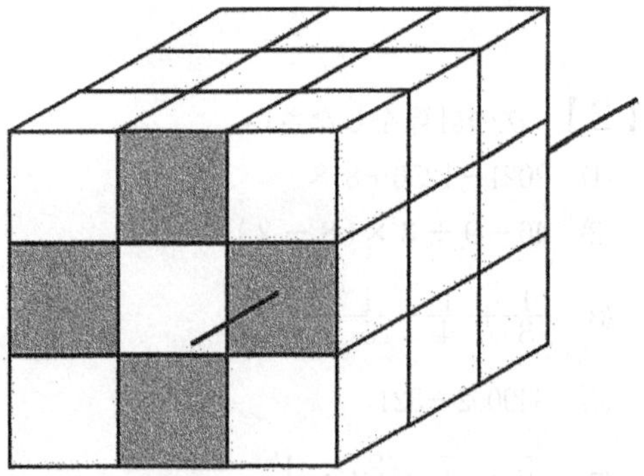

⑵ 90個の同じ大きさの立方体が，縦が５個，横が６個を１段として３段にすきまなく積み重ねられています。下の図のように，15ヶ所の ■ の部分へ，表面に垂直な方向に⑴と同じように棒を通します。そのとき，１本も棒が通っていない立方体は何個ですか。ただし，棒同士はぶつからないものとします（考え方や途中の式を書きなさい）。 **考え方**

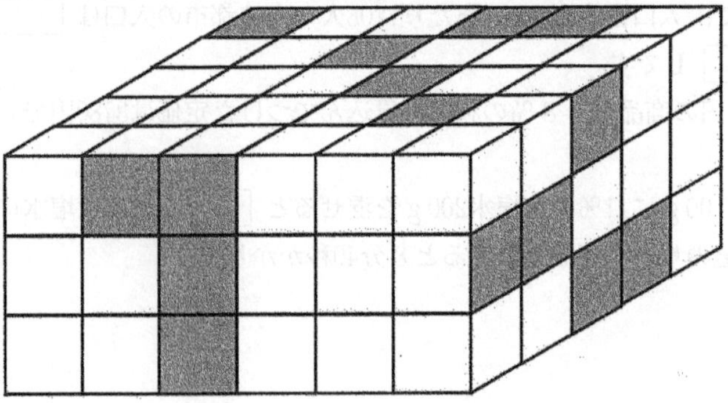

【5】 [図1]のように，縦と横に等間隔《とうかんかく》に並んだ16個の点があります。ここに，かぎりなく長い直線を引きます。例えば，[図2]は[図1]に2個の点を通る直線を引いたものです。次の問いに答えなさい。

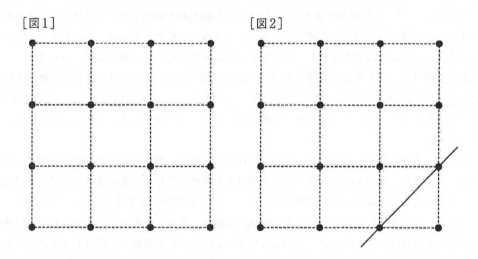

[図1]

[図2]

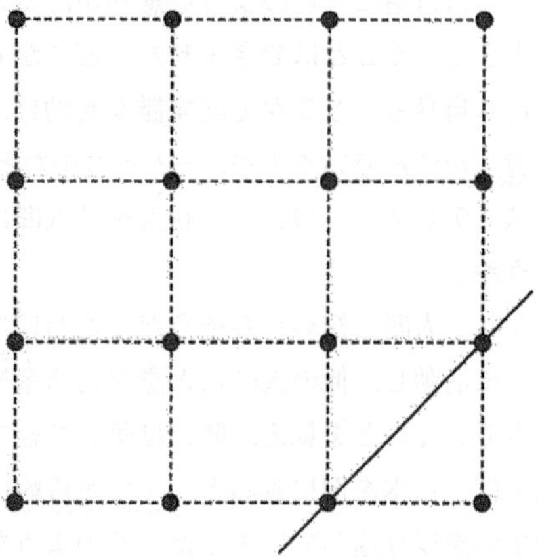

(1)　4個の点を通る直線は全部で何本引けますか。

(2)　2個の点だけを通る直線は全部で何本引けますか。

【社 会・理 科】（50分） ＜満点：各50点＞

【1】 次の文章を読んで，下の各問いに答えなさい。

「人間は（　ア　）的動物である」 これは今から約2400年前の学者，アリストテレスの言葉です。この言葉にはどのような意味があるのでしょうか。私たち人間は，他の動物のように一人で生きていくことはできません。どこかで誰《だれ》かに助けてもらい，誰かに頼《たよ》っています。そして私たち自身も，どこかで必ず誰かを助け，誰かに頼られているのです。①現在，地球上には約78億人が住んでいますが，一人ずつをたどっていけば，多くの人につながっていくはずです。アリストテレスはこのような状況《じょうきょう》を「人間は（　ア　）的動物である」と言ったのではないでしょうか。

しかし，人間も初めからそうだったわけではありません。最初は他の動物のように「生きるため」に活動し，他の人のことを考える余裕《よゆう》はありませんでした。そのような中で人々はともに生きていくことを覚え，時には争いを経て，（　ア　）集団としてまとまっていきます。

例えば，日本を例にみると，②今から約1800年前は，ある一部の地域でまとまり，隣《となり》の地域との争いを繰《く》り返していました。そのような争いを治め，日本列島の大部分をまとめたのが大和朝廷で，今から約1400年前の西暦《せいれき》593年には＜　A　＞がおばの推古天皇を助ける（　イ　）の地位につき，603年には冠位十二階を定め，翌年には（　ウ　）を定めて日本を天皇中心の国にしようとしていました。しかし，その後も，③誰が日本をまとめるか，という権力争いにより，何度も④争いを繰り返しています。

世界で見たらどうでしょうか。日本が鎖国を解き，世界に目を向けるようになった今から約160年前からでも，数多くの争いが起きています。例えば，1914年にはドイツを中心とした第一次世界大戦が起き，1939年には第二次世界大戦が起きています。特に第二次世界大戦では，⑤数十万の人々を一瞬《しゅん》にして死なせてしまう新兵器が使用され，人々は戦争の悲惨《ひさん》さを反省したにもかかわらず，⑥今でも多くの地域で紛争《ふんそう》が起きているのが現状です。

［1］ 上の文章中の空らん（ア）に最もよくあてはまる語を漢字2字で答えなさい。

［2］ 波線部①について，人口が多い国を多い順に5つ並べた時，どのような順番になりますか。下の1～4より1つ選び，番号で答えなさい。

1．中華人民共和国→インド→アメリカ合衆国→インドネシア共和国→パキスタン・イスラム共和国

2．インド→中華人民共和国→インドネシア共和国→パキスタン・イスラム共和国→アメリカ合衆国

3．中華人民共和国→インド→パキスタン・イスラム共和国→アメリカ合衆国→インドネシア共和国

4．インド→中華人民共和国→インドネシア共和国→アメリカ合衆国→パキスタン・イスラム共和国

［3］　波線部②について，下の(Ⅰ)・(Ⅱ)の問いに答えなさい。

（Ⅰ）　この時代に邪馬台国の王として国をまとめていた女性は誰ですか。漢字で答えなさい。

（Ⅱ）　この女性は当時，大陸をまとめていた国より「親（　　　）倭王」の称号《しょうごう》を与えられました。(　)の中に最もよくあてはまる国名を下の１～４より１つ選び，番号で答えなさい。

１．漢　　２．隋　　３．魏　　４．秦

［4］　前のページの文章中の空らん＜A＞に最もよくあてはまる人名を答えなさい。

［5］　前のページの文章中の空らん(イ)・(ウ)に，それぞれ最もよくあてはまる語を下の１～８より選び，番号で答えなさい。

１．将軍	２．関白	３．太政大臣	４．摂政
５．大宝律令	６．十七条の憲法	７．大日本帝国憲法	８．日本国憲法

［6］　波線部③について，その後，日本では政治の中心がおかれていたところの地名から，その時代を「～時代」と呼ぶようになりました。 その時代の順番が正しいものを下の１～４より１つ選び，番号で答えなさい。

１．奈良時代→平安時代→飛鳥時代→室町時代
　　→安土・桃山時代→鎌倉時代→江戸時代

２．奈良時代→平安時代→飛鳥時代→安土・桃山時代
　　→室町時代→鎌倉時代→江戸時代

３．飛鳥時代→奈良時代→室町時代→平安時代
　　→鎌倉時代→安土・桃山時代→江戸時代

４．飛鳥時代→奈良時代→平安時代→鎌倉時代
　　→室町時代→安土・桃山時代→江戸時代

［7］　波線部④について，日本で次のあ～えの戦いがあった場所はそれぞれどこですか。下の地図中より選び，番号で答えなさい。

あ．壇ノ浦の戦い	い．桶狭間の戦い
う．応仁の乱	え．関ヶ原の戦い

［8］ 波線部⑤について，この新兵器は日本に投下され，多くの犠牲《ぎせい》者を出しました。この新兵器を何と言いますか。漢字4字で答えなさい。

［9］ 波線部⑥について，今でも世界各地で紛争が起きています。第二次世界大戦以降，次のあ～うの紛争が起きた，または起きている場所はそれぞれどこですか。下の地図中より選び，番号で答えなさい。

あ．湾岸戦争　　い．アフガニスタン紛争　　う．パレスティナ紛争

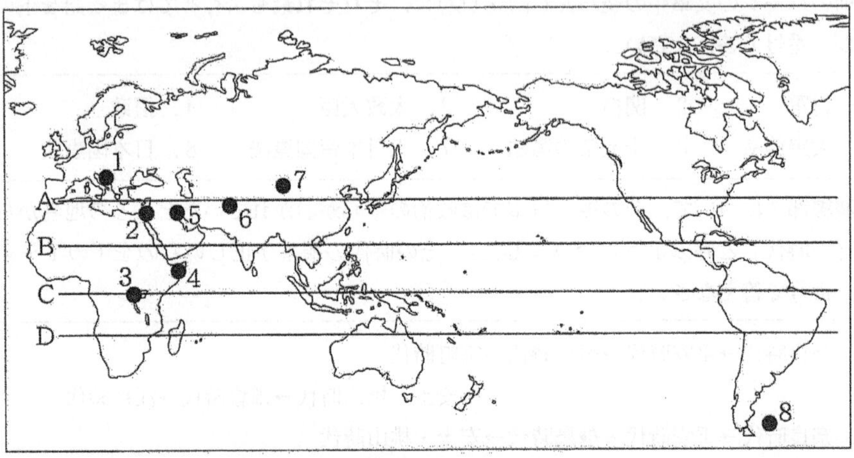

［10］ 上の世界地図上にあるA～Dの線のうち，赤道はどれですか。正しいものを1つ選び，記号で答えなさい。

［11］ 地球上では，いつの時代でも紛争が絶えません。国際連合の中のある機関では，その「憲章の前文」に次のような文があります。この文に関する下の(Ⅰ)・(Ⅱ)の問いに答えなさい。

戦争は，人の心の中で起きるものであるから， 人の心の中に＜　B　＞のとりでを築かなければならない。

(Ⅰ) 空らん＜B＞に最もよくあてはまる語を漢字で答えなさい。

(Ⅱ) この機関は，世界遺産などを決定する機関でもあります。この機関とは何ですか。

［12］ 地球上から戦争をなくすためには，どうしたらよいと思いますか。あなたの考えを20字以上，40字以内で述べてください。

［13］ 地球上には「紛争・戦争」以外にも様々な問題があり，その一つとして地球環境《かんきょう》問題があげられます。次のA～Cの地球環境問題の原因となるものを下のア～オよりそれぞれ1つ選び，さらにその結果起きることを次のページの1～5より1つ選びなさい。

A．酸性雨　　B．オゾン層の減少　　C．熱帯雨林の減少

原　因

ア．フロンガス	イ．マイクロプラスチック
ウ．森林伐採《ばっさい》や焼き畑	エ．工場や自動車などの排出《はいしゅつ》ガス
オ．地下水のくみ上げ	

結　果

1．多くの紫外線《しがいせん》が地球に降り注ぐ
2．森林などを枯《か》れさせる
3．地球上の酸素量が減る
4．海中の魚や動物が多く死んでしまう
5．地盤沈下《じばんちんか》が多発する

【2】 日本では「三権分立」という制度が採用されています。「三権分立」に関する次の図を見て，下の各問いに答えなさい。

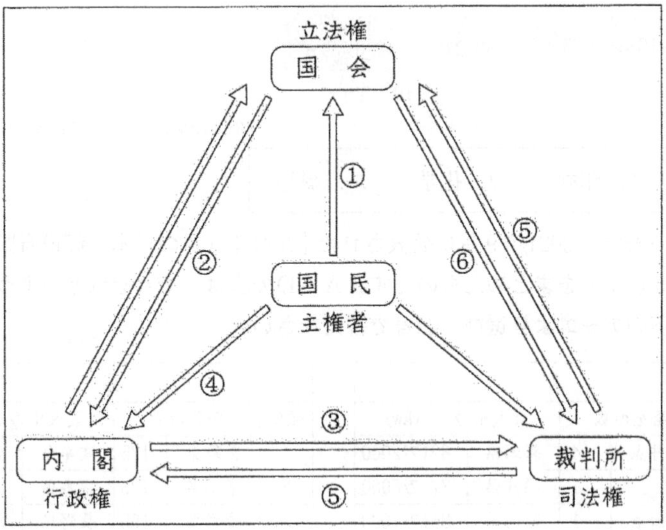

［1］ 国のしくみは，選挙（①）→②→国務大臣の任命→最高裁判所長官の指名・その他の裁判官の任命（③）の順番で作られていきます。②にあてはまるものは何ですか。解答用紙にあてはまるように漢字で答えなさい。

［2］ 主権者としての国民は，内閣に対してどのような形でその意見を表明しますか（④）。漢字2字で答えなさい。

［3］ 司法権を持っている裁判所は，国会や内閣が決めた法律や命令などが，憲法に違反《いはん》していないかどうかを判断する権限（⑤）を持っています。この権限を何と言いますか。漢字7字で答えなさい。

［4］ 国会は裁判官をやめさせる権限を持っています（⑥）。国会内に設置される，裁判官をやめさせるかどうかを判断する機関を何と言いますか。漢字5字で答えなさい。

［5］ 昨年，日本では全国で①の選挙が実施されました。この選挙は何を選んだのですか。漢字5字で答えなさい。

【3】 日本の工業について，下の各問いに答えなさい。

［1］ 次のページのグラフは，中京工業地帯，阪神工業地帯，瀬戸内工業地域，京浜工業地帯の製造品出荷額をまとめたものです。各工業地帯・地域の製造品は，それぞれ同じ順番でグラフが作られています。グラフの中のA・Bはそれぞれ何ですか。あとのア～エより選び，記号で答えなさい。

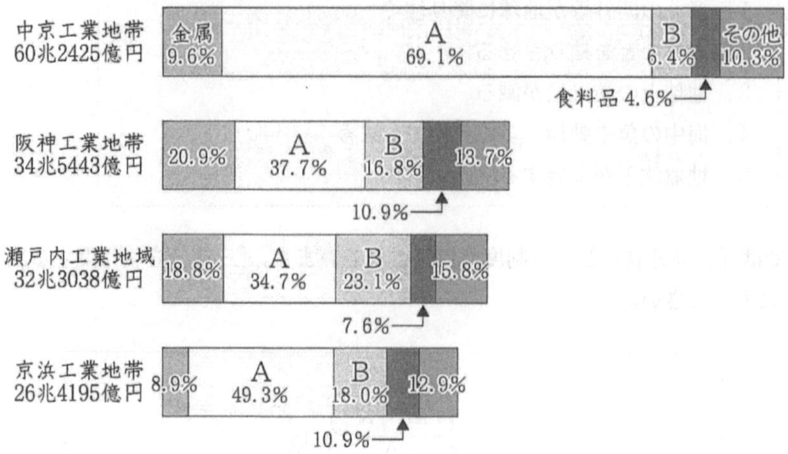

（2021／22年版「日本国勢図会」による）

ア．繊維《せんい》	イ．印刷	ウ．化学	エ．機械

［2］ 次の6つの表は，2021年9月に公表された「2021年5月の日本の都道府県別の発電所数と出力数」の上位5位までをまとめたものです。A～Dの表は，それぞれどのような発電方法を指していますか。下のア～エより選び，記号で答えなさい。

A

順位	発電所数		最大出力計（kw）	
1	福井県	4	新潟県	821万2000
2	11の道府県同数	1	福井県	773万8000
3		1	静岡県	361万7000
4		1	佐賀県	236万0000
5		1	北海道	207万0000

B

順位	発電所数		最大出力数（kw）	
1	長野県	175	岐阜県	446万6774
2	富山県	126	福島県	397万3025
3	岐阜県	100	長野県	378万7992
4	北海道	98	新潟県	331万4601
5	福島県	94	兵庫県	325万3480

太陽光発電

順位	発電所数		最大出力計（kw）	
1	茨城県	235	福島県	97万2561
2	千葉県	188	北海道	84万6377
3	鹿児島県	169	茨城県	84万0376
4	北海道	144	岡山県	81万0960
5	三重県	140	宮城県	72万2764

C

順位	発電所数		最大出力計（kw）	
1	北海道	56	青森県	59万4260
2	青森県	44	北海道	42万3334
3	秋田県	28	秋田県	40万8218
4	静岡県	26	鹿児島県	23万3460
5	長崎県	22	三重県	20万2000

D

順位	発電所数		最大出力計（kw）	
1	東京都	36	千葉県	1999万7938
2	北海道	34	愛知県	1751万2830
3	鹿児島県	29	神奈川県	1591万4543
4	神奈川県	27	福島県	1237万9600
5	沖縄県	26	茨城県	1119万440

総合計

順位	発電所数		最大出力計（kw）	
1	北海道	334	千葉県	2061万7989
2	茨城県	265	愛知県	2017万4048
3	鹿児島県	256	新潟県	1969万8293
4	福島県	234	福島県	1751万1166
5	千葉県	224	神奈川県	1637万4909

（経済産業省 資源エネルギー庁ＨＰより作成）

ア．風力発電	イ．火力発電	ウ．原子力発電	エ．水力発電

【４】　図１はビニール袋《ぶくろ》の中に氷，水（液体），水じょう気を入れた状態を模式的に表しています。なお，◯は水の粒《つぶ》を表しています。次の問いに答えなさい。

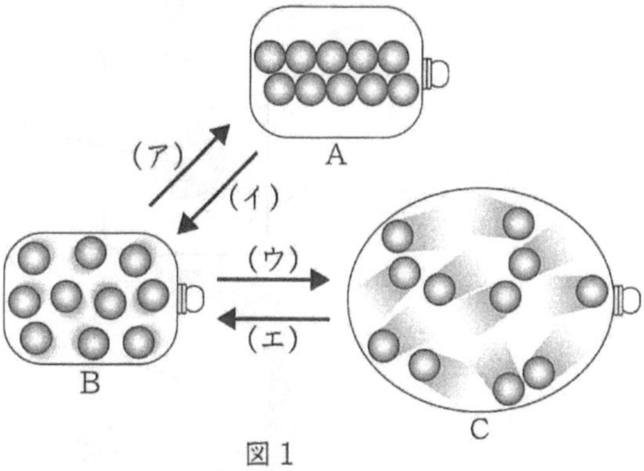

図１

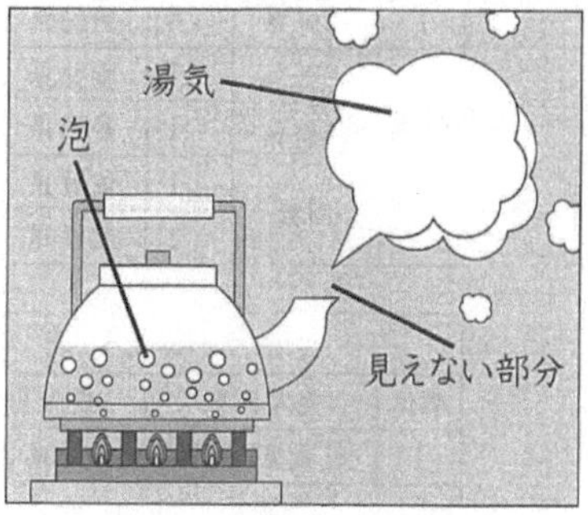

図２

問１　図１のＡ～Ｃは氷，水（液体），水じょう気のどれをそれぞれ表していますか。

問２　図１の（ア）～（エ）で加熱していることを表すものを２つ選び，記号で答えなさい。

問３　図１のＢからＣに変化したとき，水の粒はどのようになりますか。30字程度で説明しなさい。

問４　図２はやかんに入れた水がふっとうしているようすを表しています。図中の「湯気」「見えない部分」「泡《あわ》」は，それぞれ水（液体），水じょう気のどの状態ですか。

問５　やかんに水を入れてふっとうさせた後，やかんのふたの内側を見ると，水てきがついていました。この水てきはどのようにしてついたのか簡単に説明しなさい。

【５】　台ばかりの上に水だけが入ったビーカーをのせています。台ばかりの値は340ｇでした。次の問いに答えなさい。

問１　下図のようにビーカーに80ｇの物体を入れたとき，

①物体が受ける浮力《ふりょく》の大きさ

②台ばかりがしめす値

をそれぞれｇで答えなさい。

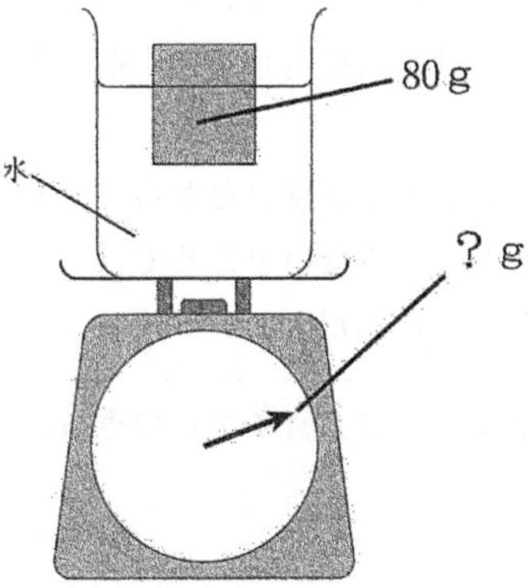

問２　右図のようにビーカーにばねばかりにつないだ100ｇの物体を入れると，ばねばかりは60ｇを示しました。そのとき，

③物体が受ける浮力の大きさ

④台ばかりがしめす値

をそれぞれｇで答えなさい。

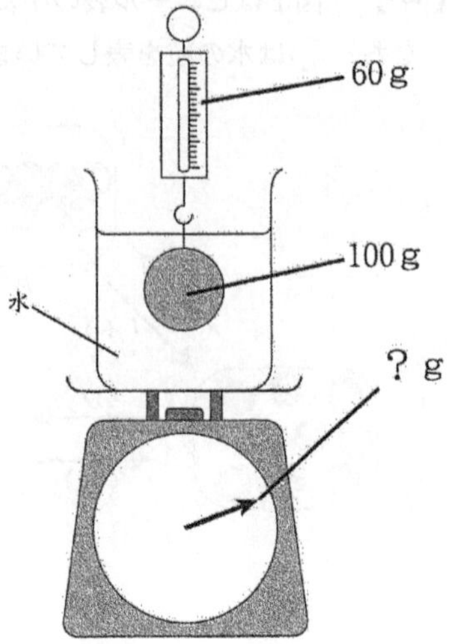

問３　次の物体を水中にしずめたとき，受ける浮力の大きさが大きい順に並べかえ，記号で答えなさい。

（ア）テニスボール　（イ）ビー玉　（ウ）ゴルフボール　（エ）バスケットボール

問４　浮《う》き輪《わ》に空気を入れる理由を20字以内で説明しなさい。

【６】 太郎さんと花子さんは学校の畑に植えられた植物について話をしています。２人の会話文を読んで，次の問いに答えなさい。

花子さん　今年の収穫《しゅうかく》はゴーヤにナス，ヘチマ，トマト，それにコメ（イネ）も。

太郎さん　野菜も種子も，たくさんとれたね。

花子さん　ゴーヤやナス，ヘチマなどの野菜は種子を取るために，いくつか実をならせておいたね。

太郎さん　その分，食べる分が減ってしまったけれど，一つの種子からまたたくさんの野菜が取れるから，来年も楽しみだ。

花子さん　そう言えば，種もみは去年の先ぱいたちが残してくれたものだったね。良い種もみだけを選別して種まきをして，苗《なえ》を５月に田んぼに植えたんだっけ。

太郎さん　夏休みには交代で田んぼの水を足したり，畑に水やりをしたり，暑い中大変だったね。

花子さん　でも，今年の夏は良いお天気が続いたから，大きく育ったんだ。

太郎さん　きっと先生も，私たちの知らないところで【　　　】などをして，作物が大きく育つのを手伝ってくれていたんだよ。

問１　ゴーヤ，ナス，ヘチマ，トマト，コメ（イネ）のうち，⑴～⑶のような特ちょうを持つ植物をそれぞれすべて選びなさい。

⑴　雄花《おばな》と雌花《めばな》がある

⑵　かんそうさせた果実のせんいはたわしのように用いられる

⑶　主に種子のはい乳の部分を食用とする

問２　文中下線部について，良い種もみはどのような方法で選別しますか。

以下の文のA・Bから適する語句をそれぞれ選びなさい。

「たくさんの種もみをA（水道水・塩水）の入ったバケツに入れて，

B（浮《う》いた・沈《しず》んだ）ものが良い種もみである」

問３　文中【　】について，「植物が大きく育つために必要な要素」を考えた上で【　】に適する文を20字以内で書きなさい。ただし，会話文の中に出てくる他の要素とは異なるものとします。

問４　下は植物による壁面《へきめん》緑化をしているあるビルの写真です。このように建物の周りを植物でおおうことは，どのような利点と欠点がありますか。簡単に説明しなさい。

【７】　下図は，月の表面に立って，地球をながめた図です。次の問いに答えなさい。

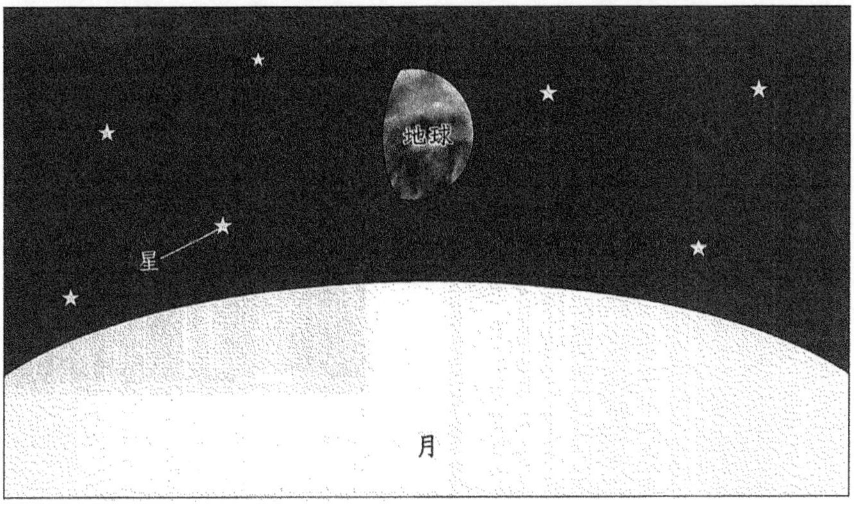

問１　太陽は図のどちらの方向にありますか。（ア）～（オ）から１つ選び，記号で答えなさい。

（ア）　図の上の方　　（イ）　図の右の方　　（ウ）　図の下の方

（エ）　図の左の方　　（オ）　図の地球の裏側

問２　地球で月食が見えるとき，月から見て地球はどのような見え方をしますか。（ア）～（エ）から１つ選び，記号で答えなさい。

（ア）　満月のようにまん丸に見える

（イ）　新月のようにずっと見えない

（ウ） 満月のような形から細くなっていき，やがて新月のようになる。その後，また満月のようになる

（エ） 新月のような形から太くなっていき，やがて満月のようになる。その後，また新月のようになる

問3 前のページの図のように見えたのはずっと昔のことで，現在は夜側の地球にたくさんの光るものが見えます。その光の正体は何ですか。

問4 図のとき，図の月の表面は太陽に照らされていて明るいので昼です。しかし，空は黒い色をしていて星が見えます。月の空は昼も夜もこのように見えます。地球では昼に空を見ると青空だったりくもっていたりしますが，夜空のように黒く見えることはありません。地球で黒く見えないのはなぜですか。月とのちがいを挙げて，説明しなさい。

エ　友人に内緒《ないしょ》で野生動物を独占して飼っていることを注意しに来た。

問七　――線⑤「餌やりを善とするか悪とするかはさまざまな意見に分かれている」とありますが、本文の言葉を使ってなぜ「善」か「悪」かそれぞれの理由を答えなさい。「悪」については自分と他人の立場から二つをそれぞれ答えること。

問八　――線⑥「凜は躊躇なくうなずいた」の「躊躇なく」は「ためらうことなく」という意味ですが、この時の凜の気持ちを表すものとして、最もふさわしいものを次の中から選び、記号で答えなさい。

ア　反抗《はんこう》　イ　確信　ウ　拒絶《きょぜつ》　エ　希望

問九　⑦ にあてはまる最もふさわしい内容を、本文から十四字でぬき出しなさい。

問十　――線⑧「そもそも許されざる関係だったのは間違いない」とありますが、「許されざる関係」とは誰《だれ》と誰のどのような関係ですか。本文の内容を元に十八～二十字で答えなさい。

問十一　――線⑨「よし、じゃあ木の板を探そう！」とありますが、この行動の理由として最もふさわしいものを次の中から選び、記号で答えなさい。

ア　凜たちが排水溝に入って子ダヌキを逃がすため。

イ　排水溝の塞がりを掘って子ダヌキを逃がすため。

ウ　子ダヌキに触れずに逃がしてあげるため。

エ　子ダヌキを排水溝から追い立てるため。

こちらを見やっていた。相変わらずくりくりとした瞳がかわいらしい。

「凜ちゃん、この子ダヌキ、助けたいよね」

「うん」

⑨「よし、じゃあ木の板を探そう！」

軽快に言って立ち上がった。

ふたりで空き地を探索《たんさく》すると、ちょうどいい木の板が見つかった。これを蓋に引っかけるようにして、斜《なな》めに排水溝にかけた。この板を上れば子ダヌキでも脱出《だっしゅつ》できるはずだ。

少し離れて見守っていると、警戒《けいかい》した様子で子ダヌキが板を上ってきた。わたしたちを見つけ、しばし視線を交わしたあと、たたっと逃《に》げるように去っていった。

あっ、という凜の小さな叫《さけ》び声が、夕焼けに染まりつつある空き地に悲しく漂《ただよ》う。伸《の》ばした小さな手は虚空《こくう》だけを摑《つか》んでいた。

こうして一週間あまりにわたる凜と子ダヌキの物語は終焉《しゅうえん》を迎《むか》えた。

（伽古屋圭市『かすがい食堂』小学館文庫　２０２１年）

問一　[A]～[D]にふさわしいものを次の中からそれぞれ選び、記号で答えなさい。同じ記号は一度しか使いません。

ア　こっそり　　イ　はっと

ウ　とても　　エ　やがて

問二　══線a・bの意味として最もふさわしいものを次の中からそれぞれ選び、記号で答えなさい。

a　お目こぼし

ア　見逃《のが》す　　イ　抜《ぬ》け出す

ウ　言わない　　エ　許してあげる

b　センシティブ

ア　重要ではっきりとした　　イ　簡単で分かりやすい

ウ　微妙《びみょう》で慎重《しんちょう》を要する　　エ　曖昧《あいまい》でしっかりとした

問三　――線①「凜が密かに〝飼っている〟動物」とは何ですか。本文から四字でぬき出しなさい。

問四　――線②「凜の戸惑いはつづいていた」とありますが、凜の「戸惑い」の内容として最もふさわしいものを次の中から選び、記号で答えなさい。

ア　楓子さんっていう人はいったい誰《だれ》だろう。

イ　駄菓子屋さんってどこにあるのだろう。

ウ　なぜ知らない人に声をかけられたのだろう。

エ　ここを知っているのは友人だけだったはずだろう。

問五　――線③「野生の動物に触っちゃいけないと友人に止められ」とありますが、その理由が書かれた中心となる一文をぬき出し、最初の五字を答えなさい。句読点は字数に数えます。

問六　――線④「わたしはここに来た理由を説明する」とありますが「理由」として最もふさわしいものを、次の中から選び、記号で答えなさい。

ア　犬猫や野生の動物を親などの大人に無断で飼ってはいけないと教えに来た。

イ　犬猫や野生の動物に勝手に人間の食べ物を餌として与えることはよくないことだと教えに来た。

ウ　友人から野生の動物は触ってはいけないと言われたのに触っていたので教えに来た。

ただ、野良猫に迷惑《めいわく》を受けている人がいるのは事実で、自治体によっては餌やりを禁じている場合もある。自己満足のためだけの、安易な気持ちでの餌やりはやはり控《ひか》えるべきだろう。

「ひとつ質問だけど、もし穴に落ちていたのが野良猫だったとしても、同じように餌をあげてた？」

うん、⑥と凛は躊躇《ちゅうちょ》なくうなずいた。

「だってかわいそうだもん」

とても素直で、まっとうな気持ちだと思う。

「凛ちゃんがそう感じたのはいいことだと思う。正しいことだと思う。でも、いつまでつづけるつもりだったの」

それは……、と彼女は俯《うつむ》いた。責めているわけではないと伝わるよう、優しく語りかける。

「繰《く》り返すけど、穴に落ちた動物をかわいそうだと思って、餌をあげた凛ちゃんの気持ちは正しいと思うの。でも、最後まで責任を持つことはできないよね。こういう状況でなかった場合も含めてだけど、たとえば勝手に餌をやっていた動物がほかの人に迷惑をかけていた場合でも、やっぱり凛ちゃんは［⑦］」

「うん……」

悲しげに俯いた凛の肩《かた》に、静かに片手を載《の》せた。

「でもさ、今回の場合はわたしとしてはよかったと思うよ。なにも考えずに安易に餌を与えるのは、やっぱりよくないとは思うんだ。人と動物は住む世界が違《ちが》うし、接し方には慎重《しんちょう》さが求められる。でも、この子ダヌキは閉《と》じ込《こ》められてしまっていたわけだし、緊急避難《きんきゅうひなん》としての餌やりは正しいことだったとわたしは思う」

「きんきゅう……？」

「えっと、つまり、とりあえずオッケーってこと」

そう言って笑うと、凛の表情も和《やわ》らいだ。とはいえ、とまじめな顔に戻《もど》る。

「野生の動物はいろんな病気を持っているかもしれないし、密接な関《かか》わりはやっぱりよくなかったと思う。大人の人に相談するべきだったかな」

「うん……」

寂《さび》しげにうなずく彼女の気持ちは痛いほどわかる。自宅でペットを飼えない代わり、ここで子ダヌキを育てている気持ちだったのだろう。だからこそ彼女は誰にも見つからないよう密《ひそ》かにこの場に赴《おもむ》いていた。この子ダヌキを独占《どくせん》したかったのだ。

けれど相手は野生動物だ。⑧そもそも許されざる関係だったのは間違いない。

あらためて、こういう場合の対処法をスマホで調べた。

なんとなくは知っていたけれど、やはり東京都内にはかなりの数のタヌキが生息しているらしい。一時期話題になったハクビシンなどもだ。

そして野生のタヌキに出会ったときの対処は、基本として「放置」だそうだ。捕獲《ほかく》や駆除《くじょ》の必要はなく、餌をやってもいけない。

救助の必要がある場合でも、勝手に捕獲すると鳥獣《ちょうじゅう》保護法に触《ふ》れる可能性がある。もちろん危険も伴《ともな》うので、しかるべき機関に連絡《れんらく》するのがいちばん間違いがない。ただし触れずに逃《に》がしてあげられるのなら、その手助けをするくらいは問題がないようだった。

目の前の排水溝を覗《のぞ》くと、子ダヌキは少し離《はな》れた場所から窺《うかが》うように

声をかけると、［A］彼女《かのじょ》は振《ふ》り向《む》いた。すぐには誰《だれ》だかわからない様子で戸惑《とまど》った表情を浮《う》かべたものの、［B］気づいてくれたようだった。

「うん。駄菓子屋《だがしや》かすがいのおばちゃん。楓子《ふうこ》、っていうんだけど」

「楓子、さん……？　なんで……」

②凜の戸惑いはつづいていた。

さて、餌《えさ》をやっていたのは犬か猫《ねこ》かと覗《のぞ》き込む。今度はわたしが戸惑う番だった。

タヌ、キ……？

凜の前には排水溝《はいすいこう》のような、思いのほか深い溝《みぞ》がある。そのなかでこちらを見上げているのは明らかに犬や猫ではなく、タヌキと思《おぼ》しき動物だった。子ダヌキであろうか、［C］小さくかわいらしい。黒々《くろぐろ》としたつぶらな瞳《ひとみ》には、守ってあげたくなる汚《けが》れなき光が宿っていた。

「タヌキ？　タヌキに餌をあげてたの？」

半ばひとり言のように問いかけると、うん、と凜は返事をした。

「ここから、出られなくなったみたいで」

そういうことか、と排水溝を見やる。いまは完全に使われていないようで、左右ともに行き場がなく塞《ふさ》がっている様子だった。そのため蓋《ふた》の外れた部分が落とし穴のようになっている。その穴に子ダヌキは落ちて、脱出《だっしゅつ》できなくなった。

先週、凜は友人とともにこの子ダヌキを見つけた。彼女は助け出そうとしたのだが、③野生の動物に触《さわ》っちゃいけないと友人に止められ、断念したらしい。けれどほっとくこともできず、毎日のようにやってきては、餌を与《あた》えていたようだ。食事の残り物を用意できなかったときは、冷蔵庫から［D］ソーセージを拝借したり、お小遣《こづか》いで買ったこともあったという。

ともあれ友人の助言は正しく、軽率《けいそつ》な行動に出なかったことは幸いだった。たとえ犬猫でも野生と化した動物はどんな病気を持っているかわからないし、万が一にも噛《か》まれたりしたら大変危険だ。たんなる怪我《けが》では済まない場合もある。近距離《きんきょり》で頻繁《ひんぱん》に接することも、本来はよくないことかもしれない。

「それはさておき、タヌキだったら玉ねぎも大丈夫《だいじょうぶ》なのかな」

漏《も》れたひとり言に、凜は首を傾《かし》げた。④わたしはここに来た理由を説明する。ネギ類が中毒を起こすことはやはり知らなかったようだ。

「そっか。犬や猫に玉ねぎはダメなんだ……」

「うん。あとはチョコレートとか、イカやタコなんかもね」

「タヌキは？」

「えっと、タヌキは……」スマホで調べる。「大丈夫、そうかな。とくに問題はなさそう。でもね――」

凜の隣《となり》にしゃがみ、彼女を真正面に見据《みす》える。

「野良《のら》猫も含《ふく》めてなんだけど、野生の動物に勝手に餌をあげるのはよくないことなの」

「なんで？」

純粋《じゅんすい》な瞳に見つめられ、b言葉に詰《つ》まる。

この先は、とてもセンシティブな問題だ。まさかタヌキとは思わず野良猫の扱《あつか》いしか調べていなかったけれど、⑤餌やりを善とするか悪とするかはさまざまな意見に分かれている。大人とて、なにが正解かはわからない。

b　ア　年輪　　イ　月輪　　ウ　週輪　　エ　日輪

問三　――線①「アナゴの誕生日なんて、当ててどうするの?」という疑問の答えとして、最も説明されている部分を、本文から十二字でぬき出しなさい。

問四　――線②「移動距離が数千キロメートルとも言われるウナギの回遊の秘密が、米粒みたいな耳石の存在から解き明かされていく」とありますが、「回遊の秘密」が「耳石」からどのように分かるのですか。最もふさわしいものを次の中から選び、記号で答えなさい。

ア　耳石の大きさから産卵場所が分かり、どのように回遊していたかを推理することができる。

イ　他の魚の耳石の比較《ひかく》からウナギがどの地域を回って来ることが多いのか推理することができる。

ウ　耳石の年齢ごとのカルシウム量から、いつ頃《ごろ》どの海域にいたか推理することができる。

エ　耳石の年輪の間隔から成長のスピードや住んでいた環境がわかり具体的に回遊したコースを推理できる。

問五　――線③「僕はスキューバダイビングをするときにいろいろな船に乗り、いろいろな状況の船酔いも経験してきましたが、いまだにあのアナゴ採りの時以上のものはないと断言できます」とありますが、「あのアナゴ採りの時以上」の「船酔い」がないと「断言できる」理由を「～だったから」に続くよう、本文から八～十字で二つぬき出しなさい。

問六　――線④「毎日生き物と向き合っている現場の方々は、研究者以上に本当に多くのことを知っているものです」の「現場の方々」は誰《だれ》で、「多くのこと」とは具体的に何ですか。本文の言葉を使い、まとめて答えなさい。

問七　――線⑤「海の研究の、ちょっと得する一側面です」の「ちょっと得する一側面」を本文から十三字でぬき出しなさい。

問八　本文の内容として最もふさわしいものを次の中から選び、記号で答えなさい。

ア　アナゴの耳石の研究をすることによって、ウナギの一生が分かるようになったこと。

イ　地味で目立たない研究にも意味があり、分かったことが面白くロマンあふれていたということ。

ウ　研究室で学ぶべきことよりも、実際に海に出て体験したことがその後の人生で活《い》きているということ。

エ　アナゴの研究から他の魚の研究の仕方、生活のリズムや学ぶ姿勢が身についたということ。

七、次の文章を読んで、問いに答えなさい。

この空き地に、凛《りん》が密《ひそ》かに〝飼っている〟動物がいるのは間違《まちが》いない。

門柱の陰《かげ》から出て、わたしも空き地へと向かう。木杭《きぐい》に渡《わた》された鉄線は間隔《かんかく》が広く、大人でもくぐるのは容易だった。完全に放置されている土地のようだし、私有地への不法侵入《しんにゅう》である点は<u>お目こぼし</u>(a)願いたい。

すぐに空き地の端《はし》にしゃがんでいる凛を見つけた。

鳴き声は聞こえないけれど、「どう、おいしい?」と話しかける声が聞こえる。今日も持ってきた食べ物を与《あた》えているようだ。

「凛ちゃん」

ができるのです。

実際に、以前、全国的なニュースにもなったウナギの産卵《さんらん》場所の発見にも、この耳石を調べる方法が大きく役立っています。②移動距離《きょり》が数千キロメートルとも言われるウナギの回遊の秘密が、米粒みたいな耳石の存在から解き明かされていく。そんなロマンある話が現実に起こることも、研究の世界の魅力《みりょく》だと思います。

とはいえ、実際の僕の研究生活は、ひたすら地味なものでした。まずなによりも、研究材料のアナゴを採りに行かなければなりません。東京《とうきょう》湾《わん》のアナゴということで、横浜《よこはま》の金沢八景《かなざわはっけい》の近くにある柴港《しばこう》という漁港で、漁船に乗りこむところから研究はスタートします。

早朝四時か五時に船が港を出るので、調査の日の起床《きしょう》は午前二時頃。今は「ZIP!」を担当しているので同じくらいの早起きも当たり前にできていますが、当時の僕にとっては慣れない時間で、いつも寝不足気《ねぶそくぎ》味《み》で船に乗り込《こ》んでいました。

しかも、決して大きくはない船だったので、いざ海上に出ると立っていられないほど揺《ゆ》れることも。そうなってくると、当然、あの問題が襲《おそ》ってきます。……そう、船酔《ふなよ》いです。③僕はスキューバダイビングをするときにいろいろな船に乗り、いろいろな状況《じょうきょう》の船酔いも経験してきましたが、いまだにあのアナゴ採りの時以上のものはないと断言できます。（中略）

ちなみに、アナゴをかき集めるといっても、アナゴはウナギ同様にヌルヌルしてものすごくつかみにくい魚で、簡単な作業ではありません。最初の頃《ころ》は、一匹つかまえるのにも一苦労でした。ところがあるとき、漁師さんから、人差し指と中指をカギのように曲げて、指の途中（第二関節くらい）で首根っこを挟《はさ》むようにしてつかめば大丈夫《だいじょうぶ》、と教わりました。実際に試《ため》してみると、すべりにくい上に、アナゴが妙《みょう》に大人しくなり、とてもつかみやすくなるのです。④毎日生き物と向き合っている現場の方々は、研究者以上に本当に多くのことを知っているものです。

こうして、一回の調査でだいたい数十匹のアナゴが手に入ります。しかし、僕の研究で必要なのは、耳石が入っている頭の部分だけ。研究室に戻《もど》って、体長を計測して耳石をとり出し保管してしまえば、胴体《どうたい》の部分はもう必要ありません。

……そこで、アナゴの命をムダにしないよう、毎回みんなでおいしく頂いていました。結果だけ見れば、江戸前のアナゴ食べ放題状態です。タレを作って、ふっくら煮込《にこ》めば、これはもう絶品！　余ったものは自宅に持ち帰って食べていましたが、さすがに最後の方では飽《あ》きてしまうほどでした。⑤海の研究の、ちょっと得する一側面です。

（桝　太一『理系アナ桝太一の　生物部な毎日』　岩波ジュニア新書　２０１４年）

問一　A ～ D にふさわしいものを次の中からそれぞれ選び、記号で答えなさい。同じ記号は一度しか使いません。

ア　つまり　イ　ただ　ウ　たとえば　エ　さらに

問二　（a）・（b）に最もふさわしいものを次の中からそれぞれ選び、記号で答えなさい。

a　ア　黒い岩　イ　白い砂利《じゃり》　ウ　黒い骨　エ　白い目

3　□あれば□あり　……（人生の中で良いこともあれば、悪いこともある。）

4　七□び八□き　……（何度、失敗しても、あきらめずに努力すること。人生には浮《う》き沈《しず》みが多いこと。）

5　□うは□れの始め　……（巡《めぐ》り合った人とはいつかは必ず離《はな》れなければならない。無常のたとえ。）

六、次の文章を読み、問いに答えなさい。

僕《ぼく》の卒論のメインテーマは、「アナゴの耳石《じせき》」でした。耳石というのは、魚の頭の骨の中にある、炭酸カルシウムという物質でできた小さな石のような粒《つぶ》です。白いので、見た目は米粒に近いと言えばわかりやすいでしょうか。

耳石は、アナゴに限らずいろいろな魚にもあります。［Ａ］、アジやサケ、サンマにだってあります。［Ｂ］、魚によってはとても小さくもろいので、焼き魚にしてしまうと、注意深くほじくっていかないと見つけられないかもしれません。

たまにスーパーでも売っているイシモチという魚は、この耳石が特に大きくて目立つので、「石持ち」という名前がついています。もしもイシモチを買う機会があれば、夕ご飯で食べがてら探してみて下さい。両目の脇《わき》あたり、頭の骨にくっつくように、左右一つずつ（　ａ　）のようなものが見つかるはずです。

この耳石、魚の成長とともに大きくなっていくのですが、実はそのとき木の年輪と同じように、バウムクーヘンのような線が刻まれていきます。木の年輪は一年に一本ですが、魚の場合は、だいたい一日に一本。年輪ならぬ、「（　ｂ　）」です。

そのため、顕微鏡《けんびきょう》で見て本数を数えれば、その魚が何日前に生まれたのか知ることができる、［Ｃ］「誕生日当て」ができてしまうのです。多くの魚はウロコを使っても似たようなことができるのですが、アナゴの場合はウロコが退化してほとんどなくなっているので、耳石が重要な情報源になってきます。

ここでひとつ、もしかするとみなさんに疑問が生じているかもしれません。①「アナゴの誕生日なんて、当ててどうするの？占《うらな》いとか？」と……。でも、これは大事な大事な基礎《きそ》研究なんです。

耳石を調べれば、魚の年齢《ねんれい》（月齢、日齢）がわかります。一匹《いっぴき》だけだと意味がありませんが、何百匹と耳石と体長を調べていくことで、たとえばこの魚は二歳《にさい》で体長一〇センチ、三歳で一五センチ……というように、年齢と体の大きさの関係がわかるデータが手に入ります。つまり、その魚の成長スピードがわかるわけです。

［Ｄ］、耳石に刻まれたリング一本一本の間隔《かんかく》は、その魚が元気に成長しているときほど大きくなるはずですから、どの時期によく成長したか、あるいは厳しい状況《じょうきょう》にいたか、環境《かんきょう》の変化も推定できるのです。

もっともっと細かく突《つ》きつめていけば、耳石のカルシウムは水中から体内にとりこまれているので、その内容を精密に分析《ぶんせき》することで、その魚がどのあたりの海域で生活していたかを推理することも、不可能ではありません。小さな耳石ひとつから、さまざまな情報を手に入れること

【国語】（四五分）〈満点：一〇〇点〉

一、次の――線の漢字の読みを、それぞれひらがなで書きなさい。

1　個人の考え方を尊重する。
2　私の家は田園の中にある。
3　私の目測では高さ五十メートルだ。
4　新緑の空気をゆっくり吸う。
5　レストランに予約席を設ける。

二、次の――線のカタカナを、それぞれ漢字で書きなさい。送りがながある場合は、ひらがなで書きなさい。

1　ホケン証を持って病院に行く。
2　近所のセントウに行く。
3　植物のセンモン家に話を聞く。
4　洋服のボタンをトメル。
5　土地開発の必要性をトク。

三、次の読みがなを持つ漢字を上下・左右に組み合わせてできる、一つの漢字を答えなさい。

例　し・ごう　答え…給　　さん・せき　答え…岩
1　ひ・げつ　　2　ぼく・もく
3　りつ・び　　4　はく・すい
5　こん・しん

四、次の四字熟語から間違《まちが》った漢字一字を探して正しく直し、意味をア～オの中からそれぞれ選び、記号で答えなさい。

例　以心電心　答え……電⇩伝・力（他人のことを考えず、自分に都合が良いように言ったり行動したりすること。）
1　異句同音　2　前台未聞　3　日新月歩
4　大同少異　5　馬耳頭風

ア　これまでに聞いたこともないような珍しく変わったこと。
イ　日に日に、絶えず進歩すること。
ウ　他人の意見や批評をまったく気にとめず聞き流すこと。
エ　大勢の人が口をそろえて同じ意見を言うこと。多くの人の考えが一致《いっち》すること。
オ　ほとんど同じで細かい点が違《ちが》うこと。

五、次のことわざの意味を参考に、意味の上で対になる漢字一字をそれぞれ答えなさい。

例　□の心□知らず　……（親が子を思う気持ちが通じないで、子は勝手気ままなものであるということ。）
答え……親・子
1　帯に□したすきに□し　……（中途半端《ちゅうとはんぱ》で役に立たないことのたとえ。）
2　□に□はかえられない　……（大事なことのためには、他のことを犠牲《ぎせい》にするのはやむを得ないというたとえ。）

2022年度

関東学院六浦中学校入試問題（C日程）

【算　数】（45分）　＜満点：100点＞

【注意】 解答用紙，問題用紙に **考え方** と書いてある問題は，答えを求めるために用いた考え方や途《と》中《ちゅう》の式や図などを解答用紙に残しなさい。

[聞き取り問題]

【1】 放送を聞いて，ある商品を販売したときの様子について，次の問いに答えなさい。ただし，消費税は考えません。

(1) 定価から割り引きして販売した商品は何個ですか。

(2) 定価から割り引きしたときの値段は何円ですか。

(3) 利益は何円ですか。

[聞き取り問題]はここまでです。

※放送台本は非公表です。

【2】 次の計算をしなさい。

(1) $248+192$

(2) 49×0.4

(3) $\frac{2}{3}-0.6$

(4) $22890\div35$

(5) $2\frac{2}{3}\div0.8\times1.5$

(6) $10\div3+95\div3-5\times7$

(7) $789\times7+121\times7+45\times2\times7$

(8) $\frac{1}{18}\div\left(\frac{5}{6}\times\frac{2}{3}-\frac{5}{18}\right)\times10$

【3】 次の □ にあてはまる数を求めなさい。

(1) 12：7＝8：□

(2) （□×13＋11）÷17＝6

(3) 2☆3＝2×2×2とするとき，□☆3＝64です。

(4) 180mの道のりを分速40mで歩くと □ 分 □ 秒かかります。

(5) 縮尺1000分の1の地図上において，縦2㎝，横3㎝の長方形の土地の面積は，実際には □ m^2 です。

(6) 3％の食塩水1㎏があります。水を □ g蒸発させると5％の食塩水になります。

⑺　底面の半径と高さがともに６cmの円柱の体積は，底面の半径が３cm，高さ［　　　］cmの円柱の体積の２倍です。ただし，円周率は3.14とします。

⑻　下の図のように，台形ABCDの辺上に点P，Qをとり，直線PQを引きます。台形ABQPと台形PQCDの面積の比が５：３であるとき，QCの長さは［　　　］cmです。

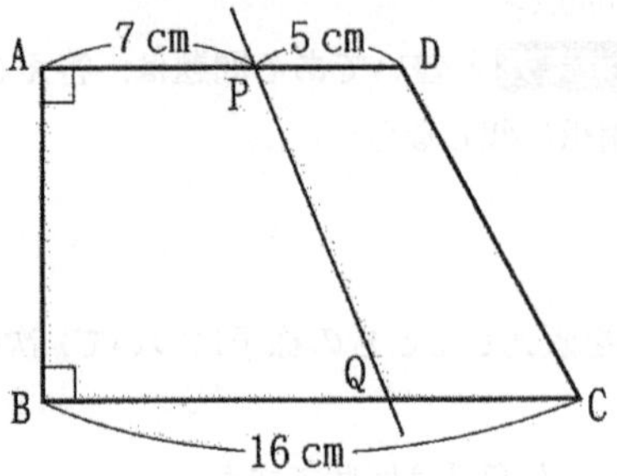

【４】　下の図は，２つの直方体を組み合わせた形をした水そうです。この水そうの底には排《はい》水口があり，一定の割合で排水します。グラフは満水の状態から排水した時間と水面の高さの関係を途中まで表しています。このとき，次の問いに答えなさい。

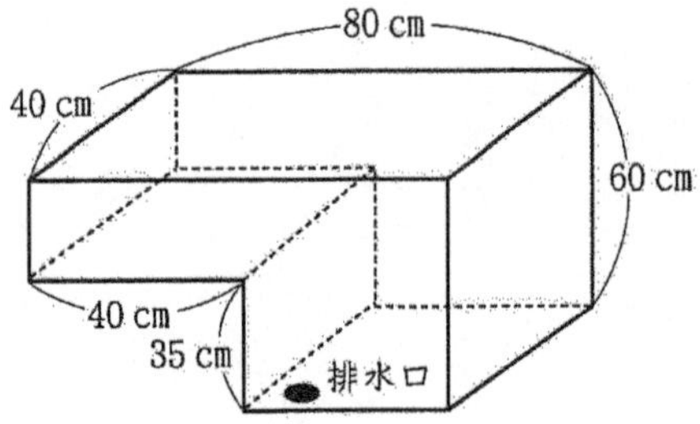

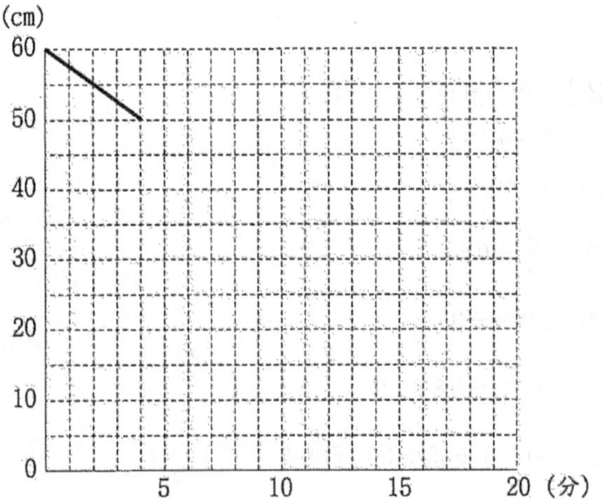

⑴　水がすべて排水されるまでのグラフをかき足しなさい。

⑵　水面の高さが15cmであったのは排水を始めてから何分後ですか。

【５】　１以上６以下の整数を並べて何桁《けた》かの整数を作ります。同じ数を何度並べてもよいこととして，次の問いに答えなさい。

⑴　２桁の整数を作るとき，７で割り切れる数を小さい順にすべて答えなさい。

⑵　百の位の数が４である３桁の整数を作るとき，７で割り切れる数を小さい順にすべて答えなさい（考え方や途中の式を書きなさい）。考え方

問四　——線②「借り物の言葉」とありますが、これはどのような言葉ですか。本文中から二十七字でぬき出し、最初と最後の五字ずつを答えなさい。（句読点《くとうてん》をふくみます。）

問五　——線③「両手を前で組み、まともに祈ったことなどない神様に救いを求めた」とありますが、どのような気持ちからこのような行動をしたと考えられますか。本文中から二字でぬき出して答えなさい。

問六　——線④「その手をつかみ、引き寄せた」とありますが、ここでの拓也の気持ちとして最も適切なものを次から選び、記号で答えなさい。

ア　勇翔が黙って練習していたことへの焦りと、勇翔を手元から離《はな》したくないという気持ち。

イ　勇翔が帰宅しなかったことへの怒《いか》りと、見つかったことを喜ぶ気持ち。

ウ　勇翔を傷つけたことへの後悔《こうかい》と、勇翔を大切な存在として思う気持ち。

エ　勇翔がリフティングができないことへの落胆《らくたん》と、そのことに対する諦《あきら》めの気持ち。

問七　——線⑤「拓也の説得に、勇翔は『あと一回』を繰り返した」とありますが、ここでの勇翔の気持ちとして最も適切なものを次から選び、記号で答えなさい。

ア　父が自分を探しに来るとは思わず、自分の時間を邪魔《じゃま》されたという気持ち。

イ　自分をぶった父のことが許せず、父の言うことを聞きたくないという気持ち。

ウ　母や姉が待っていると父は言うが、二人のところには帰りたくないという気持ち。

エ　今の回数ではまだ悔しく、このままではいられないという気持ち。

問八　——線⑥「嘘をついて」とありますが、勇翔はどのような嘘をついていたと考えられますか。具体的な内容を二十五字以内で答えなさい。

問九　本文の説明として適切ではないものを次から一つ選び、記号で答えなさい。

ア　勇翔は父親の期待に気づき、父の夢をかなえるために努力をしている。

イ　拓也は自分の価値観や夢を、自分の息子である勇翔に押しつけてしまっていた。

ウ　聡子も恵里も、勇翔が帰ってこないことを心配して家で待っていた。

エ　森の暗さが夜の寂《さび》しさや不気味さを表すとともに、拓也の不安な気持ちも表している。

と尋ねた。

「うん、わりとね」

勇翔はあっけらかんとこたえた。

「ごめんな、あんなことして。父さん、言いすぎたよ。それに、ぶったりしてわるかった」

勇翔はなにも言わなかった。

「寒くないか？」

「うん、へいき」

拓也の腕《うで》をふりほどいて、勇翔は練習を続けようとした。

右足のつま先でボールをすくい上げ、ボールを右足の甲《こう》で弾《はず》ませる。声を出さずに数えたが、二十八回でボールは地面に落ちてしまった。悔《くや》しそうに首を振り、ボールを拾い上げ、またはじめる。

「なあ、みんな待ってるから、お家《うち》に帰ろう」

⑤拓也の説得に、勇翔は「あと一回」を繰り返した。

拓也は待つことにして、ケータイで家に連絡《れんらく》を入れた。勇翔の様子を聞いた聡子は、安堵《あんど》のため息をついたあと、「さっさと帰ってきてね」と強い口調で返してきた。

そして「本当の最後の一回」のチャレンジが終わったとき、勇翔はうつむいて⑥「嘘をついてごめんなさい」と口にした。

「いいよ、もう。おまえのついた嘘が、嘘じゃなくなるように、またがんばればいいさ」

拓也の言葉に、勇翔は顎《あご》を引いた。

「さあ、帰ろう。母さんも恵里も待ってるよ」

「そうだね、ぼくもうお腹《なか》ぺこぺこ」

勇翔の顔がとろんとした。

二人で手をつなぎ、夕飯のおかずを予想し合いながら、来た道を家へと急いだ。握った勇翔の手は温かく、しっとりと汗ばんでいた。さっきまで不気味に映った暗い道も、勇翔と二人なら少しも怖くなかった。森の奥からキジバトが低く鳴く声が聞こえ、やがて森の出口の明かりが見えてきた。

（はらだみずき『ここからはじまる　父と息子のサッカーノート』新潮文庫　二〇一四年）

問一 [A]～[D]にあてはまる言葉として最も適切なものを次からそれぞれ選び、記号で答えなさい。なお、同じ記号は一度しか使いません。

ア 神妙《しんみょう》な　イ 物騒《ぶっそう》な　ウ 賢明《けんめい》な

エ つぶらな　オ ささいな

問二 ――線①「あっけなく」の本文中における意味として最も適切なものを次から選び、記号で答えなさい。

ア 予想に反して簡単に行われるさま。

イ 姿や振《ふ》る舞《ま》いが無邪気《むじゃき》でかわいいさま。

ウ 味わいが感じられずつまらないさま。

エ 冷淡《れいたん》で相手に思いやりがないさま。

問三 本文から、次の文がぬけています。この文を入れる箇所《かしょ》として最も適切なものを【1】～【4】から選び、番号で答えなさい。

でも勇翔がどう受けとめるのか、そこまで考えることができなかった。

どこへ行ってしまったんだろう。胸騒《むなさわ》ぎを覚え、鼓動《こどう》が高鳴った。【1】

「ゆうと」

暗い森に向かって声をかけた。

「ゆうと！」

もっと大きく呼んでみたが、返事はない。

ほんの少し前までは、自分のしたことはまちかっていないと信じていた。これくらいしなければ、勇翔は変われない。あいつのためなのだと思っていた。【2】

もう四年生になったといったって、たかだか九歳《さい》にすぎない。ボールを怖《こわ》がるなと求めたところで、怖いものは怖いはずだ。ほかの子にできたとしても、勇翔にはもう少し時間が必要なのかもしれない。【3】

――待つこともできたんじゃないか？

暗闇からだれかが問いかけてくる。

――嘘《うそ》をついたのはなぜだ？

拓也は毎朝、「昨日は何回できた？」と朝食の席でリフティングの回数を尋《たず》ねた。その言葉がプレッシャーになったのかもしれない。あるいは残業続きで疲《つか》れていた自分を喜ばすために嘘をついたのではなかったか。【4】

――友だちとカードゲームをしてなにが悪い？

友だちは大事にするように教えてきた。今の勇翔くらいの頃《ころ》、自分だってカード集めに夢中になったじゃないか。

――なにかをつかむには、なにかを犠牲《ぎせい》にしなければならない。そん②な借り物の言葉を、自分の子供に押《お》しつけようとしたのは、だれだ？

――サッカー選手になりたい。

それはいったい、だれの夢だ？

拓也は息を切らしながら走った。

切り株に足を取られころびそうになる。

落とした懐中電灯を拾い上げ、前のめりになって再び走り出す。

勇翔から奪《うば》ったボールを蹴ったあたりまで来たが、木々《きぎ》の黒い影《かげ》しか見えなかった。子供のことで、こんなに不安になったのは初めてだった。

勇翔に会いたい。

今すぐ会いたい。

③両手を前で組み、まともに祈《いの》ったことなどない神様に救いを求めた。

さまようように森の小径を進んでいくと、そこだけ白く見える場所が遠くに見えた。そこを目指して走った。運動不足のせいか、すでに息が上がっている。

やがて鈍《にぶ》い音が続けて聞こえてきた。音のするほうに近づいていくと、外灯が地面に光の円を描《えが》いていた。その光のなかで、勇翔がリフティングの練習をしていた。唇《くちびる》を結び、真剣《しんけん》な表情でボールを蹴り続けている。

不意にからだの力が抜《ぬ》け、木の幹に肩を預けて立ち止まった。

勇翔はボールを蹴りそこね、悔《くや》しそうな表情を浮かべた。ボールを拾おうとして拓也の姿に気づき、動きを止めた。

拓也は黙ったまま息子に歩み寄り、右手を差し出した。

戸惑《とまど》いながら勇翔が右手をのばしたとき、④その手をつかみ、引き寄せた。抱《だ》きしめると、リフティングをしていたせいか、からだは熱く火《ほ》照《て》っていた。拓也は勇翔の汗《あせ》のにおいを胸一杯《むねいっぱい》に吸《す》い込《こ》んだ。

「どうしたの？」という顔で勇翔が見上げてくる。

拓也は艶《つや》やかな髪《かみ》を撫《な》でながら、「ボール、すぐに見つかったか？」

問七　【A】～【D】にあてはまる言葉として最も適切なものを次からそれぞれ選び、記号で答えなさい。なお、同じ記号は一度しか使いません。

ア　つまり　　イ　けれど　　ウ　なぜなら
エ　ただ　　オ　たとえば

問八　[　] に入る語として、最も適切なものを次から選び、記号で答えなさい。

ア　逆行　　イ　合致《がっち》
ウ　共存　　エ　分離

問九　――線⑦「多様な生き物のくらしが失われた環境は、死そのものです」とありますが、川において多様な生き物を守るためにあなたができることは何ですか。本文に書かれていること以外を、二十字以上三十字以内で書きなさい。

七、次の文章を読み、問いに答えなさい。

まだボールが見つからないのだろうか。午後六時半をまわっても、勇《ゆう》翔《と》は家に帰ってこなかった。

夕飯が近づき、聡子《さとこ》と恵里《えり》が心配しだした。

「市民の森の公園で別れた」

拓也《たくや》が言うと、「あそこ、最近変質者が出たって噂《うわさ》だよ」と恵里が [A] 話を持ち出した。

夕方のニュースで、子供の自殺が増えていると報じていた。「子供は年齢《ねんれい》が低いほど、大人にとって [B] ことでも、①あっけなく死を選ぶケースがあるようです」コメンテーターが [C] 顔をして、そう話していた。

――まさかな。

首を振《ふ》ろうとして、肩《かた》のあたりがこわばった。

聡子が「見てくる」と言って、そそくさとエプロンを取った。

拓也は慌《あわ》てて、「おれが行くよ」とソファーから立ち上がった。靴箱《くつばこ》の上に置いてある懐中電灯《かいちゅうでんとう》を握《にぎ》りしめ、急いで市民の森へ向かった。

道すがら、ひっぱたいたときの勇翔の顔を思い出した。黒い [D] 瞳《ひとみ》は、まるで空洞《くうどう》のように焦点《しょうてん》が合っていなかった。森の奥《おく》に拓也がボールを蹴《け》ったとき、勇翔はどんな思いがしただろう。想像してみたが、なぜか森の奥に消えていく小さな背中しか浮《う》かんでこなかった。傷つけたのはまちがいない。このところ、サッカーのことで勇翔に求め続けていた。

たどり着いた森は、すでに深い闇《やみ》に溶《と》け込《こ》み、まるで別の場所のように表情を変えていた。足を踏《ふ》み入《い》れた小径《こみち》は、歩くたびに枯《か》れた落ち葉を砕《くだ》く足音が耳障《みみざわ》りなくらい大きく響《ひび》いた。微《かす》かに見える空に星は見えず、月は雲のなかでじっとしている。懐中電灯で周囲を照らしてみたが、小さなボートから夜の海を照らすみたいに、同じ景色しか見えなかった。

頭上でざわめく葉《は》擦《ず》れの音に混ざって、なにか聞こえないか耳を澄《す》ました。死体が埋《う》まっていそうな木の根もとを通るとき、腐葉土《ふようど》の匂《にお》いが鼻をついた。こんな孤独《こどく》に、子供が耐《た》えられるわけがない。

さっきまでいた公園にたどり着いたが、勇翔の姿はなかった。ひとつだけある電灯はちらついていて、ついたり消えたりを繰《く》り返《かえ》した。その下で一匹《ぴき》の蛾《が》が地面でのたうっている。

なければ結局、環境と□できないのです。

いちばんわかりやすいのがブラックバスのいる池です。ため池など、外から生き物の出入りがほとんどない場所だと、ブラックバスは在来種を完全に食べつくします。魚だけでなく、ヤゴなどの水生昆虫もつかまえ、ほかにエサがなにもなくなると、こんどはブラックバス同士での共食いです。

そうなると、そこは最終的にブラックバスさえいない池になる——⑦多様な生き物のくらしが失われた環境は、死そのものです。

（山崎充哲『タマゾン川　多摩川でいのちを考える』旬報社　二〇一一年）

問一　《　》に入る語として最も適切なものを次から選び、記号で答えなさい。

ア　まじまじと　　イ　さっそうと
ウ　こそこそと　　エ　あっけらかんと

問二　——線①「最近、コクチバスがあちこちで数を増やしているとの報告があります」とありますが、これはコクチバスがどのような性質を持つからですか。適切なものを次からすべて選び、記号で答えなさい。

ア　どう猛
イ　すばしっこい
ウ　泳ぎが上手
エ　水の流れが速い場所が苦手
オ　止水域でなければ生きられない
カ　川の上流から下流まで生活できる範囲が広い

問三　——線②「ほとんどいのるような気持で」とありますが、筆者はコクチバスによってどのようになることをおそれていますか。「～こと。」につながる形で、本文中から二十七字でぬき出し、最初と最後の五字ずつを答えなさい。

問四　——線③「食べられる」とありますが、この「られる」と同じ使い方をしているものとして最も適切なものを次から選び、記号で答えなさい。

ア　先生が家を出られる。
イ　多くの人から声をかけられる。
ウ　山頂からは雄大《ゆうだい》な景色が見られる。
エ　春の気配が感じられる。

問五　——線④「そうやって外来魚が増えると、魚だけじゃなくて、ほかの生き物にも困ったことがおきます」とありますが、どうなるのですか。本文中から十五字以内でぬき出して答えなさい。

問六　——線⑤「生態系」や⑥「食物連鎖」について説明したものとして適切でないものを次から一つ選び、記号で答えなさい。

ア　生き物には「食べる・食べられる」の関係があり、川を例にとれば「食べる」側の最上位に位置するのはブラックバスである。
イ　生態系の中には、生き物が「食べる・食べられる」の関係でつながる「食物連鎖」も含まれている。
ウ　生態系は食物連鎖に加え、その場所の地形、水質、気候などが複雑にからみあって成り立っている。
エ　生態系は永い時間をかけて作り上げられたものであるため、本来は環境に適応できなくて絶滅する種はいないはずである。

はないのです。

（中略）

こわされる日本の生態系

テレビなどで〝タマゾン川〟としてときどき取り上げられるせいか、多摩川の外来魚問題に興味を持つ人が増えています。あるとき、わたしのところに小学校四年生のグループが話を聞きにきてくれました。

「多摩川に外来魚がいると、どんな影響《えいきょう》がありますか？」

最初に質問してくれたのは元気な女の子です。

「そうだね、その魚が肉食魚であれば、卵もふくめて③在来種が食べられるという問題がおきます。同じエサを食べる場合はエサのうばい合いがおきるし、すみかが同じ場合はそのうばい合いもおきます」

「アマゾンの魚もいますか？」

「いろんな種類がいます。アロワナ、ガーパイク、みんなもよく知っているピラニア。肉食魚だからフナやクチボソなんかを食べます。あと、アマゾンの魚じゃないけど、ブラックバスもすごく多いんだ。④そうやって外来魚が増えると、魚だけじゃなくて、ほかの生き物にも困ったことがおきます。どういうことかわかるかな？」

わたしが逆に質問すると、ひとりの男の子が「外来魚が食べる魚をエサにしていた鳥も数を減らすんじゃないかな」と答えてくれました。

「そう、それを生態系のバランスがくずれるといいます」

⑤生態系というのはちょっと説明がむずかしい言葉です。

生き物にはまず「食べる・食べられる」という関係があります。川を例にとれば、水中のプランクトンを昆虫《こんちゅう》が食べ、その昆虫を魚が食べ、その魚を鳥が食べ、鳥はより大型の鳥やイタチなどのほ乳類に食べられる。鎖《くさり》のようにつながっているこうした関係を⑥「食物連鎖《しょくもつれんさ》」といいます。生き物が生きる環境《かんきょう》は、そうした食物連鎖に加え、その場所の地形、水質、気候などが複雑にからみあって成り立っています。その全体のシステムが生態系です。

生態系は気の遠くなるような時間をかけてつくられたものなので、上手にバランスがとれています。食べられすぎたり、環境に適応できなくて絶滅《ぜつめつ》する種はいません。

【　A　】、そこに突然《とつぜん》ほかの場所からやってきた生き物、【　B　】外来種が入るとどうなるでしょうか。

【　C　】日本のフナはブラックバスといっしょにくらせるようには進化していません。同じ場所にいれば、食べられ、数を減らすでしょう。そうやってフナがすくなくなれば、こんどはフナのエサであったプランクトンや昆虫などが逆に数を増やします。そのことでこの先、どんな影響があるのか。

じつは外来種が生態系にあたえる影響はとても複雑で、予測がつきません。【　D　】、永い時間をかけてつくられてきた日本の自然が、外来種によって、いま急激に変えられようとしていることだけはハッキリしています。ブラックバスがやってきたのが約九〇年前。これほど全国に広まったのは、たかだか二〇年前です。いまなんとかくい止めなければ、将来、取り返しのつかないことになる。

わたしがそう言うと、ときどき「外来種のほうが強いのなら、入れかわってもいいんじゃないか」と言う人がいます。

いいや、それはあってはなりません。日本で進化をとげてきた生き物で

六、次の文章を読み、問いに答えなさい。

多摩川《たまがわ》のコクチバス

多摩川の調査を続けていたわたしがおどろいたのが数年前です。土手を会社の助手たちと歩いていると、若いカップルが仲良く釣《つ》りをしています。ほほえましい光景だなあと思いながら、通りすがりに彼《かれ》らのバケツをのぞいてみました。

いや、おどろきました。コクチバスという口の小さい種類のブラックバスがざっと見て二〇匹《ぴき》はいる。

「えっ、これお兄ちゃんたちが釣ったの？　ここで？」

「はい、そうですよ。よく釣れますよ」

≪　　≫、そう答えます。どう見てもバスプロという感じではありません。

「こりゃちょっとまずいぞ。コクチバスがこんなに釣れてるなんて」

わたしと助手はおたがいに顔を見合わせました。

それまでもコクチバスが多摩川にいることは知っていました。でも、「まあ、たまに釣れる程度だよね」という認識だったのです。まさか素《しろ》人《うと》が何十匹も釣りあげるほどいるとは夢にも思っていませんでした。

わたしの背中に冷たい汗《あせ》が流れました。

ブラックバスにはオオクチバス、コクチバス、フロリダバスなどいくつかの種類がいます。そのうちこれまで日本で圧倒的《あっとうてき》に多かったのがオオクチバスです。

わたしが中学生のときに多摩川で初めて釣ったのもオオクチバス。①けれど最近、コクチバスがあちこちで数を増やしているとの報告があります。

オオクチバスはどう猛《もう》ですが、意外と泳ぎが下手です。水の流れが速い場所は苦手。だから湖や池など、止水域（水の流れがほとんどない場所）でなければ生きられません。川にもいるのですが、雨が降って大水になるとそのまま流されます。だから川ではそれほどの脅威《きょうい》ではないのです。

やっかいなのはコクチバスです。オオクチバスより小ぶりですが、とてもすばしっこく、泳ぎが上手。川でも生活できます。しかも上流から下流まで生活できる範囲《はんい》がとても広い。上流では渓流魚《けいりゅうぎょ》のヤマメといっしょに泳ぎ、下流では海水魚のスズキといっしょに泳いでいるくらいです。

「おい、ちょっと網《あみ》を入れてみるか」

わたしはすぐに助手たちとコクチバスがいそうな場所をさがし、網を入れました。すると、あっという間に一〇匹以上のコクチバスがかかったのです。

わたしはすぐさま、②ほとんどいのるような気持《きもち》でコクチバスのお腹《なか》をさきました。中から出てきたのは胃袋《いぶくろ》の消化液でとけかかった稚《ち》アユたち。こっちの個体からも、あっちの個体からも……ほとんどすべてのコクチバスから稚アユが見つかったのです。

「ああ、やられた！」

小さな悲鳴を上げました。いまやいったいどれだけのコクチバスが多摩川にいるのか。現在もわたしは調査を続けていますが、おそらく数千匹《びき》、いや数万匹という数かもしれません。そのおう盛な食欲で多摩川の魚たちが食べつくされてしまう——そんなことだってありえないことで

【国語】（四五分）〈満点：一〇〇点〉

一、次の――線の漢字の読みを、それぞれひらがなで書きなさい。

1 貧富の差が広がる。
2 現金で決済する。
3 公式を用いて解答を導く。
4 判決を下す。
5 雑穀米を食べる。

二、次の――線のカタカナを、それぞれ漢字で書きなさい。送りがながある場合は、ひらがなで書きなさい。

1 詳《くわ》しい説明をハブク。
2 事態をラッカンする。
3 新しい生命がヤドル。
4 班をヘンセイする。
5 高山植物のグンセイ地。

三、次の□の中に、打ち消す意味を持つ漢字一字を入れ、熟語を完成させなさい。また、同じ漢字を用いるものを後のア～エから選び、記号で答えなさい。なお、同じ記号は一度しか使いません。

1 □成年　2 □関心　3 □平等　4 □常識

ア □対称《たいしょう》　イ □必要　ウ □一文　エ □完成

四、次の慣用句の□には、それぞれ一つだけ他とは異なる漢字が入ります。その記号を答え、さらに他の三つの□に共通して入る漢字を答えなさい。

1 ア □であしらう　イ □をおる
　ウ □にかける　エ □が痛い
2 ア □がつく　イ □をさす
　ウ □に流す　エ □が合わない
3 ア □を洗う　イ □が立たない
　ウ □が浮《う》く　エ □に衣《きぬ》着せぬ
4 ア □がきく　イ □が広い
　ウ □並《な》みをそろえる　エ □に泥《どろ》をぬる

五、次の（　）に入るのに最も適切なものを後のア～エからそれぞれ選び、記号で答えなさい。なお、同じ記号は一度しか使いません。

1 今日はたくさん歩いた。ところで、（　　　　）。
2 今日はたくさん歩いた。しかし、（　　　　）。
3 今日はたくさん歩いた。なぜならば、（　　　　）。
4 今日はたくさん歩いた。だから、（　　　　）。

ア 思っていたよりも疲《つか》れを感じていない
イ 疲れてすぐに寝《ね》たいぐらいだ
ウ 帰りは何時の電車に乗るのか
エ 電車が止まっていたからだ

A－1日程

2022年度

解　答　と　解　説

《2022年度の配点は解答欄に掲載してあります。》

＜算数解答＞《学校からの正答の発表はありません。》

【1】　聞き取り問題解答省略

【2】　(1)　5556　(2)　2022　(3)　$\frac{8}{21}$　(4)　458　(5)　8.695　(6)　1.6
(7)　1272　(8)　5150

【3】　(1)　1.5　(2)　22500円　(3)　272g　(4)　14%　(5)　28分後
(6)　商品A　20個　商品B　15個　(7)　4回　(8)　65.94cm^2

【4】　(1)　12321　(2)　1222000　【5】　(1)　2.4cm　(2)　30.144cm^3

○推定配点○

【3】　各5点×8　他　各4点×15（【3】(6)完答）　計100点

＜算数解説＞

【1】　聞き取り問題解説省略。

【2】　（四則計算）

(1)　12345－6789＝5556　(2)　1806＋216＝2022

(3)　$(35+8-27)\div 42=\frac{8}{21}$　(4)　33434÷73＝458

(5)　2.35×3.7＝8.695　(6)　0.8×2＝1.6

(7)　24×(65－12)＝1272　(8)　69×30＋77×40＝5150

【3】　（割合と比，平均算，速さの三公式と比，旅人算，単位の換算，消去算，平面図形，立体図形）

基本　(1)　$\square=\frac{2}{3}\times 6.3\div 2.8=42\div 28=1.5$

基本　(2)　18000×1.25＝22500（円）

基本　(3)　314－292＋300－292＝30(g)　292－282＝10(g)　したがって，求める重さは292－(30－10)＝272(g)

基本　(4)　300：600＝1：2より，(1×6＋2×18)÷(1＋2)＝14(%)

基本　(5)　4200÷(80＋70)＝28（分後）

重要　(6)　それぞれの個数をA，Bで表す。A＋B＝35　30×A＋60×B＝1500より，A＋2×B＝1500÷30＝50　したがって，Bは50－35＝15（個），Aは35－15＝20（個）

重要　(7)　大きいバケツと小さいバケツの容量の比…18：12＝3：2　水そうの容量…3×12＝36　したがって，求める回数は36÷(3＋2×3)＝4（回）

重要　(8)　底面の半径…右図より，$4\times\frac{3}{4}=3$(cm)　したがって，表面積は(3×3＋3×4)×3.14＝21×3.14＝65.94(cm^2)

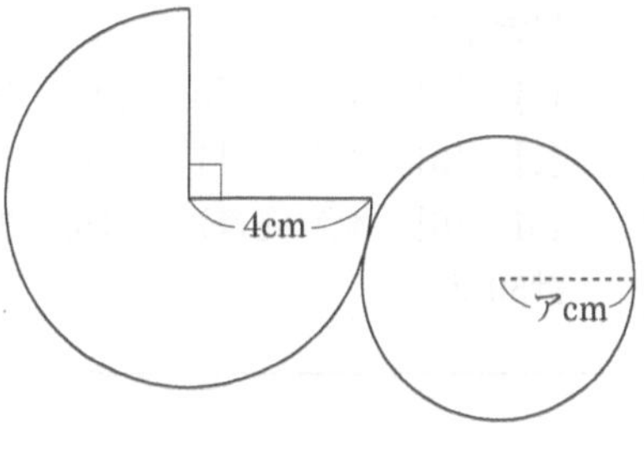

重要【4】 **(数の性質，規則性)**

(1) 221…(221＋1)÷2＝111(番目)の奇数　したがって，221までの奇数の和は111×111＝12321

(2) 2221…(2221＋1)÷2＝1111(番目)の奇数　したがって，(1)より，223から2221までの奇数の和は1111×1111−12321＝1234321−12321＝1222000

重要【5】 **(平面図形，立体図形，図形や点の移動，割合と比)**

(1) 右図1より，ADは3×4÷5＝2.4(cm)

(2) 右図2より，2.4×2.4×3.14×5÷3＝30.144(cm^3)

図1

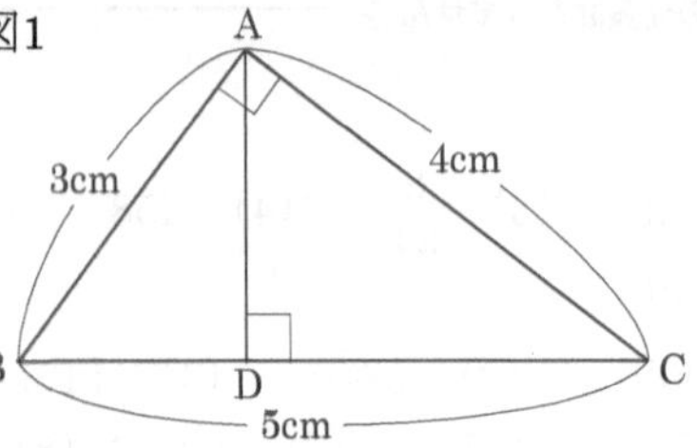

図2

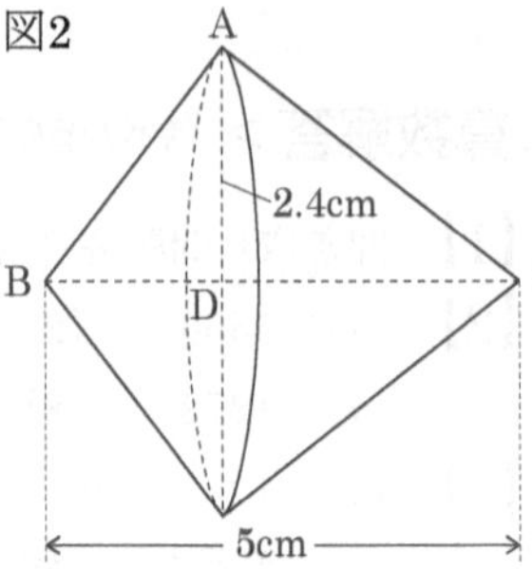

★ワンポイントアドバイス★

【3】(8)「円すいの表面積」は，おうぎ形の中心角が全体の$\frac{3}{4}$であり，この割合を利用して底面の半径を求める。【4】「数の性質，規則性」の数列は，問題自体のなかに計算方法が説明してあるので，これを利用して解けばよい。

＜社会解答＞《学校からの正答の発表はありません。》

【1】 [1] あ オ　い コ　う カ　え ケ　お ア　か キ　[2] あ，え，か　[3] イ　[4] A 長野県　B 高冷地農業　[5] 高齢化が農業就業者の間でも進み，農業就業人口も減っており，作業の負担を軽減するため。　[6] 八幡製鉄所　[7] エ　[8] ウ　[9] 関西国際空港

【2】 [1] ア　[2] イ　[3] 国の乱れを仏教の力で鎮め護ってもらおうという思想。　[4] 平安京　[5] ウ　[6] 枕草子　[7] 福澤諭吉　[8] ウ　[9] ウ　[10] エ　[11] ア　[12] エ　[13] 沖縄

【3】 [1] ア　[2] UNESCO[国連教育科学文化機関]　[3] ウ　[4] ウ　[5] ウ　[6] (社会的な問題) 日本の水産業の衰退　(行動できること) 海洋・海洋資源を保全し，持続可能な形で利用するために，日本の水産業はかなり厳しい状況にありながらも健全な漁業を営もうとしている漁業従事者も多いので，日本の水産品の消費を増やす。　[7] 難民　[8] どのような言語を母語とする人，あるいは文字を読めない人でも理解できるようにするため。

○推定配点○

【1】 [5] 3点　[6]・[9] 各2点×2　他 各1点×12

【2】 [3] 3点　[7] 2点　他 各1点×11

【3】 [6] 4点(完答)　[8] 3点　[2]・[7] 各2点×2　他 各1点×4

計50点

＜社会解説＞

【1】 (日本の地理－日本の各地の地誌に関連する問題)

[1] あ 落花生やしょうゆの生産で有名な県は千葉県。落花生は八街市のあたり，しょうゆは野田の辺りが有名。鉱業では京葉工業地域があり金属や化学工業が盛ん。 い 火山灰が堆積した台地のシラス台地が広がる県は鹿児島県。最高地点は屋久島の宮之浦岳。また旧国名のついた農産物はさつまいも。 う 精密機械工業，電子工業で有名なのは長野県。中央部にある諏訪湖周辺の岡谷や茅野，諏訪のあたりが精密機械工業で有名。また県の北東部を流れる千曲川は新潟県に入るとかつての長野県の国名のついた信濃川となる。 え 1901年に創業したのは八幡製鉄所で，現在の福岡県北九州市に設置された。八幡製鉄所の面した湾が洞海湾で，一時は非常に深刻な水質汚染が見られた。 お 米代川は秋田県北部を流れる川で，その河口付近に能代平野が広がる。 か かつて「天下の台所」とされたのは今の大阪府。

[2] 設問の県にある政令指定都市は千葉県の千葉市，福岡県の福岡市と北九州市，大阪府の大阪市。

基本 [3] 2021年に日本で世界遺産に指定されたのは2件で，選択肢のイとウだが，このうち自然遺産はイで，ウは文化遺産。

[4] (A) 設問の表中のアは長野県。長野県の野辺山原や八ヶ岳の山麓あたりがいわゆる高原野菜の産地として有名。 (B) 高冷地農業は涼しい気候を生かして成長を遅らせるのもあるが，いわゆる高原野菜とされるものは暑い気候を嫌うので，夏の時期は海抜高度が高い場所は平地よりは涼しく，その気候を上手く利用して高原野菜を栽培している。抑制栽培の一種で，抑制栽培と高冷地農業が完全に同じではないので注意。

やや難 [5] 日本の農家が機械化せざるを得ない理由を考える問題。与えられた資料から導き出せる事柄との関係を整理できれば分かる。年齢階層別にみた農業就業人口の表から言えることは，農業就業者の中に明らかに高齢化の傾向がみられること。また農家世帯員数と農業従業者の推移の表から言えることは農業就業人口が減少していること。この二点と機械化とのつながりを考えると，きつい労働を軽減するためと，労働力不足を緩和させるために機械を使わざるを得ないということになる。

[6] 八幡製鉄所は日清戦争の賠償金の一部を使って現在の北九州市の八幡につくられた製鉄所。九州にはもともと石炭は豊富にあり，中国のターイエ鉄山から持ってくる鉄鉱石を使って製鉄を行うためにつくられた。また，九州で製鉄を行うと，長崎や佐世保などでは造船が盛んなので，そこに回せば工業の流れが完結する。第二次世界大戦後，中国から鉄鉱石が来なくなり，また九州の造船所で作っていた軍艦を作ることがなくなると，八幡製鉄所で鉄をつくる意味もなくなり八幡製鉄所は衰退し，さらには他の工業があまりなかったことから北九州工業地帯も没落していった。

[7] エ 山形県の最上川沿いにみられるのは米沢盆地，山形盆地，新庄盆地，庄内平野。筑紫平野は九州の筑後川の河口付近にひろがるもの。

重要 [8] ウ 近郊農業に当てはまらないものを選ぶ。近郊農業は大都市の周辺で，大都市で消費されるような野菜や花き類などを栽培する農業で，米や小麦などはない。米や小麦を特定の消費地を意識して栽培するというのは普通はない。

[9] 大阪の泉佐野市の沖の海を埋め立てて造られたのは関西国際空港。主な輸出品に集積回路や半導体があるのは貿易港の中では空港の特徴。

【2】 (日本の歴史－感染症に関連する問題)

[1] ア 仏教は538年に朝鮮半島南西部の百済から伝わったとされる。

[2] イ 奈良時代の724年から749年にかけてが聖武天皇の時代。聖武天皇のこの時代に東大寺の

大仏が造立されたり，墾田永年私財法が出されたりしている。

やや難 [3] 鎮護国家は国の乱れているのを仏教の力で鎮めて護ってもらうもので，そのために全国で祈る場として国分寺，国分尼寺がつくられ，その祈りの中心となる場所が東大寺であった。

[4] 桓武天皇が即位すると，様々な理由で都を移すことになり，当初は長岡京を造営し移すことになったが，その中心となっていた藤原種継が殺害されたことで，長岡京は取りやめとなり，新たに平安京を造営し移すことになった。

やや難 [5] 伝染病の流行がおさまることを願って9世紀に行われた御霊会に始まるのが祇園祭。

[6] 平安時代に清少納言が記したのが「枕草子」。

重要 [7] 適塾の出身で後に「学問のすゝめ」を著したのは福澤諭吉。

[8] ウ 江戸時代，琉球王国は薩摩藩の支配下に置かれ，琉球王国の中継ぎ貿易は薩摩が実質的には支配していた。

基本 [9] ウが1858年。アは1853年，イは1866年，エは1867年。

[10] エが1889年で，設問の期間外のもの。アは1881年，イは1886年，ウは1883年。

重要 [11] ア ポーツマス条約で得た領土の一つが樺太の北緯50度線より南の地域。イのいわゆる北方領土の場所は1854年の日露和親条約で千島列島の中のウルップ島よりも南の地域が日本の領土とされたことで日本領とされている。ウの朝鮮半島を日本が支配するのはいわゆる日韓併合で1910年から。エの台湾は1895年の日清戦争の下関条約で台湾とその近くの澎湖諸島が日本に譲られた。

[12] エ 原敬は1918年の米騒動で寺内正毅内閣が倒れ成立。原内閣以前にも政党の党首が首相となる内閣はあったがそれらは複数の政党の人間の寄せ集めになっていた。それに対し党首自身の政党の人間のみで組閣したのは原内閣が最初。

[13] 太平洋戦争中にアメリカ軍が上陸し戦場となったのは沖縄県のみ。

【3】 (政治－国連，国際関係，時事に関連する問題)

基本 [1] ア イは安全保障理事会の常任理事国にはドイツは入っておらず，中国。ウはニューヨークではなく，オランダのハーグ。エはPKFではなくPKO。

[2] 設問の内容の機関はUNESCO国連教育科学文化機関。世界遺産の登録なども行う。

[3] ウ 子どもの権利条約にある4つの柱は参加する権利，育つ権利，守られる権利と生きる権利。

[4] ウ 貿易に関する国際機関はWTO世界貿易機関。かつてはGATT関税及び貿易に関する一般協定に参加する国々の間で，あるテーマについて長期的な話し合いがもたれていたが，GATTを発展的に解消し，現在のWTOに切り替わった。ILOは国際労働機関，WHOは世界保健機構，IOCは国際オリンピック委員会。

[5] ウ フェアトレードはかつての植民地などの発展途上国が，植民地時代と変わらず生産しているものを不当に安く輸出させられているのを，その生産の労働に見合う現状よりも高い価格で購入することで，発展途上国の経済成長を助けようというもの。当然，その原材料などで製造される商品は従来のものよりも価格が高くなってしまうが，そのことを消費者に分かってもらうためのマークを表示し理解を求めるようにしている。

やや難 [6] SDGsの17の目標が，1 貧困をなくそう，2 飢餓をゼロに，3 すべての人に健康と福祉を，4 質の高い教育をみんなに，5 ジェンダー平等を実現しよう，6 安全な水とトイレを世界中に，7 エネルギーをみんなにそしてクリーンに，8 働きがいも経済成長も，9 産業と技術革新の基盤をつくろう，10 人や国の不平等をなくそう，11 住み続けられるまちづくりを，12 つくる責任つかう責任，13 気候変動に具体的な対策を，14 海の豊かさを守ろう，15 陸の豊かさも守ろう，16 平和と公正をすべての人に，17 パートナーシップで目標を達成しようというもの。これらの中で小，中学生ぐらいだとピンとこないものもあるとは思うが，自分の目線で身の回りのことにつなげて解決策を考えられるものを選べばよい。2，5，6，10，12，13，14，15あたりなら，既に一般化しているものも含めて考えることは可能であろう。

重要 ［7］　内戦や政治的理由，自然災害などで安心して生活できる環境を失い，他の国や地域に移って生活せざるを得ない人々が難民。

［8］　ピクトグラムは見れば，だいたいその内容がわかるような絵で表示するもの。言葉による案内の表示とは別に，公共機関や交通機関，人が多く集まる場所で利用するうえで必要な情報を絵で表示できるものはピクトグラムを表示し，様々な言語やあるいは文字が読めない人に対しても情報が伝わるようにできる。

★ワンポイントアドバイス★

全体的には難易度は高くないが記述はかなり考えさせられるので時間配分を意識しておくことが大切。また正誤問題は正しいものを選ぶ場合と誤っているものを選ぶ場合があるので，注意が必要。

＜理科解答＞《学校からの正答の発表はありません。》

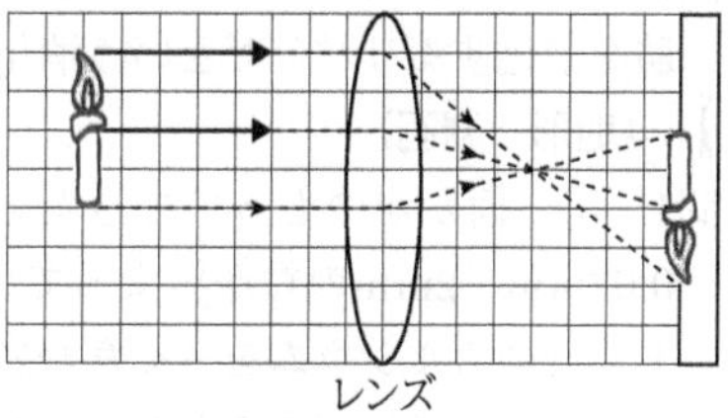

【4】　問1　ろ過　　問2　飽和水溶液　　問3　（ウ）
問4　25％　　問5　96g

【5】　問1　右図　　問2　（エ）　　問3　レンズ　①
理由　（ア）　　問4　（ウ）　　問5　厚くなる

【6】　問1　①　（オ）　　②　（イ）　　③　（ア）
問2　A　（ウ）　　B　（エ）　　問3　（ア）→（エ）→（カ）→（オ）　　問4　臓器　（ウ）　　はたらき　たん汁によって，脂肪を細かくする。

【7】　問1　①　（ス）　　④　（ク）　　⑦　（カ）　　⑨　（ア）　　⑭　（イ）　　問2　A　（ウ）　B　（イ）　　問3　特ちょう　（ウ）　　原因　岩石を構成する粒が，川で運ばれている内に石と石がこすれあい角が取れるから。　　問4　特ちょう　（イ）　　原因　火山の噴火によって岩石が粉々になって堆積してできたものだから。　　問5　塩酸をかける。／岩石の表面を鉄くぎでこする。

○推定配点○

【4】　各2点×5　　【5】　各2点×5
【6】　問1・問2　各1点×5　　他　各2点×3（問3完答）
【7】　問1・問2　各1点×7　　他　各2点×6　　計50点

＜理科解説＞

重要 【4】　（物質と変化―ものの溶け方）

問1　液体に溶けているものと溶けていないものを分けるには，ろ過という操作を行う。
問2　液体にこれ以上溶けない状態を，飽和水溶液という。
問3　水に溶けたものは，どこでも同じ濃さになる。

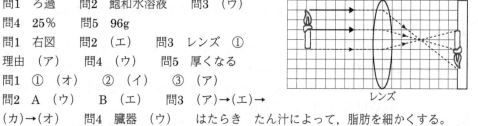

基本　問4　水90gに30g溶けているので，$\dfrac{30(g)}{90(g)+30(g)}\times 100=25(\%)$である。

やや難　問5　問3から120gの飽和食塩水に30gがとけていることがわかる。問5の作業を行うと，最的に，30(g)－6(g)＝24(g)食塩が溶けるので，このときの食塩水の量は，120(g)：30(g)＝□(g)：24(g)より，96gである。

【5】 (光－光の性質)

問1　光軸に平行な光は，焦点を通って，炎の先から出た光は，炎の先の像に，炎の根元から出た光は，炎の根元の像にいきつく。

問2　焦点とレンズの間にろうそくを置くと，ろうそくの像はできない。しかし，スクリーン側からレンズをのぞくと，上下左右が反転していない，拡大されたろうそくが見える。

問3　レンズ①の方が焦点距離が短いので(レンズにより近い距離で像を映すことができるから)，レンズ②よりも厚いレンズであることがわかる。

重要　問4　ヒトは遠くを見るとき，水晶体を薄くし，近くを見るときは，水晶体を厚くする。

重要【6】 (生物－人体)

問1　①　横かく膜は，肺の下にある。　②　レバーは肝臓のことである。　③　ハツは心臓に該当する。

問2　A　肝臓は体の中の有害なものを無害なものに変える。この働きを解毒作用という。　B　心臓は全身に血液を送り出す。

問3　食べ物を通る管を消化管という。

問4　肝臓はたん汁をつくる。たん汁は，十二指腸で脂肪を細かくする。脂肪を細かくすると，脂肪を消化するリパーゼという消化酵素と混ざりやすくするという利点がある。

重要【7】 (地形―岩石)

問1　①　何かがつもってできた岩石を堆積岩という。　④　川で運ばれて固まったもののうち0.02mm～2mmの粒が集まっている岩石を砂岩という。　⑦　生物の死骸が固まったもののうち，炭酸カルシウムを多く含む岩石を石灰岩という。　⑨　火山岩のうち黒いものを玄武岩という。　⑭　深成岩のうち白いものを花こう岩という。

問2　A　火山岩はマグマが急速に固まってできる。　B　深成岩はマグマがゆっくり固まってできる。

問3　砂岩，泥岩，れき岩は，流水の働きによってできた岩石である。上流で侵食された石が川に流されている間に，石どうしがぶつかったり，川底でけずられたりするので，砂岩，泥岩，れき岩を構成する粒の形は丸い。

問4　凝灰岩は主に火山灰が堆積してできた岩石である。火山灰は噴火の際に岩石が粉々になったものなので，粒が角ばっている。

問5　うすい塩酸をかけると，石灰石では二酸化炭素が発生するが，チャートは変化がない。チャートは非常に硬い岩石なので，鉄くぎでこすっても傷がつかないが，石灰岩は傷がつく。

★ワンポイントアドバイス★

選択肢の記号を間違えないように，丁寧に記号を書き入れよう。

＜国語解答＞ 《学校からの正答の発表はありません。》

一　1　さいしゅう　2　ししょう　3　こうとう　4　けわ　5　こころざ

二　1　往来　2　余地　3　模様　4　効く　5　快く

三　1　ウ　2　オ　3　エ　4　ア

四　1　エ　2　ウ　3　ア　4　イ

五　1　イ　2　ウ　3　イ　4　エ　5　ウ

六　問一　A　エ　B　ウ　C　ア　問二　足　問三　(恥ずかしがり)なこと
問四　イ　問五　(1)　ウ　(2)　みんなのためのテキスト　問六　ウ，エ
問七　一つも芸が身につかない　問八　事前にだれかに見たり聞いたりしてもらうことが大切だと思います。自分ではわかりやすいつもりでも，意外に他者には伝わらないことや，自分の思い込みであることは，自分一人ではわからないからです。

七　問一　秀一の頭の　問二　ア　問三　A　イ　B　オ　C　ウ　問四　イ
問五　エ　問六　自分のやることを自分できめなくてもよかった　問七　b
問八　離れて見れば自分の家での生活も悪いことばかりではないと考えていたこと
問九　エ

○推定配点○

一～五　各1点×23　六　問一　各2点×3　問二　3点　問八　5点　他　各4点×6
七　問三　各2点×3　問八　5点　他　各4点×7　計100点

＜国語解説＞

一　(漢字の読み)

基本　1「採」の訓読みは「と-る」だ。　2　ひらがな書きの表記に注意しよう。　3「こうとう」とは，口で述べることという意味。　4「険」の音読みは「ケン」。　5　この設問は読みがなだが，書き取りの場合は送りがなが誤りやすい漢字である。

二　(漢字の書き取り)

重要　1「往」は全8画の漢字。ぎょうにんべんである。「住」と混同しないようにする。　2「余」は全7画の漢字。1画目と2画目はつける。　3「模」は全14画の漢字。12画目は長めに書く。
4「効」は全8画の漢字。4画目は短めにとめる。「聞く・利く」の同訓の漢字があるが，薬の場合は「効果がある」の「効く」。　5　送りがなに注意が必要な漢字である。

三　(ことばの用法)

1「～のような」と比ゆ表現しているのでウの「まるで」が入る。　2「～でしょう」と推測しているのでオの「たぶん」である。　3「～ください」とていねいに言っているのでエの「どうぞ」を入れる。　4「～としたら」と仮定の話をしているのでアの「かりに」である。

四　(ことばの意味)

やや難　「共通して意味する」という条件に気をつける。　1「事件解決の～」の文の方がわかりやすいかもしれない。「解決のカギとなる」というように「重要なこと」という意味を「かぎ」という。
2　強い言葉であっても本音を相手にはっきり言うのだから「ぶつける」だ。また，「あえて取り組ませる」という意味も「ぶつける」にはある。　3「迫る」には，「せきたてる」の意味と，「近づいてくる」の意味がある。　4「仰ぐ」には，「敬う」の意味も，「教えや援助をいただく」という意味もある。

五 (ことわざ)

重要 1　イ以外は「貴重なものをあたえても，本人はその価値に気づかない」，無意味なことという意味を持つことわざだが，イは，「つまらぬ者でも外形を飾るとりっぱに見えること」をたとえたことわざである。　2　ウ以外は「知り尽くしている人，その道の達人に，そのことを教えるおろかさ」をたとえたことわざだが，ウは，ただでさえ強いのに，一層の強さが加わることを意味することわざだ。　3　イ以外は「たとえその道の名人といわれる者であっても失敗はある」という意味のことわざだが，イは，あれこれ論じるよりも証拠を示すことで物事は明らかになるということを意味することわざだ。　4　エ以外は「張り合いがない，手応えがない」という意味を表すことわざだが，エは悪い目にあっているときに，さらに不幸が重なることをいうことわざだ。　5　ウ以外は「根気よく続ければ，やがて大きなことを成し遂げられるということ」の意味のことわざだが，ウは，人から何度も聞くより，一度実際に自分の目で見るほうが確かであり，よくわかるという意味のことわざだ。

六 (論説文－細部の読み取り，接続語の問題，空欄補充，慣用句，ことばの意味，記述力)

重要 問一　A　前部分は筆者が思っていないことを挙げていて，後部分は，前部分のことよりも筆者が指摘したいことを挙げているのでエの「むしろ」だ。　B　前部分は恥ずかしがることが有効な場合もあると理解している。後部分は，恥ずかしがることが無駄の場合も多いと展開したいのでウ「しかし」である。　C　直後が「～かいたとしても」だから，アの「たとえ」を入れて，組み合わせて使う言葉にする。

基本 問二　物事の上達のじゃまになるということを意味する慣用句は「足を引っ張る」である。

やや難 問三　「謙譲の美徳」とは——線①直前にあるように，「恥を知る，でしゃばらない」ことで，相手を立てるということだ。しかし，字数制限によりこの部分をぬき出すことができない。したがって，「私は，日本人が～」で始まる段落にある「(恥ずかしがり)なこと」をぬき出す。

問四　「ファジー」とは境界があいまいなことという意味だ，——線②直前にある「ゆるやかに処理」という表現は，「日本に長く～」で始まる段落にある「日本的な曖昧さ，謙譲」を言いかえた表現なので，イを選択する。

問五　(1)　「たたき台」とは，試案，検討のみなもとになるものという意味を持っている。自分の案，考えをもとにして検討ができるようにするために見本として出すものである。　(2)　「——線③より後から」という条件に注意する。(1)で考えたように，みんなで検討するための案，考えだから，「さらに当人～」で始まる段落で説明されているように「みんなのためのテキスト」だ。

問六　「あてはまらないもの二つ」という条件に注意しよう。恥をかいてもかまわないから，積極的に人前に出ることをすすめる筆者は，「まず～」で始まる段落で「集中力が高まる」としている。また，「ほめられると自信がつく」とも述べている。さらに，「みんなで」ということを強調しているのだから，ウの「自分一人がチェックを」が誤りだ。そして，吉田兼好の話から，人に知られないようにして上達はできないということからエの内容があてはまらない。

重要 問七　実に率直だという印象の言葉である。これは，吉田兼好の発言に対しての印象だから，【芸能を～つかない】で示されている中からぬき出すことになる。人知れず習っても上達しないというソフトな言い方ではなく「一つも芸が身につかない」と言い切っているところが「率直」だということになる。

やや難 問八　文章をふまえてという条件ではないので，基本的に自分の考えた通りに書くことが可能だが，何も参考にせず書くよりも文章を利用したほうが，手早く書けるだろう。いずれにしても，理由と整合性があるものを書こう。

七 (物語－心情・情景，細部の読み取り，空欄補充，ことばの意味，記述力)

問一　直後の返事は「～いいんだ」なので，すぐにはどのような困りごとをかかえているのかがわからない。「いいんだ」と答えたから，夏代はびっくりするような話を持ち出してきたのだ。それを聞いて「こいつぁ～」で始まる段落にあるように，頭の中が手がつけられないほどこんがらがったのだから，一文で「秀一の頭の」からぬき出す。

問二　――線②は「目」を表す比ゆ表現だ。「昼の食事～」で始まる段落にあるように，色々なことでこんがらがった頭でぼんやりと考えこんでいるのだからアである。

重要 問三　A　ボーッとしていたら声をかけられて「われにかえった」のだから，はっとしてという感じである。大音量の目覚ましで「いっぺんに目がさめた」のような意味で「いっぺんに」である。　B　少しも身が入らないということだから「いっこうに」だ。　C　何から何までわかってしまうことを予想しているので「すっかり」である。

問四　「人気がない」は「ひとけがない」と読む。「にんきがない」ではない。「ひとけ」とは，人の気配ということから，人がいないので静かというイを選択する。

問五　直後の「そうだよ～」で始まる段落に着目する。自分も勉強したくないわけではないのに，周りから言われるとその気がなくなってしまっていたのだ。夏代はかたづけを終えると，誰に言われるわけでもなく勉強を始めている。その様子を「そうだよ」と思うのだからエである。

問六　問われていることは，「これまでの秀一」だ。問五で考えたように，周りからあれこれ言われることに反発はしていたが，「家を出ちまう～」で始まる段落にあるように，改めて考えると，家にいるときは何も考えることがなかったと思うのだ。それは「自分でやることを自分できめなくてもよかった」状況だったからである。

問七　「よけいなこと」とは，秀一にとって，うるさいと思うようなこと，じゃまだと思うことである。aはうるさいと思うことだからよけいなこと。cは面倒くさいと思っていたことだからよけいなこと。dはうるさいと思うことだからよけいなことだが，bは言ってくれなければわからないことだから聞きたいことになるのでよけいではない。

やや難 問八　問七で考えたように，自分の家ではうるさいこと，よけいなことばかり言われていたと考えていたが，離れて見ればそう悪いものではないと思えるようになってきているのだ。口に出して言っているわけではないが，老人は，秀一がそのように考え始めているのではないかということを「見すかした」のである。

問九　家の生活もそう悪いものではないと思い始めているところに老人は暗に手紙を出すことをすすめている。しかし，家出をした立場としてはそんなことをしたら「さえない」と説明している場面だ。つまり，家出したつもりなのに，遠足や林間学校に行ったみたいに手紙など出すのはかっこわるいということになる。

★ワンポイントアドバイス★

幅広い知識問題が多く出題される。知識問題での失点をできる限り少なくする学習を整えよう。

B−1日程

2022年度

解答と解説

《2022年度の配点は解答欄に掲載してあります。》

＜算数解答＞《学校からの正答の発表はありません。》

【1】 聞き取り問題解答省略

【2】 (1) 1583　(2) 28　(3) $\frac{47}{60}$　(4) 2022　(5) 3　(6) 1.75

(7) 54.2　(8) 30

【3】 (1) 65232　(2) 0.7L　(3) 3500円　(4) 9%　(5) 1300m

(6) $3.44cm^2$　(7) 96点　(8) 16枚

【4】 (1) 15個　(2) 34個　【5】 (1) 10本　(2) 48本

○推定配点○

【3】 各5点×8　他 各4点×15　計100点

＜算数解説＞

【1】 聞き取り問題解説省略。

【2】 (四則計算)

(1) 2839−1256＝1583

(2) 46−18＝28

(3) $(20+15+12)\div60=\frac{47}{60}$

(4) 649062÷321＝2022

(5) $\frac{35}{12}\times\frac{4}{35}\times9=3$

(6) $1.25+\frac{11}{16}-\frac{3}{16}=1.75$

(7) 2.71×(40＋30−50)＝54.2

(8) 13＋32−15＝30

【3】 (割合と比，単位の換算，速さの三公式と比，平面図形，平均算)

(1) 1208×54＝65232(人)

(2) 7dL＝0.7L

(3) 3780÷1.08＝3500(円)

(4) 100：200＝1：2より，(1×5＋2×11)÷(1＋2)＝9(%)

重要 (5) $9000\div60\times8\frac{2}{3}=1300$(m)

重要 (6) 右図より，4×4−4×4×3.14÷4＝16−12.56＝3.44(cm^2)

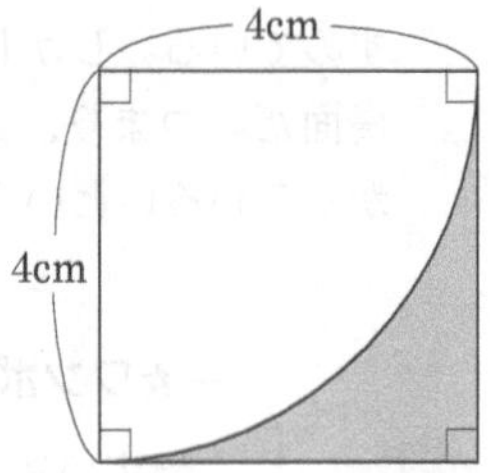

重要 (7) 76＋76−63＋76−69＝96(点)

【別解】 76×4−(76＋63＋69)＝96(点)

重要 (8) 5円：10円：50円＝1：2：10より，枚数の比は

(2÷1)：(11÷2)：(15÷10)＝2：5.5：1.5＝4：11：3

したがって，5円玉は72÷(4＋11＋3)×4＝16(枚)

重要【4】 (平面図形，立体図形)

図1

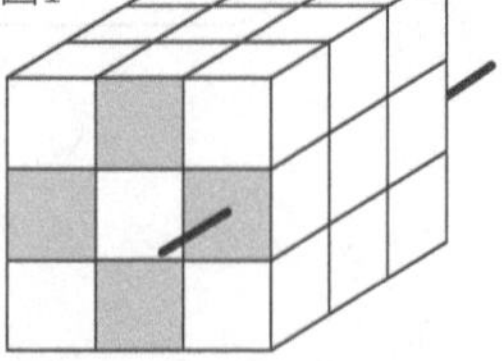

(1) 上段・下段…図1より，左列・右列の3×2×2＝12(個)

中段…図1より，中列の3個　したがって，求める立方体の個数は12＋3＝15(個)

(2)　上段…図2より，$3\times2+2+4=12$(個)
中段…図2より，$2\times2+3\times2+1=11$(個)
下段…図2より，11個　　したがって，求める立方体の個数は$12+11\times2=34$(個)

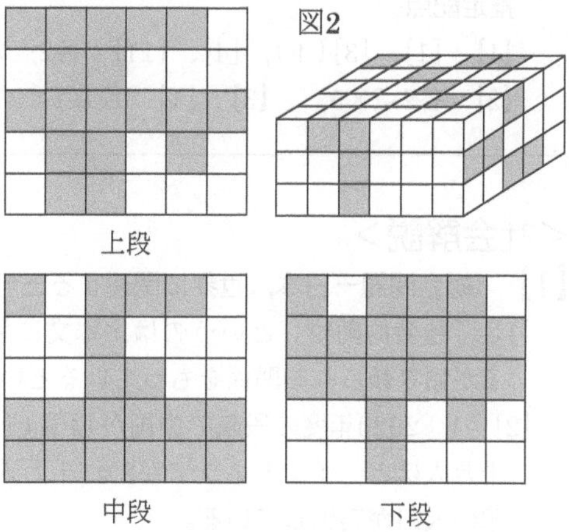

【5】 (平面図形，場合の数)

図ア
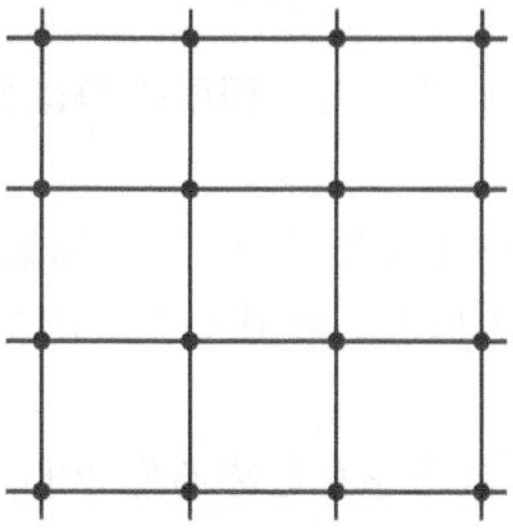

図イ
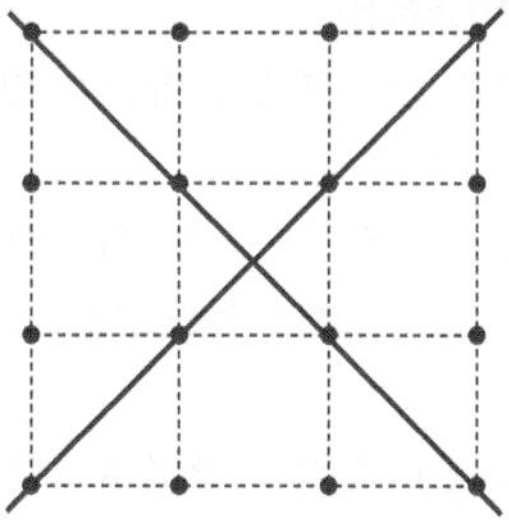

図ウ
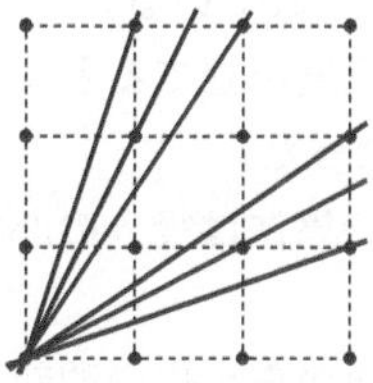

図エ
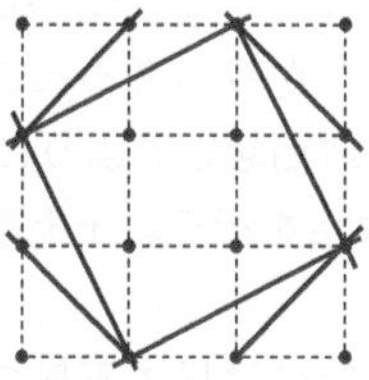

図オ
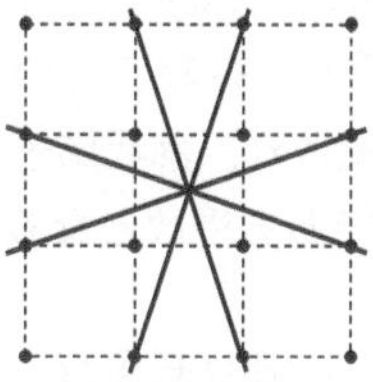

図カ
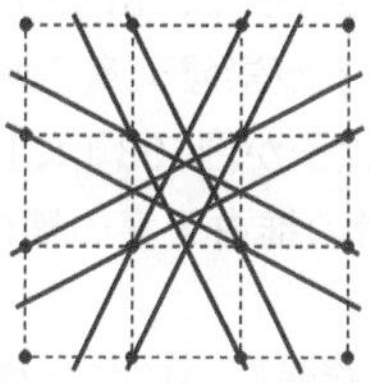

重要 (1)　上図ア…$4\times2=8$(本)　　上図イ…2本　　したがって，4個の点を通る直線は$8+2=10$(本)

やや難 (2)　図ウ…$3\times2\times4=24$(本)　　図エ…$3\times4=12$(本)　　図オ…4本　　図カ…$4\times2=8$(本)
したがって，2個の点を通る直線は$24+12\times2=48$(本)

★ワンポイントアドバイス★

【3】(8)「5円玉の枚数」は，各硬貨の1枚ずつの金額の比と合計金額の比から計算する。【4】「棒が通っていない立方体の個数」は，各段ごとに個数を数える。【5】(2)「2個の点を通る直線」は，簡単ではない。

＜社会解答＞《学校からの正答の発表はありません。》

【1】 [1]　社会　　[2]　1　　[3]　(Ⅰ)　卑弥呼　　(Ⅱ)　3　　[4]　聖徳太子
[5]　イ　4　　ロ　6　　[6]　4　　[7]　あ　2　　い　6　　う　4　　え　5
[8]　原子爆弾　　[9]　あ　5　　い　6　　う　2　　[10]　C　　[11]　(Ⅰ)　平和
(Ⅱ)　UNESCO[国連教育科学文化機関]　　[12]　他国を攻撃できる艦船，航空機，その他の大型の兵器を各国が持つのを禁止する。　　[13]　A　原因　エ　　結果　2
B　原因　ア　　結果　1　　C　原因　ウ　　結果　3

【2】 [1]　内閣総理大臣の指名　　[2]　世論　　[3]　違憲立法審査権　　[4]　弾劾裁判所
[5]　衆議院議員

【3】 [1]　A　エ　　B　ウ　　[2]　A　ウ　　B　エ　　C　ア　　D　イ

○推定配点○

【1】 [1]，[3](Ⅰ)，[4]，[11] 各2点×5 [12] 3点 他 各1点×17([13]完答)

【2】 各2点×5 【3】 [1] 各1点×2 [2] 各2点×4 計50点

＜社会解説＞

【1】 (総合問題－日本，世界に関連する三分野の問題)

[1] 「社会的動物」というのは，本文にもあるが人間が他者との関係を必ずもち，程度の差はあるが頼り頼られる関係をもっているということ。

[2] 1 2020年度の段階で中国が14億4千万人ほど，インドが13億8千万人ほど，アメリカが3億3千万人ほど，インドネシアが2億7千万人ほど，パキスタンが2億2千万人ほど。中国とインドの2国の人口が突出している。

[3] Ⅰ 卑弥呼は3世紀に29の小国が乱立していたなかで推されて，それらをまとめる形で邪馬台国が形成され，その長となったとされる。 Ⅱ 邪馬台国や卑弥呼に関する記録が残されているのが中国の魏志倭人伝で，3世紀に魏に卑弥呼が使者をおくったことが記録されている。

基本 [4] 592年に蘇我馬子が崇峻天皇を殺害し，蘇我氏とのつながりのある推古天皇を立てると，推古天皇の甥の聖徳太子が翌593年に抜擢され，蘇我馬子と政治をとるようになった。

[5] 聖徳太子は女帝の推古天皇の補佐である摂政となり政治を行う。十七条の憲法は役人の心得のようなもの。

重要 [6] 4 飛鳥時代の範囲については様々な説があるが，一般には推古天皇の頃から大化の改新まで。奈良時代は710年から784年。平安時代は794年から1185年。鎌倉時代はかつては1192年の幕府創設からとされたが，今では1185年の平氏滅亡の段階からとするのが一般的になりつつある。鎌倉時代の終わりは1333年。室町時代は1336年の後醍醐天皇の政権崩壊から1573年の室町幕府の滅亡まで。安土桃山時代も明確にいつとはいいがたいが，室町幕府の滅亡から関ケ原の戦いまでの時期と考えればよい。江戸時代は1603年から1867年まで。

[7] あ 壇ノ浦は関門海峡のやや北のあたりの山口県下関に面したところ。 い 桶狭間は愛知県の名古屋市と豊明市にまたがる地域。 う 応仁の乱の主要な舞台は京都。 え 関ケ原は岐阜県不破郡関ケ原町で，岐阜県の西部，滋賀県の琵琶湖の東，伊吹山の南に広がる場所。

[8] 原子爆弾は核分裂のエネルギーを使う爆弾で爆発する際の熱線や爆風も強烈なものであるが，放射線を発することで生物に甚大な被害を及ぼす。

[9] あ 5 湾岸戦争はイラクが隣国のクウェートを軍事侵攻したことで，アメリカを中心とする多国籍軍が国連の議決で派遣されたもの。 い 6 アフガニスタン戦争は，アフガニスタンを，極端なイスラム原理主義のタリバン勢力が支配していたことに対してアメリカを中心とする多国籍軍が介入しタリバン勢力を追いやったもの。ただアメリカが撤退したことにより，タリバンが再び政権を握り，極端なイスラム原理主義の政治を再び戻しつつある。 う 2 パレスティナ紛争は，現在のイスラエルがある地域がパレスティナで，2000年以上前にはあの地域にはユダヤ人がいたが，ローマ帝国の支配によってユダヤ人が奴隷として連れ去られ，そこにアラブ人がすむようになっていた。そこに第二次世界大戦後ユダヤ人が再びユダヤ人の国としてイスラエルを建国し，その際にそこにいたアラブ人が排除されたことでイスラエルと周辺のアラブ諸国が対立するようになり，また，イスラエル国内に残るアラブ人が強制的に辺境の地に追いやられてしまった。その場所がパレスチナ自治区で，イスラエルの北東部のヨルダンとの国境付近の地域とイスラエルの南西部のエジプトとの国境付近の場所である。

[10]　C　赤道が陸地を通る場所はアフリカ大陸の中央部のギニア湾奥からビクトリア湖北岸のところと，インドネシアの島々，南米大陸のエクアドルからブラジルのアマゾン川河口のあたり。

[11]　I　国際連合のユネスコ憲章の一節。「平和のとりでをきずく」ということに関しては様々な解釈がなされているが，戦争が人の心の中で起こるものとしているので，平和を守るためのよりどころ，拠点のようなものと考えるのが適切か。平和を守るための知識，平和を守るという意識を個々人がしっかりと持つことの重要性を訴えているものと考えればよいであろう。　Ⅱ　UNESCOは国連教育科学文化機関の略で，戦争の反省から，人々が互いに理解しあい，偏見を持たないようにすること，戦争の悲惨さを認識するのを助けるために活躍する機関。

やや難　[12]　様々な考え方が出てくると思われる設問だが，歴史的なことから言えば，第一次世界大戦後の世界の動きとして，国際的に軍縮が進んだことを思い出してほしい。現実的に可能かどうかはいいがたいが，少なくともすべての国々がもつ軍事力が明らかに自衛には過剰なレベルのものになっているのは事実。

重要　[13]　A　酸性雨は化石燃料などを燃やすことで，大気中に窒素酸化物や亜硫酸ガスが放出され，それが雨に交じって酸性の液体となって降るもの。酸性雨によって森林の立ち枯れがおこったり，石で出来ている建造物や銅像などが溶けるなどの被害が出ている。酸性雨によって魚類が減ったりするのは海よりも池や沼，湖などの淡水の中で起こっている。　B　オゾン層は大気圏の外側にあり，地球上で使われていたフロンガスによって，そのオゾンの層が薄くなったり，もともと薄い両極の上空では穴が開くなどした。これによって太陽から地上に届く光の中で紫外線がオゾン層で吸収される量が減り，地上にまで届く量が増えており，このことが眼病や皮膚がんなどの原因となりうるとされる。　C　熱帯林の減少は木材の切り出しや，森林の場所の開発などで森林が伐採されたり，あるいはアフリカや南米などで焼畑農業がおこなわれていることで起こっているとされる。森林が減ることで，光合成によって吸収される二酸化炭素の量が減り温暖化を促進させていたり，地球上の酸素の量が減少していたりする。

【2】　(政治―三権に関連する様々な問題)

基本　[1]　図の②の矢印は国会から内閣に向いているもので，国会が内閣に対して持つ権限と考える。国民による国会議員の選挙の後で，国務大臣の任命の前にあるので，内閣総理大臣の指名になる。内閣総理大臣は国会で指名した後，天皇が任命し，国務大臣は内閣総理大臣が任命した後，天皇が認証する。

[2]　内閣に対して国民が直接何かを行うということはできないが，世論という形で内閣及び内閣総理大臣への支持ないしは不支持を表明することはできる。

[3]　違憲立法審査権は裁判所の組織全体で持っているものだが，最高裁判所は特にその最終的な判断を下すということで，憲法の番人と呼ばれる。

重要　[4]　裁判官はその身分保障のため，裁判官という身分のままでは裁判にかけることはできない。そこで，裁判官が犯罪にかかわったり，あるいは裁判官として不適切な言動を行った場合に，国会の中で弾劾裁判にかけ，裁判官としての資格を問い，裁判官として不適切とされると，その身分を奪うことになる。裁判官の肩書が無くなると，犯罪に関わっている場合には普通に裁判にかけることが出来る。

[5]　衆議院議員は任期が4年だが，任期満了で選挙になる場合よりも，任期満了前に衆議院が解散されて選挙になることが多い。衆議院の選挙はすべての衆議院議員が対象となるので総選挙と呼ぶ。

【3】　(日本の地理―日本の工業，発電に関する問題)

基本　[1]　現在，日本の工業の主力は機械工業なのでAには機械工業が入る。Bは化学工業で，特に瀬戸内工業地域や設問にはないが京葉工業地域がその比率が高くなっている。

[2]　発電所の分布に関する問題。表の中のDはそれぞれの発電所の最大出力が最も大きく，首都圏にもあるので火力発電所になる。Bはほぼ中部地方に集中しているので，水浴発電所になる。残るAとCはどちらもやや辺鄙な場所だが，Aの方が最大出力が大きいのでAが原子力，Cが風力発電となる。

★ワンポイントアドバイス★

記述問題は設問の内容を踏まえて知っていることを総動員して考えれば何とかなる。あきらめずにいろいろと考えていくことが解答するポイント。時間に対して設問数が多いので時間配分を考えながら解くことが不可欠。

＜理科解答＞《学校からの正答の発表はありません。》

【4】　問1　A　氷　　B　水　　C　水蒸気　　問2　(イ)・(ウ)　　問3　BよりもCの方が活発に水の粒が動くことができるようになる。　　問4　(湯気)　水　　(見えない部分)　水蒸気　　(泡)　水蒸気　　問5　ふっとうして出てきた水蒸気がやかんのふたに冷やされて水に戻った。

【5】　問1　①　80g　　②　420g　　問2　③　40g　　④　380g
問3　(エ)→(ア)→(ウ)→(イ)　　問4　体積を大きくし，大きな浮力を得るため。

【6】　問1　(1)　ゴーヤ，ヘチマ　　(2)　ヘチマ　　(3)　コメ[イネ]　　問2　A　塩水　B　沈んだ　　問3　肥料をあたえたり，土を取りかえる　　問4　(利点)　建物内が涼しくなる。　(欠点)　外の様子が見えにくい。

【7】　問1　(イ)　　問2　(イ)　　問3　家庭やビル，街灯などの明かり
問4　地球は月と違って，大気が地表面をおおっているため，昼は太陽の光のうち青い色の光を見ることができる。

○推定配点○

【4】　各2点×9(問2完答)　　【5】　問1・問2　各1点×4　　他　各2点×2(問3完答)
【6】　各2点×8(問1(1)完答)　　【7】　各2点×4　　計50点

＜理科解説＞

【4】　(物質と変化―物質の状態変化)

重要　問1　水の粒が全く動かないAが氷，少し動くBが水，活発に動くCが水蒸気をあらわしている。

重要　問2　氷から水((イ))，水から水蒸気((ウ))にするとき，加熱しなくてはならない。

基本　問3　水から水蒸気になると，水の粒が活発に動くことができ，体積が大きくなる。

重要　問4　湯気は，水蒸気が冷やされてできた水である。見えない部分は水蒸気である。やかんの底の方から100℃になるので，やかんの底から水蒸気が発生する。それが泡となって観察できる。

基本　問5　ふっとうにより出来た水蒸気は，やかんのふたに冷やされて水に変化する。

【5】　(力のはたらき―浮力)

基本　問1　①　物体は水に浮いているので，物体は80gの浮力をうけている。　②　物体にはたらいた

浮力の分は，台ばかりにはたらくので，台ばかりの示す値は340(g)＋80(g)＝420(g)である。

基本 問2 ① 100(g)－60(g)＝40(g)　② 340(g)＋40(g)＝380(g)

重要 問3 浮力は押しのけた液体の重さであらわされるので，体積が大きいほど大きな浮力を得ることができる。

基本 問4 浮き輪に空気を入れることにより，水を押しのける体積が大きくなる。よって，大きな浮力を得るために，浮き輪に空気を入れる。

【6】 (生物―植物)

重要 問1 (1) 雄花と雌花があるのは，選択肢の中では，ゴーヤとヘチマである。 (2) ヘチマは，乾燥させた果実の繊維をたわしのように用いることがある。 (3) 主に種子のはい乳部分を食用としているのはコメ(イネ)である。

問2 はい乳が多くある種子が良い種もみである。良い種もみははい乳が多くあるので重い。よって，水より浮力の大きい塩水に沈む種子が良い種もみである。

問3 植物が大きく育つためには，肥料をあたえたり，新しい水分や養分のつまった新しい土に入れかえたりするとよい。

問4 利点はビル内の日当たりが悪くなるため，ビル内が涼しくなることである。欠点は模範解答の他に，手入れに手間がかかる，育つために時間がかかるなどがある。

基本 【7】 (天体－地球と太陽・月)

問1 地球は右側が光っているので，太陽は図の右の方にある。

問2 月食のとき，太陽－地球―月の順に並んでいるので，月から地球を見ると地球は新月のように見える。

問3 現在は夜側の地球でも，街灯や家庭，ビルの明かりなどで，光っている部分がある。

問4 地球は月と違って大気が存在するので，昼は太陽の光のうち青い光が見える。

★ワンポイントアドバイス★

ポイントを押さえた簡潔な文章を書く練習をしよう。

＜国語解答＞ 《学校からの正答の発表はありません。》

一 1 そんちょう　2 でんえん　3 もくそく　4 しんりょく　5 もう

二 1 保険　2 銭湯　3 専門　4 留める　5 説く

三 1 明　2 林　3 音　4 泉　5 念[鎮]

四 1 句⇒口・エ　2 台⇒代・ア　3 新⇒進・イ　4 少⇒小・オ　5 頭⇒東・ウ

五 1 短・長　2 背・腹　3 苦・楽　4 転・起　5 会・別

六 問一 A ウ　B イ　C ア　D エ　問二 a イ　b エ　問三 魚の成長のスピードがわかる　問四 ウ　問五 1 いつも寝不足気味　2 決して大きくはない船　問六 [誰] 漁師さん　[多くのこと] つかみにくいアナゴの上手なつかみ方　問七 江戸前のアナゴ食べ放題状態　問八 イ

七 問一 A イ　B エ　C ウ　D ア　問二 a ア　b ウ　問三 子ダヌキ　問四 エ　問五 たとえ犬猫　問六 イ　問七 [善] 動物をかわいそうに

思い助けたいと思う気持ちはやさしい心だから。　[悪]　[自分]　最後まで責任を持てない行動は安易で自己満足につながるから。　[他人]　野生の動物から色々な形で迷惑を受ける場合があるから。　問八　イ　問九　責任を持つことはできないよね

問十　凜と野生の子ダヌキの，秘密で飼育する関係　問十一　ウ

○推定配点○

一～五　各1点×25　二　問六[多くのこと]　4点　他　各2点×13

三　問七　各5点×3　問十　4点　他　各2点×13　計100点

＜国語解説＞

一　(漢字の読み)

基本　1「重」を「チョウ」と読む。　2「園」の訓読みは「その」。　3「もくそく」とは，目で見ておおよその高さ，広さなどを測ること。　4　ひらがな表記に間違いをしないようにする。

5「設置」の「設」は音読み「セツ」，訓読みは「もう-ける」である。

二　(漢字の書き取り)

重要　1「険」は全11画の漢字。同音の「検」と混同しないようにする。　2「銭」は全14画の漢字。14画目の点を忘れずに書く。　3「専」は全9画の漢字。最後に点をつけて全10画の漢字にしないようにする。また「門」を「問」と混同しないように気をつける。　4　ボタンや，バッグの留め金は「留める」だ。「止める」と混同しないように気をつける。　5「説」は全14画の漢字。14画目はまげてはねる。

三　(漢字)

やや難　1「日(ひ)」と月(げつ)」で「明」になる。　2「木(ぼく)」と木(もく)」で「林」だ。　3「立(りつ)と日(び)」で「音」。　4「白(はく)と水(すい)」で「泉」になる。　5「今(こん)と心(しん)」で「念」。また，小学校未習の漢字だが，「金(こん)と真(しん)」で「鎮」も成立する。

四　(四字熟語)

重要　1「異口同音」が正しいので「句」を直す。大勢の人が口をそろえるのだから「口」でエ。

2「前代未聞」が正しいので「台」を直す。これまでの代で聞いたことがないということだから「代」でア。　3「日進月歩」が正しいので「新」を直す。日に日に進歩するのだから「進」でイ。

4「大同小異」が正しいので「少」を直す。「小さな違いしかない」のだから「小」でオである。

5「馬耳東風」が正しいので「頭」を直す。馬の耳に心地よい春風(東風)が吹いても何も感じないということなので「東」でウ。

五　(ことわざ)

重要　1「帯に短したすきに長し」なので，対になる漢字は「長・短」。　2「背に腹はかえられない」なので，対になる漢字は「背・腹」。　3「苦あれば楽あり」なので，対になる漢字は「苦・楽」。

4「七転び八起き」なので，対になる漢字は「転・起」。　5「会うは別れの始め」なので，対になる漢字は「会・別」である。「合」と混同しないように気をつける。

六　(説明文－細部の読み取り，接続語の問題，空欄補充，記述力)

重要　問一　A　前部分は耳石はアナゴ以外にもあることが述べられていて，後部分はアジやサンマなどにもあるとして具体例が挙がっているのでウの「たとえば」だ。　B　前部分は，多くの魚に耳石はあることを示していて，後部分は，小さいものだからなかなか見つけられないとしているのでイの「ただ」が入る。　C　前部分は耳石によって魚が何日前に生まれたかがわかると述べていて，後部分は「誕生日当て」ができるとまとめているのでアの「つまり」を入れる。　D　前

部分は耳石を調べることによって，その魚の成長スピードがわかることを知らせている。後部分は，耳石の調査で環境の変化も推定できると，できることを重ねているのでエの「さらに」である。

問二　a　白い小さな石のようなものが耳石だ。イシモチという魚は耳石が比較的大きいので見つかるはずだとしている。白い石のようなものだから「白い砂利」のようなものだ。　b　木の年輪と同じように考えている。一年に一本で「年輪」なのだから，1日一本なら「日輪」ということになる。

問三　「耳石を調べれば～」で始まる段落に着目する。誕生日がわかれば，「魚の成長のスピードがわかる」と説明している。

問四　「もっともっと～」で始まる段落に着目する。耳石のカルシウムは水中から体内にとりこまれるので，どの辺りの海域で生活していたのかがわかると説明されていることからウを選択する。

やや難　問五　筆者は，これまで調査に出たことが何度もあったが，早朝のテレビ番組を担当しているという状況がこれまでと違っている。早朝のテレビ番組では「いつも寝不足気味」だったから船酔いしてしまうのだ。また，次の段落は「しかも」で始まっていることに注目する。つまり，二つ目の要因ということだからだ。「決して大きくない船」だったから揺れが大きかったのである。

やや難　問六　アナゴがつかみにくくて苦労したとき，「漁師さん」からつかみかたを教えてもらうととてもつかみやすくなったことを例にあげている。「誰に」は「漁師さん」である。「多くのこと」は「具体的に」という条件なので「アナゴのつかみかた」について書くことになる。

問七　「得する」というのだから，いいことがあったということだ。調査の後のアナゴを飽きるほど食べられたことである。字数制限から「江戸前のアナゴ食べ放題状態」であったことがお得だったということになる。

問八　アは「一生がわかる」が誤りである。ウは「後の人生で活きている」ということを述べている文章ではない。エは「アナゴの研究から学ぶ姿勢がついた」が誤りだ。イは「実際に，以前～」で始まる段落にイの内容はある。

七　(物語－心情・情景，細部の読み取り，空欄補充，ことばの意味，記述力)

基本　問一　A　凜は自分一人だと思っていたのだから，急に声をかけられて「はっと」したのだからイ。　B　しばらくは誰だかわからなかったのだが，「やがて」だれであるか気がついたということになるのでエだ。　C　姿も瞳も，ウ「とても」かわいい子ダヌキだったのである。　D　子ダヌキの餌が用意できなかったときは「こっそり」冷蔵庫から持ち出したり，小遣いで飼ったりしていたということになるのでアだ。

問二　a　「お目こぼし」とは，相手に見逃してもらえるよう頼み込むときなどに用いる表現であるので，アだ。　b　「センシティブ」とは，あつかいに細心の注意を要するという意味の言葉だ。ことばの意味としてわからなくても，この場面では，野生動物への餌やりについては，善悪さまざまな意見があり，一方的に決めつけられるものではないということを述べているのだから，微妙であり慎重に対応する必要がある問題ということがわかる。

基本　問三　楓子は，凜が「飼っている」動物を野良猫だと思い込んでいたが，実は「子ダヌキ」だった。

問四　楓子という名前は知らなかったが，問一で考えたように「やがて気づいた」のだから，アイウは誤りということになる。

問五　「ともあれ～」で始まる段落が着目点になる。凜の友だちが野生の動物に触ってはいけないとアドバイスしたのは正解だということだ。子ダヌキだから触ってはいけないのではなく，「たとえ犬猫～危険だ」からである。

問六　凜の質問は玉ねぎはタヌキの餌にして大丈夫かということだった。――線④直後に「やはり知らなかったようだ」ということから考えても，玉ねぎはもちろん，野生動物に人間の食べ物を与えてはいけないことを知らせる目的があったのである。

やや難 問七 「善」とは，良い心がけということになる。「凜ちゃんがそう感じたのはいいことだ～」という発言に着目しよう。同じことを「繰り返すけど～」でもう一度発言している。つまり，「善」は「かわいそうだから助けてあげたい」という気持ちだということになる。一方「悪」は，一般的に言われる「悪」ではなく，この場合の「悪」ということに気をつけよう。また，「自分と他人の立場から」という条件がとらえにくいが，「自分にとって悪・他人にとっての悪」のように考える。まず，自分にとっての悪は，楓子が「善」としてほめている話の後半にもあるように，責任を持てないということだ。これを説明しているのは「ただ，野良猫～」で始まる段落だ。「最後まで責任を持てない行動は安易で自己満足」ということになる。同じ段落に「迷惑を受けている人がいることは事実」とある。これが「他人にとっての悪」ということになる。

問八 子ダヌキではなく，野良猫だとしても「もちろん」餌をやるという気持ちでうなずいているのだから「確信」を持っているということになる。

問九 「繰り返すけど～」で始まる楓子の話の中に，野生動物にひっそり餌をやる行動をしていても，その動物の最後まで「責任を持つことはできない」と言っている。⑦の直前が，「やっぱり」と言っていることに着目しよう。動物の最後まで責任を持つことはできないのと同時に，他人に迷惑をかけた場合も「やっぱり」「責任を持つことはできない」と教えているのである。

やや難 問十 「誰と誰」は凜ちゃんと，子ダヌキの関係であることはわかるが，「どのような関係」の書き方が難しい。野良犬や猫でも，触ったりしてはいけないことは知っていたが，スマホで調べると，野生のタヌキも基本的に放置することが最善の対処法とあった。しかし，凜はかわいそうだと思う一心で餌を与えてしまった。「秘密で飼育しよう」とした始まりが許されざる関係なのである。

問十一 放置が最善とは理解できるが，排水溝にはさまってしまっている子ダヌキをそのままにしておくことはできない凜の気持ちは十分に理解できるから，排水溝から脱出できるようにしてあげようという提案である。逃がしてやるという点についてはア～ウのどれもあてはまるが，これまでたびたび凜に言って聞かせたように，野生の動物には触れてはいけないのだ。だから，子ダヌキが自力で脱出できるように板をかけてやるまでなら触れずに助けられるということになるのでウである。

★ワンポイントアドバイス★

知識問題での失点はできる限りおさえるべきだが，時間をかけすぎると，記述を含む読解の時間が不足する可能性がある。時間配分に気をつけよう。

●2022年度　C日程 問題　解答●

《配点は解答欄に掲載してあります。》

＜算数解答＞《学校からの正答の発表はありません。》

【1】　聞き取り問題解答省略

【2】　(1)　440　(2)　19.6　(3)　$\frac{1}{15}$　(4)　654　(5)　5　(6)　0
　(7)　7000　(8)　2

【3】　(1)　$4\frac{2}{3}$　(2)　7　(3)　4　(4)　4分30秒　(5)　600　(6)　400　(7)　12
　(8)　5.5

【4】　(1)　右図参照　(2)　14分後

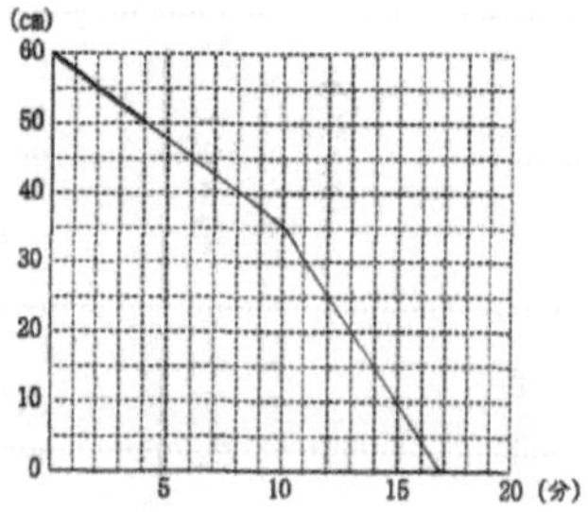

【5】　(1)　14・21・35・42・56・63
　(2)　413・434・441・455・462

○推定配点○

【3】　各5点×8　他　各4点×15(【5】各完答)　計100点

＜国語解答＞《学校からの正答の発表はありません。》

一　1　ひんぷ　2　けっさい　3　みちび　4　くだ　5　ざっこく

二　1　省く　2　楽観　3　宿る　4　編成　5　群生

三　1　未・エ　2　無・ウ　3　不・イ　4　非・ア

四　1　エ・鼻　2　ア・水　3　ア・歯　4　ウ・顔

五　1　ウ　2　ア　3　エ　4　イ

六　問一　エ　問二　イ・ウ・カ　問三　そのおう盛～れてしまう　問四　イ
　問五　生態系のバランスがくずれる　問六　ア　問七　A　エ　B　ア　C　オ
　D　イ　問八　ウ　問九　花火やキャンプに行ったとき，ゴミをきちんと持ち帰ること。

七　問一　A　イ　B　オ　C　ア　D　エ　問二　ア　問三　2
　問四　なにかをつ～ならない。　問五　不安　問六　ウ　問七　エ
　問八　リフティングが三十回以上できるようになった。　問九　ア

○推定配点○

一～五　各1点×22

六　問三　4点　問四　2点　問九　6点　他　各3点×9

七　問四　4点　問八　5点　他　各3点×10　計100点

MEMO

大切なことはメモしておこうネ！

2021年度

★★★★★★★★★★★★★★★★★★★★★★★★★

入　試　問　題

2021年度

関東学院六浦中学校入試問題（A-1日程）

【算　数】（45分）　＜満点：100点＞

【注意】　解答用紙，問題用紙に **考え方** と書いてある問題は，答えを求めるために用いた考え方や途《と》
中《ちゅう》の式や図などを解答用紙に残しなさい。

[聞き取り問題]

【1】 放送を聞いて，あるクラスで行った試験の点数について，次の問いに答えなさい。問題文は2回読まれます。なお，問題文を聞きながらメモを取ってもかまいません。

(1)　このクラスの人数は何人ですか。

(2)　このクラスの男子，女子の人数はそれぞれ何人ですか。

(3)　女子の平均点は何点ですか。

[聞き取り問題] はここまでです。

※放送台本は非公表です。

【2】 次の計算をしなさい。

(1)　$202-10+201$

(2)　$81-154\div 11$

(3)　$\frac{1}{4}+\frac{2}{3}+\frac{5}{6}$

(4)　$\frac{4}{5}-0.125-\frac{3}{8}$

(5)　$121\div 5.5\div 2$

(6)　$(45\div 15+4\times 2)\times 12-9$

(7)　$1\frac{1}{9}\div 2\frac{2}{5}\times\frac{4}{15}$

(8)　$(73\times 3.15+3.15\times 27)\div 30$

【3】 次の □ にあてはまる数を求めなさい。

(1)　$2\frac{3}{5}:4=$ □ $:2$

(2)　12と18の公約数をすべて足すと □ です。

(3)　家から3km離《はな》れた図書館へ分速60mで歩きました。家から図書館まで行くのにかかった時間は □ 分です。

(4)　大小2つのサイコロを1回投げたとき，出た目の和が8となるような目の出方は □ 通りあります。

(5)　2けたの整数のうち，5で割り切れるが2で割り切れない数は □ 個あります。

(6)　生徒50人が長いすに座ります。1つの長いすに8人ずつ座ると長いすが1脚《きゃく》だけ余りました。このとき長いすは □ 脚あります。

⑺　右の図のように，正三角形をABを折り目として折り返しました。
角㋐の大きさは □ 度です。

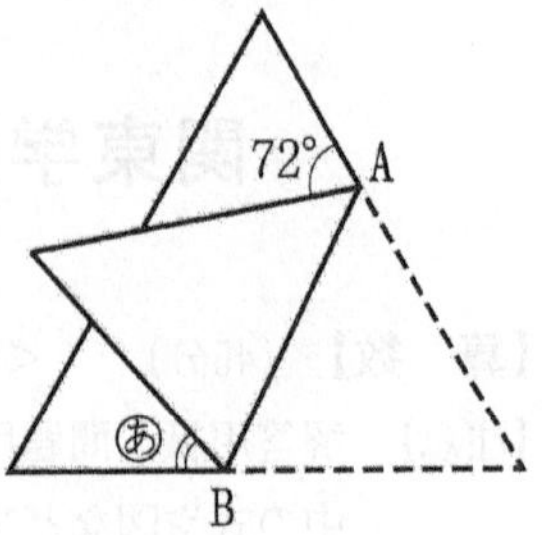

⑻　□ %の食塩水300ｇに13%の食塩水200ｇを加えたところ，濃度が8.8%になりました。

【4】　下の表のように，ある規則にしたがって数字が並んでいます。並んだ数字の場所を行と列で表します。例えば，４行２列の数字は「11」です。次の問いに答えなさい。

	1列	2列	3列	4列	5列	…
1行	1	4	9	16	25	
2行	2	3	8	15	24	
3行	5	6	7	14	23	
4行	10	11	12	13	22	
5行	17	18	19	20	21	
⋮						

⑴　１行10列の数字はいくつですか。

⑵「2021」は何行何列にありますか（考え方や途中の式を書きなさい）。考え方

【5】　次の問いに答えなさい。ただし，円周率は3.14とします。

⑴　右の図は１辺が６㎝の正方形と，正方形の一辺を直径とする半円を２つ組み合わせてできた図形です。図の影《かげ》のついた部分の面積の和は何cm^2ですか。

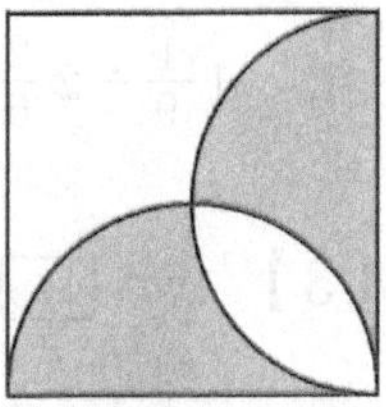

⑵　右の図は１辺が20㎝の正三角形と，正三角形の一辺を直径とする半円を３つ組み合わせてできた図形です。図の影のついた部分の面積の和は何cm^2ですか。

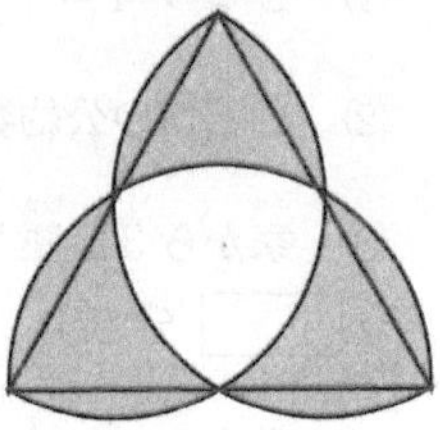

【社会・理科】（50分）　＜満点：各50点＞

【１】 日本各地の半島に関する次のA～Fの文を読み，あとの問いに答えなさい。

A．1988年に当時世界最長の①海底鉄道トンネルが完成して以来，この半島の北岸から対岸へ列車で行くことができるようになりました。

B．この半島は，斜面《しゃめん》を切り開いた千枚田や輪島の漆器《しっき》生産などが有名で，訪れる観光客も多い土地です。

C．この半島の南部は②冬でも比較《ひかく》的暖かいため，草花の栽培《さいばい》がさかんです。また，北部の水はけのよい台地では，落花生栽培もさかんです。

D．この半島は，全体的に山地が多い地形のため交通が不便です。冬は非常に気温が低く，今でも手つかずの自然が多く残っており，世界的なヒグマの生息地としても有名で，世界自然遺産に登録されています。

E．この半島は南端《なんたん》付近に開聞岳がそびえ，③大地の大部分が火山灰におおわれ，④畑作中心の農業が行われています。

F．この半島は日本最大で，史跡も多く残っています。「熊野三山」，「吉野・大峰」，「高野山」の３つの霊場《れいじょう》とそれらを結ぶ参詣《さんけい》道が世界文化遺産に登録されています。

［1］ 上の各文で説明している半島を北から順に並べた場合，北から２番目に位置しているのはどれですか。それにあたるものを下の図のア～カから１つ選び，記号で答えなさい。（地図の縮尺《しゅくしゃく》と方位はすべて同じではありません）

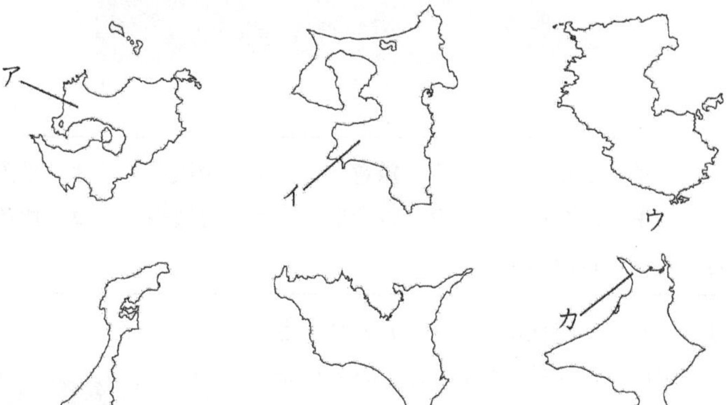

［2］ 波《なみ》線部①のトンネルの名称を解答欄にあうようにひらがなで答えなさい。

［3］ Bの半島の大部分は何県に属していますか。漢字で答えなさい。

［4］ 波線部②の理由は，沖合を暖流が流れているからです。この海流を何といいますか。漢字で答えなさい。

［5］ 波線部③について，この地方の火山灰でおおわれた土地を何といいますか。

［6］ 波線部③の火山灰が広がっている県では，豚《ぶた》やブロイラーなどの家畜《かちく》の飼育が盛んです。次のページのア～エは主な家畜の飼育数上位３位を示しています。この中で豚にあたるものはどれですか。記号で答えなさい。

ア．1位　宮崎（20.4％）　　2位　鹿児島（20.2％）　　3位　岩手（15.7％）
イ．1位　北海道（20.5％）　2位　鹿児島（13.5％）　　3位　宮崎（10.0％）
ウ．1位　鹿児島（13.9％）　2位　宮崎（9.1％）　　3位　北海道（7.6％）
エ．1位　北海道（60.1％）　2位　栃木（3.9％）　　3位　熊本（3.3％）

（日本国勢図会2020／21より）

［7］　波線部④で主に栽培されているものを，下のア～エから1つ選び，記号で答えなさい。

ア．タマネギ　　イ．スイカ　　ウ．ジャガイモ　　エ．サツマイモ

［8］　DとFの半島名をそれぞれ漢字で答えなさい。

【2】 次の絵や写真に関する［1］～［4］の文を読んで，文中の空らん（1）～（20）に最もよくあてはまる語句をそれぞれの語群より選び，記号で答えなさい。また，あとの問いに答えなさい。

［1］　この絵は（　1　）時代の貴族の暮らしを描《えが》いたものです。貴族たちは（　2　）と呼ばれる住居に住んでいました。この絵が描かれたころに強い力を持っていたのは（　3　）で，道長のころにその力は頂点に達しました。そのころ，紫式部が書いた（　4　）と清少納言が書いた（　5　）は，今でも高く評価されています。

（東京書籍「新編 新しい社会6上」）より

［1］の語群

ア．奈良	イ．平安	ウ．鎌倉	エ．源氏	オ．平氏
カ．藤原氏	キ．書院造	ク．校倉造	ケ．寝殿造	コ．枕草子
サ．源氏物語	シ．竹取物語			

［2］　この建物は（　6　）時代に（　7　）が建てさせたものです。このころ，将軍は各国を治めていた（　8　）をしたがえて強い力を持っていました。また，中国の（　9　）と貿易を行い，大きな利益を得ていました。この時代は生け花や茶の湯がさかんになりました。絵画では（　10　）が水墨《すいぼく》画を日本風の様式に完成させました。

［2］の語群

ア．鎌倉	イ．室町	ウ．安土桃山	エ．足利尊氏	オ．足利義満
カ．足利義政	キ．宋	ク．明	ケ．清	コ．地頭
サ．守護	シ．千利休	ス．狩野永徳	セ．雪舟	

［3］ この遺跡《いせき》は（ 11 ）県にある（ 12 ）遺跡で，（ 13 ）時代のむらの遺跡です。この時代の人々は，主に（ 14 ）の暮らしをしていましたが，ムラどうしの争いがあったことが遺跡などからわかっています。この時代，日本人は自然を神としてうやまっていましたが，世界ではこの時代に（ 15 ）がおこりました。

［3］の語群

ア．静岡	イ．青森	ウ．佐賀	エ．三内丸山	オ．登呂
カ．吉野ヶ里	キ．弥生	ク．縄文	ケ．仏教	コ．キリスト教
サ．イスラム教	シ．狩《か》りや漁	ス．米作り		

［4］ この写真は1950年に起こった（ 16 ）の最中に，（ 17 ）で行われた講和会議のようすです。この会議で日本は各国と平和条約を結ぶとともに，（ 18 ）と安全保障条約を結びました。その後，日本は1956年に（ 19 ）への加入が認められ，国際社会への復帰を果たしました。さらに，1972年には（ 20 ）との国交も正常化されました。

（共同通信社ホームページより）

［4］の語群

ア．満州事変	イ．朝鮮戦争	ウ．太平洋戦争	エ．イギリス
オ．ソ連	カ．アメリカ	キ．韓国	ク．中国
ケ．下関	コ．サンフランシスコ	サ．ポーツマス	
シ．国際連盟	ス．国際連合		

［5］ 歴史に関することを調べたいとき，博物館や資料館を利用することは有効な方法の１つです。博物館や資料館で調べることは，本を使って調べることと違《ちが》って，どのような良い点がありますか。具体的な例を１つあげて，説明しなさい。

【３】 次の文章を読んで，あとの問いに答えなさい。

2020年９月，７年８か月ぶりに①内閣総理大臣が交代しました。②国会の支持を受けて選ばれた内閣総理大臣は，行政の最高責任者として国務大臣を任命し，内閣をつくります。

また，昨年は，③アメリカの大統領選挙が行われました。アメリカ大統領選挙は夏季④オリンピックが開催《かいさい》される年に行なわれるならわしですが，新型コロナウイルスの影響で，夏季オリンピックは１年延期されて今年開催予定です。

［1］ 波線部①について，この時新しく内閣総理大臣になった人物の氏名を漢字で答えなさい。

［2］ 波線部②について，内閣と国会の意見が分かれ，衆議院が内閣不信任決議案を可決した場合，内閣はそれに対抗《たいこう》して，衆議院を解散することができます。衆議院を解散し，総選挙を行うことはどのような意味がありますか。次の空らんにあてはまるように答えなさい。

内閣と国会のどちらの意見を支持するか（　　　　　　　　　　　　　　　　　　）を聞く

［3］ 波線部③について，アメリカの大統領を選ぶのはどのような人ですか。また，選挙の結果，今年1月に大統領に就任した人物を答えなさい。

［4］ 波線部④について，近代オリンピックは「平和の祭典」とよばれますが，その理由を説明しなさい。

［5］ 外国との貿易で，例えば，それまで1ドルが120円であったのが，100円になることを円高といいます。

⑴ 1ドル120円のとき，アメリカから輸入したチョコレート（1個1ドル）を5個買うことができました。1ドル100円になると，同じ金額でそのチョコレートを何個買うことができますか。

⑵ 円高になると，ふつう日本の貿易はどのようになると考えられますか。正しいものを下のア～エより1つ選び，記号で答えなさい。

ア．円高になると，輸出入ともに有利になる。

イ．円高になると，輸入は不利になるが，輸出は有利になる。

ウ．円高になると，輸入は有利になるが，輸出は不利になる。

エ．円高になると，輸出入ともに不利になる。

［6］ 近年，日本以外の国や地域でも災害が起き，大きな被害《ひがい》が出ています。日本以外の国や地域で起こった災害に対して，私たちからはどのような支援《しえん》ができるでしょうか。あなたが考えたことを具体的な例をあげて書きなさい。

【4】 図1のような装置をつくり，電流によって発生する熱についての実験をしました。電熱線には（A），（B），（C）の3種類を使用し，経過時間と上昇《じょうしょう》温度を表すグラフ（図2）を作成しました。次の問いに答えなさい。

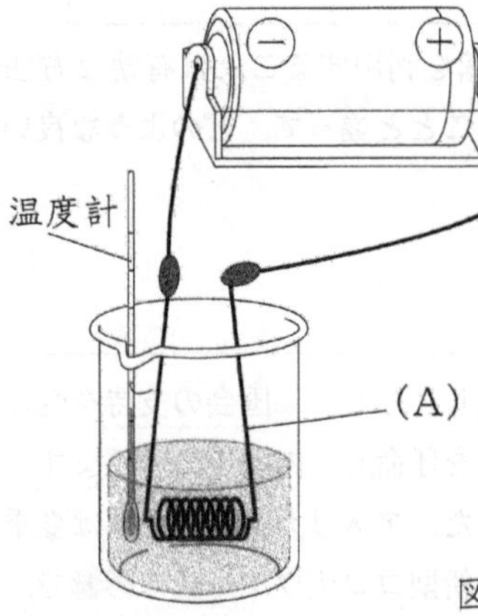

図1

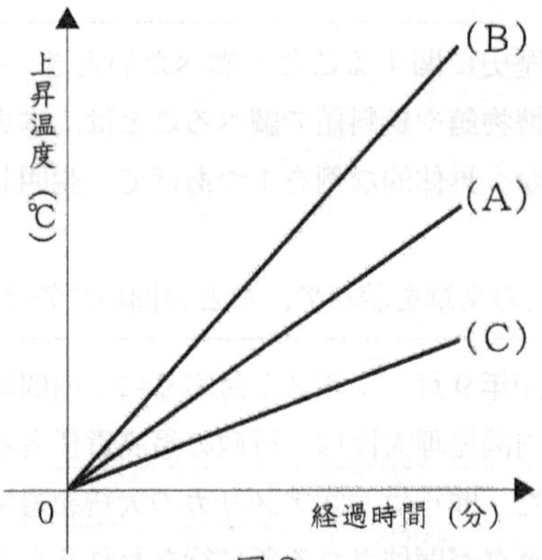

図2

問1 実験から上昇温度と経過時間の間にはどのような関係がありますか。漢字2文字で答えなさい。

問２　この実験では各電熱線の発熱量を比べることができます。実際に実験する場合，水量や使用する電池の数について注意することは何ですか。簡単に説明しなさい。

問３　水温を１℃上昇させるのに最も時間のかかる電熱線を，（A）～（C）から選び，記号で答えなさい。

問４　電熱線（C）をもちいて図３のような装置をつくりました。経過時間と水温上昇を表すグラフを前のページの図２のグラフに書き入れなさい。

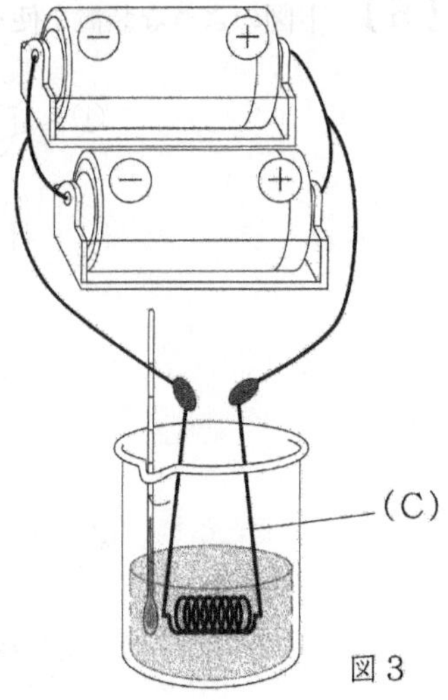

図３

問５　次の（ア）～（エ）の装置について，はやく水温を上昇させる順番に並べ，記号で答えなさい。

（ア）
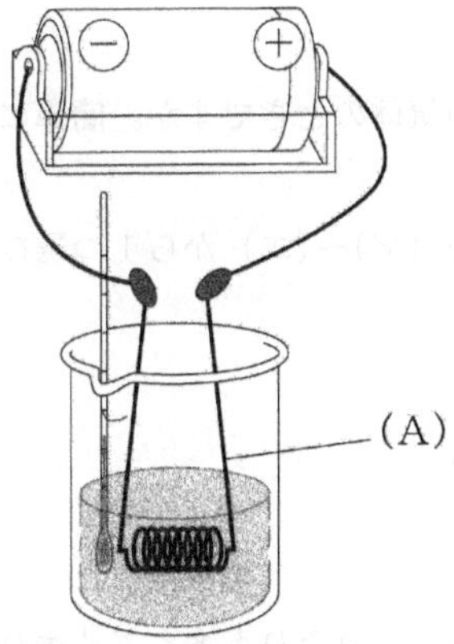

（イ）
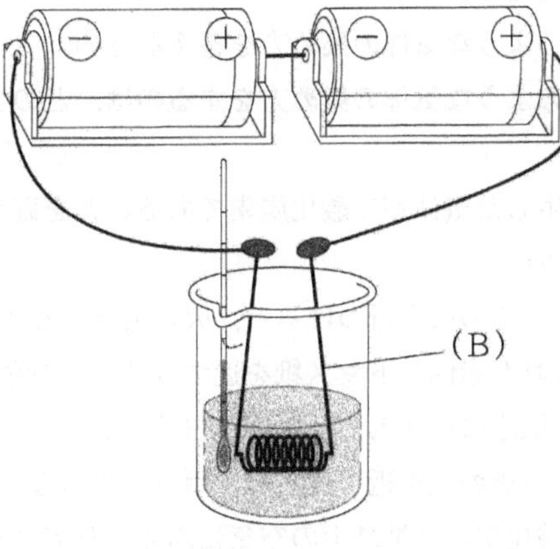

（ウ）
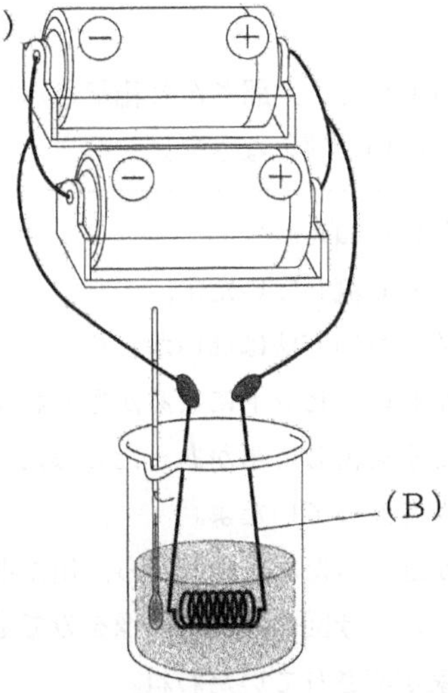

（エ）
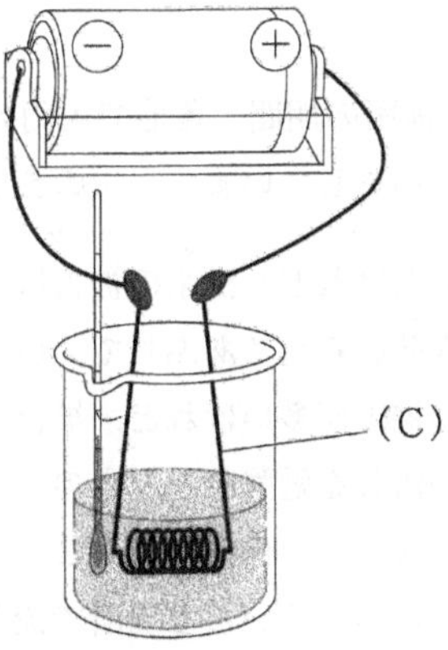

【5】 下図のような装置を使って二酸化炭素を発生させました。次の問いに答えなさい。

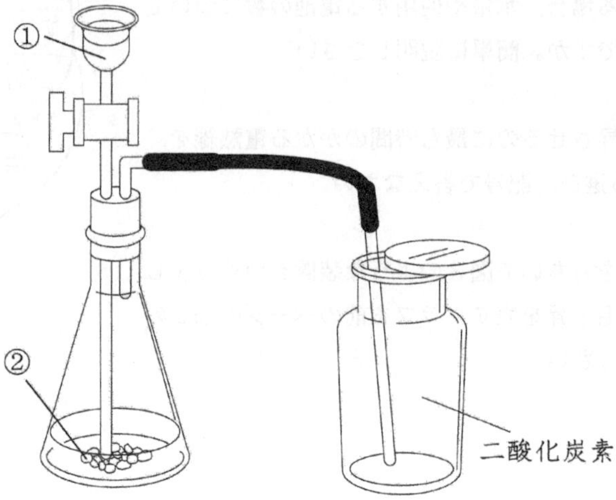

問1　二酸化炭素を発生させるには，図中の①と②にそれぞれ何を使いますか。ただし，①は液体，②は固体とします。

問2　図のような気体の集め方を答えなさい。

問3　図のような気体の集め方をするのは，どのような性質の気体のときですか。簡単に説明しなさい。

問4　発生した気体が二酸化炭素であることを確認する方法を（ア）～（エ）から1つ選び，記号で答えなさい。

（ア）マッチの火を近づけると，火が大きくなる。

（イ）ぬれた赤色リトマス紙を近づけると，青色に変化する。

（ウ）石灰水に通すと，石灰水が白くにごる。

（エ）マッチの火を近づけると，ポッと大きな音を立てる。

問5　二酸化炭素は地球上の空気にふくまれている気体ですが，これよりも多くふくまれている気体を2つ答えなさい。

【6】 去年の夏は長引く梅雨の期間，各地で大雨の被害《ひがい》が出ました。太郎さんと花子さんは川の流れと防災について話し合いをしています。次の会話を読み，問いに答えなさい。

花子さん　テレビで見たけれど，洪水《こうずい》の被害はとてもこわいわねえ。

太郎さん　川の水が堤防《ていぼう》をこえてあふれて，自動車や家をおし流していたよ。

花子さん　最近洪水の被害が多いけれど，被害を食い止める良い方法はないかしら。

太郎さん　理科で川の流れを勉強したときのことを思い出せば，ヒントになるかもしれない。

花子さん　砂場に（　A　）を作って，そこからホースで水を流した事があったわねえ。

太郎さん　そのときは川のいろいろな場所で流れる速さがちがっていたよ。

花子さん　そうそう，川幅《かわはば》の（　B　）い所の方が流れが速かったわ。それから，川が曲がったところでは（　C　）側の方が流れが速かった。今回の被害の映像をみても，曲がった川の（　C　）側の川岸がけずられて家が流されていたわね。

太郎さん　それなら曲がった川の（　C　）側に家を作らなければ安全だ。
花子さん　この図を見て。これも洪水対策のひとつね。

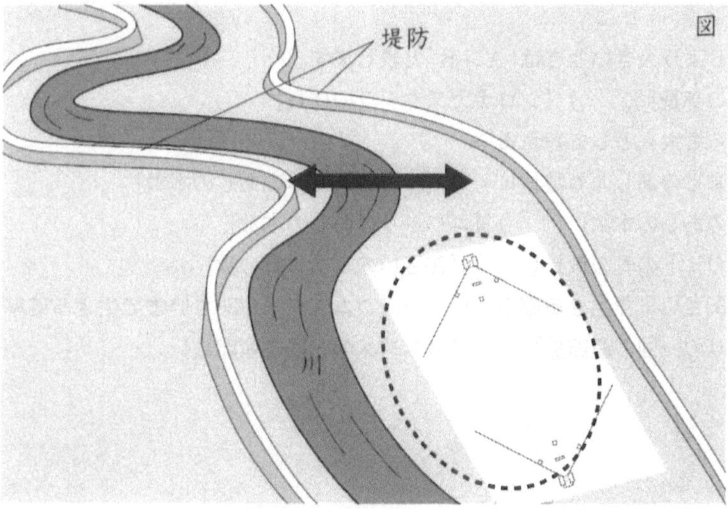

問1　会話文中（A）に当てはまる言葉を入れなさい。

問2　会話文中（B）と（C）に当てはまる言葉の組み合わせとして適切なものを（ア）～(エ）から1つ選び，記号で答えなさい。

（ア）B：ひろ　C：内　　（イ）B：ひろ　C：外
（ウ）B：せま　C：内　　（エ）B：せま　C：外

問3　図の ⟷ で川の断面を手前から見たとき，どのようになっていると考えられますか。(ア）～(エ）から1つ選び，記号で答えなさい。

（ア）　　（イ）　　（ウ）　　（エ）

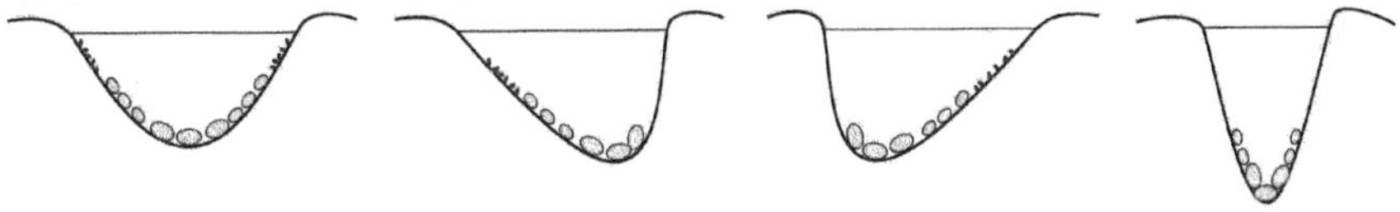

問4　図の ◌ 部分は，広い土地があるにもかかわらず，堤防の内側にあるため人が住んでいません。なぜこのような土地を残しておくのでしょうか，説明しなさい。

問5　洪水の被害を防ぐには太郎さんのような考えや，問4のような対策があります。これら以外であなたが考える洪水対策を簡単に説明しなさい。

【7】 生物には特有の数や数値があります。次の問いに答えなさい。

問1　次の計算をしなさい。

① [シオカラトンボの羽の枚数]＋[アメンボのあしの本数]
② [ヒトのじん臓の数]－[ヒトの肺の数]＋[ヒトの心臓の数]
③ [サクラ（ソメイヨシノ）の花びらの枚数]×[アブラナの花びらの枚数]

④［ミミズのあしの本数］×［ネコの指の本数］

問2　数の大きさを比べる記号に「>」「<」「=」があります。次の［　］と［　］の数の間にある（　）に，「>」「<」「=」のどの記号が入りますか。変態する生物の場合はすべて成体とします。

（例　AがBより大きいときは　A＞B　と表します。）

①［キリンの身長］（　　）［シロナガスクジラの体長］

　※どちらも大人として考える

②［クルマエビのあしの本数］（　　）［タカアシガニのあしの本数］

③［ウサギのあしの本数］（　　）［ニワトリのあしの本数］

④［20さいのヒトの骨の数］（　　）［70さいのヒトの骨の数］

⑤［ゾウが30さいまで生きる確率］（　　）［ハムスターが30さいまで生きる確率］

⑥［カマキリの一回の産卵数］（　　）［スズメの一回の産卵数］

持ち。

ウ　思うようにいかないことへの悔《くや》しさと、次こそ成功させたいという気持ち。

エ　思うようにいかないことへのとまどいと、無言で平橋さんを責める気持ち。

問五　――線④「意外なアドバイス」とはどのようなものですか。本文の言葉を使って二十五字程度で説明しなさい。

問六　――線⑤「理央は、目を丸くした」とありますが、このときの「理央」の気持ちとして最も適切なものを次から選び、記号で答えなさい。

ア　平橋さんのアドバイスが意外なものだったので、よろこんでいる。

イ　平橋さんのアドバイスが意外なものだったので、おどろいている。

ウ　平橋さんのアドバイスが的確なものだったので、感心している。

エ　平橋さんのアドバイスが的確なものだったので、不思議に思っている。

問七　――線⑥「半（　）半（　）」の空らんにあてはまる漢字を一字ずつ入れて、四字熟語を完成させなさい。

問八　――線⑦「体にびりびりっとしびれが走った」とありますが、この説明として最も適切なものを次から選び、記号で答えなさい。

ア　目標に向けて飛ぶ練習を長い期間くり返してきた中で、気づかないうちにモコの体が大きくなり腕で受けとめるのが大変になっている。

イ　目標に向けて飛ぶ練習を長い期間くり返してきた中で、飛べないながら理央の腕に戻ってくるようになりモコの成長を感じている。

ウ　今まで一度も満足に飛べなかったモコが、初めて目標まで飛び理央の腕に戻ってきた予想外の結果に、理央は大きなとまどいを感じている。

エ　今まで一度も満足に飛べなかったモコが、初めて目標まで飛び理央の腕に戻ってきたことで、理央は大きな達成感を覚えている。

問九　――線⑧「平橋さんの観察力」とはどのようなものですか。本文の言葉を使って二十五字以内で答えなさい。

問十　――線⑨「それ」が指している内容を本文の言葉を使って三十字以内で答えなさい。

⑥半（　）半（　）のまま、理央は風に向かって立った。モコに柿の木を見せる。少しだけ、風が強まった。

「ピッ」

短く笛を吹く。モコが翼《つばさ》をはためかせた。

「あっ」

そのとたん、モコの体はふわりと浮《う》かんだ。今までとはぜんぜんちがう。見えない風をつかまえて、モコは（　１　）上昇した。

「飛んだ」

黒っぽい影《かげ》のようになったモコの羽がいつもより軽やかに上下しているのがわかった。風を（　２　）切っている。

木につくまでたった二メートルほどの距離《きょり》なのに、（　３　）長い時間に感じた。時間が止まったみたいだった。

「すごい」

柿の木の上についたモコは理央を見ていた。くちばしを半開きにして、少し不安げにもほこらしげにも見えた。

「モコ、戻れ！　ピッ」

力をこめて笛を吹く。待っていたようにモコは飛び立った。そして、翼を広げて（　４　）カーブを描きながら、理央の腕に戻ってきた。

「よし！」

腕に重みを感じた瞬間《しゅんかん》、⑦体にびりびりっとしびれが走った。

やったあ！

理央はモコを乗せた左手をぐっとにぎりこんだ。

「よかったね」

平橋さんがほほえんだ。

「はいっ」

「わたしも最初は、追い風のほうが楽だと思ってたんよ。でも、よく見ていたら、どうも自分から飛ぶときは風に向かっていっとるみたいやったの。で、逆に飛ばしてみたらうまくいったの」

「すごいですね」

理央はつい大きな声になる。⑧平橋さんの観察力に感心してしまったのだが、本人は少しかんちがいしたようで、

「本当にタカはすごいと思う。本能的にいろんなことを知っとるからね。⑨それを尊重する心の広さをもたんとね」

と、笑った。

（まはら三桃『鷹のように帆をあげて』講談社　二〇一二年）

問一　（１）～（４）にあてはまる言葉を次から一つずつ選び、記号で答えなさい。同じ記号は一度しか使いません。

ア　ずいぶん　　イ　ぐんと

ウ　しなやかに　　エ　ゆるやかな

問二　――線①「よく木を見せてから」とありますが、なぜそうするのか簡潔に説明しなさい。

問三　――線②「主従関係」とありますが、「主」と「従」にあてはまるものを本文からそれぞれぬき出して答えなさい。

問四　――線③「理央は奥歯をかみしめた」とありますが、ここから理央のどのような気持ちが読み取れますか。最も適切なものを次から選び、記号で答えなさい。

ア　くり返し飛ぶ練習をしているのに、一向に飛べないモコにいらだつ気持ち。

イ　くり返し飛ぶ練習をすれば、必ず飛べるはずだとモコを信じる気

「モコ、行くよ」

力をこめて言い、笛を口に含《ふく》んだ。

柿《かき》の木は二メートルほどの高さで、モコが本気を出せばなんとかなりそうだ。理央はモコに①よく木を見せてから、いつものように風の具合を確かめた。風の力を借りられるように、モコにとって追い風になる位置に移動する。

「ピッ」

短く笛を吹《ふ》くと、モコはさっと飛び立った。が、木の枝まではたどりつけず、数メートルはなれた石の上で羽を休めてしまった。理央は迎《むか》えにいき、もう一度、木を見せる。

「モコ、あの木までだよ。ピッ」

ふたたび合図を送る。だがモコは、飛び立ちはしたものの、また途中《とちゅう》で上昇《じょうしょう》をあきらめてしまった。しかたなく迎えにいこうとする理央を、平橋さんは制した。

「使い手は動いたらだめ。②主従関係をよくわからせんと。呼んで」

「はい」

理央はモコに腕《うで》を見せた。

「モコ、おいで！　ピッ」

強く笛を吹く。モコは様子をうかがうように理央を見た。

「ピッ」

目が合ったので、もう一度、笛を吹く。と、飛び立ってすーっと腕に戻《もど》ってきた。

「そこでえさをあげて」

「はい」

理央は腰《こし》にくくりつけたえさかごからヒヨコの切り身をモコにあたえた。笛の合図で飼い主に戻ったら、えさをあたえて条件づけをする。

「もう一度、飛ばしてみます」

③理央は奥歯《おくば》をかみしめた。慎重《しんちょう》に風を測って、立ち位置を決める。すると、平橋さんが④意外なアドバイスをくれた。

「逆に立ってみて」

「え？」

「モコちゃんにとって、向かい風になるように飛ばしてみて」

「それじゃあ、飛びにくくないですか？」

理央はきょとんと言った。これまでずっと風を背にして飛ばしてきたのは、モコの負担を考えてのことだ。うまく飛べないモコを追い風が助けてくれると思っていた。なのに、今のアドバイスはまったく逆だった。

「向かい風のほうが鳥は飛びやすいんよ。鳥の上昇と風の向きが逆向きのほうが、うまく気流に乗れる」

「えー、そうなんだ？」

⑤理央は、目を丸くした。確かにモコが飛べるようになって二か月経《た》つが、高度はなかなか上がらない。毎日、訓練は重ねているにもかかわらず、設定した目標まで一度も到達《とうたつ》したことがない。ハンドブックには、生後初めての羽の生えかわりが終われば、自由な飛行ができると書いてある。二度目の生えかわりを終えているモコが、自由に飛びまわれないのは、やはり訓練開始が遅《おそ》すぎたせいかもしれないと思っていた。しかし、風向きのせいもあったのだろうか。

「やってみます」

と。

イ　森を守った郷田さんの行動に深く心を動かした漁師たちが水俣にいたこと。

ウ　水俣病患者の悪口を言っていた母が彼らと接する中で心を開いたこと。

エ　母親が実際の水俣病患者と接することで、彼らの悪口を言わなくなったこと。

問五　――線③「豊かなのです」とありますが、なぜ豊かなのですか。本文の言葉を使って二十五字以内で説明しなさい。

問六　――線④「そんな暮らし」の説明として、最も適切なものを次から選び、記号で答えなさい。

ア　周囲の自然から季節ごとに食べ物を手に入れて、それほどお金を使わずに生活すること。

イ　昭和三〇年代まで見られた、豊かな自然に囲まれ周囲への感謝とともに生活すること。

ウ　水俣の漁師が海岸でカキなど、ごはんのおかずをすぐ手に入れて生活すること。

エ　漁業、林業、農業の基盤が整い、豊かな自然の中で遊びながらのどかに生活すること。

問七　――線⑤「豊かさのモノサシ」の説明として、最も適切なものを次から選び、記号で答えなさい。

ア　お金をたくさん手に入れるためには、人の縁を切ったり季節感を失ったりすることもやむをえないこと。

イ　お金をどれくらいもっているか他人と比べて、より多くお金を手に入れ豊かな生活を送ろうとすること。

ウ　お金をもっていることが豊かさの象徴《しょうちょう》であると考え、生活が便利になる一方、人との縁や季節感が失われること。

エ　お金がたくさんあって、物々交換では得られないものをどれだけもっているかが豊かさを表すと考えること。

問八　本文の内容にあてはまるものを次からすべて選び、記号で答えなさい。

ア　昔からの農業や漁業をさかんにすることで、水俣を元気にすることができる。

イ　筆者の母親は水俣病患者と直接関わることで、患者の悪口を言わなくなった。

ウ　水俣の生活が便利になるかたわら、人とのつながりや季節感が失われている。

エ　水俣は人と人とのつながりをつくり直すところから始めて見事に再生した。

問九　あなたが現在住んでいる町や地域の問題点を挙げ、その解決策を五十字程度で具体的に書きなさい。

七、次の文章を読んで、あとの問いに答えなさい。

「モコちゃんも飛ばしてみる？」

平橋さんが言った。

「はい、やってみます」

理央《りお》はポケットから笛《ふえ》を取り出した。

ここでならうまく飛べるかもしれない。

ます。人の右脳は一〇歳ごろまでに発達するので、そのために何かを熱心にすることが大切だ、なによりも遊ぶことだといいます。自然が元気なことは、人が生きていくためにとても重要なことなのです。

三つめは、経済が元気なことです。お金の経済である貨幣《かへい》経済と、おたがいに支えあう共同する経済、それに自給自足の経済を整えることです。

お金があればものを買うことができ、サービスを得ることができます。（　3　）、お金は人の縁《えん》を切り、季節をなくす側面があります。村の人たちの話を聞くと、村の経済には物々交換《こうかん》があたりまえにあることに気づきます。家庭菜園でつくった余分の野菜をタダで村人にあげています。もらった人はほかのものをお返しにもっていきます。ものを交換しあっているのです。（　4　）、道路沿いの草刈《くさか》りや神社の掃除《そうじ》を村人総出でしたり、農業用水路の点検をしたり、稲刈りを手伝いあったりする「結《ゆい》」と「もやい」もあります。

私たちはいつのまにか、お金がたくさんあることを⑤豊かさのモノサシにしてしまっています。人の縁を切ったり、季節感を失わせるお金から目をそらして、共同と自給自足の経済にもっと目を向けていいのではないかと思います。

水俣では、共同する経済に「地域通貨《つうか》」を導入し、自給自足の経済に「おすそわけ経済」と名づけて直売所を新たにつくっています。

（吉本哲郎『地元学をはじめよう』岩波ジュニア新書　二〇〇八年）

※水俣……熊本県の南端《なんたん》、鹿児島県の県境に位置する市。化学工場から海や河川に排出されたメチル水銀化合物により、一九五〇年代から多くの水俣病患者が発生した。

問一　（１）～（４）にあてはまる語を次から一つずつ選び、記号で答えなさい。同じ記号は一度しか使いません。

ア　でも　　イ　それから　　ウ　また　　エ　まず

問二　～～～線Ａ「逆境」・Ｂ「自給自足」の意味として、最も適切なものを次から選び、記号で答えなさい。

Ａ「逆境」

ア　以前と比べて、現在とまったく異なる身の上。
イ　周りの抵抗《ていこう》があり、予想通りにならない身の上。
ウ　物事がうまくゆかず、反発の多い身の上。
エ　物事がうまくゆかず、苦労の多い身の上。

Ｂ「自給自足」

ア　どのような天候にもかかわらず、自分で生産してまかなうこと。
イ　必要とする物を他から求めずに、自分で生産してまかなうこと。
ウ　自分の力で生活のすべてをまかない、感謝しながら生きること。
エ　自分の力で生活のすべてをまかない、満足しながら生きること。

問三　――線①「三つの元気」が指す内容を本文から二十五字程度でぬき出し、はじめと終わりの五字を答えなさい。句読点もふくみます。

問四　――線②「その経験」の説明として、最も適切なものを次から選び、記号で答えなさい。

ア　網元で水俣病患者の夫妻が筆者の家で前町長と交流を図ったこ

町や村が元気なところには、かならず元気な人がいます。A逆境《ぎゃっきょう》と笑《わら》いが人を育てるといいます。逆境にあっても、それを前向きにとらえて行動する人は、元気です。

※水俣《みなまた》再生は「もやいなおし」という、壊《こわ》れてしまった人と人の関係をやりなおすことからはじまりました。人の気持ちがすさんだままでは、町の再生はおぼつかないからです。

私の母親も患者《かんじゃ》の悪口を言っていました。二〇年間、患者に対する悪口がつづきました。

「患者が騒《さわ》ぐから、農産物が水俣という名前では売れない」

などと言います。

「そんなことを言うな」

と息子《むすこ》の私が言っても、親が聞くはずもありませんでした。

そんな母親でしたが、水俣病患者に直接会ってから変わりました。一九九一年のことでした。きっかけは宮崎県の綾《あや》町で、二万ヘクタールを超す照葉樹林《しょうようじゅりん》を保全した前町長・郷田實さんが私の家に泊《と》まりに来てくれたことにありました。照葉樹の森を守った郷田さんの行動に深く心を動かした漁師たちが、水俣にもいました。網元《あみもと》で水俣病患者の杉本栄子さん・雄さん夫妻です。自宅に招《まね》き、郷田さんと話してもらいました。その輪の中に母親もいました。一時間ほどしてから、私は杉本さんたちを水俣病の患者だと紹介《しょうかい》しました。（　2　）、母親は一言も患者の悪口を言わなくなったのでした。

②その経験からわかったことがあります。つぎの四つです。

①人それぞれのちがいを認め合い、
②人と人の距離《きょり》を近づけ、
③話しあい、
④対立のエネルギーを創造するエネルギーに転換《てんかん》する。

この四つの原則が、水俣再生の取り組みすべてにあります。

水俣に住む人たちのすさんだ気持ちの再生である「もやいなおし」に取り組み、未来に希望を描《えが》き、環境都市づくりに果敢《かかん》に挑戦《ちょうせん》していった住民協働の心があります。だからこそ、水俣再生が成しとげられたのです。

人と人の関係をやりなおすことからはじまった水俣再生の物語は、人の元気をとりもどすことからはじまったのです。

二つめは、地域の自然の元気について。

自然が元気とは、海・山・川が元気なことです。そこにある植物、動物も元気で、おいしい空気があるということです。

水俣の漁師《りょうし》は「はまんこら（浜の小浦《こうら》）は野菜畑だ。ちょっと行くとおかずがとれる」と言います。海岸に行くと、カキなどの貝がとれる、ごはんのおかずがすぐとれるというのです。③豊かなのです。森も豊かであれば、山菜やキノコ、イノシシやシカなどをとって暮らしていけます。

海・山・川が元気であれば、季節ごとに食べ物がつぎつぎとやってきて、そんなにお金がなくても生きていけます。B自給自足の豊かさを手に入れることができるのです。昭和三〇年代までは、④そんな暮らしはあたりまえに見ることができました。そこには感謝の気持ちもありました。

海・山・川が元気であれば、生産と生活の場が豊かになります。漁業、林業、農業の基盤《きばん》が整い、食べ物を得るだけでなく、遊びの場にもなり

【国語】（四五分）〈満点：一〇〇点〉

一、次の――線の漢字の読みをひらがなでそれぞれ答えなさい。

1 著名な人物。　2 節約に努める。
3 利点を聴衆に説く。　4 姿を鏡に映す。
5 去就を決めかねる。

二、次の――線のカタカナを漢字に直して答えなさい。送りがながある場合はひらがなでそえること。

1 同じような例はマイキョに暇《いとま》がない。
2 ヒタイに手をあてる。
3 ヤサシイ問題から解く。
4 正しい道へミチビク。
5 国をトウイツする。

三、次の各文には誤字が一字ずつあります。それぞれ誤字をぬき出し、正しい漢字を答えなさい。

1 次の日曜日は予定を開けておきます。
2 この出来事は私にとって以外でした。
3 台風に供えて庭の荷物をかたづける。
4 クラスの仲間で強力して完成させた。
5 乗りこした区間の料金を清算した。
6 会議は収集のつかない状態になった。

四、次の□に漢字一字を入れて慣用句を完成させ、さらに意味を後の語群《ごぐん》から一つずつ選び、記号で答えなさい。

1 □が高い。　2 □が出る。
3 □が置けない友。　4 □を伸《の》ばす。
5 □に衣《きぬ》着せぬ話し方。

ア 自分の思うようにふるまうこと。
イ 得意になること。
ウ 予算をこえて赤字になること。
エ あからさまに言うこと。
オ うちとけて接することができること。

五、次の俳句は春夏秋冬いずれの句か、季節ごとにあてはまるものをすべて選び、番号で答えなさい。あてはまる句がない場合は「なし」と答えること。（　）の人名は作者名です。

1 星月夜《ほしづくよ》空の高さよ大きさよ　（江左尚白《えさしょうはく》）
2 炎天《えんてん》にすこし生まれし日かげかな　（高浜虚子《たかはまきょし》）
3 空をゆく一《ひ》とかたまりの花吹雪《はなふぶき》　（高野素十《たかのすじゅう》）
4 五月雨《さみだれ》を集めて早し最上川《もがみがわ》　（松尾芭蕉《まつおばしょう》）
5 故郷《ふるさと》やどちらを見ても山笑ふ《う》　（正岡子規《まさおかしき》）

六、次の文章を読んで、あとの問いに答えなさい。

地元学は、①三つの元気をつくることをめざしています。人が元気で、地域の自然が元気で、経済が元気であることです。

（　1　）、人の元気をつくることについて。

MEMO

大切なことはメモしておこうネ！

A－1日程

2021年度

解　答　と　解　説

《2021年度の配点は解答欄に掲載してあります。》

＜算数解答＞《学校からの正答の発表はありません。》

【1】　聞き取り問題解答省略

【2】　(1)　393　(2)　67　(3)　$1\frac{3}{4}$　(4)　0.3　(5)　11　(6)　123　(7)　$\frac{10}{81}$　(8)　10.5

【3】　(1)　1.3　(2)　12　(3)　50分　(4)　5通り　(5)　9個　(6)　8脚　(7)　48度　(8)　6％

【4】　(1)　100　(2)　5行45列　【5】　(1)　18cm^2　(2)　157cm^2

○推定配点○

【3】　各5点×8　他　各4点×15(【1】(2)完答)　計100点

＜算数解説＞

【1】　聞き取り問題解説省略。

【2】　(四則計算)

(1)　403－10＝393

(2)　81－14＝67

(3)　$\frac{1}{4}+\frac{6}{4}=\frac{7}{4}$

(4)　0.8－0.5＝0.3

(5)　$121\times\frac{2}{11}\div 2=11$

(6)　(3＋8)×12－9＝123

(7)　$\frac{10}{9}\times\frac{5}{12}\times\frac{4}{15}=\frac{10}{81}$

(8)　3.15×100÷30＝10.5

【3】　(割合と比，数の性質，速さの三公式と比，単位の換算，場合の数，過不足算，平面図形)

(1)　$\square=\frac{13}{5}\times 2\div 4=1.3$

基本　(2)　12，18の最大公約数は6であり，1＋2＋3＋6＝12

基本　(3)　3000÷60＝50(分)

基本　(4)　8＝2＋6＝3＋5＝4＋4より，2×2＋1＝5(通り)

重要　(5)　10～99の整数のうち，5で割り切れる整数は95÷5－5÷5＝18(個)，5×2＝10で割り切れる整数は90÷10＝9(個)　したがって，5で割り切れて2では割り切れない整数は18－9＝9(個)

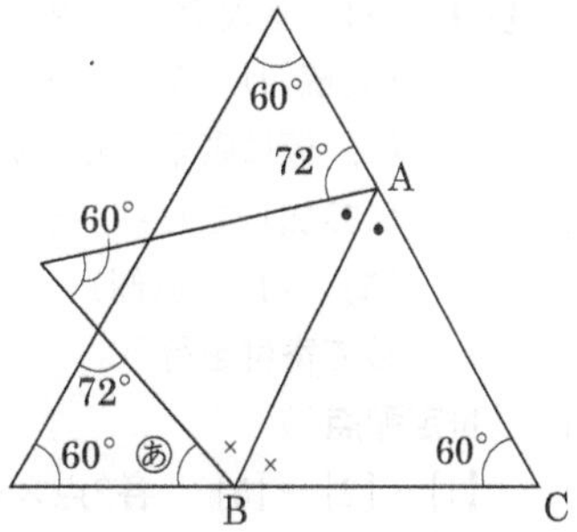

重要　(6)　50÷8＝6…2　したがって，長いすは6＋1＋1＝8(脚)ある。

重要　(7)　右図において，角CABは(180－72)÷2＝54(度)，角ABCは180－(54＋60)＝66(度)　したがって，角あは180－66×2＝48(度)　【別解】　180－(72＋60)＝48(度)

重要　(8)　300g：200g＝3：2より，3×□＋2×13＝(3＋2)×8.8＝44　□＝(44－26)÷3＝6(％)

重要【4】 (統計と表，規則性)

(1) 1行10列は10×10＝100

(2) (1)より，40×40＝1600，45×45＝2025 したがって，2021は5行45列

	1列	2列	3列	4列	5列	…
1行	1	4	9	16	25	
2行	2	3	8	15	24	
3行	5	6	7	14	23	
4行	10	11	12	13	22	
5行	17	18	19	20	21	
⋮						

【5】 (平面図形)

重要 (1) 図1より，6×6÷2＝18(cm²)

やや難 (2) 図2より，10×10×3.14÷2＝157(cm²)

図1

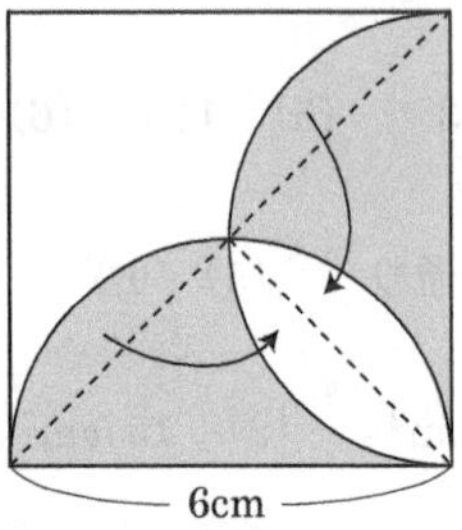

図2

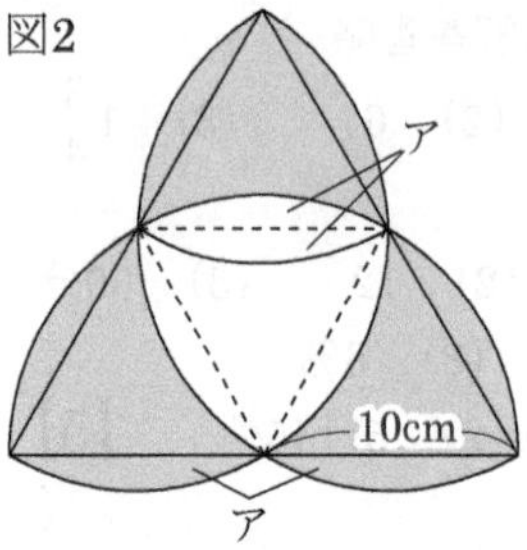

★ワンポイントアドバイス★

【3】(5)は「10～95までの5の倍数で奇数である個数」を求め，【4】「規則性」の問題は，1行目に並ぶ「平方数」を利用し，【5】「平面図形」は，図形内のピースを移動して計算しやすい図形を再構成する。

＜社会解答＞《学校からの正答の発表はありません。》

【1】 [1] イ　[2] せいかん(トンネル)　[3] 石川(県)　[4] 日本海流[黒潮]　[5] シラス台地　[6] ウ　[7] エ　[8] D 知床(半島)　F 紀伊(半島)

【2】 [1] 1 イ　2 ケ　3 カ　4 サ　5 コ　[2] 6 イ　7 オ　8 サ　9 ク　10 セ　[3] 11 ウ　12 カ　13 キ　14 ス　15 コ　[4] 16 イ　17 コ　18 カ　19 ス　20 ク　[5] 博物館や資料館の場合，文字での情報だけでなく，調べたいものやそれに関連する具体的なものを実物もしくは複製品で見ることができ，よりイメージがつかみやすい点。

【3】 [1] 菅義偉　[2] 国民の意見　[3] (選ぶ人) アメリカ国民　(大統領) ジョー・バイデン　[4] 古代オリンピックの時代は，オリンピックの期間に，仮に戦争をしているところがあっても，その期間だけは戦いをやめて，オリンピックに参加しており，そのことを理想として今のオリンピックが始められたから。

[5] (1) 6(個)　(2) ウ　[6] 国際赤十字やUNICEF，国境なき医師団などを通じて寄付を行う。

○推定配点○

【1】 [2]～[5] 各2点×4　他 各1点×5　【2】 [5] 3点　他 各1点×20

【3】 [1]・[2] 各2点×2　[4]・[6] 各3点×2　他 各1点×4　計50点

＜社会解説＞

【1】 (日本の地理－日本の半島に関連する問題)

重要 [1] D カ 知床半島→A イ 津軽半島→B エ 能登半島→C オ 房総半島→F ウ 紀伊半島→E ア 薩摩半島の順。

[2] 青函トンネルは青森県の津軽半島と北海道の渡島半島の間の津軽海峡の海底を通っている。

[3] 能登半島は大部分が石川県。半島の付け根近くの東側は富山県。

[4] 千葉県の房総半島南端はその沖合を日本海流が北上しており，比較的温暖な場所になっている。

[5] 鹿児島県の薩摩半島や大隅半島の辺りには火山灰が堆積した台地があり，これをシラス台地と呼ぶ。

[6] ウが豚の飼育頭数の順位。アは肉用若鶏，イは肉用牛，エは乳用牛の飼育頭数の順位。

[7] 鹿児島県で栽培が盛んなのはエのサツマイモ。

基本 [8] Dは知床半島。その南にあるのは根室半島。Fは紀伊半島。和歌山の紀州と三重県の伊勢の地域がある半島なので紀伊。

【2】 (日本の歴史－様々な時代に関連する問題)

[1] 絵は平安時代の『源氏物語絵巻』 (1) 平安時代の10～11世紀頃のもの。 (2) 寝殿造りは，庭に池や築山を配し，その周りに小さな建物をいくつか置き，その建物の間を渡り廊下でつないだ形の，平安時代の貴族の館の典型的な建築スタイル。 (3) この頃，権力を握っていたのは摂関職を独占していた藤原氏。 (4) 『源氏物語』は光源氏を主人公とした小説。作者の紫式部は藤原道長の娘で一条天皇に嫁いだ彰子に仕えていた。 (5) 『枕草子』は清少納言の書いた随筆。

基本 [2] 写真は鹿苑寺金閣。 (6) もともとの金閣は室町時代の14世紀末の建造とされるが，現在あるものは焼失した後に昭和時代に再建されたもの。 (7) 足利義満は室町幕府の全盛期を築いた将軍。将軍を辞した後，太政大臣にもなる。 (8) 室町時代になると，守護が任国やその地域にある荘園を自分の領地として支配するのが拡がり，やがて守護大名となる。 (9) 室町時代の1368年に中国では漢民族の明王朝が成立し，それまで支配していたモンゴル族の元王朝は消滅し，モンゴル族は北に逃れる。 (10) 雪舟は15世紀の僧で，最初は日本で絵を学び，その後に明へわたりさらに学んだあと帰国し，水墨画を大成した。

[3] 写真は吉野ケ里遺跡のもの。 (11) 吉野ヶ里遺跡は佐賀県にある。 (12) 吉野ヶ里遺跡は現在では歴史公園として保存されているが，かつてはこの地域を農業用地や工業用地の開発の候補地としたこともあったが，その開発や調査によって多数の古代の遺物が発見されたことで大規模な遺跡公園として保存するようになった。 (13) 吉野ヶ里遺跡の地域は縄文時代後期から弥生時代，その後の古墳時代にかけての歴史的なものが数多く発見されているが，その中心となるのは弥生時代のもの。 (14) 弥生時代になると広く農耕が行われ，大陸から伝わってきた米作りが生活の基盤となるようになった。 (15) 弥生時代は紀元前3世紀ごろから紀元後4世紀頃までで，この期間の紀元前と紀元後との境目頃にキリストが生まれ，紀元後の4世紀頃に現在のキリスト教の教義が完成されたとされる。

重要 [4] 写真はサンフランシスコ講和会議の様子を写したもの。 (16) 朝鮮戦争は1950年に北朝鮮が韓国に攻め込んで始まった戦争で，韓国を支援しアメリカを中心とする国連軍が，北朝鮮を中国が支援した。 (17) 1951年にアメリカのサンフランシスコで，第二次世界大戦の日本と連合国との間の講和会議が開かれ，日本は連合国51か国の中で48か国との講和条約を結んだ。
(18) サンフランシスコ講和会議と同時に，日本はアメリカとの間で日米安全保障条約を締結した。 (19) 日本は当初はサンフランシスコ講和会議で講和条約調印と同時に国際連合加盟を狙っていたが，ソ連の反対でかなわず，1956年に日ソ共同宣言でソ連との間で国交が正常化したことで，日本の国際連合加盟がソ連の支持も得て可能となった。 (20) 現在の中華人民共和国が建国される前に，日本は現在の台湾の中華民国と国交を回復させていたが，国際連合の中の代表権が台湾から現在の中華人民共和国に1971年に移ると，1972年に中華人民共和国と日中共同声明で国交を正常化し，台湾とは断交することになり，さらに1978年には日中平和友好条約を結んだ。

やや難 [5] 歴史的なことについて調べる場合に，書籍やインターネットを駆使することでもかなり調べることは可能だが，博物館や資料館を利用すると，文字で得られる情報だけでなく，実物やその複製品などを見ることによって，リアルな姿を目にすることができ，より具体的なイメージを持つことが可能になる。また，博物館や資料館などでは，なんらかのテーマを設定して収蔵物を展示していることが多く，その展示を見ることで，よりその歴史に関しての理解を深めることも可能になる。さらに，博物館や資料館などではそこの収蔵物に関して詳しい学芸員がいて解説をしてくれている場合もある。

【3】 (政治－三権，選挙，社会保障，時事に関連する問題)

[1] 菅義偉首相は日本の総理大臣で第99代首相。

[2] 内閣不信任案が可決されて，内閣総理大臣が内閣総辞職を行わずに代わりに衆議院解散を選び，総選挙となった場合，内閣のやっていることを支持するか，それともその内閣にダメ出しをした国会を支持するのかという形で，国民の意見を問うということになる。

[3] アメリカの大統領選挙の場合，各州ごとに行われる予備選挙で有権者が投票し，まずはその州が共和党と民主党のどちらが勝ったかという形になり，勝った方の党を支持する大統領選挙人を本選に送り出すことになる。そして，本選の際には大統領選挙人の票が多い方が次期大統領に当選という形になる。各州ごとの大統領選挙人は，その州の有権者数に比例する人数になるので，二大政党の間で，州ごとの勝ち負けで決まるわけではなく，勝った州は少なくても，有権者数が多い州をおさえていれば勝ちになる。2021年1月に就任したのは民主党のジョー・バイデンで第46代大統領となる。

[4] 現在のオリンピックは，19世紀末にフランスのピエール・ド・クーベルタン男爵が，かつて紀元前のギリシアで開催されていた古代オリンピックが仮に開催予定の時期にどこかが戦争をやっていても，その戦争を一時止めて，戦争をしている国々もオリンポスの神々の前で催されるオリンピックの競技会に参加していたということに注目して，19世紀の頃のヨーロッパではたびたび戦争が起こっていた状態を憂えて，戦争よりもスポーツを優先する古代オリンピックになぞらえて近代オリンピックの開催を提案したとされる。

重要 [5] (1) 1ドルが120円の時に，1ドルのチョコを5個買えば，120×5＝600(円)になる。600円あれば，1ドルが100円の場合には，6個買うことが可能になる。 (2) ウ 円高の場合には，輸入品は前の段階よりも安く輸入できるようになるので有利になるが，輸出の場合には，海外での販売価格が上がってしまうので不利になる。

やや難 [6] 海外での災害時に，日本からできる支援について考える。国内の災害とは違うので，一般の日本人が外国の災害へボランティア活動をしに行くことは現実的ではない。また，日本国内の災害の場合でも同様になることが多いが，支援物資を送るにしても，被災地へ直接送るのはまず無理であり，また被災地の公的な機関などへ送ったにしても，受け取る側がそれを被災者へ配分したりする手間や労力が必要になり，かえって余計な仕事が増えることになるケースが多い。また，送った品が本当に必要な品ではない場合には無駄になることも多い。したがって一番有効なのは義援金などの寄付を行うのが現実的であり，国際的に様々な地域での災害救助や難民の支援などを行っている団体を通して行うのが簡単な方法であろう。

★ワンポイントアドバイス★

全体的には難易度は高くないが記述は考えさせられる。正誤問題の場合に正しいものを選ぶ場合と誤っているものを選ぶ場合があるので，そのどちらであるのかを確実に把握して解答していくことが大事。

＜理科解答＞《学校からの正答の発表はありません。》

【4】 問1 比例　問2 水量や電池の個数や電池のつなぎ方を同じにする。　問3 C　問4 右図
問5 (イ)→(ウ)→(ア)→(エ)

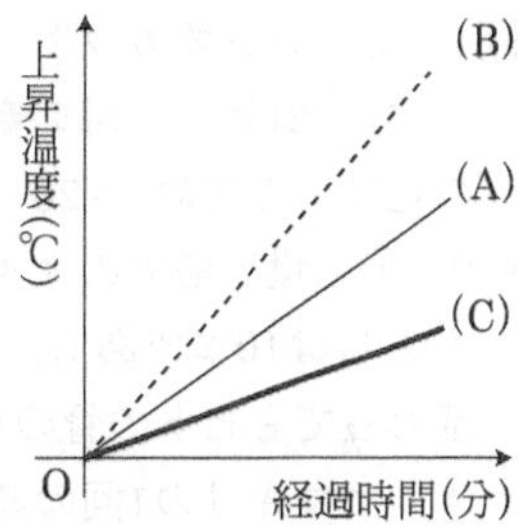

【5】 問1 ① 塩酸　② 石灰石　問2 下方置換法
問3 発生する気体が水に溶けやすく，空気よりも重い性質のとき　問4 (ウ)　問5 ちっ素・酸素

【6】 問1 山　問2 (エ)　問3 (イ)　問4 川がはんらんしたときに，水を受け止めるため。　問5 川以外に水を流す放水路をつくる。

【7】 問1 ① 10　② 1　③ 20　④ 0
問2 ① ＜　② ＝　③ ＞　④ ＝　⑤ ＞　⑥ ＞

○推定配点○

【4】 各2点×5(問5完答)　【5】 問1・問5 各1点×4　他 各2点×3
【6】 各2点×5　【7】 各2点×10　計50点

＜理科解説＞

【4】 (電流―電流のはたらき)

問1 グラフの原点から一直線に伸びるグラフは，比例の関係である。

問2 比べる実験は，比べるもの以外すべて同じ条件にする。

問3 図2のグラフから水温を1℃上昇させるのに最も時間のかかる電熱線は(C)である。

基本 問4 乾電池を2個並列につないでも，乾電池1個分の電流しか流れないので，図2の(C)と同じグラフになる。

基本 問5 乾電池が1個のとき最も早く水温を上昇させるのは(B)，最も遅く水温を上昇させるのは(C)である。よって，電熱線(B)と乾電池を2個直列につないだ(イ)，電熱線(B)と乾電池を2個並列につないだ(ウ)，電熱線(A)と乾電池1個とつないだ(ア)，電熱線(C)と乾電池1個をつないだ(エ)の順となる。

重要 【5】 (物質と変化―気体の発生)

問1 塩酸と石灰石を反応させると二酸化炭素が発生する。

問2 集気びんの下の方に気体を集める集め方を下方置換法という。

問3 下方置換法で集める気体は，水に溶けやすく，空気よりも重い気体である。

問4 二酸化炭素は石灰水に通すと白く濁る。

問5　二酸化炭素は空気中に約0.04%含まれている。空気中にちっ素は約78%，酸素は約21%含まれている。

【6】（地形－流水）

問1　砂場で川の流れのモデルをつくるときは，砂で山を作る必要がある。

問2　川幅は狭いほど，水の流れが速くなる。曲がっている川は外側の方が流れは速く，内側に近づくにつれ流れが遅くなる。

問3　曲がっている川は外側の方が流れは速く，内側に近づくにつれ流れが遅くなる。よって，曲がっている川の外側部分は削られやすく水深は深くなり，内側に近づくほど水深は浅くなる。

やや難　問4　堤防内の土地は川がはんらんすると川の水が流れ出す場所である。

やや難　問5　川のはんらんを防ぐために，川の水を逃がす放水路などがつくられている。

【7】（生物―植物・動物）

問1　①　4(シオカラトンボの羽の枚数)＋6(アメンボのあしの本数)＝10　②　2(ヒトのじん臓の数)－2(ヒトの肺の数)＋1(ヒトの心臓の数)　③　5(サクラの花びらの枚数)×4(アブラナの花びらの枚数)＝20　④　0(ミミズの足の本数)×18(猫の指の本数)＝0

問2　①　世界最大の大きさの動物はシロナガスクジラである。　②　クルマエビもタカアシガニもあしは10本である。　③　ウサギのあしは4本，ニワトリのあしは2本である。　④　年齢が変わってもヒトの骨の数は変わらない。　⑤　ゾウの方がハムスターよりも長生きをする。　⑥　カマキリの1回の産卵数の方が，スズメの1回の産卵数より多い。

★ワンポイントアドバイス★

ポイントをおさえた簡潔な文章を書く練習をしよう。

＜国語解答＞《学校からの正答の発表はありません。》

一　1　ちょめい　2　つと　3　と　4　すがた　5　きょしゅう

二　1　枚挙　2　額　3　易しい　4　導く　5　統一

三　1 （誤） 開　（正） 空　2 （誤） 以　（正） 意　3 （誤） 供　（正） 備　4 （誤） 強　（正） 協　5 （誤） 清　（正） 精　6 （誤） 集　（正） 拾

四　1 （漢字） 鼻　（意味） イ　2 （漢字） 足　（意味） ウ　3 （漢字） 気　（意味） オ　4 （漢字） 羽　（意味） ア　5 （漢字） 歯　（意味） エ

五　春　3, 5　夏　2, 4　秋　1　冬　なし

六　問一　1　エ　2　イ　3　ア　4　ウ　問二　A　エ　B　イ　問三　人が元気で～であること　問四　エ　問五　元気な自然が動植物を育てると食物を得られるから。　問六　ア　問七　イ　問八　イ, エ　問九　ワンルームマンションが増え，草取りなど地域の作業への出席者がへっている。地域の人から日常的にふれ合う努力も必要だ。

七　問一　1　イ　2　ウ　3　ア　4　エ　問二　どこまで飛ぶのかの目標をモコにしっかり分からせるため。　問三　（主） 理央　（従） モコ　問四　ウ　問五　楽だと思っていた追い風より向かい風の位置に立てというもの。　問六　イ

問七　(半)信(半)疑　　問八　エ　　問九　タカの飛び方と風の向きの関係までを見ていること。　問十　人に教えられなくても，たくさんのことを知っているタカの本能

○推定配点○

一・二　各1点×10　　三～五　各2点×16(三・四各完答)
六　問一・問二・問七　各1点×7　　問三　3点　　問五　4点　　問九　6点
他　各2点×3　　七　問一　各1点×4　　問二・問五・問九・問十　各4点×4
他　各2点×6　　　計100点

＜国語解説＞

一　(漢字の読み)

1 「著」の音読みは「チョ」。訓読みは「いちじる-しい」である。　2 「つと-める」には「努」のほかに「務める・勤める」がある。　3 「説」の音読みは「セツ」。訓読みは「と-く」である。4　音読みは「シ」である。　5 「きょしゅう」とは，去ることととどまることという意味だが，ことに際してとる態度という意味で使う。

二　(漢字の書き取り)

1 「挙」は全10画の漢字。1～3画目の向きに注意する。　2 「額」は全18画の漢字。6画目はのばさずにとめる。　3 「易」は全8画の漢字。「日」の下に横棒を入れて全9画の漢字にしない。また，同訓の「優しい」と混同しないように気をつけよう。　4 「導」は全15画の漢字。15画目を，しんにょうに突き出ないように気をつける。　5 「統」は全12画の漢字。12画目はまげて，はねる。「レ」のように書かない。

三　(漢字)

重要　1　スケジュールが「あく」のような場合は「空く」と表記する。　2　この場合は「思ってもいなかった」という意味の「イガイ」なので「意外」である。　3　この場合は，「準備する」という「そな-える」なので「備」。　4　力を合わせる「キョウリョク」は「協力」と表記する。
5　お金をきちんと計算する「セイサン」は「精算」。　6　集めるわけではない「シュウシュウ」である。混乱した状態をおさめる「シュウシュウ」は「収拾」。

四　(慣用句)

基本　1 「鼻が高い」は，じまんげである，得意になるという意味の慣用句である。　2 「～出る」には「足・手・目」などが入るいろいろな慣用句があるが，「予算をこえて赤字」という意味になるものは「足」である。　3 「気が置けない」とは，「うちとけて接することができる」という意味の慣用句だ。「～置けない」という否定形の表現に気をとられ「うちとけられない」という誤った意味にとらないようにしよう。　4 「羽を伸ばす」とは，思うがままにふるまうということである。　5 「歯に衣着せない」は，かくすことなく何でも口に出すということなので「あからさまに言う」ということになる。

五　(俳句)

やや難　1　季語は「星月夜」で，秋の季語である。　2　季語は「炎天」と「日かげ」なので季重なりの句になっている。夏の季語である。　3 「花吹雪」が春の季語になっている。　4 「五月雨」が季語の句だ。初夏の句として有名である。　5 「山笑ふ」は春の季語である。

六　(論説文－要旨・大意，細部の読み取り，接続語の問題，ことばの意味，記述力)

重要　問一　1　冒頭の段落で「三つの元気」を説明している。(1)は，最初の元気について説明を始めるのだから「まず」である。　(2)　前部分では，以前から母親が患者の悪口を言っていたこと，

そして，患者さんとは知らせず，彼らと話す機会を設けたことが述べられている。後部分は「患者の悪口を言わなくなった」なので，「話してからは」ということなので「それから」を入れる。(3)　前部分はお金はいろいろなことができる利点を述べている。後部分はお金にある悪い側面を書いているので「でも」だ。　(4)　前部分は，村での物々交換の例を挙げていて，後部分は，物々交換以外の「もやい」の例を述べているので「また」を入れる。

問二　A「逆境」とは，苦労の多い環境のことであるのでエを選ぶ。　B　イとウで迷うところである。「自給自足」の文字通り「自ら給して(支給して)，自ら足りる」ということだから，イを選択する。ウ・エの「すべてをまかない」は誤り。

重要　問三　「終わり」の決定をきちんとしないと，指定字数内でおさめることが難しくなる。「三つの元気の内容」ということだから，その内容が述べられている箇所で切る必要がある。したがって「～元気であること」で終わらせせよう。

問四　問一(2)で考えたように，患者の悪口を言っていた母親が，実際に患者と話したことをきっかけに悪っ口を言わなくなった経験が「その経験」である。このことから，続く①～④のことがわかったのである。

やや難　問五　「なぜ豊かなのか」が問われていることだ。――線③の「豊か」は，自然の中からおかずになるものがすぐとれることを指している。したがって，なぜおかずになるものがすぐとれるのかと考えよう。「自然が元気だと動物，植物が育ち，それが食べ物になる」のだ。

問六　具体的に水俣の人たちの「豊かな暮らし」を挙げているが，昭和三十年代までは，水俣だけでなく，どこでもあたりまえにあったということだから，ウのように「水俣」に限って説明している選択肢は誤りだ。各地で，元気な自然の中で食べ物を得ることができる生活をしていたということになるのでアだ。

問七　「モノサシ」の説明を求められていることを忘れてはいけない。ウの出だしは「豊かさのモノサシ」を説明しているようであるが，「季節感が失われること」が「モノサシ」なのではない。お金をたくさん持つことが豊かさを測る「モノサシ」ということでイである。

問八　結果的に昔からの農業や漁業がさかんになるかもしれないが，水俣を例にしているのは冒頭の段落にあった「三つの元気」の実践結果である。したがって，アはあてはまらない。イは問一，問四で考えたとおりなのであてまはる。ウは事実かも知れないが文中で述べられている内容ではない。エはもともと，エの内容がこの文章の主張であるのであてはまる。

やや難　問九　受験生の年齢で，町や地域の問題と言われてもすぐには思いつかないかもしれない。文中の話題を利用して，人とのつながりが少なくなってきているというような内容が書きやすいかもしれない。制限字数も少ないので，「問題」・「解決策」ともに，そうとう簡潔に書かないと，どちらかが書けなくなる可能性があるので気をつけよう。

七　(物語-心情・情景，細部の読み取り，指示語の問題，空欄補充，四字熟語，記述力)

基本　問一　(1)　これまでとはちがう力強い飛び方をしたモコである。その力強い上昇を表現するのだから「ぐんと」だ。　(2)「いつもより軽やか」であることを表す言葉を入れる。動きがなめらかであるということで「しなやかに」である。　(3)　本当は短い距離なのに，長く感じたということだ。その程度が「ずいぶん」長いのである。　(4)　急カーブではなく，大きくゆったりとカーブを描いているということで「ゆるやかな」である。

やや難　問二　「木」についてモコに話しかけている箇所に着目する。「モコ，あの木までだよ」などと言って笛を吹いている，「モコに柿の木を見せる」としているところから考えると，モコがどこまで飛んでいくのかをいう目標としてモコにはっきり示すために見せるのだ。

問三　「主従関係」とは，主人と，それに従う者の関係ということだ。主は指示を出している「理央」である。その指示に従っているのは「モコ」なので「従」は「モコ」だ。

問四　「もう一度……」という発言は，うまくいかなかった悔しさから出た言葉だ。しかし，うまくいかなかったから止めてしまいたいという消極的な気持ちに終わらず，「もう一度」は，今度こそという気持ちでもあるのでウを選択する。

問五　「アドバイスはどのようなものか」という問いであることを確認して解答しよう。アドバイスは，直後の「逆に立ってみて」ということだ。これが「意外だ」と思うのだから，なぜ意外に感じるのかを説明する解答にする。「逆に立つ」ということを具体的に言っているのは「モコちゃんにとって……」や「向かい風のほうが……」だ。これを参考に，これまで「追い風」になるようにしていたものを「向かい風になるように」が「逆」であることを説明しよう。

基本　問六　「目を丸くする」という慣用句は「驚きや感動で目大きくする」ということなので，この段階で「おどろいている」とあるイが選べる。内容としても，平橋さんの説明におどろいたということなのでイが確定できる。

問七　半分信じて，半分は疑っている状態ということで「半信半疑」が適切な四字熟語になる。

問八　直後の「やったあ！」が着目点になる。これまでできなかったことができたという喜びと達成感を，モコが戻ってきた時の重さで感じているのだからエを選択する。

問九　「わたしも最初は……」で始まる平橋さんの言葉に着目する。平橋さんの「逆に立つ」というアドバイスは，平橋さんも誰かに教えてもらったことを伝えたものではなく，平橋さん自身が「～よく見ていたら～」わかったことである。その「よく見ていた」ことを「観察眼」としているのだ。

問十　解答の中心になる語は「タカの本能」ということだ。「タカの持っている本能を尊重する心の広さを私たちは持たないといけない」と平橋さんは言いたいのである。

★ワンポイントアドバイス★

試験時間から考えると，設問数が多い。時間配分に気をつけよう。知識問題での失点を避けよう。

MEMO

大切なことはメモしておこうネ！

解答用紙集

○月×日　△曜日　天気(合格日和)

◆ご利用のみなさまへ

＊解答用紙の公表を行っていない学校につきましては、弊社の責任において、解答用紙を制作いたしました。

＊編集上の理由により一部縮小掲載した解答用紙がございます。

＊編集上の理由により一部実物と異なる形式の解答用紙がございます。

人間の最も偉大な力とは、その一番の弱点を克服したところから生まれてくるものである。——カール・ヒルティ——

東京学参株式会社

※ 152％に拡大していただくと，解答欄は実物大になります。

【1】

(1) g	(2) g	(3) g

【2】

(1)	(2)	(3)	(4)
(5)	(6)	(7)	(8)

【3】

(1)	(2) ％	(3) 分	(4) ％
(5)	(6) 歳	(7) 分 秒	(8) cm^2

【4】

(1) 考え方

答．黒　個，白　個

(2) 黒　個，白　個

【5】

(1) 分速　m，分速　m
(2) 分　秒，分　秒

関東学院六浦中学校（A－1日程）　2024年度　◇社会・理科◇

※159%に拡大していただくと，解答欄は実物大になります。

社会

【1】

［1］
(あ)　(い)　(う)

［2］
(1)　(2)　(3) 西暦　年　月　日　(4)　(5) ア　イ　ウ　エ

［3］
(1)

［3］　［4］　［5］　［6］
(2)　A　B　C

【2】

［1］
(ア)　(イ)　(ウ)　(エ)
(オ)　(カ)　(キ)　(ク)

［2］　［3］　［4］

【3】

［1］
(1)　(2)　(3)　(4)　(5)

［2］

理科

【4】
問1　秒
問2
問3

【5】
問1　A　B　C　D
問2　問3　問4
問5
問6　酸素　(固体)　(液体)　二酸化炭素　(固体)　(液体)

【6】
問1　B　C　D
E　F
問2　A　→　→　→　→　→　G
問3　(1)　①　②　③
(2)

【7】
問1
問2　A　B　C
D　E　F
問3　(1)　(2)　(3)
問4

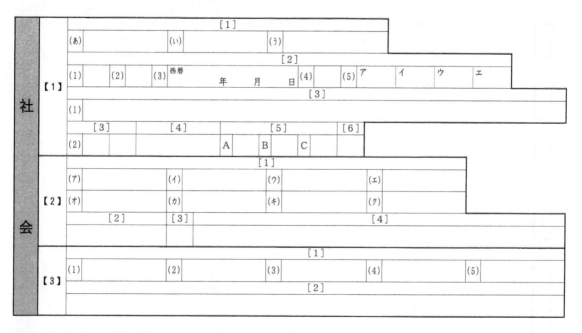

2024年度
関東学院六浦中学校(A−1日程)
※149%に拡大していただくと、解答欄は実物大になります。

◇国語◇

一
1
2 わしい
3
4
5

二
1
2
3
4
5

三
1 a b
2 a b c
3 a b c
4 a b

四
1
2
3
4
5

五
問一 a b
問二 ア イ
問三
問四
問五 1
問五 2
問六 I II
問七

六
問一 a b c
問二
問三
問四
問五
問六
問七
問八
問九

関東学院六浦中学校（A－2日程）　2024年度

◇算数◇

※ 152%に拡大していただくと，解答欄は実物大になります。

【1】

(1)　　　　　　%	(2)　　　　　　g	(3)　　　　　　g

【2】

(1)	(2)	(3)	(4)
(5)	(6)	(7)	(8)

【3】

(1)　時間　分　秒	(2)	(3)　　　点	(4)　　　ページ
(5)　　　cm^2	(6)	(7)　　　円	(8)　　　度

【4】

(1)　　　　　　cm^2
(2)

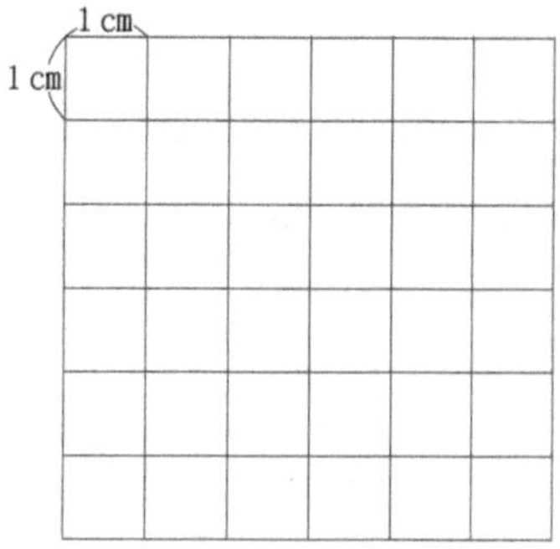

【5】

(1)　関六さん　　　m	弟　　　m	(2)　（ア）	（イ）

(3) 考え方

答．分速　　　　　m

◇国語◇

関東学院六浦中学校（A―2日程）　2024年度

※149%に拡大していただくと、解答欄は実物大になります。

一　1　2　3　4　される　5　める

二　1　2　3　4　5

三　1　2　3　4　5

四　1 漢字 意味　2 漢字 意味　3 漢字 意味　4 漢字 意味　5 漢字 意味

五
問一　問二
問三（20）
問四（10）
問五（20）から。
問六 a b c d e　問七
問八（8）　問九　問十

六
問一 〜　問二　問三
問四　問五　問六　問七
問八（20）（30）（40）
問九

関東学院六浦中学校（B－1日程）　2024年度　◇算数◇

※ 152%に拡大していただくと，解答欄は実物大になります。

【1】

(1)　　　　m	(2)　　　　分後	(3)　　　　m

【2】

(1)	(2)	(3)	(4)
(5)	(6)	(7)	(8)

【3】

(1)　　　　cm^2	(2)	(3)　　　　cm^2	(4)　　　　cm^2
(5)　　　　秒	(6)　　　　円	(7)　　　　g	(8)　　　　円

【4】

(1)　　　　L
(2) 車　い　の方が　う　km長く走る
(3)　　　　円

【5】

(1) 考え方 答.
(2)

関東学院六浦中学校（B－1日程）　2024年度　◇社会・理科◇

※ 159％に拡大していただくと，解答欄は実物大になります。

社会

【1】

［1］　［2］　［3］　［4］　［5］　［6］　［7］

氏

［8］　［9］

［10］　［11］　［12］ 5 →　→　→　→

【2】

［1］ (1) 記号　県　(2) 記号　県　(3)　［2］　［3］

［4］　［5］　［6］

【3】

［1］

［2］

［3］　［4］

【4】

［1］　［2］　［3］　［4］　［5］

［6］　［7］

理科

【5】

問1　問2

問3

問4

【6】

問1　g　問2

問3　％　問4

問5　物質　理由

【7】

問1　図1　図2　図3　図4

問2

問3

問4

問5　①　②　③　④

問6　①　②　問7

【8】

問1　問2　問3　側

問4　問5

問6

◇国語◇

関東学院六浦中学校（B－1日程） 2024年度

※152%に拡大していただくと，解答欄は実物大になります。

一 1 いる 2 3 4 5

二 1 2 3 4 5

三 1 2 3 4 5

四 問一 ア イ ウ エ 問二

五 問一 Ⅰ Ⅱ Ⅲ 問二 問三 問四 問五 問六 問七 問八 1 2 3

六 問一 Ⅰ Ⅱ Ⅲ 問二 問三 問四 問五 問六 1 2

関東学院六浦中学校（A－1日程）　2023年度　　◇算数◇

※ 152%に拡大していただくと，解答欄は実物大になります。

【1】

(1) cm^3	(2) 分 秒	(3) 分 秒後

【2】

(1)	(2)	(3)	(4)
(5)	(6)	(7)	(8)

【3】

(1)	(2) %	(3) m	(4) %
(5) 時速 km	(6) ドーナツ 個 パイ 個	(7) 時間 分	(8) cm^2

【4】

(1) 考え方 答. 個
(2) cm^2

【5】

(1) °F		
(2) ア ℃	イ ℃	ウ °F

関東学院六浦中学校（A－1日程）　2023年度

◇社会・理科◇

※ 159％に拡大していただくと，解答欄は実物大になります。

社会

【1】

[1]					[2]	[3]
(A)	(B)	(C)	(D)	(E)	年	

[4]	[5]	[6]		[7]	[8]
		氏	氏		

【2】

[1]			
(ア)	(イ)	(ウ)	(エ)
(オ)	(カ)	(キ)	(ク)

[2]											

【3】

[1]	[2]	[3]	[4]	
			(1)	(2)

[4]
(3)

[5]

[6]	
高田	理由

[7]

理科

【4】

問1	個	問2	個
問3	① 個、② 個	① 個、② 個	
問4			
問5	m以上		

【5】

問1		問2	
問3	B	C	E
問4			

【6】

問1	→ → → → → → →				
問2		問3	呼吸量	光合成量	問4
問5					

【7】

問1		問2		問3	
問4	月 日	問5		問6	

2023年度

関東学院六浦中学校（A－1日程）

※149%に拡大していただくと、解答欄は実物大になります。

◇国語◇

一　1 ＿　2 ＿　3 ＿　4 ＿らって　5 ＿ねる

二　1 ＿　2 ＿　3 ＿　4 ＿　5 ＿

三　1 誤 ＿ 正 ＿　2 誤 ＿ 正 ＿　3 誤 ＿ 正 ＿　4 誤 ＿ 正 ＿　5 誤 ＿ 正 ＿

四　1 漢字 ＿ 意味 ＿　2 漢字 ＿ 意味 ＿　3 漢字 ＿ 意味 ＿　4 漢字 ＿ 意味 ＿　5 漢字 ＿ 意味 ＿

五　1 ＿　2 ＿　3 ＿　4 ＿　5 ＿

六　問一 1 ＿ 2 ＿ 3 ＿　問二 ＿　問三 ＿　問四 ＿

問五 ＿＿＿＿＿ 〜 ＿＿＿＿＿

問六 ＿＿＿＿＿＿＿＿＿＿＿＿＿＿＿＿＿＿＿＿

問七 ＿

問八 1 ＿　2 ＿

七　問一 ＿　問二 ＿　問三 ＿　問四 ＿　問五 ＿

問六 1 ＿　2 ＿　3 ＿　4 ＿

問七 ＿

問八 ＿＿＿＿＿ 〜 ＿＿＿＿＿

問九 ＿　問十 ＿

関東学院六浦中学校（A－2日程）　2023年度　◇算数◇

※ 152％に拡大していただくと，解答欄は実物大になります。

【1】

(1)　　　g	(2)　　　％	(3)　　　g

【2】

(1)	(2)	(3)	(4)
(5)	(6)	(7)	(8)

【3】

(1)	(2)	(3)　　　cm	(4)　　：
(5)　　　円	(6)	(7)　　　cm^2	(8)　　　cm^3

【4】

(1)　　　km
(2)　　：

【5】

(1) 考え方

答．上から順に「　　」「　　」「　　」「　　」「　　」「　　」

(2)

2023年度

関東学院六浦中学校(A－2日程)

※149%に拡大していただくと，解答欄は実物大になります。

◇国語◇

一
1
2
3
4 める
5 る

二
1
2
3
4
5

三
1
2
3
4
5

四
1
2
3
4
5

五
問一 A B
問二 a b
問三 40 50
問四
問五
問六
問七
問八 20 25
問九

六
問一
問二 a b c d
問三
問四 Ⅰ Ⅱ
問五 40
問六
問七
問八
問九 60 70

関東学院六浦中学校（B－1日程）　2023年度

◇算数◇

※ 152％に拡大していただくと，解答欄は実物大になります。

【1】

(1)　　　　人	(2)　　　　人	(3)　　　　％増える

【2】

(1)	(2)	(3)	(4)
(5)	(6)	(7)	(8)

【3】

(1)　　　　個	(2)	(3)　時速　　　　km	(4)
(5)　　　　cm^2以上　　　　cm^2未満	(6)　　　　円	(7)　　　　cm^2	(8)　　　　％

【4】

(1)　　　　枚

(2) 考え方

答.　　　　枚

【5】

(1)　　　　cm^2

(2)

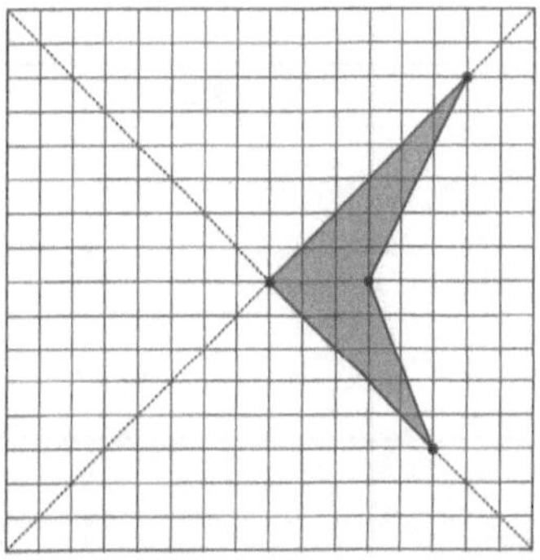

関東学院六浦中学校（B－1日程）　2023年度　◇社会・理科◇

※ 159％に拡大していただくと，解答欄は実物大になります。

社会

【1】

[1]	[2]	[3]	[4]	[5]

[6]		[7]	[8]
(あ)	(い)		

[9]
理由
意見

[10]

【2】

[1]	[2]	[3]	[4]
	最北端　最南端	(1)　(2)	

[5]	[6]	[7]	[8]	[9]
寺院　何氏				

【3】

[1]	[2]	[3]

[4]

[5]

理科

【4】

問1	g	問2 ② g	③ g
問3	④ g	⑤ g	⑥ g
	⑦ g	⑧ g	
問4	(1)	(2)	(3)　(4)
問5	分類1	分類2	分類3

【5】

問1		
問2	気体	
	説明	問4 図
問3		
問4	理由	

【6】

問1		問2
問3		
問4	自然現象	
	理由	
問5		

◇国語◇

関東学院六浦中学校（B－1日程）　2023年度

※152%に拡大していただくと、解答欄は実物大になります。

一　1　2　んだ　3　4　く　5

二　1　2　3　4　5

三　1　2　3　4　5

四　1　2　3　4　5

五　1文め　2文め　3文め　4文め　5文め　私の家です。

六　問一　1　2　問二　1　2　問三　問四　問五　I　II　III　問六　長所　短所　問七　ア　イ　ウ　エ　問八　問九

七　問一　問二　図A　図B　問三　のこと　問四　問五　問六　問七　1　2　問八　問九

関東学院六浦中学校(A－1日程)　2022年度

◇算数◇

※ 152%に拡大していただくと，解答欄は実物大になります。

【1】

(1)　　さんの方が　　個多い	(2) Aさん　：　Cさん	(3) Aさん　個　Bさん　個　Cさん　個

【2】

(1)	(2)	(3)	(4)
(5)	(6)	(7)	(8)

【3】

(1)	(2)　円	(3)　g	(4)　%
(5)　分後	(6) 商品A　個　商品B　個	(7)　回	(8)　cm^2

【4】

(1)
(2) 考え方 答.

【5】

(1)　cm
(2) 考え方 答.　cm^3

※ 152％に拡大していただくと，解答欄は実物大になります。

【1】

[1]						[2]	[3]
あ	い	う	え	お	か		

[4]	
(A)	(B)

[5]

[6]	[7]	[8]	[9]

【2】

[1]	[2]	[3]

[4]	[5]	[6]	[7]	[8]	[9]

[10]	[11]	[12]	[13]

【3】

[1]	[2]	[3]	[4]	[5]	[6] 社会的な問題

[6] 行動できること

[7]	[8]

※ 152％に拡大していただくと，解答欄は実物大になります。

【4】	問1		問2		問3	
	問4	%	問5	g		
【5】	問1	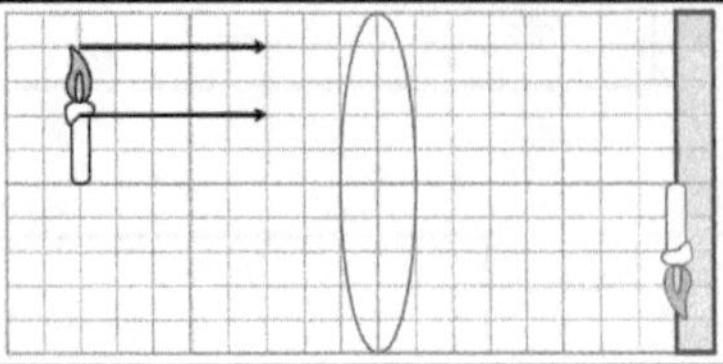	問2			
			問3	レンズ		
				理由		
	問4					
【6】	問1	①　②　③	問2	A　B		
	問3	→　→　→　→　→				
	問4	臓器				
		はたらき				
【7】	問1	①　④　⑦　⑨　⑭	問2	A　B		
	問3	特ちょう				
		原因				
	問4	特ちょう				
		原因				
	問5	・				
		・				

2022年度 関東学院六浦中学校（A－1日程）

※149％に拡大していただくと，解答欄は実物大になります。

◇国語◇

一
1
2
3
4 しい
5 す

二
1
2
3
4
5

三
1
2
3
4

四
1
2
3
4

五
1
2
3
4
5

六
問一 A B C
問二
問三
問四
問五 (1) (2)
問六
問七
問八

七
問一
問二
問三 A B C
問四
問五
問六 から。
問七
問八
問九

関東学院六浦中学校（B－1日程）　2022年度　　◇算数◇

※ 152％に拡大していただくと，解答欄は実物大になります。

【1】

(1)　　％	(2)　　ページ	(3)　　ページ

【2】

(1)	(2)	(3)	(4)
(5)	(6)	(7)	(8)

【3】

(1)　　人	(2)　　L	(3)　　円	(4)　　％
(5)　　m	(6)　　cm^2	(7)　　点	(8)　　枚

【4】

(1)　　個
(2) 考え方 答.　　個

【5】

(1)　　本
(2)　　本

関東学院六浦中学校(B－1日程)　2022年度

◇社会◇

※ 152%に拡大していただくと，解答欄は実物大になります。

【1】

[1]

[2]

[3] (Ⅰ) (Ⅱ)

[4]

[5] (イ) (ウ)

[6]

[7] あ い う え

[8]

[9] あ い う

[10]

[11] (Ⅰ) (Ⅱ)

[12]

20

40

[13] A 原因 結果 B 原因 結果 C 原因 結果

【2】

[1] の

[2]

[3]

[4]

[5]

【3】

[1] A B

[2] A B C D

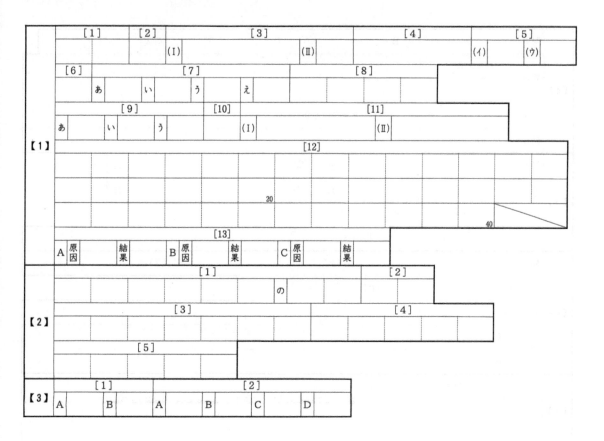

関東学院六浦中学校（B－1日程）　2022年度　◇理科◇

※ 152％に拡大していただくと，解答欄は実物大になります。

【4】	問1	A　B　C
	問2	
	問3	
	問4	湯気　見えない部分　泡
	問5	
【5】	問1	① g　② g
	問2	③ g　④ g
	問3	→ → →
	問4	
【6】	問1	（1）　（2）　（3）
	問2	A　B
	問3	
	問4	利点 欠点
【7】	問1	
	問2	
	問3	
	問4	

2022年度　関東学院六浦中学校（B－1日程）

※152%に拡大していただくと、解答欄は実物大になります。

◇国語◇

一
1
2
3
4
5　ける

二
1
2
3
4
5

三
1
2
3
4
5

四
1　⇨　・
2　⇨　・
3　⇨　・
4　⇨　・
5　⇨　・

五
1　・
2　・
3　・
4　・
5　・

六
問一　A　B　C　D
問二　a　b
問三　12
問四
問五　1　8　10　だったから。
2　8　10　だったから。
問六　誰　多くのこと
問七　13
問八

七
問一　A　B　C　D
問二　a　b
問三　4
問四
問五　5
問六
問七　善
悪　自分
他人
問八
問九　14
問十　16　18　20
問十一

関東学院六浦中学校(C日程)　2022年度　◇算数◇

※ 152%に拡大していただくと，解答欄は実物大になります。

【1】

(1)　　　個	(2)　　　円	(3)　　　円

【2】

(1)	(2)	(3)	(4)
(5)	(6)	(7)	(8)

【3】

(1)	(2)	(3)	(4)　　分　　秒
(5)　　　m²	(6)　　　g	(7)　　　cm	(8)　　　cm

【4】

(1)

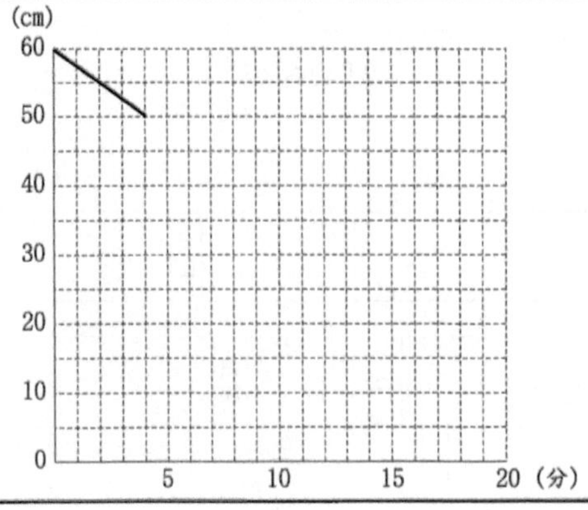

(2)　　　分後

【5】

(1)

(2) 考え方

答.

◇国語◇

関東学院六浦中学校(C日程)　２０２２年度

※１４９%に拡大していただくと、解答欄は実物大になります。

一　1　2　3　く　4　す　5

二　1　2　3　4　5

三　1 漢字 記号　2 漢字 記号　3 漢字 記号　4 漢字 記号

四　1 記号 漢字　2 記号 漢字　3 記号 漢字　4 記号 漢字

五　1　2　3　4

六
問一　問二
問三　〜　こと。　問四
問五　15
問六　問七 A　B　C　D　問八
問九　20　30

七
問一 A　B　C　D　問二　問三
問四　〜　問五
問六　問七
問八　20　25　問九

関東学院六浦中学校（A－1日程）　2021年度

◇算数◇

※ 152％に拡大していただくと，解答欄は実物大になります。

【1】

(1)　人	(2) 男子　人，女子　人	(3)　点

【2】

(1)	(2)	(3)	(4)
(5)	(6)	(7)	(8)

【3】

(1)	(2)	(3)　分	(4)　通り
(5)　個	(6)　脚	(7)　度	(8)　％

【4】

(1)
(2) 考え方 答.　行　列

【5】

(1)　cm^2
(2)　cm^2

関東学院六浦中学校（A－1日程）　2021年度

◇社会◇

※ 154％に拡大していただくと，解答欄は実物大になります。

【1】

[1]	[2]	[3]	[4]
	トンネル	県	

[5]	[6]	[7]	[8]			
			D	半島	F	半島

【2】

[1]					[2]				
(1)	(2)	(3)	(4)	(5)	(6)	(7)	(8)	(9)	(10)

[3]					[4]				
(11)	(12)	(13)	(14)	(15)	(16)	(17)	(18)	(19)	(20)

[5]

【3】

[1]	[2]

[3]			
選ぶ人		大統領	

[4]

[5]			
(1)	個	(2)	

[6]

※ 154％に拡大していただくと，解答欄は実物大になります。

【4】	問1				問4	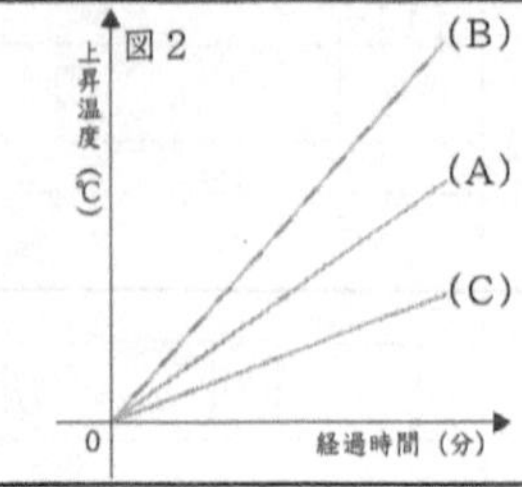
	問2					
	問3		問5	→ → →		

【5】	問1	①　　②	問2	
	問3			
	問4		問5	

【6】	問1		問2		問3	
	問4					
	問5					

【7】	問1	①　②　③　④
	問2	①　②　③　④　⑤　⑥

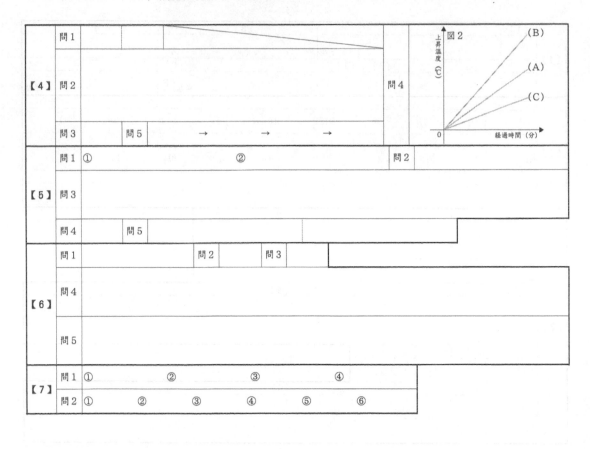

2021年度

関東学院六浦中学校（A－1日程）

※149％に拡大していただくと、解答欄は実物大になります。

◇国語◇

一
1
2 める
3 く
4
5

二
1
2
3
4
5

三
1 誤 正
2 誤 正
3 誤 正
4 誤 正
5 誤 正
6 誤 正

四
1 漢字 意味
2 漢字 意味
3 漢字 意味
4 漢字 意味
5 漢字 意味

五
春
夏
秋
冬

六
問一 1 2 3 4
問二 A B
問三 ～
問四
問五
問六
問七
問八
問九 50

七
問一 1 2 3 4
問二
問三 主 従
問四
問五 25
問六
問七 半（　　）半（　　）
問八
問九
問十

MEMO

大切なことはメモしておこうネ！

MEMO

大切なことはメモしておこうネ！

MEMO

大切なことはメモしておこうネ！

MEMO

大切なことはメモしておこうネ！

〈ダウンロードコンテンツについて〉

本問題集のダウンロードコンテンツ、弊社ホームページで配信しております。現在ご利用いただけるのは「2025年度受験用」に対応したもので、**2025年3月末日**までダウンロード可能です。弊社ホームページにアクセスの上、ご利用ください。
※配信期間が終了いたしますと、ご利用いただけませんのでご了承ください。

中学別入試過去問題シリーズ
関東学院六浦中学校　2025年度
ISBN978-4-8141-3209-6

[発行所] 東京学参株式会社
〒153-0043　東京都目黒区東山2-6-4

書籍の内容についてのお問い合わせは右のQRコードから　⇒

※書籍の内容についてのお電話でのお問い合わせ、本書の内容を超えたご質問には対応できませんのでご了承ください。

2024年6月28日　初版